L'ART

DU

MENUISIER ÉBÉNISTE.

Par M. Roubo fils, Maître Menuisier.

IIIᵉ. SECTION DE LA IIIᵉ. PARTIE
DE L'ART DU MENUISIER.

M. DCC. LXXIV.

L'ART
DU
MENUISIER ÉBÉNISTE.

Par M. Roubo le fils, Maître Menuisier.

TROISIEME SECTION DE LA TROISIEME PARTIE
DE L'ART DU MENUISIER.

L'ESPÈCE de Menuiserie dont je vais traiter, quoique d'une moindre conséquence que celle de bâtiment (autrement dite d'assemblage), est cependant celle qui demande le plus de propreté & de précision de la part de l'Ouvrier, ou pour mieux dire de l'Artiste, qui pour bien faire cette espece de Menuiserie, doit joindre à beaucoup d'expérience dans la pratique, une infinité de connoissances théoriques; de sorte qu'un bon Menuisier-Ebéniste doit non-seulement être en état de bien faire la Menuiserie ordinaire, mais encore de savoir coller & polir toutes les différentes especes de bois, tant François qu'Etrangers; il doit aussi savoir teindre les bois & les brunir, & travailler diverses sortes de matieres, comme l'yvoire, l'écaille, la nacre de perle, l'étain, le cuivre, l'argent, & même l'or & les pierres précieuses; ce qu'il ne peut faire sans connoître parfaitement toutes ces différentes matieres, qui toutes s'emploient & se travaillent différemment. La teinture des bois demande aussi quelques notions de Chimie pour la composition de ces teintures. A ces connoissances théorie-pratiques, les Menuisiers-Ebénistes doivent joindre celles de goût qui s'acquierent par le Dessein de tous les genres, comme l'Architecture & la Perspective, l'Ornement, le Paysage & même la Figure, afin d'être en état de représenter toutes sortes de sujets avec toute la précision dont leur Art peut être susceptible. Il faut aussi qu'ils sachent graver au burin, tant sur le bois que sur les métaux, soit pour y former des ombres, soit pour détailler les parties qui seroient trop fines, pour qu'ils pussent le faire avec la scie à découper.

Les Menuifiers-Ebéniftes doivent avoir quelques connoiffances de l'Art du Tour, afin d'être en état de faire eux-mêmes les parties de leurs ouvrages qui doivent être tournées, comme les pieds de tables, de guéridons & autres.

Ils ont auffi befoin de favoir limer pour ferrer leurs ouvrages eux-mêmes (ce qu'ils font toujours), & pour y ajufter les ornements de bronze qui y font néceffaires ; ce qui m'obligera à donner quelques notions élémentaires de l'Art du Tour & du Serrurier, dont la connoiffance eft abfolument néceffaire aux Ebéniftes.

D'après l'expofé que je viens de faire des connoiffances néceffaires aux Menuifiers-Ebéniftes, il eft facile de voir que leur Art eft très-étendu, quoiqu'il foit prefque tout de pratique ; mais cette même pratique tient à tant de chofes, que quelque fuccinte que foit la defcription de l'Art de l'Ebénifterie, elle ne peut être que très-confidérable, vu la grande quantité d'objets qui doivent y être traités, & dont on ne pourroit retrancher aucun fans faire tort à tout l'ouvrage, lequel eft plutôt fait pour les Ouvriers & les Curieux, que pour les demi-Savants, qui regardent comme inutile tout ce qu'ils n'entendent pas, ou ce qu'ils n'ont pas le courage de vouloir apprendre ; ce qui leur fait préférer des abrégés qui ne leur enfeignent que des mots, dans la connoiffance defquels ils font confifter toute leur fcience, fi cependant c'en eft une que celle qui ne fert qu'à furcharger la mémoire fans éclairer l'efprit, & qui fait plutôt des ignorants orgueilleux que de vrais Savants. Comme dans la defcription des Arts, l'intention de l'Académie eft d'élever un monument à l'induftrie humaine, ceux qui travaillent à la defcription de ces mêmes Arts ne doivent rien négliger de ce qui peut concourir à la perfection d'un monument fait pour illuftrer notre fiecle, & éclairer l'avenir. Quant à moi je n'épargnerai rien pour donner à la defcription de cette Partie de mon Art toute la perfection poffible, du moins felon mes forces ; efpérant qu'en faveur de mon zéle on voudra bien excufer les fautes de mon Ouvrage, qui auroit peut-être été moins prolixe, & certainement mieux écrit, s'il étoit tombé dans des mains plus habiles que les miennes.

L'Art de l'Ebénifterie eft très-ancien, & a pris naiffance en Afie, d'où il fut apporté en Grece, & de-là en Italie, lorfque les Romains après avoir vaincu une partie de l'Univers le furent à leur tour par le luxe des peuples vaincus. A ce qui paroît par les Auteurs anciens, cet Art étoit très-eftimé à Rome où l'Ebénifterie, ou pour mieux dire la Marqueterie, foit en bois, foit en marbre & en métaux, étoit recherchée des plus riches Citoyens, & faifoit un très-grand objet de luxe (*). A la chûte de l'Empire Romain, cet Art, ainfi que tous les autres,

---

(*) Il n'eft pas poffible de favoir au jufte jufqu'à quel degré de perfection les Anciens ont pouffé l'Art de l'Ebénifterie, vu qu'il ne nous refte aucun monument de ces temps ; cependant fi on peut en juger par les belles Mofaïques de marbre qu'on a retrouvées à Rome & ailleurs, il y a tout à croire qu'ils excelloient autant dans l'Art de la Mofaïque en bois ; de plus, tous les Auteurs s'accordent à parler de la magnificence des Maifons tant des grands que des particuliers dont les murailles & les plafonds, & même les planchers, étoient incruftés de lames d'or, d'argent

fut oublié & même presque anéanti dans les siecles d'ignorance qui suivirent, & ce ne fut que dans le quinzieme siecle que Jean de Vérone, contemporain de Raphaël, remit cet Art en honneur, & qu'il inventa, ou pour mieux dire renouvella l'usage de teindre le bois de diverses couleurs, & d'y donner des ombres, par le moyen du feu ou des acides; de sorte que l'Art de l'Ebénisterie, qui de son temps ne consistoit qu'en des compartiments de noir & de blanc, devint susceptible de représenter divers objets, & sur-tout des bâtiments en perspective. Cet Art passa en France du temps de François premier, & avec les deux Reines Catherine & Marie de Médicis, & il y fut cultivé avec succès ; mais ce ne fut que dans le dix-septieme siecle qu'on fit non-seulement des meubles, mais encore des revêtissements d'appartements, & même des planchers d'Ebénisterie, & que cet Art fut porté à sa perfection, spécialement dans le temps du Ministere & sous la protection de M. Colbert, qui établit aux Gobelins une Manufacture d'où sont sortis quantité de beaux Ouvrages, qui ont fait & feront toujours l'admiration des connoisseurs, sur-tout ceux faits par le nommé *Boule*. Depuis quelques années les progrès de cet Art se sont ralentis, soit que les Ouvrages d'Ebénisterie coûtent trop cher, ou bien que la mode en soit passée; de sorte qu'on ne fait plus maintenant que des petits meubles couverts de bois de placage, soit teint, soit naturel, & la plûpart peu solidement faits.

Il y a trois sortes d'Ebénisterie : savoir, celle de Placage, laquelle consiste en des compartiments de bois refendu en feuilles très-minces, collé sur un fond de bois uni, ce que l'on appelle ordinairement *Menuiserie de placage* ou *Marqueterie*: la seconde espece est celle où l'on représente des fleurs, des fruits & même des animaux & des figures humaines par le moyen des bois teints ou de couleurs naturelles, appliqués sur un fond de bois uni ou incrusté dans d'autres bois précieux ; cette seconde espece d'Ebénisterie se nomme *Mosaïque* ou *Peinture en bois* : la troisieme espece d'Ebénisterie est celle où, avec les bois précieux, on emploie l'écaille, l'yvoire, les métaux, les pierres précieuses, &c.

Les Ebénistes font non-seulement leurs ouvrages de bois de rapport

& d'yvoire. Le Palais ou la Maison dorée de Néron, ne portoit en partie ce nom que par rapport aux incrustations & aux revêtissements d'or dont elle étoit ornée ; les chaires curules des Sénateurs Romains qui étoient d'yvoire, n'étoient vraisemblablement que de marqueterie, n'étant gueres possible qu'on puisse les faire toutes d'yvoire. Les Anciens revêtissoient aussi leurs Temples d'Ebénisterie, comme le prouve un passage d'Horace, qui demandant une grace à Vénus de la part de Maximus, lui promet une Statue dans un Temple boisé de bois de Citronnier qui étoit un bois des plus rares qu'on employât à Rome dans ce temps. Tout l'avantage que les Modernes peuvent avoir sur les Anciens par rapport à l'Ebénisterie, c'est l'usage des bois précieux & aromatiques, que le commerce des Indes Orientales & la découverte du nouveau Monde leur ont procurés, ce qui les met dans le cas de donner beaucoup d'éclat à leurs ouvrages en y employant des bois d'une excellente qualité, & dont la couleur naturelle ne sauroit beaucoup changer: au reste tout paroît égal des deux côtés. Les Anciens avoient trois especes de Marqueterie ou Peinture en bois, une qui représentoit les Dieux & les Hommes, qu'ils nommoient *Sculpture en Mosaïque*, c'est-à-dire, ouvrage très-précieux ou bien inspiré par les Muses ; la seconde espece qui représentoit les Animaux, & la troisieme les Fleurs & les Fruits, & qui étoit ornée de divers compartiments. *Voyez l'Encyclopédie.*

plaqués fur des fonds unis, mais encore ils les font en bois plein, foit de France ou des Indes, qu'ils affemblent & ornent de moulures, & dans lefquels ils incruftent quelquefois d'autres bois ou des métaux. Des trois efpeces d'Ebénifterie, la premiere eft la plus ufitée, comme étant celle qui demande le moins de foin & de travail, & qui coûte par conféquent moins cher ; la feconde l'eft un peu moins, & la troifieme prefque point du tout, quoique ce foit la plus belle, & à mon avis la feule digne de décorer les Appartements des Princes, ou du moins leurs meubles.

CHAPITRE DIXIEME.

Des différents Bois propres à l'Ébénifterie.

L E S bois propres à l'Ebénifterie font de deux efpeces; favoir, ceux qui fervent à la conftruction des bâtis, & ceux qui fervent à leurs revêtiffements : les bois propres aux bâtis font le chêne tendre, le fapin, le tilleul & tout autre bois tendre & peu fujet à fe tourmenter, qu'on emploie le plus fec poffible, comme je l'expliquerai en parlant de la conftruction des bâtis des ouvrages d'Ebénifterie.

Il y a deux fortes de bois fervant aux revêtiffements des ouvrages d'Ebénifterie, favoir, ceux de couleur, qui la plûpart nous viennent des Indes, & les bois de France, dont quelques-uns ont d'affez belles couleurs, mais dont le plus grand nombre a befoin d'être teint pour être employé à ces fortes d'ouvrages.

Les bois des Indes font préférables à ceux de France, non-feulement par leur grand nombre, mais encore par leurs belles couleurs & leurs bonnes qualités qui les rendent très-propres à recevoir le poli ; c'eft pourquoi je vais commencer par la defcription des bois des Indes, comme étant la plus compliquée & la plus intéreffante, vu que ce font ceux qui font le plus en ufage à préfent.

Les bois des Indes propres à l'Ebénifterie font en grand nombre & très-différents les uns des autres, foit pour la couleur, foit par les différents noms qui font propres à chacun d'eux, ou qui leur ont donnés par rapport aux différents pays où ils croiffent. Cependant on peut en général les confidérer, par rapport à leurs couleurs, comme faifant cinq efpeces différentes qu'on connoiffoit anciennement fous le nom d'Ebenes, favoir, l'Ebene noire proprement dite, les Ebenes rouges, les violettes, les jaunes & les vertes, fi cependant on peut donner ce nom à des bois dont la couleur eft plutôt jaune fale, ou brun olivâtre que verte.

Cette maniere de confidérer les différentes efpeces de bois des Indes eft affez naturelle ; mais comme chacun de ces bois n'eft pas exactement de couleur rouge ou violette, &c. mais plutôt nuancé de ces différentes couleurs (du

moins

moins pour la plûpart) ; j'ai préféré de suivre l'ordre alphabétique dans la description que j'en vais faire , comme étant le plus en usage , & celui qu'ont suivi ceux qui ont déja écrit sur cette matiere. (*)

SECTION PREMIERE.

Description des Bois des Indes & de leurs qualités, relativement à l'Ebénisterie.

AVANT que de faire la description de chaque espece de bois des Indes , j'ai cru devoir donner la Table suivante , afin que d'un seul coup d'œil on puisse connoître leurs noms , leurs couleurs , leurs qualités dures ou tendres , ou aromatiques , & le pays où ils croissent , ce qui aidera beaucoup à l'intelligence de la description de ces mêmes bois.

(*) En travaillant à la description des bois des Indes , je ne me suis pas flatté de le pouvoir faire avec toute la perfection dont cette matiere pourroit être susceptible , vu que presque tous les Auteurs qui ont écrit à ce sujet , ou ne s'expliquent pas d'une maniere assez exacte , ou sont en contradiction les uns avec les autres en traitant des mêmes sujets , soit par rapport aux noms ou à la qualité & à la couleur des bois. Les Marchands & les Ouvriers ne sont guere plus instruits à ce sujet , s'embarrassant fort peu lorsqu'ils achetent un morceau de bois , quel est son vrai nom & de quel pays il vient. Je n'ai donc pu faire mieux pour rendre ma description la moins défectueuse qu'il m'a été possible , que d'acquérir la plus grande partie des bois des Indes , avec les noms que leur donnent les Marchands & les Ouvriers ; ensuite j'ai comparé les descriptions des différents Auteurs entr'elles , & avec les bois qui m'appartiennent , & ceux qui sont au Cabinet d'Histoire Naturelle du Jardin du Roi ; ce qui m'a mis en état de faire une description , du moins exempte de fautes grossieres , laquelle de plus n'a pour objet que de faire connoître les différents bois des Indes , relativement à l'Ebénisterie , & considérés comme marchandise ou matiere propre à être employée par les Menuisiers , sans entrer dans aucun détail de ce qui a rapport à l'Histoire Naturelle de ces bois ; ce qui est non-seulement au-delà de mes forces , mais encore absolument étranger au sujet dont je traite.

TABLE ALPHABÉTIQUE des Bois étrangers connus sous le nom de Bois des Indes, *& qui sont propres à l'Ebénisterie; leurs couleurs, leurs qualités, dures ou tendres, ou aromatiques, & le nom des Pays où ils croissent.*

Noms des Bois.	Pays où croissent les Bois.	Couleurs.	Qualités.	Odeurs.
Nº. 1. Acaja	Isle de Ceylan. *Indes Orientales*	Rouge.	Tendre.	
2. Acajou.	Malabar. *Indes Orientales*	Roussâtre	Tendre & dur.	
3. Aloës *ou* Agalochum	Cochinchine. *Indes Orientales*	De plusieurs couleurs.	Tendre.	Aromatique.
Aloës *ou* Bois d'Aigle, *ou* Agalochum sauvage.	Cochinchine, Cambaye & Sumatra. *Indes Orientales.*	Roux.	Plein.	Aromatique.
Aloës *ou* Calambour *ou* Calambourc.	Isles de Solor & de Timor. *Ind. Or.*	Verdâtre.	Tendre	Aromatique.
4. Amaranthe.	Guyane. *Indes Occidentales*	Violet-brun	Dur.	
5. Amourette	Isles Antilles. *Indes Occidentales*	Rouge-brun	Dur.	
6. Anis *ou* Anil à l'Etoile.	Chine, Philippines. *Indes Orientales.*	Gris.		
7. Asphalate *ou* Bois de Rhode. *V.* Rhode.	Isles de Rhode & Chipre. *Asie.*			
8. Bresil *ou* Sapan	De Fernambouc, Isles de Lamon & de Sainte-Marthe, Isles Antilles, & à la Jamaïque. *Indes Occident.*	Rouge.	Plein.	
9. Canelle *ou* Sassafras	Isle de Ceylan. *Indes Orientales*	Blanc.	Dur.	
10. Cayenne	Isle de Cayenne. *Indes Occidentales.*	Jaune, rouge, veiné	Plein.	
11. Cedre.	Syrie & Amérique.	Rougeâtre & veiné.	Plein, incorruptible.	Odeur forte & douce.
12. Cedre.	Asie, Amérique & Sibérie en Europe.	Blanc-roux	Mou.	Odeur, *comme ci-d.*
13. Chine *ou* Bois de Lettre.	De la Chine, *Indes Orientales*; & de la Guiane. *Indes Occidentales.*	Rouge-brun, tacheté de noir.	Dur.	
14. Citron *ou* Bois de Chandelle.	Isles de l'Amérique.	Jaune-roux.	Ferme.	Odeur de citron; de muscade & de la canelle.
15. Citronier.	D'Asie & Midi de l'Europe.	Blanc-veiné.	Ferme & incorrupt.	
16. Copaïba.	Au Brésil, & dans l'Isle de Maragnan. *Indes Occidentales.*	Rouge tacheté.	Plein.	
17. Corail.	Des Isles du Vent en Amérique.	Rouge, vif, veiné.	Poreux.	
18. Cyprès.	D'Asie.	Jaunâtre rayé.	Dur, incorruptible.	
19. Ebene.	Madagascar. Isle Maurice. *Afrique.*	Noir.	Très-dur.	
20. Ebene de Portugal.	Indes Orientales.	Noir & blanc, tacheté.	Dur.	
21. Ebene rouge *ou* Grenadille	Madagascar. *Afrique.*	Brun-rougeâtre, rayé de noir.	Dur.	
22. Ebene verte.	Madagascar, isle Saint-Maurice. *Afrique.* De Tabasco & des Isles Antilles. *Amérique.*	Brun-olive rayé de verd.	Dur.	

23. Ebene blanche	Aux Isles Molucques. *Indes Orient.*	Blanc.	Dur.	
24. Epi de Bled	Chine. *Indes Orientales*	Brun & rougeâtre, rayé.	Poreux.	
25. Fercol	Isle de Cayenne	Blanc tacheté de rouge.	Plein.	
26. Fert	Isles de l'Amérique	Fauve, brun & noir, un peu rayé.	Très-dur.	
27. Fuset	A la Jamaïque. *Indes Occidentales.*	Jaune veiné.	Tendre.	
28. Gayac *ou* Bois-Saint	Isle de Saint-Domingue & du Port de Paix. *Indes Occidentales*	Verd & noir, rayé.	Très-dur.	
29. Gommier	A la Guadaloupe. *Indes Occidentales.*	Blanc veiné de noir.	Dur.	
30. Inde *ou* Campéche *ou* Laurier Aromatique.	Campéche, Isles de Sainte-Croix, de la Martinique, & de la Grenade. *Indes Occidentales.*	Rouge glacé de jaune.	Dur & très-lourd.	D'odeur forte.
31. Jacaranda	Indes Orientales.	Blanc & noir marbré.	Dur.	De bonne odeur.
32. Jaune, Fustoc & Clairembourg *ou* Satiné jaune.	Aux Antilles & à l'Isle de Tabago. *Amérique.*	Jaune, couleur d'or, & veiné *ou* ondé.	Plein.	
33. Lapiré	Indes Occidentales	Rouge & jonquille.	Plein.	De très-bonne odeur.
34. Muscadier	Indes Orientales.		Moëlleux.	
35. Œil de Perdrix	Indes Orientales.	Gris brun.	Très dur.	
36. Olivier	Syrie & Midi de l'Europe.	Jaune-brun, rayé.	Dur.	
37. Oranger	Chine, & Europe	Jaune & blanc.	Plein.	Très-bonne odeur.
38. Platane	De l'Asie & de l'Amérique.	Blanc.	Plein.	
39. Puant	Cap de Bonne-Espérance. *Afrique.*	Ondé.	Plein.	De mauvaise odeur.
40. Rhode *ou* Asphalate	De la Jamaïque. *Amérique.*	Blanc.	Plein.	D'une odeur bonne & très-pénétrante.
41. Rose *ou* Bois marbré	Des Isles Antilles. *Amérique.*	Jaune & rouge, rayé.	Plein.	Odeur de rose.
42. Rouge *ou* de Sang	Près du Golfe de Nicaragua. *Amér.*	Rouge-foncé.	Dur.	
43. Santal citrin	A la Chine, au Royaume de Siam & aux Isles de Solor & de Timor. *Indes Orientales.*	Jaune-clair.	Dur.	Bonne odeur de citron.
44. Santal blanc	*Comme ci-dessus.*	Blanc-roux.	Plein.	Odeur, *comme ci-d.* & moins forte.
45. Santal rouge *ou* Caliatour	Sur la côte de Coromandel, & à l'isle de Tarassarin. *Indes Orientales.*	Rouge mêlé de jaune & brun.	Dur.	
46. Satiné rouge	Isles Antilles. *Indes Occidentales.*	Rouge veiné de jaune.	Plein.	
47. Violet	Indes Orientales.	Blanc-vineux & violet, rayé.	Plein.	Odeur de Violette très-douce.
48. Violet palissandre, *dit* Ste. Lucie.	Isle de Ste. Lucie *ou* Alousie. *Indes Occidentales.*	Gris-brun, veiné.	Poreux.	Bonne odeur plus forte que le bois violet.

N°. 1. *Acaja*: cet arbre croît à Ceylan, & porte un fruit affez femblable à des prunes; fon bois a l'écorce rude & tendre comme le Sureau; il eft rouge & léger comme du liége, & n'eft propre qu'à de petits ouvrages.

2. *Acajou* ou Acajous: cet arbre eft une efpece de Noyer qui croît dans le Malabar, & qui eft originaire des Ifles de l'Amérique & du Bréfil: à Cayenne, à la Jamaïque, le bois d'Acajou proprement dit eft mou, d'une odeur un peu forte fans être abfolument mauvaife, de couleur roufsâtre, de fil & quelquefois fi tortueux & de rebours qu'on ne peut le travailler qu'avec des fers brettés. Cette efpece d'Acajou fe nomme *Acajou-pomme*; il eft moins odorant que l'autre, feche plus vîte, & fe brunit plus promptement.

L'Acajou de Cayenne vient haut & gros, & eft propre à faire des planches; fa couleur eft rougeâtre, quelquefois veiné ou marbré de jaune & de blanc. Ce bois a une bonne odeur, fe polit bien, & on le nomme quelquefois *Cedre de Saint-Domingue*.

L'Acajou de la Jamaïque eft d'une couleur brune un peu rougeâtre, rayé de brun foncé en fuivant les couches concentriques de l'arbre; ce qui produit de très-beaux accidents aux environs des nœuds, dont alors les couches concentriques fuivent les finuofités. En général le grain de l'Acajou eft fin, fes pores un peu ouverts, fur-tout à bois debout, c'eft-à-dire, à l'extrêmité de fes fibres longitudinales, ce qui fait que ce bois n'eft pas bien folide & même un peu fujet à la pourriture par rapport à l'humidité qui s'introduit dans l'ouverture de fes pores.

3. *Aloës*: ce bois eft très-rare & eft nommé par Diofcoride *Agalochum*. Il y a trois efpeces d'Aloës, favoir, le Calombac qui croît à la Cochinchine, qui eft très-tendre & de plufieurs couleurs, d'une très-bonne odeur: ce bois eft extrêmement réfineux, ce qui fait qu'il fond plutôt qu'il ne brûle, & qu'on ne s'en fert que comme d'un parfum.

La feconde efpece d'Aloës fe nomme *Bois d'Aigle* ou *Agalochum fauvage*; c'eft un arbre qui croît à la Cochinchine, à Cambaye & à Sumatra; fon bois eft compact & pefant, percé de plufieurs cavités, eft de couleur rouffe, & eft d'une très-bonne odeur.

La troifieme & la plus commune efpece d'Aloës fe nomme *Calambourc* ou *Calambour*, & vient en groffes bûches des Ifles de Solor & de Timor; c'eft un arbre qui reffemble affez à l'Olivier; fon bois eft léger, poreux, & réfineux d'une couleur verdâtre, tirant fur le roux.

4. *Amaranthe*, appellé par les Anglois *Mahageni* ou *Magohoni*; efpece de bois violet que les Hollandois nous vendent, & qu'on nomme quelquefois *Bois de la Chine*, quoique mal-à-propos, puifque ce bois ne croît que dans le continent de la Guyane en Amérique. Cet arbre vient très-gros, & fon bois eft de fil & d'un grain fin & ferré; fa couleur, avant d'être travaillé, eft d'un gris vineux & brillante comme fi elle étoit argentée; lorfque ce bois eft poli, fa couleur

change

change & devient d'un beau violet brun, qui, avec le temps, devient presque noir. Ce changement est causé par l'évaporation d'une substance blanchâtre & résineuse qui se trouve renfermée dans ses fibres longitudinales, & qui paroît à bois de bout, comme une infinité de petits points blancs qui suivent les couches concentriques de l'arbre. Le bois d'Amaranthe est moyennement dur, se travaille très-bien & est fort d'usage à présent, où on l'emploie assez communément avec le Bois de rose, sur lequel il tranche cependant un peu trop, comme je l'expliquerai en parlant de la maniere de mélanger les bois.

5. *Amourette* est un bois pesant dur & compact, de couleur jaunâtre, un peu rousse, & veiné de brun rougeâtre : je soupçonne que ce pourroit être la même chose que le *Benoît fin*, qui croît aux Antilles, & qui vient très-grand & très-gros.

6. *Anis* ou Anil à l'étoile, est un arbre qui croît à la Chine, aux Indes Orientales, aux Isles Philippines & en Sibérie, d'où on l'apporte en grosses bûches : ce bois est d'une couleur grisâtre & d'une odeur à-peu-près semblable à l'Anis, & est peu d'usage en Ebénisterie, quoiqu'on se serve d'Erable teint en gris.

7. *Asphalate*, nommé par les Anciens *Rhodium lignum* ou *Bois de Rhode*. On ne sait au juste si c'est le bois connu sous le nom de Bois de Rhode ou de Rose, ou bien si c'étoit l'Aloës ou l'Agalochum.

8. *Brésil* : ce bois vient originairement du Brésil, province de l'Amérique Méridionale ; il prend différents noms selon les autres lieux où il croît ; celui qu'on nomme *Brésil de Fernambouc*, est le meilleur ; il y a encore le bois de Brésil proprement dit, celui de Lamon, de Sainte-Marthe, & le Brésillet, qui croît aux Antilles & qui est le moins estimé de tous. L'arbre du Brésil est de deux especes ; savoir, le gros qu'on nomme *Sapan*, & le petit qu'on nomme *Sapan-bimas*. Le bois de Brésil n'a pas de moëlle, est souvent tortueux, & vient fort gros ; mais comme il a beaucoup d'aubier, il perd la moitié & même les deux tiers de sa grosseur. Pour que ce bois soit bon, il faut qu'il soit compact, dur & très-sec, que sa couleur sur le bois de fil, lorsqu'il est éclatté, de grise qu'elle paroît, devienne d'un rouge tirant un peu sur le jaune, & qu'il soit d'un goût un peu sucré. Il croît aussi de ce bois aux Indes Orientales, comme au Japon où il a de la moëlle ; au royaume de Siam, sur la côte de Malabar, & dans les deux presqu'isles du Gange ; ce bois ne pouvant croître ailleurs que dans la Zone Torride. Le Sapan des Indes dont il est ici question est d'un genre différent de celui de l'Amérique ; mais il sert également à la Menuiserie & à la Teinture.

9. *Canelle*, qu'on nomme improprement *Sassafras*. C'est un arbre qui ne croît qu'à l'Isle de Ceylan, & qui ne vient qu'à quatre toises de hauteur ; son bois est

de fil dur, blanc & n'a point d'odeur; il y a dans les vieux troncs de ces arbres des nœuds ou loupes propres à l'Ebénisterie.

Il croît dans la Floride en Amérique un assez bel arbre qu'on nomme *Pavane* ou *Bois de Canelle*, à cause de sa bonne odeur; on prétend que c'est la même chose que le *Sassafras*.

Il y a encore une espece de bois jaunâtre tirant sur le brun, nommé *Carabaccium*, dont l'odeur sent le clou de gérofle, lequel pourroit bien être le même que le Pavane d'Amérique.

10. *Cayenne.* Il y a deux sortes de bois de Cayenne; l'un, veiné de jaune & de rougeâtre, dont le grain est fin & serré; l'autre, d'un brun rouge veiné & grisâtre sur les bords: l'une & l'autre de ces deux especes de bois est semée de petites cavités remplies d'une espece de gomme ou résine qui s'évapore à l'air, laquelle gomme suit les fibres longitudinales du bois, & paroît à bois de bout contenue dans une infinité de petits tuyaux semés irréguliérement, ce qui n'empêche pas que ce bois ne se polisse très-bien.

11. *Cedre:* c'est un des plus beaux & des plus grands arbres du monde: les plus grands croissoient jadis sur le mont Liban, où il y en avoit de 120 à 130 pieds de hauteur; il n'en croît plus à présent qu'aux environs de Biblos & de Tripoli de Syrie: il en croît aussi beaucoup dans l'Amérique, dans les Isles de Chypre & de Candie; mais ils sont moins beaux que ceux de l'Asie mineure. Il croît encore des Cedres en Sibérie; mais ce sont les moins beaux de tous, & ils n'ont point d'odeur.

Le bois de Cedre est de deux especes, savoir, le rouge & le blanc: le rouge, qui est le plus beau, est un bois plein, moyennement ferme, d'une couleur rougeâtre tirant sur le jaune, & dont les séparations des couches concentriques sont d'un rouge brun tirant sur le violet; de sorte que ce bois refendu suivant un de ses rayons paroît rayé à-peu-près comme le beau bois de Sapin, & est d'une très-bonne odeur, à-peu-près semblable à celle du musc.

12. *Le Cedre blanc* n'est point rayé comme le rouge, il est d'une couleur plutôt rousse que blanche, & est plus mou & plus léger que le rouge, & a à-peu-près la même odeur. En général le Cedre, quoique très-tendre, prend assez bien le poli, & passe pour être incorruptible, ce qui le faisoit fort estimer des Romains qui en faisoient beaucoup d'usage pour leurs meubles. Seneque, le Chantre de la pauvreté, avoit 500 tables de bois de Cedre toutes pareilles portées sur des pieds d'yvoire.

13. *Chine*, ou *Serpentin*, ou *Lignum Sinense*; en Hollandois, *Letterhout* ou *Bois de lettres*, à cause qu'on l'apporte marqué de lettres ou de marques que forment les taches dont il est couvert. Ce bois est dur, lourd & extrêmement compact, prenant bien le poli; d'une couleur rouge-brun, marqué de petites taches brunes ou plutôt noirâtres, qui partent du centre de l'arbre, suivant la

direction des rayons. Ce bois est résineux & d'un grain très-fin ; & quoique très-dur, il se fend aisément sur le bois de fil, ce qui le rend assez difficile à travailler ; de plus sa couleur noircit en vieillissant. Quoique ce bois soit nommé en France *Bois de la Chine*, il est fort douteux qu'il vienne de ce pays ; au contraire, on est presque sûr qu'il ne croît que dans le continent de la Guyane, dans l'Amérique méridionale. Ce qu'il y a de certain, c'est qu'il croît à la Guyane une espece de Bois de lettre qui est luisant, dur & de couleur rouge tacheté de noir. Quelquefois le fond de ce bois est jaune ; mais dans l'un ou l'autre cas, il ne vient guere qu'à 4 pouces de diametre.

14. *Citron*, arbre ainsi nommé à cause de son odeur & de sa couleur ; il croît dans les Isles de l'Amérique, & sur le bord de la mer. Les Américains le nomment *Bois de chandelle*, parce qu'ils s'en servent pour s'éclairer la nuit. Son bois résineux est lourd, compact, d'une odeur forte tirant sur celle de citron ; son grain est serré : il est extrêmement de fil, & prend bien le poli. On l'apporte par tronc pesant environ 1000 livres ; c'est à quoi on peut le distinguer du Santal Citrin, auquel il ressemble, mais dont les bûches ne pesent que 100 livres ; d'ailleurs le Citrin est moins lourd que le bois de Citron, d'une odeur plus douce & plus agréable, & de meilleur goût que le dernier, qu'on nomme aussi *Bois de coco* & de *jasmin*. On croit que c'est le même que le bois de rose de la Guyane.

15. *Citronnier*. Cet arbre est peu gros ; son bois est blanc & sans odeur : il est originaire d'Asie, d'où il fut apporté dans la Grece, & de-là en Italie. Il croît maintenant en Espagne, en Portugal, dans le Piémont & dans la Provence. Le bois de Citronnier étoit très-rare & très-estimé à Rome sur la fin de la République. Cicéron en avoit une table qui avoit coûté deux mille écus ; & Asinius Pollio, une de 30 mille livres : Pline dit qu'il falloit être un très-grand Seigneur pour faire usage de ce bois, dont la beauté consistoit dans la diversité des ondes & des nœuds des racines. Ce bois n'est plus d'usage à présent.

16. *Copaïba*, arbre d'où découle le baume de Copahu. Son bois est d'un rouge foncé, parsemé de taches rouge vif, d'une dureté à peu-près égale au Chêne, & sert à la teinture. On doute si ce bois n'est pas le même que le Fernambouc, dont il a l'odeur. Le Copaïba croît dans les forêts du Brésil, dans l'Isle de Maragnan & aux Antilles (*).

17. *Corail*. Cet arbre croît aux Isles du Vent, en Amérique. Son bois est

<hr>

(*) J'ai vû au Cabinet d'Histoire Naturelle du Jardin du Roi, du bois de Copaïba qui étoit d'une couleur jaunâtre, & d'un grain fin & serré. Je ne sai si c'est une nuance dans l'espece, ou bien s'il est mal étiqueté ; car tous les Auteurs se rapportent à la description que je viens d'en faire, quoiqu'il y ait une grande différence pour la couleur ; ce qui prouve assez combien il seroit nécessaire que nous eussions une Histoire des Bois étrangers bien détaillée, & faite d'après de bonnes observations sur les lieux & sur les différents sujets ; ce qui ne pourra jamais être, tant que les Écrivains ne feront que se copier les uns les autres, sans critique, & sans examiner les choses par eux-mêmes, ou du moins sans s'en être fait rendre compte par des gens connoisseurs en cette partie.

d'une couleur rouge pâle, rayé de veines d'un rouge de corail mêlé de brun suivant les couches concentriques de l'arbre. Ce bois est moyennement lourd, & fort poreux ; il a les fibres très-ouvertes & remplies d'une cendre ou gomme qui est plus ou moins foncée, selon les veines où elle se trouve. Il a le défaut d'être très-difficile à travailler, parce que toutes ces couches concentriques ont une inclinaison différente, ce qui produit des rebours qui sont inévitables. On vend quelquefois ce bois pour du Santal rouge ; mais ce dernier est bien plus compact que le bois de Corail, & est d'un rouge beaucoup plus foncé.

18. *Cyprès*, arbre d'une moyenne grosseur. Il est originaire des montagnes de Candie & des Isles de l'Archipel. Son bois est compact, solide & de couleur jaunâtre ; lorsqu'il est coupé à bois de bout, ses couches concentriques se distinguent aussi aisément qu'au Sapin : il n'est pas lourd, & n'est pas sujet à se pourrir ni à se gercer ; les vers ne s'y mettent jamais ; il est presque d'une aussi bonne odeur que le bois de Cédre, & prend très-bien le poli. Presque tous les Auteurs anciens s'accordent à regarder ce bois comme incorruptible ; ce qu'il y a de certain, c'est que les portes de l'ancienne Eglise de Saint Pierre de Rome, faites du temps de l'Empereur Constantin, lesquelles étoient faites de ce bois, ont duré près de 1200 ans. Il y a une autre espece de Cyprès de l'Amérique, qu'on nomme *Cédre blanc*, lequel n'est pas connu en France.

19. *Ebene.* L'arbre d'Ebene est peu connu ; son bois est très-dur & pesant, cependant moins que le Bois de fer. Il y a quatre sortes d'Ebenes ; savoir, la noire, la rouge, la verte & la blanche.

L'Ebene noire, qui est la plus commune, vient de Madagascar, où les habitants la nomment *Hasonmainthi*, c'est-à-dire, *bois noir.* La plus belle Ebene noire vient de l'Isle Maurice, dont elle a pris le nom. Pour que l'Ebene soit bonne, il faut qu'elle soit sans nœuds, d'un fil très-serré, & d'une couleur luisante ; & qu'en la travaillant le copeau s'enleve bien sans se rompre, comme il arrive quelquefois à une espece d'Ebene qu'on diroit être du bois brûlé, & dont les copeaux sont comme de la sciure. L'Ebene a le défaut d'être quelquefois tachée de veines roussâtres, sur-tout celle qui vient de l'Isle Maurice, ce qui en diminue la valeur, puisque la beauté de ce bois consiste dans sa couleur parfaitement noire & luisante.

En général, l'Ebene est un des plus beaux bois qu'on puisse employer en Ebénisterie, tant par rapport à sa qualité pleine & compacte, qui le rend facile à travailler, que par sa belle couleur noire, qui augmente encore avec le poli que ce bois prend parfaitement bien ; aussi étoit-ce presque le seul qu'on employoit autrefois dans cette partie de la Menuiserie, à laquelle il a donné son nom. Mais depuis que les autres bois de couleur sont devenus plus communs, on a fait moins d'usage de l'Ebene, & on ne s'en sert presque plus à présent, ainsi que je l'expliquerai ci-après.

20. Il y a de l'Ebene noire & blanche, qu'on nomme *Ebene de Portugal,*

qui

qui est peu en usage, & que je ne connois pas, ne l'ayant vue nulle part.

21. L'*Ebene rouge*, autrement dîte *Grenadille*, croît à Madagascar : elle est un peu moins compacte & moins lourde que la noire. Elle n'est pas précisément d'une couleur rouge, mais au contraire d'un brun rayé de noir, en suivant les couches concentriques, qui, à peu de chose près, sont alternativement de ces deux couleurs. Ce bois est entouré d'un aubier jaune, qui est presqu'aussi dur que le bon bois.

22. L'*Ebene verte* est beaucoup moins dure que les deux premieres especes : il en croît à Madagascar, à l'Isle Saint-Maurice, à Tabago & aux Antilles : sa couleur est d'un brun tirant sur l'olive, & toutes les fibres longitudinales de ce bois sont remplies d'une cendre ou poussiere verte & brillante, laquelle n'est (du moins à ce que je crois) autre chose que de la seve condensée, laquelle paroît, à bois de bout, comme une infinité de petits points verds semés entre les couches concentriques, dont ils suivent les contours. Cette cendre est la partie de ce bois qui sert à la teinture, & qui, lorsqu'elle est évaporée, fait perdre au bois sa couleur verte, qui, alors, devient brune en vieillissant. Ce bois a le défaut d'avoir les fils entrelacés, ce qui y produit des rebours lorsqu'on le travaille sur la maille. Il y a une autre espece d'Ebene nommée *Cytise* ou *Ebénier des Alpes*, dont le grain est fin & serré ; sa couleur est un jaune pâle nuancé de verd ; c'est un arbre de moyenne grosseur, & qui doit plutôt être rangé dans la classe des bois de France, que dans ceux des Indes, auxquels il ne ressemble que médiocrement.

23. L'*Ebene blanche* est peu connue : le grand Pompée est, dit-on, le premier qui en ait apporté à Rome dans son triomphe sur Mithridate, Roi de Pont. M. de Bougainville, dans son Voyage autour du Monde en 1768, dit avoir vu à Boëro dans les Moluques, des Ebenes noires & blanches ; je ne sai s'il a voulu dire qu'il y avoit des Ebenes noires & des Ebenes blanches, ou bien si ce n'étoit qu'une seule espece d'Ebene noire marquée ou veinée de blanc.

24. *Epi de bled.* Je n'ai pu savoir au juste le vrai nom de ce bois ; je soupçonne cependant que ce pourroit être le bois de Rose de la Chine, nommé *Testant*, vu que les descriptions qu'en font les différents Auteurs, conviennent très-bien à l'Epi de bled, dont le bois moyennement dur, est très-poreux. Le fond de ce bois ou, pour mieux dire, ses rayures prédominantes, sont d'un noir rougeâtre, entremêlées d'autres raies couleur de chair, dans lesquelles il se trouve de petites cavités remplies d'une poussiere ou gomme de la même couleur, & qui paroissent à bois de bout, ainsi que les fibres qui les renferment, comme des points ronds un peu allongés, disposés sur un fond brun, de maniere qu'on sent (quoique assez difficilement) la forme des couches concentriques. Le bois de bout de l'Epi de bled, ne peut être mieux comparé qu'à du jonc ; & il n'y a point, ou du moins peu, de différence à ses rayures considérées verticalement, soit qu'il soit coupé sur la maille ou parallélement aux couches concentriques ; en quoi

ce bois differe de tous les autres, qui, lorsqu'ils font rayés à bois de bout, le font fur le bois de fil refendu fur la maille (c'eft-à-dire, fuivant les rayons de l'arbre), & veiné lorfqu'ils font refendus parallélement aux couches concentriques. Comme l'Epi de bled a les pores très-ouverts, & que fes rayures font d'une denfité inégale, il eft un peu difficile à polir, & il faut avoir foin de remplir les ouvertures de fes pores avec un maftic préparé comme je l'indiquerai en parlant du poli des bois : cette obfervation eft générale pour tous les bois dont les pores font ouverts comme à celui dont je parle.

25. *Fereol.* Ce bois croît à Cayenne, & porte le nom de celui qui l'a découvert; il fe nomme auffi *Bois marbré* : le fond de ce bois eft blanc, & veiné ou tacheté de rouge. Il y a au Cabinet d'Hiftoire Naturelle du Jardin du Roi, du bois de Fereol dont le grain eft très-fin, & dont le fond eft de couleur jaune foncé, avec des raies étroites de couleur brune, tirant fur le violet; c'eft peut-être une nuance dans l'efpece : au refte, ce bois eft beau, & fe travaille très-bien.

26. *Fert* eft un arbre qui croît dans les Ifles de l'Amérique de la groffeur d'un homme par le tronc; fon bois eft extrémement dur, d'une couleur fauve, brune tirant fur le noir, fur-tout au cœur du bois, qui eft extraordinairement dur, & où cependant les couches concentriques fe diftinguent fort aifément, quoique fon grain foit, pour le moins, auffi ferré qu'à l'Ebene noire : la couleur de ce bois eft généralement trifte, & on ne peut guere l'employer en Marqueterie que pour repréfenter des Terraffes, ou d'autres objets auxquels fa couleur foit convenable.

27. *Fufet.* C'eft un arbriffeau qui vient à la Jamaïque & au Midi de la France; fon bois eft d'un beau jaune veiné; mais il eft peu folide.

28. *Gayac* ou *Bois-Saint*, croît en Amérique, aux Ifles S. Domingue & du Port de la Paix; fon bois eft folide, compact & réfineux, d'une couleur verte, & rayé fuivant les couches concentriques, qui font alternativement vertes, pâles ou jaunes, & noires foncées de plus en plus, à mefure qu'elles approchent du centre : il ne peut fe fendre que parallélement aux couches concentriques, qui quelquefois fe féparent d'elles-mêmes; & les fibres ligneufes de ces dernieres, font tellement mêlées entr'elles, qu'on ne peut les féparer qu'avec la fcie. Lorfqu'on travaille ce bois, il rend une odeur forte, qui n'eft cependant pas défagréable. Les bûches de ce bois qu'on apporte en France, pefent jufqu'à 500 livres, & leur coupe tranfverfale n'eft point ronde comme à la plupart des autres arbres; mais elle eft allongée en forme de poire.

Il y a encore d'autres efpeces de Gayac, un peu différentes de celui-ci, entr'autres un qui eft auffi dur, mais dont la couleur eft jaune, à peu-près comme le Buis, & quelquefois veiné de verd ou de noir : cette derniere efpece de Gayac eft plus propre à l'Ebénifterie que la premiere, parce que fon bois, quoique très-dur, eft plus facile à travailler.

qui eft peu en ufage, & que je ne connois pas, ne l'ayant vue nulle part.

21. L'*Ebene rouge*, autrement dîte *Grenadille*, croît à Madagafcar : elle eft un peu moins compacte & moins lourde que la noire. Elle n'eft pas précifément d'une couleur rouge, mais au contraire d'un brun rayé de noir, en fuivant les couches concentriques, qui, à peu de chofe près, font alternativement de ces deux couleurs. Ce bois eft entouré d'un aubier jaune, qui eft prefqu'auffi dur que le bon bois.

22. L'*Ebene verte* eft beaucoup moins dure que les deux premieres efpeces : il en croît à Madagafcar, à l'Ifle Saint-Maurice, à Tabago & aux Antilles : fa couleur eft d'un brun tirant fur l'olive, & toutes les fibres longitudinales de ce bois font remplies d'une cendre ou pouffiere verte & brillante, laquelle n'eft (du moins à ce que je crois) autre chofe que de la feve condenfée, laquelle paroît, à bois de bout, comme une infinité de petits points verds femés entre les couches concentriques, dont ils fuivent les contours. Cette cendre eft la partie de ce bois qui fert à la teinture, & qui, lorfqu'elle eft évaporée, fait perdre au bois fa couleur verte, qui, alors, devient brune en vieilliffant. Ce bois a le défaut d'avoir les fils entrelacés, ce qui y produit des rebours lorfqu'on le travaille fur la maille. Il y a une autre efpece d'Ebene nommée *Cytife* ou *Ebénier des Alpes*, dont le grain eft fin & ferré ; fa couleur eft un jaune pâle nuancé de verd ; c'eft un arbre de moyenne groffeur, & qui doit plutôt être rangé dans la claffe des bois de France, que dans ceux des Indes, auxquels il ne reffemble que médiocrement.

23. L'*Ebene blanche* eft peu connue : le grand Pompée eft, dit-on, le premier qui en ait apporté à Rome dans fon triomphe fur Mithridate, Roi de Pont. M. de Bougainville, dans fon Voyage autour du Monde en 1768, dit avoir vu à Boëro dans les Moluques, des Ebenes noires & blanches ; je ne fai s'il a voulu dire qu'il y avoit des Ebenes noires & des Ebenes blanches, ou bien fi ce n'étoit qu'une feule efpece d'Ebene noire marquée ou veinée de blanc.

24. *Epi de bled.* Je n'ai pu favoir au jufte le vrai nom de ce bois ; je foupçonne cependant que ce pourroit être le bois de Rofe de la Chine, nommé *Teftant*, vu que les defcriptions qu'en font les différents Auteurs, conviennent très-bien à l'Epi de bled, dont le bois moyennement dur, eft très-poreux. Le fond de ce bois ou, pour mieux dire, fes rayures prédominantes, font d'un noir rougeâtre, entremêlées d'autres raies couleur de chair, dans lefquelles il fe trouve de petites cavités remplies d'une pouffiere ou gomme de la même couleur, & qui paroiffent à bois de bout, ainfi que les fibres qui les renferment, comme des points ronds un peu allongés, difpofés fur un fond brun, de maniere qu'on fent (quoique affez difficilement) la forme des couches concentriques. Le bois de bout de l'Epi de bled, ne peut être mieux comparé qu'à du jonc ; & il n'y a point, ou du moins peu, de différence à fes rayures confidérées verticalement, foit qu'il foit coupé fur la maille ou parallélement aux couches concentriques ; en quoi

peut-être une espece de bois de Fert, qui croît à la Chine , & qui est si dur , qu'on s'en sert pour faire des ancres de vaisseaux. Le bois de Perdrix est très-dur & très-lourd ; sa couleur est plus obscure que celle du bois de Fert ; & quoique très-compact , on apperçoit le long de ses fibres longitudinales , des pores très-fins remplis d'une cendre ou gomme blanchâtre, qui ne paroît à bois de bout que comme de petits points blancs, presqu'imperceptibles : son usage est à peu-près le même que celui du bois de Fert.

36. *Olivier.* Cet arbre est originaire de Syrie, & croît au midi de l'Europe ; il est dur, ou pour mieux dire , ferme, résineux & en général peu solide & tortueux ; sa couleur est jaunâtre , rayée de brun en suivant les couches concentriques, ce qui fait qu'il est ondé ou veiné sur ses faces verticales, selon qu'il a été débité sur les couches ou sur la maille. Quoi qu'il en soit, ce bois est plus beau employé à bois de bout qu'autrement ; ses loupes ou excroissances sont aussi fort recherchées par la variété des figures qu'elles représentent. Ce bois a le défaut de se rouler, c'est-à-dire, que les couches annulaires ou concentriques se détachent les unes des autres, ce qui fait qu'on ne peut souvent l'employer qu'en petites parties.

37. *Oranger.* Arbre de moyenne grosseur, originaire de la Chine, d'où les Portugais l'apporterent en graine : son bois est assez compact, de couleur jaune, & blanc vers le cœur.

38. *Plane* ou *Platane*, arbre qui vient de l'Asie & de l'Amérique Septentrionale ; son bois est blanc, assez compact, liant, d'un tissu serré ; il ressemble assez au bois de Hêtre ; il tient le milieu entre ce dernier & l'Erable, dans l'espece duquel il peut être compris : il peut s'employer en Ebénisterie dans sa couleur naturelle, mais encore teint en diverses couleurs. (*Voy. ci-après*, Art. Erable).

39. *Puant.* Arbre à peu-près de la grandeur du Chêne, qui croît au Cap de Bonne-Espérance ; il est d'un beau grain nuancé , & quoiqu'il sente fort mauvais, on en fait usage , parce qu'il perd sa mauvaise odeur avec le temps : ce bois est peu d'usage en France.

40. *Rhode.* Les Anciens ne sont point d'accord sur la nature de ce bois, comme je l'ai dit en parlant de l'Asphalate ; ils ont aussi nommé ce bois, *Bois de Candie*, apparemment parce qu'il croissoit dans cette Isle. On connoît à présent deux especes de bois de Rhode ou de Rose ; l'une qui nous vient de la Jamaïque, & l'autre des Isles Antilles.

La premiere espece vient de la grosseur de la cuisse d'un homme ; son écorce est rude & brune, & garnie d'épines ; son bois est solide, blanc, a beaucoup de moële, & est d'une odeur très-pénétrante.

41. La seconde espece de bois de Rhode est la plus commune, & celle qu'on connoît sous le nom de bois de *Rose* ou *Bois marbré*. Cet arbre vient haut & droit ; son bois est ferme, sans être dur ; sa couleur est celle de feuille morte, ou pour mieux dire, elle est mêlée de jaune & de rousseâtre, & d'un rouge violet,

disposé

29. *Gommier blanc.* Cet arbre croît à la Guadaloupe; son bois est blanc, veiné de gris, tirant quelquefois sur le noir. Ce bois est quelquefois dur & difficile à travailler, & quelquefois tendre & poreux, quoique d'un grain fin & serré.

30. *Inde* ou *Laurier aromatique*, appellé communément *Bois de Campêche*; c'est le cœur d'un très-gros arbre qui croît en Amérique, dans la Baie de Campêche, d'où il tire son nom; aux Isles de la Jamaïque, de Sainte-Croix, de la Martinique, & de la Grenade. Ce bois est si lourd, qu'il ne surnage pas sur l'eau; il est compact & d'un grain assez fin; ses fils s'entremêlent les uns dans les autres, ce qui le rend un peu difficile à travailler, & qui n'empêche cependant pas qu'il ne prenne très-bien le poli: la couleur de ce bois est d'un rouge brillant, & même comme transparent, ou pour mieux dire, glacé d'un jaune foncé; cette couleur change avec le temps, ou quand ce bois a été trop long-temps dans l'eau; alors il devient brun, & quelquefois d'un gris noirâtre, ce qui a trompé plusieurs de ceux qui en ont fait la description, les uns lui ayant donné une couleur rouge, & les autres une brune ou bien une violette. Ce bois a une odeur un peu forte, sans cependant être désagréable, & il sert à la teinture en noir & en violet. Le bois d'Inde ou de Campêche est le même que le Laurier aromatique ou le Poivrier de la Jamaïque, ou arbre qui porte la graine des quatre épices. Le véritable bois de Campêche se connoît par sa coupe, qui est faite à coups de hache par les Espagnols qui en font un très-gros commerce: il y a du bois de Campêche qui est d'un fond brun, tacheté de noir à distance à peu-près égale; mais il est très-rare à présent.

31. *Jacaranda*, gros arbre qui croît aux Indes Orientales; il y en a de deux especes, l'une blanche & l'autre noire, & toutes deux marbrées & fort dures; mais il n'y a que le noir qui soit odorant. Il y a au Cabinet d'Histoire Naturelle du Jardin du Roi du bois de Jacaranda, dont le fond est jaunâtre & rayé de brun, violet, à peu-près comme l'Epi de bled, mais dont le grain est beaucoup plus fin & plus serré; c'est peut-être une nuance dans l'espece.

32. *Jaune.* L'arbre qui produit ce bois devient très-gros; il croît aux Antilles & à l'Isle de Tabago; on le nomme aussi *Fustoc & Clairembourg*; il est plein, sans être absolument dur ni pesant; il se travaille & se polit bien, quoiqu'il ne laisse pas d'être poreux; sa couleur est d'un beau jaune foncé, qui approche de celle de l'or; on appelle aussi ce bois *Satiné jaune*. Il croît dans l'Amérique Septentrionale, un gros & grand arbre qu'on nomme *Arbre à Tulipe*, qu'on croit être le même que le bois jaune.

33. *Lapiré*, grand arbre qui croît à Cayenne, dont le cœur est mêlé de rouge & de jonquille, & qui est de très-bonne odeur.

34. *Muscadier.* Cet arbre qui porte le macis & la noix muscade, croît aux Indes Orientales de la hauteur d'un Poirier; son bois est moëleux, & son écorce cendrée: il n'est pas d'un fort grand usage, quoiqu'assez bon à travailler.

35. *Œil de Perdrix* ou *Bois de Perdrix*. Je ne sai d'où vient ce bois; c'est

fond rouge veiné de jaune, de rouge foncé, mêlé de gris olive ; & de quelque couleur que ce soit, ce bois a toujours l'air transparent, ce qui en fait la principale beauté : comme ce bois n'est pas réguliérement veiné à bois de bout, on peut le faire paroître rayé, en le refendant sur la maille, comme au contraire il paroît ondé ou même flambé en le refendant sur les couches concentriques. Ce bois se polit bien, & est fort d'usage à présent.

47. *Violet.* Ce bois vient des Indes Orientales, d'où les Hollandois l'apportent. Il est presque semblable au bois de Rose, du moins pour la forme & la disposition de ses couches concentriques : sa couleur dominante est le brun violet presque noir, rayé de blanc vineux, qui se ternit avec le temps pour les raisons que j'ai dites en parlant du bois de Rose, qui est aussi plus compact que le violet : ce dernier a le défaut d'être souvent carié au cœur, d'avoir des nœuds vicieux, & d'être assez difficile à travailler, parce que les fils de ses couches concentriques ont différentes directions. Ce bois est d'une bonne odeur de violette, ce qui, joint à sa couleur, lui a fait donner le nom de *Violet* : quoique je soupçonne qu'on pourroit le mettre au nombre des Jacaranda, ce qui est d'autant plus vraisemblable, que le bois de Palixandre, espece de bois violet, est nommé dans différents Auteurs *Jacaranda*.

48. Il y a une autre espece de *Bois violet*, nommé *Palissandre* ou *Palixandre*, lequel vient des Indes Occidentales en grosses bûches de 7 à 8 pieds de long, sur 12 à 15 pouces de diametre. Ce bois est moins beau que le violet, plus poreux, d'un grain presqu'aussi gros que le Chêne ordinaire ; sa couleur est d'un gris foncé, plutôt brun que violet, semé de quelques veines d'un blanc roux, toujours disposées suivant les couches concentriques ; celui qui a davantage de ces veines est le plus recherché ; mais en général, la couleur de ce bois est triste & désagréable. Le bois de Palissandre rend une très-bonne odeur, plus forte que celle du bois de Violette, & plus il est échauffé, plus il sent bon, ce qui est très-naturel, parce que ce bois étant très-résineux ; la gomme odorante dont ses pores sont remplis, s'évapore d'autant plus aisément par l'action du frottement, que ces pores sont plus ouverts, tant à bois de fil, qu'à bois de bout.

Le bois de Palissandre est aussi nommé *Bois de Sainte-Lucie* ; je ne sai si c'est parce qu'il croît de ce bois à l'Isle de Sainte-Lucie ou Sainte-Alouzie, l'une des Isles Antilles, ou bien si c'est parce que l'odeur du bois de Palissandre est à peu-près semblable à celle du bois de Sainte-Lucie, proprement dit, arbre qui croît en Lorraine, & qui est du genre du Cerisier.

Voilà, à peu de chose près, le détail de tous les Bois des Indes, relativement à l'Ebénisterie ; & j'ai tâché de les décrire le mieux qu'il m'a été possible, afin qu'on puisse, avec connoissance de cause, faire choix des uns ou des autres, selon qu'on le jugera à propos : cependant il est bon de faire attention que comme il ne m'a pas été possible de voir tous ces bois à divers degrés d'âge, ni même d'en voir de gros morceaux de plusieurs, il se pourroit très-bien faire, que ma

description ne fût pas aussi exacte qu'on pourroit le désirer, & que je le souhaiterois moi-même. Les mêmes sujets diffèrent quelquefois dans leurs différentes
parties, ce qui a sûrement fait donner plusieurs noms à des bois qui peut-être
viennent d'une même espece d'arbre, comme je l'ai fait entrevoir plus haut. Il faut
aussi faire attention que les bois changent de couleur, non-seulement en vieillissant, mais encore en les travaillant, & que le poli les brunit beaucoup, du
moins pour la plupart : c'est pourquoi, avant de mettre en œuvre les bois
dont on veut assortir la couleur, soit entr'eux, soit à une couleur donnée, il faut
en travailler & brunir des échantillons, afin de ne point être trompé sur leurs
véritables couleurs, du moins sur celle qui doit leur rester.

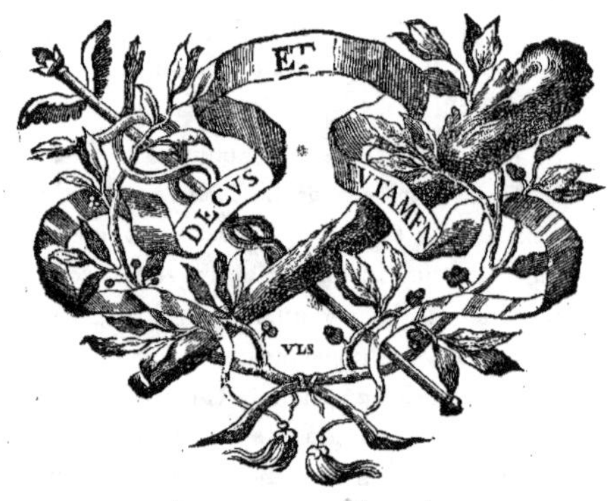

§. I. *Description des Bois François, propres à l'Ebénisterie.*

Dans la description que je vais faire des Bois de France, je ne traiterai que de ceux dont l'usage est propre à l'Ebénisterie, soit de placage ou d'incrustation, afin de ne point répéter ce que j'ai dit au sujet des autres bois, au commencement de la premiere Partie de mon Ouvrage, *page 22 & suivantes.*

TABLE ALPHABÉTIQUE des Bois de France, *disposée comme celle des Bois des Indes.*

Noms des Bois.	Couleurs.	Qualités.	Odeurs.
49. Alizier & Azerolier..........	Blanc...........	Dur............	
50. Aulne	Rougeâtre.......	Tendre.........	
51. Buis	Jaune..........	Très-dur........	
52. Cerisier...............	Roufsâtre, veiné.	Plein..........	
53. Charme.............	Blanc...........	Très-dur........	
54. Cormier..............	Rougeâtre......	Très-dur.......	
55. Cytise *ou* Ebénier des Alpes...	Verdâtre........	Plein..........	
56. Epine-Vinette.............	Jaune..........	Plein..........	
57. Erable	Blanc roufsâtre, veiné & ondé.....	Plein	
58. Faux-Acacia..............	Jaune & verdâtre, rayé.........	Dur	
59. Frêne.............	Blanc & jaune, rayé.........	Plein	
60. Fufain...............	Jaune-pâle......	Dur.........	
61. Houx................	Blanc...........	Dur.........	
62. If.....................	Rougeâtre......	Dur.........	
63. Merifier..............	Rougeâtre, rayé..	Ferme.........	
64. Mûrier	Blanc & jaune....	Tendre......	
65. Noyer................	Noir veiné......	Plein.........	
66. Poirier..............	Rougeâtre.......	Très-plein......	
67. Pommier..............	Blanc..........	Plein.	
68. Prunier..............	Blanc-roux & rougeâtre, veiné...	Plein........	
69. Sainte-Lucie...........	Gris rougeâtre....	Plein..........	De très-bonne odeur.
70. Sauvageon............	Blanchâtre.......	Dur..........	
71. Sureau...............	Jaune..........	Dur.	

49.

49. *Alizier.* Cet arbre est de moyenne grandeur : son bois est dur & plein ; son grain fin & serré. Sa couleur est blanche, quelquefois rousse, & presque toujours noirâtre vers le cœur. Ce bois est très-propre à prendre la teinture, & ne produit aucunes nuances, quoique les couches concentriques paroissent à bois de bout. L'Azérolier est semblable à l'Alizier, & on peut s'en servir également.

50. *Aulne*, arbre aquatique, très-grand : son bois est léger & un peu mou ; le grain en est fin : il est de couleur rousse plutôt que rougeâtre : il prend bien la teinture ; mais il ne se polit pas bien, parce qu'il est trop tendre.

51. *Buis*, arbrisseau de la moyenne grandeur. Il y a de deux sortes de Buis ; savoir, celui de France & celui d'Espagne. Le Buis de France est lourd, dur, compacte, d'un grain fin & serré, & de couleur jaune : il se polit très-bien.

Le Buis d'Espagne est à peu-près semblable à celui de France, excepté qu'il est un peu moins dur, & sa couleur moins foncée ; de plus, les couches concentriques du Buis d'Espagne, sont assez apparentes pour y former des rayures ou des ondes sur le bois de fil.

Les nœuds ou loupes, & les racines du Buis de Provence, sont très-recherchées, & se travaillent très-bien, parce qu'elles ne sont pas sujettes à se fendre.

52. *Cerisier*, arbre fruitier, originaire d'Asie, d'où il fut apporté en Europe par Lucullus, au retour de la guerre contre Mithridate. Le bois de Cerisier est moyennement dur, assez plein, quoiqu'il ait le grain un peu gros, & que ses couches concentriques soient fort apparentes. Sa couleur est le gris rougeâtre, plus foncé au cœur qu'aux extrémités. Ce bois se travaille bien, & prend aisément le poli. On l'emploie communément en Ebénisterie, pour faire de petits ouvrages de bois plein, & quelquefois on ne fait que le plaquer comme les bois des Indes.

53. *Charme*, est un arbre forestier de la moyenne grandeur ; son bois est fort liant & difficile à travailler : il se fend très-mal aisément, parce que ses fils sont entrelacés les uns dans les autres. La couleur de ce bois est blanche. On ne fait pas grand usage de ce bois, parce qu'il est sujet à pourriture, qu'il se travaille difficilement, & qu'il est sujet à se tourmenter ; c'est pourquoi on lui préfere le bois de Houx. *Voyez* Houx.

54. *Cormier*, arbre fruitier de moyenne grandeur. Son bois est, après le Buis, le plus dur & le plus plein des Bois de France. Il y a de deux sortes de Cormiers pour la couleur ; l'un qui est d'un blanc roux, & l'autre qui est rougeâtre, & qui est le plus estimé. En général, le bois de Cormier est très-plein ; ses fils sont fins, mais courts & peu liés les uns avec les autres, ce qui fait qu'il se fend aisément, quoique d'ailleurs il se travaille assez facilement, & qu'il prenne bien le poli. Quoique ce bois soit fort dur, ses couches concentriques se distinguent facilement à bois de bout, & même à bois de fil sur la maille. Le bois de Cormier a le défaut de se tourmenter, & il est sujet à être piqué des vers

quand il devient vieux. La couleur du Cormier augmente en vieilliſſant, &
il devient preſque brun lorſqu'il eſt poli à l'huile.

55. *Cytiſe* ou *Ebénier des Alpes*, arbre de la moyenne grandeur. Le bois de
cet arbre a beaucoup d'aubier, ſous lequel ſe trouve le bon bois, qui eſt plein
& très-liant. Voyez ce que j'en ai dit en parlant de l'Ebene verte, *page* 775.

56. *Épine-vinette*, arbriſſeau dont le bois eſt plein, de couleur jaune, & qui
ſe travaille aiſément. Son peu de groſſeur fait qu'on ne peut l'employer qu'à de
petits ouvrages & en placage, ou par incruſtation : il ſert auſſi en teinture.

57. *Erable*, arbre de la moyenne grandeur. Son bois eſt aſſez plein, quoique
léger, ſonore & brillant, qui approche de la qualité du bois de Hêtre, & qui a
le mérite de ne ſe pas tourmenter. La couleur de l'Erable eſt le blanc un peu
rouſsâtre. Ce bois eſt quelquefois veiné & ondé, c'eſt-à-dire, que ſes fibres
ligneuſes, au lieu d'être droites, s'élevent en ſerpentant, ce qui produit des
ondes d'une très-grande beauté, qui ne ſont apparentes que ſur la maille, &
qui ſont plus ou moins grandes que les fibres ont de mouvement. Les loupes &
les nœuds de ce bois ſont auſſi très-recherchés, par rapport aux figures qu'ils
repréſentent, & ils ſe poliſſent très-bien. Voyez ci-après, à l'Article de la
différence des Bois par rapport à la forme de leurs différentes teintes, *Pl.* 277,
Fig. 15 & 16. Il y a beaucoup de différentes eſpeces d'Erable, dont les principales ſont l'*Erable plane* ou le *Platane*, qui vient d'Amérique, dont j'ai parlé
plus haut, l'*Erable* proprement dit, & l'*Erable Sycomore*, qui eſt le moins
eſtimé de tous, parce qu'il eſt moins plein, d'une couleur blanche, & rarement ondé, ce qui l'a fait mettre dans la claſſe des Bois blancs.

Il y a encore un grand nombre d'Erables qui ont très-peu de différence entre
eux, mais dont la connoiſſance eſt peu néceſſaire aux Menuiſiers, vu que ces
différences ne conſiſtent, pour la plupart, que dans leur grandeur, ou dans la
figure de leurs fleurs ou de leurs feuilles, dont la deſcription ne peut ni ne doit
entrer dans cet Ouvrage, ainſi que je l'ai dit au commencement de la deſcription des Bois des Indes. *Voyez la Note*, *page* 767.

58. *Faux Acacia*. Cet arbre, originaire d'Amérique, eſt tortueux & épineux;
ſa couleur eſt brillante, & rayée alternativement de jaune verdâtre & de brun,
tirant de même ſur le verd, en ſuivant la direction des couches concentriques.
Ce bois eſt dur; cependant il ne ſe polit pas bien, parce que ſes fibres ſont un
peu entrelacées, de ſorte qu'il s'en trouve toujours à bois de rebours, ce qui
produit une eſpece de duvet ou de poil (ainſi que diſent les Ouvriers) difficile à
ôter parfaitement : il a auſſi le défaut de ſe pourrir à l'humidité.

59. *Frêne*, grand arbre dont le bois eſt aſſez plein & liant; ſa couleur eſt
blanche & rayée de jaune à la ſéparation des couches concentriques. Il eſt ſujet
aux vers, & on en fait peu d'uſage en Ebéniſterie; cependant on pourroit, à
cauſe de ſa couleur & de ſes petites rayures, l'employer avec avantage dans les
petites parties.

60. *Fusain*, arbrisseau dont le bois est dur & plein, de couleur jaune pâle. On peut l'employer en Ebénisterie, sur-tout quand il est bien sec & de fil.

61. *Houx*, grand arbrisseau. Son bois est dur, liant & d'un grain fin & serré, de couleur blanche, quelquefois brune vers le centre. Ce bois est fort en usage en Ebénisterie, parce qu'il prend bien la teinture, & que comme il est d'un grain fin & liant, on peut le découper en aussi petites parties qu'on le juge à propos : il sert aussi à faire des filets, comme je le dirai en son lieu.

62. *If.* Cet arbre est de moyenne grandeur, quoiqu'il s'en soit vu de 20 pieds de diametre ; son bois est ordinairement tortueux, très-dur & liant, d'une belle couleur rouge mêlée de jaune & de brun. Quoique ce bois soit très-plein, ses couches concentriques se distinguent aisément, & sont ordinairement marquées par un petit filet plus foncé que la couleur du bois, qui vient en se fondant jusqu'à la couche la plus prochaine, & cela du côté du centre de l'arbre, ce qui y produit de belles nuances à bois de fil. Le bois d'If est, de tous les bois de France, celui qui, par sa couleur & sa dureté, approche le plus des Bois des Indes. On en fait cependant peu d'usage en Ebénisterie, je ne sai pour quelle raison. Il y a de l'If qui est tendre & extrêmement poreux ; mais il ne peut être d'aucun usage pour la Menuiserie dont je traite.

63. *Merisier*, espece de Cerisier sauvage, grand arbre fruitier, dont le bois est ferme & plein, & d'un grain assez fin : sa couleur est roussâtre, rayée de veines jaunes très-fines. Ce bois, lorsqu'il est bon, se polit bien, & on en fait le même usage que du Cerisier. Voyez *Cerisier*, *page* 783.

64. *Mûrier*, arbre de deux especes, le noir & le blanc. Le bois du Mûrier noir d'Europe est blanc sur les rives, & jaune dans le cœur, qui noircit en vieillissant. Le bois du Mûrier noir d'Europe est plus solide que celui du Mûrier blanc d'Asie : il est d'une longue durée ; il résiste à l'eau : de plus, il n'est point sujet à la vermine, & on dit qu'il chasse les punaises ; si cela est vrai, on feroit très-bien de l'employer à faire des bois de lits. Ce bois est peu d'usage en Ebénisterie ; cependant au défaut d'autre de sa couleur, on pourroit très-bien l'employer.

65. *Noyer*, arbre fruitier. J'ai fait la description de ce bois dans la premiere Partie de mon Ouvrage, *page* 26 ; c'est pourquoi je ne m'étendrai pas beaucoup sur les qualités de ce bois, qui, quoique peu en usage à présent, est cependant un des plus beaux qu'on puisse employer en Ebénisterie, tant à bois de fil qu'en loupes, qu'on nomme communément *loupes* ou *racines de Grenoble.* Outre le Noyer de France, dont le plus beau vient du Dauphiné & de l'Auvergne, il y a encore le Noyer noir de Virginie, qu'on cultive maintenant en Bourgogne, qui est noirâtre & veiné, mais qui a le défaut d'être poreux & cassant ; le Noyer blanc de Virginie, petit arbre dont le bois est liant, compacte, fort dur, & de couleur blanche ; & le Noyer de la Louisiane, appellé aussi *Pacanier*, qui est semblable au Frêne, du moins en apparence. De tous ces différents Noyers, le noir est celui qui est le plus recherché en Ebénisterie, à cause de ses belles

nuances ; c'est dommage que les Noyers soient sujets à la pourriture & aux vers.

65 *bis. Osier.* C'est un arbrisseau aquatique, dont le bois est très-menu, liant, tendre & blanc, & dont les fils sont extrêmement fins. Ce bois sert aux Ebénistes au défaut du Houx, pour faire des filets.

66. *Poirier*, arbre fruitier, dont le bois est plein, compacte & moyennement lourd, d'un grain fin & serré, & d'une couleur rougeâtre. Ce bois se polit parfaitement bien, & prend bien la teinture en noir ; de maniere que les Ebénistes le substituent à l'Ebene. C'est dommage que ce bois a le défaut de se tourmenter ; car c'est un des plus beaux bois qu'on puisse employer pour les petits ouvrages. Les Poiriers viennent quelquefois très-gros : on en a vu en Angleterre de 6 pieds de diametre.

67. *Pommier*, arbre fruitier dont le bois est moins dur que celui du Poirier, liant & fort doux : sa couleur est blanchâtre. En général, ce bois approche beaucoup de celui de l'Alizier. *Voyez* Alizier.

68. *Prunier*, petit arbre fruitier, dont le bois, quoique plein, est tendre & léger, (& quelquefois dur, selon les différents sujets) dont la couleur est un gris ventre-de-biche veiné de rouge, ce qui rend ce bois très-agréable à voir, tant sur les couches concentriques que sur la maille, qui est petite & brillante. Ce bois a les fils un peu courts, ce qui n'empêche pas qu'il ne prenne bien le poli : c'est dommage que sa couleur rouge passe aisément ; à quoi cependant on peut remédier en le vernissant.

69. *Sainte-Lucie* ou *Padus*, espece de Cerisier sauvage, qui croît en Lorraine & aux environs de Vérone, en Italie. Ce bois est compacte ; sa couleur est d'un gris rougeâtre, agréable à la vue : il a une très-bonne odeur, qui augmente à mesure qu'il vieillit. Il faut le choisir sec, sans nœuds ni aubier. Le bois de Sainte-Lucie est aussi nommé *Mahaleb*, ce qui est une erreur ; parce que le bois de l'arbre de Mahaleb, ou Cerisier des bois, quoique semblable au bois de Sainte-Lucie pour la couleur, est beaucoup plus dur, & n'a point d'odeur.

70. *Sauvageons.* On nomme de ce nom des Poiriers & des Pommiers qui n'ont pas été greffés. Leur bois n'est pas si beau que ceux des Poiriers & des Pommiers proprement dits : il est ordinairement plus dur & plus difficile à travailler. Voy. ci-dessus, Art. *Poirier & Pommier.*

71. *Sureau*, grand arbrisseau, dont le bois du tronc & des grosses branches est plein, dur & très-liant, de couleur jaune, semblable à celle du Buis. Ce bois se corrompt difficilement, & est très-propre à employer en Ebénisterie, à cause de sa bonté & de sa belle couleur.

D'après le détail que je viens de faire, tant des Bois des Indes que des Bois de France, on peut juger combien les premiers sont préférables aux derniers, non-seulement par rapport à leur nombre, mais encore pour leurs belles couleurs, la finesse de leur grain, la bonne odeur que rendent la plupart, leurs qualités presqu'incorruptibles, ce qui ne se rencontre que dans un très-petit

nombre

nombre de nos Bois de France, auxquels on donne de la couleur par le moyen des teintures, comme je le dirai en son lieu, mais qui ne pourront jamais avoir toutes les bonnes qualités des Bois des Indes; de plus, la couleur des Bois teints se passe avec le temps; ce qui ne pourra être autrement, tant qu'on n'aura pas trouvé le moyen d'exténuer les sels des Bois, dont l'évaporation cause celle de la teinture. C'est dommage que dans les couleurs des Bois des Indes, il nous manque deux couleurs essentielles; savoir, le bleu & le verd, lesquelles sont indispensables pour bien représenter des paysages, ou tous autres objets, dans la composition desquels ces deux couleurs sont absolument nécessaires, & où on ne peut se les procurer que par le moyen de la teinture. A ces deux couleurs près, les Bois des Indes fournissent à peu-près toutes les autres aussi vives ou nuancées qu'on le peut desirer. C'est pourquoi dans le Paragraphe suivant, avant de faire la description des différentes nuances des Bois, je vais donner une Table, dans laquelle j'ai mis en ordre & de suite, tous les Bois, tant des Indes que de France, suivant leurs différentes couleurs, & selon le rang que ces dernieres tiennent entr'elles, afin que d'un seul coup d'œil on puisse choisir telle espece de Bois qu'on jugera à propos; ce qui, par maniere de dire, formera la palette de l'Ebéniste ou Peintre en Bois; & j'ai eu attention de marquer chaque espece de Bois du numéro qu'elle porte à la Table alphabétique, & dans l'Article de leur description, à laquelle on pourra avoir recours, afin de ne point allier ensemble les Bois durs & les Bois tendres, du moins autant qu'il sera possible.

§. II. *Des Couleurs en général; & des Bois des Indes & de France, par rapport à leurs différentes couleurs & à leurs nuances.*

L'Art de l'Ebénisterie est aussi nommé *Peinture en bois*, comme je l'ai dit au commencement de cette Partie de mon Ouvrage, & cela à cause des dessins que les Ebénistes exécutent par le mélange des Bois, soit teints ou naturels, ce qui exige de ces Ouvriers beaucoup de connoissances dans les dessins de tous les genres, mais encore une connoissance parfaite des couleurs avec lesquelles ils peuvent les exécuter.

Je ne parlerai pas ici des Couleurs par rapport à leurs propriétés & leur rapport, ni suivant les définitions qu'en donnent les Physiciens; je me bornerai seulement à en parler relativement à l'objet que je traite.

Il y a cinq sortes de couleurs simples ou primitives, lesquelles étant mélangées entr'elles, produisent toutes les autres. Les couleurs simples sont le *bleu*, le *jaune*, le *rouge*, le *fauve* & le *noir*. Il se trouve des Bois des quatre dernieres couleurs plus ou moins foncées; il n'y a que de la premiere, c'est-à-dire du *bleu*, qui nous manque.

Les couleurs composées sont le *pourpre*, le *cramoisi*, l'*amaranthe* & le *violet*, lesquelles proviennent du mélange du bleu & du rouge; *le verd*, de toutes fortes, provient du mélange du bleu & du jaune ; le mélange du rouge & du jaune, donne le jaune couleur d'or, la couleur de fouci, l'orangé, la grenade, &c. Le rouge mêlé avec le fauve, donne la couleur de canelle, de marron & de mufc ; le jaune avec le fauve, donne toutes les couleurs de feuilles mortes.

De toutes ces couleurs compofées, il n'y a que le verd & l'orangé, & les couleurs qui en approchent, qu'on ne trouve pas dans les Bois, tant des Indes que de France, & pour lefquels il faut avoir recours à la teinture, ainfi que pour le gris, defquelles teintures je donnerai la compofition ci-après, & la maniere d'en faire ufage.

D'après ces connoiffances générales touchant les couleurs, les Ebéniftes doivent s'appliquer à connoître parfaitement les Bois qui font de ces différentes couleurs, afin de ne pas être embarraffés pour repréfenter avec précifion toutes fortes de deffins, tant de fleurs que de payfages, &c.

TABLE des Bois des Indes & de France, fuivant leur couleur.

Bleu. Il n'y a point de Bois de cette couleur, à moins qu'il ne foit teint.

Rouge. Les Bois de cette couleur font: l'Acaja, n°. 1 ; l'Amourette, n°. 5 ; le Bréfil, n°. 8 ; de la Chine, n°. 13 ; de Corail, n°. 17 ; l'Ebene rouge, n°. 21 ; le Bois d'Inde ou de Campêche, n°. 30 ; le Rouge ou de Sang, n°. 42 ; le Santal rouge ou Caliatour, n°. 45.

Les Bois de couleur rougeâtre ou nuancés font : l'Acajou, n°. 2 ; l'Aloës ou Bois d'Aigle, n°. 3 ; le Bois de Cayenne, n°. 10 ; de Cedre, n°. 11 ; de Copaïba, n°. 16 ; l'Epi de Bled, n°. 24 ; le Lapire, n°. 33 ; le Rofe, n°. 41 ; le Satiné, n°. 46 ; l'Aulne, n°. 50 ; le Cormier, n°. 54 ; l'If, n°. 62 ; le Merifier, n°. 63 ; le Poirier, n°. 66 ; le Prunier n°. 68 ; & le Bois de Sainte-Lucie, n°. 69.

Jaune. Les Bois de cette couleur font: le Citron, n°. 14 ; le Fufet, n°. 27 ; le Bois jaune, n°. 32 ; le Pavane ou Bois de Canelle, n°. 9 ; Santal citrin, n°. 43 ; le Buis, n°. 51 ; l'Epine-vinette, n°. 56 ; le Fufain, n°. 60 ; & le Sureau, n°. 71.

Les Bois de couleur jaunâtre ou nuancée font : le Cyprès, n°. 18 ; l'Olivier, n°. 36 ; l'Oranger, n°. 37 ; le faux Acacia, n°. 58 ; & le Mûrier, n°. 64.

Fauve. Les Bois de cette couleur font: le Bois de Fert, n°. 26 ; & l'Œil de Perdrix, n°. 35.

Noir. Il n'y a que l'Ebene proprement dite, n°. 19, qui foit de cette couleur.

Violet. Il n'y a que l'Amaranthe, n°. 4, qui foit toute de cette couleur ; les autres Bois violets font nuancés comme le Bois violet proprement dit, n°. 47, & le Paliffandre, n°. 48.

Verd. Il n'y a point de Bois de cette couleur, à moins qu'on ne le teigne ; ceux qui en approchent le plus, font l'Aloës ou Calambour, n°. 3 ; l'Ebene verte, n°. 22 ; le Gayac, n°. 28 ; & le Cytife, n°. 55.

Blanc. Les Bois de cette couleur (fi c'en eft une) font : le Bois de Canelle, n°. 9 ; l'Ebene blanche, n°. 23 ; le Platane, n°. 38 ; le Bois de Rhode, n°. 40 ; le Santal blanc, n°. 44, l'Alizier, n°. 49 ; le Charme, n°. 53 ; le Houx, n°. 61 ; l'Ofier, n°. 65 *bis* ; le Pommier, n°. 67.

Les Bois blancs veinés ou ondés font : l'Anis à l'Etoile, n°. 6 ; le Cedre blanc, n°. 12 ; le Citronier, n°. 15 ; l'Ebene de Portugal, n°. 20 ; le Féreol, n°. 25 ; le Gommier, n°. 29 ; le Jacaranda, n°. 31 ; le Cerifier, n°. 52 ; l'Erable, n°. 57 ; le Frêne, n°. 59 ; le Noyer, n°. 65 ; & le Sauvageon, n°. 70.

Tous les Bois nommés ci-deffus, ne font pas tous exactement de couleur rouge, jaune, &c ; mais comme ils font nuancés, & chacun d'eux plus ou moins foncé dans un endroit que dans l'autre, il eft fort aifé de s'affortir de toutes les nuances de couleurs poffibles, qui, exception faite du bleu & du véritable verd, fe trouvent dans toutes ces fortes de Bois, tant de France que des Indes ; mais plutôt dans ces derniers que dans les autres.

Si la parfaite connoiffance des différentes couleurs des Bois, eft effentielle à un Ebénifte, il faut encore qu'il fache diftinguer ces mêmes Bois par rapport à leurs nuances, ou, pour mieux dire, aux différentes figures que repréfente la conformation des teintes de leurs fibres, afin de ne pas les employer fans choix ni connoiffance de caufe.

Planche 277.

Les Bois, par rapport à la conformation des teintes de leurs fibres, peuvent être confidérés comme faifant quatre efpeces diftinctes les unes des autres ; favoir, ceux dont les couches concentriques font alternativement teintes de diverfes couleurs, mais d'une maniere large & irréguliere, comme on peut le voir aux Figures 1, 2 & 3, dont la premiere repréfente le bout d'un morceau de bois, dont les couches concentriques font teintes à diftances inégales, ce qui produit donc des rayures femblables fur le bois de fil, *Fig.* 2, refendu felon la direction des rayons de l'arbre ; fi, au contraire, on le refend parallélement aux couches concentriques, comme la Figure 3, ce bois n'eft que d'une feule couleur plus ou moins foncée, felon que la refente eft faite dans une veine plus ou moins claire, ce qui fait que ces fortes de bois ne s'emploient ordinairement que fur la maille, comme la Figure 2, ou coupés diagonalement, comme l'indique la ligne *A B*, même figure.

La feconde efpece de Bois, par rapport à leurs formes, font ceux dont les couches concentriques, quoique diftinguées de couleurs à bois de bout, comme la Figure 4, ne produifent aucunes rayures à bois de fil, mais fimplement des veines flambées ou des taches, comme aux Figures 5 & 6. Ces fortes de bois font fort agréables, lorfqu'ils font bien choifis & employés avec difcernement, en raifon de la grandeur de la place qu'ils doivent occuper, comparaifon faite avec celle de leurs nuances ou de leurs taches, qui font toujours plus abondantes fur la maille que fur la couche concentrique.

La troifieme efpece de Bois, font ceux dont le bout eft veiné irréguliérement de toutes les manieres, comme la Figure 7. Ces efpeces de Bois font très-propres à être employés à bois de bout ou diagonalement, comme je l'ai obfervé aux *Fig. 8 & 9.* Quant au bois de fil, il ne fait guere d'effet que fur la maille, encore faut-il que les couleurs en foient vives, ce qui eft affez rare à ces fortes de Bois.

La quatrieme efpece de Bois, eft celle dont les couches concentriques font régulieres & alternativement teintes de diverfes couleurs, comme la Figure 10. Ces fortes de Bois font ceux qu'on peut employer avec le plus d'avantage, parce que non-feulement ils font beaux à bois de bout, mais encore à bois de fil, foit qu'ils foient refendus parallélement aux couches concentriques, comme la Figure 11, ou felon la direction des rayons, comme la Figure 12 ; car dans le premier cas ils préfentent une furface ondée, dont les taches ou flammes font plus ou moins larges felon que la refente eft faite plus près de la circonférence de l'arbre ; dans le fecond cas, c'eft-à-dire, quand la refente eft faite fur la maille, comme la Figure 12, le bois préfente des rayures prefque régulieres, lefquelles font plus ou moins parfaites, felon que la refente eft directement faite en paffant par le centre de l'arbre.

Ces quatre efpeces de différences, dans ce qui concerne les teintes des Bois, font celles qui font les plus frappantes : car il en eft une infinité d'autres qui ne font que des nuances entre chacune de ces dernieres, auxquelles elles reffemblent toujours par quelqu'endroit.

Il eft encore quelques Bois dont la coupe tranfverfale, ou bois de bout, au lieu d'être rayée en fuivant les couches concentriques, repréfente une infinité de points de différentes couleurs, difpofés à peu-près comme au jonc, & toujours en fuivant les couches concentriques de l'arbre. Ces fortes de Bois font un affez bon effet à bois de bout, comme on peut le voir à la Figure 14. Quant à leur bois de fil, il eft toujours rayé, de quelque fens qu'on le refende; excepté que les rayes qui approchent le plus de la circonférence de l'arbre & qui lui font paralleles, font un peu plus larges que les autres. *Voy. la Fig.* 13.

Ce que je viens de dire touchant les différentes teintes des Bois, ne peut guere s'appliquer qu'aux Bois des Indes, n'y ayant qu'un très-petit nombre de Bois de France qui foient rayés ou veinés, ainfi qu'on l'a pu voir ci-deffus; cependant parmi ces derniers, l'Erable qui, quoique fans couleur, eft un des plus beaux Bois qu'on puiffe employer en Ebénifterie, fur-tout lorfqu'on le teint en gris ou de quelqu'autre couleur. Ce Bois differe de tous les autres, tant des Indes que de France, par la conformation de fes fibres ligneufes, qui, au lieu de monter droites, vont en ferpentant à chaque couche concentrique, comme je l'ai expliqué plus haut, *page* 784 ; & il a l'avantage de faire un très-bel effet, de quelque maniere qu'il foit refendu; car s'il l'eft fur la maille, comme la Figure 15, il repréfente une furface ondée, qui, à l'afpect, femble être en relief; fi, au contraire, on le refend parallélement aux couches concentriques, fa furface devient moërée comme une étoffe. *Voyez la Figure* 16.

Les

Les Bois, tels que je viens de les décrire, sont, pour la plupart, refendus droits sur leur longueur ; cependant quand on veut en augmenter les nuances, & par conséquent la beauté, on les refend un peu en pente, ce qui, alors, donne plus de mouvement aux formes de leurs nuances, & les rend propres à faire des remplissages de panneaux, soit en cœur, soit en rosaces, &c. comme je l'expliquerai en parlant de la maniere de disposer les Bois de placage.

Les Bois s'emploient aussi à bois de bout ; dans ce cas, il faut qu'ils soient d'un petit diametre, afin que les figures qu'ils présentent, soient plus agréables & plus aisées à rassortir.

Il est bon d'observer qu'en faisant la description des couleurs & des nuances des Bois, tant des Indes que de France, je les ai décrits tels qu'ils sont lorsqu'on les met en œuvre, & que la plupart de ces Bois changent de couleur en les travaillant, & sur-tout au poli, qui les brunit beaucoup, sans compter que ces mêmes bois changent en vieillissant ; c'est pourquoi il est nécessaire que les Ebénistes joignent à la théorie de la connoissance des Bois, beaucoup d'expérience touchant les effets de ces mêmes Bois, afin de n'être pas surpris par les changements qui y arrivent nécessairement.

Au défaut de l'expérience, qu'on ne peut acquérir qu'avec beaucoup de temps, les jeunes Ebénistes peuvent avoir des échantillons de tous les différents Bois, dont ils prendront au moins trois ou quatre de chaque espece, afin d'en laisser de bruts, d'autres corroyés, & les autres polis de différentes manieres ; par ce moyen on acquerra beaucoup de connoissances en très-peu de temps : c'est le moyen dont je me suis servi, & qui, joint aux autres connoissances que j'avois à ce sujet, m'a été d'un très-grand secours dans la partie dont je traite.

En général, de quelqu'espece que soient les Bois dont on fait usage en Ebénisterie, il faut avoir soin de les choisir très-secs, sans fentes ni nœuds, (à l'exception des nœuds de certains Bois, qu'on emploie avec beaucoup d'avantage, comme je l'ai dit en son lieu ;) il faut cependant éviter que le Bois ne soit trop sec, parce qu'alors il tend à la vermoulure, se travaille difficilement, & ne prend pas bien la colle ; de plus, quand le Bois est trop sec, il perd une partie de sa force & de sa beauté. Quant au choix des Bois qu'il faut mettre ensemble, j'en parlerai lorsqu'il s'agira de traiter de la maniere de plaquer les Bois. Tout ce que je puis dire présentement, c'est qu'il faut éviter d'allier ensemble des Bois d'une trop inégale densité, parce qu'il n'est pas aisé de bien finir l'ouvrage où les Bois durs & tendres sont employés les uns avec les autres, ce qui, je crois, est très-aisé à concevoir.

§. III. *Des différentes Compositions de Teintures propres à teindre les Bois, & la maniere d'en faire usage.*

La Teinture des Bois est d'une très-grande importance pour les Ebénistes, puisque c'est par son secours qu'ils parviennent à donner à leurs Bois les différentes couleurs qui leur sont nécessaires pour représenter toutes sortes d'objets, comme des fruits, des fleurs, des animaux, &c. Cependant les Ebénistes ont toujours fait un très-grand secret de la composition de leurs Teintures, afin de s'en conserver la jouissance exclusive, & de ne pas trop augmenter le nombre des Ouvriers : de-là vient que la plupart des compositions dont les anciens Ebénistes se servoient, ou ne sont pas venues jusqu'à nous, ou bien ont été mal imitées ; & que celles dont on se sert à présent, ou sont défectueuses, ou bien, si elles sont bonnes, ne peuvent se perfectionner, vu que ceux qui les possedent en cachent les procédés, non-seulement à leurs Confreres, mais même à ceux dont la théorie pourroit leur être utile pour perfectionner la composition de leurs Teintures, ce qui leur seroit beaucoup plus avantageux que la jouissance de leur prétendu secret, qui, cependant, n'est pas grande chose, mais qui, quand même il nous seroit parfaitement connu, ne laisseroit pas toujours de nous faire regretter la perte de la méthode de Jean de Véronne, qui teignoit les Bois avec des teintures bouillantes & des huiles qui les pénétroient, ce qui seroit une chose très-avantageuse à savoir, & dont la recherche ne seroit pas indigne d'occuper les soins de quelques Savants : car il est fort à souhaiter qu'on puisse parvenir à trouver le moyen d'employer les drogues de bon teint dans la teinture des Bois, parce que leurs couleurs en seroient plus durables ; mais par malheur les parties colorantes de la plupart de ces drogues sont trop épaisses pour pénétrer dans l'intérieur des Bois, ce qui est cependant absolument nécessaire, afin qu'en travaillant les Bois teints, ils se trouvent toujours de la même couleur, tant à l'intérieur qu'à la surface.

C'est pourquoi dans la description de la teinture des Bois, au défaut de ces moyens que je souhaiterois connoître pour les teindre le plus parfaitement possible, je ne ferai qu'exposer les procédés ordinaires aux Ebénistes, auxquels je joindrai quelques expériences que j'ai faites par moi-même, lesquelles sont encore bien loin d'atteindre à la perfection dont cette partie peut être susceptible (*).

(*) Avant que de traiter de la teinture des Bois, j'ai consulté M. Macquer, pour tâcher, s'il étoit possible, d'en faire de plus solides & de plus belles que celles dont les Ebénistes se servent ordinairement ; il a bien voulu faire lui-même plusieurs expériences qui n'ont pas rempli mes vues, & qui toutes l'ont confirmé dans l'idée que s'il n'étoit pas impossible de faire de meilleures teintures, cela étoit du moins très-difficile, & demandoit un temps considérable pour parvenir à les faire, ainsi qu'on va le voir dans l'Extrait du Mémoire qu'il m'a communiqué.

» Dès que j'ai eu examiné les morceaux de » Bois teints en diverses couleurs, que vous » m'aviez donnés pour modeles, & que j'ai eu » jetté les yeux sur les procédés des Teintures » que vous m'aviez laissés, voyant que tous ces » échantillons étoient fort bien teints jusques

Les cinq couleurs primitives font , comme je l'ai dit plus haut, le bleu, le jaune, le rouge, le fauve & le noir ; chacune de ces couleurs eſt donnée par différentes drogues, leſquelles, mêlées enſemble, donnent les couleurs ſecondes ou compoſées.

Le Bleu propre à la teinture des Bois, ſe fait avec de l'Indigo délayé dans de l'huile de vitriol, & mis enſuite dans une quantité ſuffiſante d'eau.

Le Jaune ſe fait avec de l'Epine-vinette, de la terre à Jaune & du Safran mêlés enſemble, ou bien ſimplement de la Gaude.

Le Rouge ſe fait avec du débouilli de laine, ou bien de la décoction de Bois de Bréſil mêlée avec de l'Alun.

Le Fauve ſe fait avec du Brou de noix.

Le Noir ſe fait avec le Bois d'Inde, la Noix de galle & la Couperoſe verte.

Avant d'entrer dans le détail de la compoſition des différentes Teintures, je vais donner une idée générale des drogues avec leſquelles elles ſont compoſées, afin que les Menuiſiers-Ebéniſtes ſoient moins ſujets à être trompés lorſqu'ils les achetent.

» dans leur intérieur, j'ai jugé que toutes ces » couleurs étant faites avec des drogues de » faux teint, on ne pouvoit déſirer autre choſe, » ſinon de faire les mêmes couleurs auſſi bien » tranchées avec des ingrédients colorants de » bon teint. J'ai donc fait quelques tentatives en » eſſayant d'aluner ces Bois comme les étoffes, » & de les teindre enſuite dans des bains de » Cochenille, de Gaude & de Garence ; mais » ils n'ont pris que des couleurs aſſez ternes, » qui n'étoient même appliquées qu'à la ſur- » face de ces Bois, l'intérieur n'en étant aucu- » nement atteint, ce qui m'a fait renoncer bien » vîte à cette méthode. Je lui ai fait ſuccéder » celle qu'on emploie pour teindre en rouge de » Garence très-beau & très-ſolide, les cotons & » fils ; pour cela j'ai donné à pluſieurs des mor- » ceaux de Bois les mêmes préparations qu'on » donne au coton pour le teindre en rouge » d'Andrinople. Ces Bois ainſi préparés ont aſſez » bien pris la teinture ; mais la couleur n'étoit » toujours appliquée que ſur la ſurface, & l'in- » térieur n'étoit nullement coloré. J'ai jugé, » d'après ces épreuves, qu'apparemment les par- » ties colorantes des drogues de bon teint, » étoient trop groſſes pour pénétrer juſques dans » l'intérieur du Bois, & qu'elles n'étoient dépo- » ſées à ſa ſurface que comme ſur celle d'un » filtre ; cela m'a fait déſeſpérer de trouver rien » de mieux que ce que l'on a juſqu'à préſent. » Néanmoins j'ai voulu faire encore quelques » eſſais pour voir ſi ma conjecture avoit quel- » que fondement ; mais pour cela j'ai tenté des » procédés abſolument différents de tous ceux » qu'on emploie dans aucune eſpece de Tein- » ture. J'ai imaginé que l'Eſprit-de-vin étant » une liqueur beaucoup plus pénétrante que » l'eau, & que les matieres colorantes capables » de ſe diſſoudre dans ce menſtrue, pouvant » être plus diviſées & plus atténuées que celles » qui ſe diſſolvent dans l'eau, cela ſeroit capa- » ble de remplir mes vues ; mais la Teinture » d'Orcanette, extraite par l'Eſprit-de-vin, ne » m'ayant pas mieux réuſſi que mes tentatives

» précédentes, j'ai encore abandonné cette mé- » thode ; & enfin pour derniere reſſource, j'ai » eu recours à quelques diſſolutions métalliques, » qui, par elles-mêmes & ſans aucun ingrédient » colorant, ne laiſſent pas de faire quelques » couleurs très-ſolides ſur les matieres végétales. » J'ai fait pour cela macérer mes Bois dans des » diſſolutions affoiblies d'or, d'argent & de mer- » cure ; je les ai enſuite expoſés à l'air, puis » trempés, celui qui étoit imprégné de diſſolu- » tion d'or dans une diſſolution d'étain, & les » deux autres dans une diſſolution de foie de » ſoufre. J'ai eu un pourpre par le moyen de la » diſſolution d'or, mais ſeulement à la ſurface ; » & différentes nuances d'aſſez beau gris, par » celles d'argent & de mercure : quoique l'in- » térieur de ces derniers Bois fût teint juſqu'à » un certain point, il étoit cependant beau- » coup plus clair que leur ſurface ; en un mot, » cette derniere méthode, quoique très-recher- » chée, n'a pas eu un ſuccès aſſez marqué pour » me donner envie de la pouſſer plus loin.

» Voilà, Monſieur, tout ce que j'ai pu faire ; » vous voyez qu'il en réſulte qu'il faut s'en tenir » à la méthode uſitée du faux teint. Je ne pré- » tends pas pour cela qu'il ſoit impoſſible d'ob- » tenir ſur ces Bois des couleurs auſſi pénétran- » tes & plus vives que celles qu'on a faites juſ- » qu'à préſent ; mais les eſſais infructueux que » j'ai faits, me donnent lieu de croire qu'on » ne pourroit y parvenir que par des recherches » qui, par leur longueur, leurs dépenſes & leurs » difficultés, n'auroient point de proportion » avec l'importance de l'objet, &c. »

D'après l'expoſé des expériences que M. Mac- quer a faites, il y a tout à croire qu'il n'eſt guere poſſible de ſe ſervir des drogues du bon teint, à moins qu'on ne trouve le ſecret de les faire pénétrer dans le Bois, par le moyen de quelques préparations données aux Bois ou aux Teintures, ce qui ſeroit égal ; ou bien en faiſant toutes les Teintures à froid, en y laiſſant ſéjourner les Bois juſqu'à ce qu'ils en fuſſent pénétrés, ſuppoſé que cela ſoit poſſible.

L'Indigo est une espece de cendre d'un bleu-foncé, provenant des feuilles d'une plante qui croît dans l'Amérique & dans l'Indostan, & qu'on vend en petits morceaux. Pour qu'il soit bon, il faut qu'il soit moyennement dur, qu'il surnage sur l'eau, qu'il soit inflammable & de belle couleur bleue ou violet foncé, que son intérieur soit parsemé de paillettes argentées, & qui paroissent rougeâtres en le frottant sur l'ongle. L'Indigo est préférable à toute autre drogue pour teindre les Bois, parce que c'est une poudre dont les parties extrêmement fines & déliées, s'introduisent facilement dans les pores de ces derniers.

L'huile de Vitriol est le dernier esprit qu'on tire du Vitriol. Cette liqueur acide doit être très-concentrée, & être absolument débarrassée de toutes parties aqueuses pour faire de belle couleur bleue, comme je le dirai en son lieu.

L'Epine-vinette est un petit arbrisseau dont les fruits, les écorces des racines teignent en jaune. Celle de Candie a le bois très-jaune, & passe pour la meilleure.

La Gaude est une plante assez commune en France ; on la fait bouillir dans de l'eau pour en extraire une liqueur jaune, qui, mêlée avec un peu d'Alun, teint très-bien. Les Teinturiers préferent celle qui est la plus menue & d'une couleur roussâtre.

On teint aussi en jaune avec le Bois jaune dont j'ai parlé ci-dessus, *page 777.*

La Terre à jaune n'est autre chose que l'Ochre jaune dont se servent les Peintres.

Le Safran est une plante qui croît en France, sur-tout dans le Gâtinois : c'est le pistil de la fleur de Safran qui donne ces petits filaments rougeâtres, ou, pour mieux dire, orangés, qu'on vend sous le nom de *Safran*, qui font une teinture d'un jaune doré. Pour que le Safran soit bon, il faut qu'il soit récent, d'une odeur pénétrante, d'une couleur luisante, & qu'au toucher il semble gras, & s'attache aux mains.

L'Alun est un sel fossile & minéral, qui sert beaucoup en teinture, soit pour disposer les matieres qui doivent être teintes, soit pour affermir les couleurs, dont il retient toutes les particules par sa qualité astringente. Le meilleur est celui de Rome, qui est de couleur blanche, & transparent à peu-près comme du crystal.

La Laine à débouillir se vend chez les Marchands de laine. En faisant bouillir cette laine on en tire une décoction couleur de rose, qui est plus ou moins foncée, selon qu'on a mis plus ou moins d'eau pour faire débouillir la laine, proportion gardée avec sa quantité.

J'ai parlé plus haut du Bois de Brésil, *page 771* ; je me contenterai de dire ici que la décoction de ce Bois donne une couleur rouge clair, tirant sur l'orangé, & qu'on fonce sa couleur en y mettant un peu d'alun. Le Bois de Brésil de Fernambouc est le meilleur, & on le débite tout haché chez les Marchands Epiciers, qui le vendent à la livre.

Le

Le Brou de noix n'eſt autre choſe que la premiere enveloppe des noix, qu'on ôte avant qu'elles ſoient parfaitement mûres, & qu'on fait bouillir dans de l'eau pour en extraire une teinture brunâtre ou fauve.

Le Bois d'Inde dont j'ai parlé ci-deſſus, *page 777*, donne une décoction d'un rouge foncé, laquelle teint en noir; & lorſqu'on y mêle de l'alun, elle teint en violet.

La Noix de galle eſt une eſpece d'excreſcence qui ſe trouve ſur les tendres rameaux d'une eſpece de chêne nommé *Rouvre*. Les Noix de galle les plus eſtimées viennent du Levant; les meilleures ſont celles qui ſont les plus peſantes, & dont la ſurface eſt épineuſe. Il y en a de vertes & de noires : elles ſervent également à teindre en noir.

La Couperoſe verte eſt une eſpece de vitriol qui ſe trouve dans les mines de cuivre; c'eſt le plus puiſſant des acides : il corrode le fer & le cuivre; il perce les parties à teindre d'une infinité de petits trous, dans leſquels la teinture s'introduit. La Couperoſe ſe nomme auſſi *Vitriol Romain* ou *d'Angleterre*, ſelon qu'il vient de l'une ou l'autre de ces contrées. On en fait en France qui eſt, dit-on, auſſi bon que ces derniers.

La couleur de la Couperoſe eſt d'un verd clair; il faut le choiſir propre & brillant.

Le Verd-de-gris ſert auſſi à la teinture des Bois; c'eſt une rouille verte raclée des lames de cuivre. Pour qu'il ſoit bon, il faut qu'il ſoit ſec, pur, d'un verd foncé & rempli de taches blanches.

Voilà, à peu-près, la deſcription des ingrédients dont on ſe ſert communé- ment pour la teinture des Bois; reſte maintenant à donner la maniere d'en faire uſage.

Maniere de teindre les Bois en Bleu.

La préparation du Bleu avec l'indigo & l'huile de vitriol, ſe fait de deux manieres; ſavoir, à froid & à chaud; mais le Bleu pour le bois ſe prépare à froid de la maniere ſuivante.

On prend quatre onces d'huile de vitriol de la meilleure qualité, c'eſt-à-dire, qui eſt privée de toutes parties aqueuſes, qu'on verſe, dans une bouteille de pinte, ſur une once d'indigo réduit en poudre très-fine; enſuite on remplit d'eau la bouteille, du moins à peu de choſe près, on la bouche très-exactement, & on lute le bouchon avec de la cire; après quoi on laiſſe le tout infuſer pendant cinq à ſix ſemaines, au bout deſquelles on peut ſe ſervir de cette teinture qu'on fera plus ou moins forte, en y mettant autant d'eau qu'on jugera à propos, en obſervant toutefois d'y ajouter un peu d'huile de vitriol, pour que la teinture ait plus de mordant. Quand la teinture eſt au degré de force dont on a beſoin, on la met dans un vaſe de grès ou de terre verniſſée, & on y laiſſe tremper les Bois juſqu'à ce qu'ils en ſoient tout-à-fait pénétrés, ce qui demande quelquefois quinze jours & même un mois de temps, selon la dureté & l'épaisseur des Bois, qui, cependant, ne peuvent guere avoir plus d'une ligne.

Les Ebénistes se servent ordinairement d'un pot à beurre de grès pour mettre les Bois à la teinture, ce qui est très-commode, parce que la forme de ce vase leur permet de mettre des morceaux d'une assez grande longueur, sans qu'ils soient obligés d'avoir une très-grande quantité de teinture.

Il est très-facile de connoître quand l'intérieur des Bois est pénétré, vu qu'il n'y a qu'à couper un peu le morceau de Bois par le bout, à environ 2 ou 3 lignes de son extrémité; & quand les morceaux qu'on veut teindre, ne peuvent pas être ainsi coupés, on met avec ces derniers un autre morceau de pareille qualité, sur lequel on fait des essais qui assurent du degré où sont les autres morceaux.

Maniere de teindre en Jaune.

Les Ebénistes teignent en Jaune avec de l'épine-vinette, de la terre à jaune & du safran, qu'ils font bouillir ensemble; ce qui étant fait, ils font tremper les Bois jusqu'à ce qu'ils soient totalement teints. La proportion de ces drogues est de deux litrons d'épine-vinette, six sols de terre à jaune, & 4 sols de safran.

La décoction de Gaude donne un très-beau Jaune, de bon teint, & on y fait tremper les Bois à l'ordinaire. Lorsqu'à cette décoction on joint un peu de verd-de-gris, on a un Jaune couleur de soufre. Le safran infusé dans de l'eau-de-vie, donne un très-beau Jaune doré.

Maniere de teindre en Rouge.

Le Rouge se fait ordinairement avec du Bois de Brésil, qu'on fait bouillir avec six sols d'alun sur chaque livre de Bois. Ce Rouge est un faux teint; & comme il est plutôt orangé que rouge, on peut lui substituer le débouilli de laine, qui donne un très-beau Rouge, tirant sur le rose, qu'on rend plus foncé en faisant passer les morceaux qui ont été teints dans le débouilli, dans la teinture de Bois de Brésil mêlée d'alun; ce qui alors donne un très-beau Rouge, qui est plus ou moins foncé, selon qu'on laisse les morceaux de Bois plus ou moins long-temps dans la teinture de Bois de Brésil.

La teinture de débouilli se fait fort aisément: il ne s'agit que de faire bouillir de la laine teinte à cet effet, jusqu'à ce qu'elle rende une belle décoction rouge, & d'éviter de la faire trop bouillir, parce qu'alors la laine reprendroit la couleur dont elle s'étoit déchargée d'abord.

La proportion de la quantité de la laine à débouillir est d'une livre pour quatre pintes d'eau, pour le premier débouilli, auquel on peut faire succéder un second, même un troisieme, jusqu'à ce que la laine ne rende plus de couleur.

La décoction de Bois de Brésil fans alun, donne un Rouge jaunâtre, qui eft quelquefois affez beau, & qu'on nomme *Capucine.*

La décoction du Bois d'Inde eft très-rouge; mais elle fait une teinture noirâtre, qu'on rend d'un très-beau violet en y mêlant de l'alun de Rome, comme je le dirai ci-après.

Maniere de teindre en Fauve, en Noir & en Gris.

La teinture Fauve fe fait avec la décoction de Brou de noix, laquelle peut être plus ou moins forte, felon qu'on juge à propos, en y ajoutant toujours un peu d'alun.

Le beau Noir fe fait en teignant d'abord les Bois dans une décoction de Bois d'Inde (ou de Campêche, ce qui eft la même chofe); & quand cette premiere teinture eft feche, on les fait tremper enfuite dans une décoction de noix de galle, dans laquelle on a mis de la couperofe verte, ou vitriol de Rome; quelquefois on ne fait qu'une feule teinture de ces divers ingrédients, dont la proportion doit être d'une partie de noix de galle, une partie de vitriol, & fix parties de Bois d'Inde, le tout bouilli enfemble, dans laquelle on fait tremper le Bois jufqu'à ce qu'il foit pénétré.

La teinture Grife fe fait avec une décoction de noix de galle, dans laquelle on fait diffoudre du vitriol verd en moindre quantité que pour la teinture en Noir; de forte que plus il y a de couperofe, plus le Gris eft foncé. La proportion ordinaire eft d'une partie de couperofe fur deux de noix de galle.

Maniere de teindre les Couleurs compofées.

La teinture Verte ordinaire des Ebéniftes, fe fait ordinairement avec les mêmes ingrédients que pour le Bleu, auxquels ils ajoutent de l'épine-vinette en plus ou moins grande quantité, felon qu'ils veulent que le Verd foit plus ou moins foncé.

On fait un très-beau Verd-pomme en teignant d'abord les Bois dans le Bleu, à l'ordinaire, & en les faifant tremper enfuite dans la décoction de gaude, & cela plus ou moins de temps, felon qu'on veut avoir du Verd d'une teinte plus ou moins forte.

Le Violet fe fait avec la décoction de Bois d'Inde, à laquelle on a mêlé de l'alun de Rome; & on peut avoir des Violets plus ou moins foncés, en teignant d'abord les Bois en Rofe, & enfuite dans le Bleu, ce qui donneroit un Violet clair.

Si au contraire on vouloit avoir du Rouge brun tirant fur le Violet, on teindroit les Bois d'abord dans la décoction de Bréfil, enfuite dans celle de Bois d'Inde.

On peut obtenir des teintures compofées de toutes les nuances imaginables, en teignant le Bois dans une couleur primitive, puis dans une autre plus ou moins foncée, afin que la teinte qui réfulte de ces deux couleurs, tienne plus ou moins de chacune d'elles, ce qu'il eft très-poffible de faire, puifqu'on eft le maître de forcer ou d'affoiblir les teintures primitives autant qu'on le juge à propos, foit en raifon de ce qu'exige la forme de l'objet qu'on veut repréfenter, ou bien en raifon de la différente qualité des Bois qui prennent plus ou moins bien la teinture, ou qui en augmentent ou affoibliffent la couleur, ce qui eft fort à confidérer, & qui demande beaucoup d'attention & d'expériencé de la part des Ebéniftes.

En général, toutes les teintures dont je viens de parler s'appliquent à bains froids; ce n'eft pas que plufieurs d'entr'elles ne puiffent être employées à chaud, mais c'eft que comme il faut un temps très-confidérable pour que les mêmes teintures pénetrent l'intérieur du bois, il n'eft pas poffible de les employer à chaud; de plus, la teinture froide a, fur les Bois, beaucoup plus de brillant qu'étant employée à chaud.

Voilà, à peu-près, le détail des Teintures en bois, du moins telles que la plupart des Ebéniftes les emploient, ou que je les ai moi-même employées dans les effais que j'en ai faits, lefquels m'ont affez bien réuffi, mais qui n'ont pas été fuivis un affez long efpace de temps pour être bien fûr du fuccès de mes tentatives. Il feroit fort à fouhaiter que ceux qui font préfentement ufage de ces teintures, ou qui s'en ferviront dans la fuite, s'appliquaffent à les perfectionner, ce qui, je crois, n'eft pas abfolument impoffible; & que l'ayant fait, ils fuffent affez bons Citoyens pour ne pas faire un myftere de leurs découvertes, qui ne pourront jamais que gagner à être rendues publiques.

Les Ebéniftes teignent non-feulement leurs Bois pour les plaquer & les employer à la place des Bois de couleur naturelle; mais ils emploient ces mêmes teintures pour imprimer diverfes parties de leurs ouvrages lorfqu'elles font travaillées; alors ces teintures, comme le Rouge de Bréfil, le Violet de Bois d'Inde, le Noir, &c. s'emploient à chaud, ce qu'il eft très-aifé de faire, puifqu'il fuffit que l'extérieur des Bois foit teint. Outre ces teintures, les Menuifiers en meubles emploient quelquefois une efpece de couleur jaune pour les Bois de lits, laquelle eft compofée d'ochre jaune & de vernis commun, ou de ce même ochre & de la colle d'Angleterre très-claire, quelquefois même ils n'y mettent que de l'eau, ce qui ne vaut rien.

Avant que de terminer ce qui concerne la teinture des Bois, j'ai cru devoir donner une méthode peu coûteufe pour teindre les Bois blancs en rouge, ce qui fe fait de la maniere fuivante.

On prend du crotin de cheval, qu'on met dans un baquet dont le fond eft percé de plufieurs trous, & qu'on place àu-deffus d'un autre baquet, dans lequel tombe l'eau du crotin à mefure qu'il fe pourrit; & quand il ne fe pourrit pas affez vîte, on l'arrofe de temps en temps avec de l'urine de cheval, ce qui l'aide beaucoup,

&

& donne en même temps une eau rouge qui, non-seulement teint la surface du bois, mais en pénetre l'intérieur à 3 ou 4 lignes de profondeur. En teignant les Bois avec cette teinture, il faut avoir soin qu'ils soient tous d'une même espece, & à peu-près d'une égale densité, si l'on veut qu'ils soient d'une couleur presque égale par-tout. Cette observation est générale pour toutes les teintures, lesquelles ne sont que des eaux, & n'ont point d'épaisseur palpable ni même apparente, ce qui oblige les Ebénistes à faire choix de Bois d'une couleur & d'une densité très-égale, ainsi que je l'ai dit plus haut; ce qui demande beaucoup d'expérience & d'attention de la part des Ebénistes, auxquels, exception faite des moyens de composer & d'employer les teintures, il n'est guere possible de donner des regles de théorie sur cette partie, dont la réussite n'est souvent dûe qu'à l'expérience, laquelle ne s'acquiert qu'avec beaucoup de temps, d'attention & de travail.

SECTION SECONDE.

De la refente des Bois propres à l'Ebénisterie.

COMME les bois qu'on emploie en Ebénisterie, sont pour la plupart fort chers, puisqu'ils coûtent tout bruts depuis 10 sols jusqu'à 30 sols, & quelquefois même un écu la livre, selon les différentes especes de bois, on a grand intérêt de les ménager; c'est pourquoi au lieu de faire des Meubles ou autres ouvrages d'Ebénisterie en bois plein, on a imaginé de refendre le bois des Indes par lames ou feuilles très-minces, qu'on applique sur des bâtis faits avec du bois ordinaire. Ce ne sont pas les Menuisiers-Ebénistes qui refendent leurs bois, mais des Ouvriers qui ne font uniquement que cet ouvrage, & qui refendent non-seulement pour les Ebénistes, mais encore pour les Luthiers, & généralement tous ceux qui emploient du bois mince. Ces Ouvriers ou Scieurs sont payés à la livre, c'est-à-dire, à raison de la pesanteur de la piece de bois qu'on leur apporte, ce qui, joint au déchet du bois & la sciure, rend le bois près des deux tiers plus cher, ce qui fait un objet très-considérable.

Le bois de placage se refend à environ une ligne d'épaisseur au plus; quand on veut l'épargner on prend jusqu'à 10 à 11 feuilles dans un pouce d'épaisseur, ce qui ne vaut rien; parce qu'avant que le placage soit poli, il n'a pas une demi-ligne d'épaisseur, qui se trouve réduite presqu'à rien lorsque l'ouvrage est fini; ce qu'il faut absolument éviter, quoique cela soit fort d'usage à présent. Quand on veut débiter une piece de bois pour faire du placage, on commence par choisir le côté le plus droit, &, s'il est possible, le plus étroit, pour y donner des coups de scie & y faire les refentes, afin d'approcher davantage de la rive du bois, & d'avoir des feuilles d'une plus grande largeur; ensuite on met la piece de bois dans la presse à scier debout, & on la refend de l'épaisseur qu'on juge à propos, ainsi que je vais l'expliquer, après avoir fait la description de l'établi ou presse à scier debout, & de la scie propre à cet usage.

La scie propre à refendre le bois des Indes, qu'on nomme aussi *Scie à presse, fig.* 1 *&* 2, est à peu-près semblable à la scie à refendre des Menuisiers en bâtiment; elle est composée de deux montants & de deux traverses ou sommiers dont les bouts saillissent & sont arrondis, pour que ceux qui s'en servent puissent la tenir aisément. Le milieu de ces traverses est bombé en dehors, pour leur donner plus de force, & qu'elles ne ploient pas lorsqu'on fait bander la scie. La largeur intérieure de la scie à presse, est de 15 à 18 pouces, sur environ 3 pieds, pris du dedans de ses traverses ou sommiers. La feuille de scie a 4 pouces de largeur au moins, & est arrêtée dans des chapes de fer, dans lesquelles passent les traverses de la scie, ou, pour mieux dire, de son chassis. Ces chapes de fer, représentées *fig.* 4, 5, 8 *&* 9, se font de fer plat & le plus large possible, afin que la scie ne puisse pas tourner aisément, & on réserve un écrou à celle du haut, pour y placer une vis *a b, fig.* 4 *&* 5, laquelle sert à bander la scie; on met en dessus du sommier une lame de fer attachée avec des vis, laquelle empêche que la pression de la vis de la chape ne le gâte & n'y fasse des trous. *Voy. la Fig.* 3.

La lame de la scie a, comme je l'ai déja dit, 4 pouces de largeur au moins, sur une petite ligne d'épaisseur au plus du côté de la denture, en diminuant insensiblement sur le derriere. On ne donne point de voie à ces sortes de scies, afin de ménager le bois, & on a grand soin qu'elles soient parfaitement droites sur le champ, & que leurs dents soient aussi parfaitement égales en hauteur, pour qu'elles prennent toutes également, & qu'elles ne creusent pas dans l'épaisseur du bois, ce qui est d'autant plus à craindre, que ce seroit autant de feuilles de perdues. Les dents de ces scies doivent avoir 5 à 6 lignes d'ouverture de l'une à l'autre, & être disposées de maniere que leur partie inférieure se présente presque de niveau, parce qu'étant ainsi arrangées, elles sont moins sujettes à s'émousser, ce qui arriveroit infailliblement si elles étoient faites à l'ordinaire, vu que presque tous les bois des Indes sont durs, & exigent par conséquent plus de résistance aux dents de la scie. *Voyez les Fig.* 6 *&* 7, qui représentent une partie de feuille de scie vue de face & de côté à moitié de grandeur de l'exécution.

La presse à scier debout, représentée *fig.* 11, est une espece de petit établi d'environ 3 à 3 pieds & demi de longueur, sur 2 pieds de hauteur, dans le dessus duquel on assemble une presse, laquelle sert à retenir en place la piece qu'on veut refendre. Pour que cette presse soit solide, il est bon que sa jumelle *A, fig.* 11, aye environ 6 pouces d'épaisseur, ainsi que le dessus de l'établi, dans lequel entrent les vis qui, pour être bonnes, doivent avoir au moins 2 pouces & demi ou 3 pouces de grosseur, & être assez longues pour que quand il y a du bois de 8 à 10 pouces d'épaisseur dans la presse, il reste au moins autant de longueur de la vis dans l'établi, ainsi que je l'ai observé à cette figure. Comme cet établi est très-court, & qu'il est sujet à s'ébranler par le mouvement de la scie , on le charge de pierres sur le fond , pour le rendre plus solide ; mais je crois qu'il vaudroit mieux tenir les pieds de l'établi assez longs pour pouvoir les scéler dans le plancher de la boutique , qu'on creuse aussi au-devant de l'établi pour y faire entrer le bout des pieces à refendre , qu'il est bon de ne pas faire surpasser de plus de 3 pieds le dessus de la presse , tant pour ne pas fatiguer ceux qui travaillent , que pour conserver la piece qu'on refend , dans un état solide. Les presses à scier debout ne sont pas toutes adhérentes à l'établi , comme celle qui est représentée ici , *fig.* 10 & 11 ; ce ne sont que des presses ordinaires attachées sur un petit établi , ce qui est moins solide que de les faire comme je le propose ici.

Quand on veut refendre à la presse , on commence par placer la piece à refendre dans cette derniere , dont les vis se serrent avec un levier de fer qu'on ôte après s'en être servi , afin qu'il ne nuise pas ; ensuite , avec une scie ordinaire , on commence tous les traits à refendre à bois debout , jusqu'à 2 ou 3 lignes de profondeur , puis on fait usage de la scie à presse , *fig.* 1 , laquelle se mene horizontalement par deux hommes , en observant de l'incliner davantage du côté du croc , & de la relever en la retirant , afin de la soulager & qu'elle ne tienne pas dans le bois , ou du moins que la sciure ne s'y engorge pas. *Voyez la Fig.* 10 , qui représente une presse à scier debout vue en perspective , avec les Scieurs placés comme ils doivent l'être.

Quand on refend à la presse , on commence par la rive de la piece , afin que les premieres lames refendues ploient & facilitent le passage de la scie , ce qui ne pourroit être si on la refendoit par le milieu , comme on le fait quand on refend de grosses pieces de bois à l'usage de la Charpenterie , ou de la Menuiserie ordinaire , vu que la scie à presse est très-mince , & qu'elle n'a point du tout de voie. Les Scieurs à la presse ne tracent pas la piece qu'ils veulent refendre ; mais après avoir commencé le bout avec la scie ordinaire , ils continuent le reste à la vue ; ce qu'ils font très-adroitement , pour la plupart , lesquels sont très-sûrs de refendre leurs lames non-seulement très-droites , mais encore parfaitement égales d'épaisseur entr'elles. *Voy. la Fig.* 11 , qui représente la coupe de l'établi ou presse à scier debout , & une piece de bois débitée par lames jusqu'à la moitié.

Pour terminer ce qui regarde le débit du bois propre à l'Ebénisterie , j'ai représenté , *fig.* 12 , une scie qu'on nomme *Scie à dépecer* , laquelle sert à débiter non-seulement les bois durs , soit à bois de fil , soit à bois de travers , ou à bois de bout , mais encore l'écaille , l'ivoire & la nacre de perle. La monture de ces sortes de scies est toute de fer , dont la branche supérieure est évasée en dehors , afin qu'on puisse y adapter la lame & la tendre comme on le juge à propos , ce qui se fait de la maniere suivante.

Après avoir percé dans la lame de la scie , un trou *b* , correspondant avec celui de la branche inférieure de la monture de la scie , on met cette derniere &

celle qui lui est opposée, dans une presse ou toute autre chose capable de les faire ployer, de maniere qu'elles tendent à se rapprocher l'une contre l'autre, & on les serre autant qu'on le juge à propos, pour donner à la scie toute la tension nécessaire; puis la lame de la scie étant arrêtée au point *b*, on la fait entrer dans la branche supérieure de la monture, & on y trace la place du trou au point *a*, qu'on perce pour y placer une goupille; ce qui étant fait, on fait encore ployer les branches de la monture, jusqu'à ce qu'elles donnent la liberté de passer la goupille au-dessus d'une petite éminence formée par le bout de la branche, & qui sert à retenir la goupille en place, comme on peut le voir dans cette figure.

Les lames de ces sortes de scies sont très-minces, & on ne leur donne point de voie, pour qu'elles perdent moins de matiere, & qu'elles passent facilement; on les amincit sur le derriere, qu'on fait avec une lime qu'on y passe en longueur jusqu'à ce qu'on l'ait aminci autant qu'on le juge à propos; ensuite on les frotte avec du grès, pour ôter les inégalités que la lime peut y avoir faites : cette opération s'appelle *démaigrir*, en terme d'Ouvrier.

Quand les scies à dépecer servent à scier l'ivoire ou autres matieres dures, il faut que leurs lames soient plus dures que pour les bois ordinaires ; alors on se sert de scies d'acier trempé, ou de ressorts de pendules, lesquels sont très-propres à cet usage, & qu'on démaigrit sur la meule, leur dureté les rendant inaccessibles aux dents des limes.

Les dents de ces scies sont inclinées à l'ordinaire ; & à celles destinées à scier l'ivoire, on les lime diagonalement des deux côtés, afin qu'elles présentent une pointe aiguë qui divise la matiere sans l'éclater.

Les scies à dépecer sont de différentes grandeurs, selon les différents besoins. Celle qui est représentée ici au quart de l'exécution ; est de la moyenne grandeur.

Il y a encore d'autres scies nommées *Scies à l'Angloise*, dont la tension se fait par le moyen d'une vis. J'en ferai mention en traitant des Outils des Menuisiers-Ebénistes, dont la description va faire l'objet du Paragraphe suivant.

§. I. *Description des Outils des Ebénistes.*

L E s Outils des Menuisiers-Ebénistes, sont les mêmes que ceux des autres Menuisiers, quant à ce qui a rapport à la préparation de l'ouvrage, comme, par exemple, les établis, les outils d'affûtage ; mais ils en ont d'autres qui different beaucoup de ceux des Menuisiers ordinaires, & qui ont par conséquent besoin d'un détail particulier, à la suite duquel je donnerai une courte description du Tour & des Outils qui y sont nécessaires, le tout relativement à l'Ebénisterie, ainsi que des autres Outils & Instruments dont l'usage est nécessaire dans cette partie de la Menuiserie.

Comme

Comme les Ebéniftes font beaucoup de petits Ouvrages, ils ont plus de précautions à prendre en les conftruifant, que pour les autres efpeces de Menuiferies; c'eft pourquoi on a imaginé une forme d'établi d'un ufage plus commode que ceux dont on fe fert ordinairement.

Cet établi, repréfenté *fig.* 1, fe nomme *établi à l'Allemande*, (foit qu'il ait été inventé en Allemagne, ou, ce qui eft plus vraifemblable, par des Ebéniftes Allemands, qui font en très-grand nombre à Paris); cet établi, dis-je, eft compofé, comme tous les autres, de quatre pieds, d'un fond & d'un deffus, à l'extrémité duquel eft placée une boîte à rappel, fervant à retenir le bois en place fur l'établi, de telle longueur que foient les pieces, & fans avoir befoin de valet; ce qui fe fait par le moyen de deux crochets ou mentonets de fer *a*, *b*, *fig.* 1, dont un eft placé dans la boîte, & l'autre dans l'établi, & qu'on change de place felon qu'on le juge à propos, comme je l'expliquerai ci-après.

La boîte ou rappel, qui fait la partie la plus effentielle de l'établi dont je parle, a 14 ou 15 pouces de longueur, fur 3 pouces & demi de largeur, ayant une épaiffeur égale à celle de l'établi, qui eft ordinairement de 4 pouces. Cette boîte, repréfentée en grand *fig.* 5, 6, 7, 8, 10 *&* 12, eft vuide en dedans pour le paffage de la vis & de fon écrou, & eft compofée de quatre pieces ou côtés *A*, *B*, *C*, *D*, *fig.* 7, d'une tête *E*, *fig.* 5, & d'une autre forte piece ou tête *F*, *fig.* 6 & 8, au travers de laquelle paffe le crochet de fer, comme on peut le voir à la *fig.* 6, qui repréfente la boîte ouverte par devant, avec la place du crochet, indiquée par des lignes ponctuées *a*, *b*, *c*, *d*; & à la figure 8, qui repréfente la coupe longitudinale de cette même boîte, & de la mortaife propre à placer le crochet; la piece *F*, fe préfente à bois de bout, *fig.* 6, & elle eft difpofée de maniere qu'elle eft entaillée au nud du deffous de l'établi, où elle paffe en forme de queue d'environ 8 à 10 pouces de longueur, & eft retenue en place par une tringle *G*, *fig.* 6 & 7, dans laquelle elle entre en entaille. Cette tringle *G*, fert à foutenir le deffous de la boîte à l'endroit du crochet, & à foulager les languettes de la piece de derriere, qui, fans la queue de la piece *F*, fupporteroient feules tout le poids de la boîte.

Les languettes de la piece de derriere *B*, *fig.* 7, dont je viens de parler, doivent avoir peu de hauteur, pour ménager la force de la joue qui les retient, dont on augmente la folidité par des vis à tête fraifée, qu'on y place de diftance en diftance, comme on peut le voir dans cette figure, qui repréfente la coupe tranfverfale de la boîte, & d'une partie de l'établi : voyez pareillement la figure 10, qui repréfente le côté de l'établi prêt à recevoir la boîte, avec la barre *G G*, qui la foutient.

La tête *E* de la boîte, *fig.* 5, 6 & 8, eft affemblée dans la piece du deffus & dans celle du deffous à rainure & languette, & y eft arrêtée avec des vis, ou du moins des chevilles à colle; la piece du deffus *A*, paffe en entaille par deffus la principale piece *F*, *fig.* 8, & y eft pareillement arrêtée, & celle de deffous y est assemblée à tenon & mortaise, comme on peut le voir dans cette figure.

La piece *B* du derriere, *fig. 7*, est attachée avec des vis sur la tête de la boîte & sur la principale piece, comme on a pu le voir à la figure 12, qui représente la boîte vue par derriere; la piece de devant, qui sert de porte, s'attache pareillement avec des vis, qu'on n'arrête à demeure que lorsqu'on a placé l'écrou.

La vis qui sert à faire mouvoir cette boîte, se fait en fer, ainsi que son écrou; ce qui est le plus solide; cependant lorsqu'on veut économiser, on fait la vis en bois, & l'écrou en fer, garni de plomb mêlé avec de l'antimoine, comme je l'expliquerai ci-après.

Que la vis soit faite en bois ou en fer, il est nécessaire qu'elle soit de toute la longueur de la boîte, afin qu'elle porte également du bout comme du collet, qui alors est moins fatigué lorsqu'elle fait pression contre la boîte, & par conséquent cette derniere contre l'établi. *Voyez la fig.* 8. Le collet de la vis doit être arrêté dans la tête de la boîte, afin de la rappeller, c'est-à-dire, de l'ouvrir; ce qui se fait en observant une rainure d'environ deux lignes de profondeur dans le collet, dans laquelle on fait entrer deux clavettes de fer ou de cuivre, ou même de bois très-dur, lesquelles arrêtent la vis & la boîte d'une maniere fixe. Voyez les *figures 6 & 8*, qui représentent la coupe de la vis & des clavettes qui l'arrêtent à son collet.

Quand la vis est de fer, on l'arrête de même, & 8 à 9 lignes de diametre lui suffisent. Lorsqu'elle est en bois, il faut, pour qu'elle soit solide, qu'elle en ait au moins quinze.

Les écrous des vis en fer se font à l'ordinaire, & on y fait une queue longue d'environ 6 pouces, laquelle entre dans une mortaise pratiquée dans l'épaisseur de l'établi, avec lequel on l'arrête par le moyen de deux boulons à vis qu'on éloigne l'un de l'autre le plus qu'il est possible, afin que l'écrou soit moins sujet à être ébranlé. *Voyez la fig.* 7, où l'écrou est représenté vu de côté avec ces deux boulons; & la figure 9, qui représente ce même écrou vu en dessus.

En faisant ces sortes d'écrous, il est bon d'y faire deux épaulements, l'un dessus & l'autre dessous, lesquels servent à retenir la boîte & à soulager les rainures de la piece de derriere, comme je l'ai observé *fig.* 7.

Quand les vis sont en bois, les écrous se font de même que ceux ci-dessus; du moins quant à l'extérieur, & on les fait assez gros pour que le trou qu'on fait au milieu, soit d'environ 3 à 4 lignes plus large que la grosseur de la vis; on évase ce trou des deux côtés, & on perce des trous des quatre côtés de l'écrou, pour que la matiere qu'on y coule pour former l'écrou de la vis, y tienne solidement. Quand l'écrou est ainsi disposé, on le place dans l'établi, & on l'arrête avec ses boulons, en observant que le trou de l'écrou se trouve bien juste vis-à-vis celui de la boîte; ensuite on prend un bout de vis semblable à celle qui doit servir, & on l'enduit à environ une demi-ligne d'épaisseur avec de la terre à four très-fine, broyée avec de la colle, ce qui est nécessaire pour le jeu de la vis, &

pour empêcher que la chaleur de la matiere ne brûle la vis. Quand cet enduit
est sec, on place la fausse vis dans l'écrou, & on les enduit de terre au pourtour, pour empêcher que la matiere ne fuie ; ensuite on coule la matiere entre
l'écrou & la fausse vis, qu'on retire lorsque la matière est refroidie, & l'écrou
se trouve fait. *Voyez les fig.* 6, 7 & 8, où l'écrou est représenté de face, de côté
& en coupe, & où l'on voit la maniere dont il est disposé, ainsi que la matiere
qui forme l'écrou proprement dit, laquelle est un composé de plomb & d'antimoine, dont la quantité en raison du plomb est comme un à deux.

Les crochets ou mentonnets de fer qui servent à l'établi dont je fais la description, ont environ 10 lignes quarrées de grosseur, & une longueur égale à l'é-
paisseur de l'établi, plus 9 à 10 lignes qu'il faut qu'ils le désaffleurent, ce qui
fait environ 5 pouces de longueur ; & on y adapte un ou deux ressorts par les
côtés, pour qu'ils tiennent en place à telle hauteur qu'on le juge à propos.
Voyez les fig. 2 & 3.

Le crochet qui se pose dans l'établi, se change, comme on le juge à propos,
dans des trous qui sont percés de 4 pouces en 4 pouces de distance les uns des
autres, & à 18 lignes du bord de l'établi, afin que le milieu de leur largeur se
rencontre juste avec le point milieu de la vis. *Voyez la fig.* 5.

Les trous où se placent les crochets, se percent en pente, à contre-sens de
celui de la boîte de rappel, comme on peut le voir à la *fig.* 6, afin que quand
on presse le bois entre les crochets, la force de la pression ne les fasse pas sortir
hors de leur place, & que la piece *e f*, *fig.* 1, qui est prise entre-deux, ne
s'échappe pas.

On met une presse de côté à ces sortes d'établis ; & pour plus de commodité
on y en met une seconde adaptée à un pied mouvant, qui entre en enfourchement dans la traverse du bas de l'établi, & à rainure & languette dans le dessus.
Cette seconde presse se change d'un côté de l'établi à l'autre, comme on le
juge à propos, & se dévêtit de sa place fort aisément, vu que la languette de
la traverse du bas est supprimée proche le pied de devant de l'établi.

Ces presses s'écartent autant qu'on le juge à propos ; & pour les tenir également
ouvertes du bas comme du haut, on assemble dans le bas de leurs jumelles
une tringle, *fig.* 4, qui passe au travers des pieds, & qui est percée de plusieurs
trous, dans lesquels on place une cheville de fer qui les arrête à la distance convenable.

Malgré les presses dont je parle, on met dans l'épaisseur du dessus de l'établi
des petites presses montées avec des vis de fer, dont les jumelles sont d'une
largeur égale à l'épaisseur de la table de l'établi. *Voyez la fig.* 11, où j'ai représenté en coupe cette presse, avec sa vis & son écrou, & où j'ai indiqué, par des
lignes ponctuées, la place des crochets, la rainure du faux pied, & les assemblages des pieds, qui ne vont qu'aux trois quarts de l'épaisseur de la table, ce
qui est plus propre, & vaut beaucoup mieux que de les faire passer au travers,
comme c'est la coutume.

Au lieu de mettre des vis de fer aux preſſes des côtés de l'établi, on peut en mettre de bois, taraudées dans l'épaiſſeur de l'établi, à l'extrémité deſquelles on obſerve une tête pour paſſer une manivelle ſervant à les faire mouvoir. Quelquefois ces vis n'ont point de tête, & ſont taraudées dans toute leur longueur; de ſorte qu'un bout ſe viſſe dans l'établi, & l'autre dans un oſſelet qui preſſe contre la jumelle, ce qui revient à peu-près à la même choſe que quand elles ont des têtes; à l'exception que quand il arrive que l'oſſelet ſe trouve diſpoſé perpendiculairement, il ſurpaſſe le deſſus de la jumelle de la preſſe, ce qui eſt aſſez incommode.

On met auſſi quelquefois des tiroirs au deſſous de ces ſortes d'établis, comme ceux *H*, *I*, *L*, *fig.* 1, ce qui eſt très-commode pour ſerrer une infinité de choſes; de plus, ces tiroirs ainſi placés, nuiſent moins que ceux qu'on poſe immédiatement au-deſſous de l'établi, comme c'eſt l'uſage.

Après les établis, les preſſes ſont les plus gros outils des Ebéniſtes: elles ſont de deux ſortes; ſavoir, celles *fig.* 1 & 3, dont le mouvement ſe fait horiſontalement, & dont les vis ont des têtes percées pour recevoir des boulons de fer ſervant à les faire mouvoir. Ces preſſes ſont compoſées de deux jumelles *A B* & *C D*, leſquelles ont 5 à 6 pouces de largeur, ſur 3 à 4 pouces d'épaiſſeur, à raiſon de leur longueur, qui varie depuis 2 juſqu'à 4 pieds, & dans l'une des deux, c'eſt-à-dire, dans celle *A B*, les vis ſont taraudées, au lieu qu'elles entrent tout en vie dans l'autre. La longueur des vis de ces preſſes doit être environ les deux tiers de la longueur de ces dernieres, ſur 2 à 3 pouces de diametre; & on doit avoir ſoin que leurs têtes ſoient frettées d'un cercle de fer, pour empêcher qu'elles ne ſe fendent lorſqu'on les force pour les faire mouvoir. *Voyez les fig.* 1 & 3. On fait uſage de ces preſſes ſur l'établi, ſoit pour refendre de bout, ſoit pour travailler l'ouvrage ou pour le coller. Dans l'un ou l'autre de ces différents cas, on arrête la preſſe ſur l'établi avec deux valets, afin qu'elle y ſoit arrêtée d'une maniere fixe & invariable.

L'autre eſpece de preſſe, *fig.* 2 & 4, ſert verticalement, & eſt compoſée, comme la premiere, de deux jumelles & de deux vis, à l'exception que les vis ſont aſſemblées fortement & chevillées dans la jumelle de deſſous, laquelle eſt un peu plus large que l'autre, afin de donner plus d'empattement à la preſſe. La jumelle de deſſus ſe meut à volonté, & eſt arrêtée par deux oſſelets *a b* & *c d*, *fig.* 2 & 4, dans leſquels les vis ſont taraudées. Ces ſortes de preſſes ſont de différentes grandeurs, ainſi que les premieres, & ſervent pour les collages, tant en maſſe que de placage.

Après les preſſes, le plus grand outil, & un des plus néceſſaires, eſt la meule ou gagne-petit, laquelle ſert à affûter les outils, & cela bien plus promptement qu'on ne feroit ſur un grès, comme font tous les autres Menuiſiers.

Le gagne-petit, *fig.* 5, 6 & 7, eſt compoſé d'un pied d'environ 16 à 17 pouces de hauteur, ſur 2 à 2 pieds & demi de long, & 9 à 10 pouces de large. Sur ce pied eſt poſée une auge de bois de chêne, d'une grandeur ſuffiſante pour

contenir

contenir une meule d'environ 2 pieds de diametre, & 2 à trois pouces d'épaisseur. Cette auge doit être bien assemblée, & son fond doit avoir environ 2 pouces d'épaisseur, afin d'être creusée en dessous pour recevoir le pied sur lequel on l'arrête avec des vis : un des bouts de l'auge doit s'élever au-dessus de la meule, & être percé d'un trou, dans lequel on fait entrer un morceau de bois *e f*, *fig. 6*, qui sert à travailler la nacre de perle, comme je le dirai en son lieu. A l'autre bout de la meule, est une planche servant à appuyer la main de celui qui affûte. Cette planche est garnie de deux bandes de fer attachées aux deux côtés de l'auge avec deux vis *g*, de maniere qu'ils puissent tourner librement ; l'autre bout *h*, est attaché avec deux autres bandes de fer plates, à l'extrémité inférieure desquelles on fait une espece de rainure de 5 à 6 lignes de largeur, sur 3 à 4 pouces de longueur, qui sert à passer une vis arrêtée dans le côté de l'auge, dont l'écrou *i*, qui a une tête saillante, étant serré, retient en place la barre de fer, & par conséquent la planche avec laquelle elle est attachée, que l'on baisse ou qu'on hausse comme on le juge à propos, selon que la meule est d'un plus ou moins grand diametre.

Le dedans de l'auge est ordinairement garni de plomb très-mince, pour qu'elle contienne mieux l'eau, ce qui est meilleur que de les laisser toutes nues ; quoique quand elles sont bien assemblées, & qu'elles ont servi quelque temps, elles tiennent assez bien l'eau, qui, en s'imbibant dans les pores du bois, y entraîne le limon de la meule, qui y fait une espece de mastic.

La meule est un grès qui vient du Languedoc, d'Auvergne ou de Champagne ; mais celles qui viennent de Langres sont les plus estimées : leur couleur est d'un gris blanchâtre. Pour qu'elles soient bonnes, il faut que leur grain soit fin, égal & ouvert, parce que quand il est trop serré, c'est une marque que la meule est dure.

La meule est montée sur un axe ou arbre de fer, auquel elle est arrêtée avec des coins de bois de chêne ; cet axe pose sur des collets de cuivre, dans lesquels sont pratiquées des rainures où entrent des especes de languettes ou anneaux, faits aux deux côtés de l'arbre, ce qui l'empêche de s'écarter d'aucun côté, & par conséquent retient toujours la meule au milieu de l'auge.

Les collets de cuivre sont de deux pieces sur la hauteur, ils entrent à rainures & languettes dans les côtés de l'auge ; celui de dessus est mobile, & redescend sur l'axe, où il fait pression par le moyen d'une vis qui est taraudée dans une bride de fer attachée au-dessus du côté de l'auge.

La meule se tourne au pied ou à la main, selon qu'on le juge à propos ; dans l'un ou l'autre cas, la manivelle sert toujours, puisque quand on la tourne au pied, on y attache la corde de la marche, ou pédale *l m. Voyez les fig. 5, 6 &* 7, dont l'une représente le gagne-petit tout monté vu par le bout ; l'autre qui le représente vu de côté, & la derniere vu en coupe ; ce qui est suffisant pour donner toute l'intelligence nécessaire de cette sorte d'outil, qui, quoique utile aux Menuisiers, est le plus souvent fait par les Serruriers-machinistes & autres ; c'est pourquoi ceux qui voudront acquérir une parfaite connoissance de toutes les especes de meules ou gagne-petits, pourront avoir recours aux Arts du Coutelier & du Tourneur, où elles sont amplement décrites.

Quoique je dise que les Ebénistes affûtent leurs outils sur la meule, ce n'est pas qu'ils ne se servent aussi de grès comme les autres Menuisiers ; mais c'est que la meule est d'un meilleur usage, tant pour bien affûter que pour le faire avec plus de diligence.

Quand les outils sont affûtés, soit sur le grès, soit sur la meule, pour leur donner un taillant plus vif & plus fin, on les passe sur la pierre à l'huile, ce qui les rend très-propres à couper le bois net, quelque tendre qu'il puisse être.

Ces pierres viennent du Levant ; les meilleures sont celles qui sont de couleur blonde, d'un grain serré, uni & très-égal : cette pierre a le défaut d'avoir de petites veines blanchâtres, soit en long, soit en travers, lesquelles sont autant de durillons qui empêchent de bien affiler ; c'est pourquoi il faut choisir celles qui seront les plus égales, ou, du moins, qui auront de plus petites veines, & en moins grande quantité.

Comme ces pierres ne sont pas d'un très-grand volume, & que d'ailleurs elles sont fragiles, on les enchâsse dans un morceau de bois, dans lequel on les fait entrer tout en vie, & le plus profondément qu'il est possible, & afin qu'elles y tiennent plus solidement, on les scelle avec du mastic. *Voyez les fig. 8 & 9.*

On se sert d'huile pour affiler les outils sur ces pierres, & il est bon qu'elles en soient toujours imbibées, & qu'elles soient toujours très-propres, parce que la poussiere qui s'y attache forme une graisse qui les gâte, & empêche les outils de prendre dessus.

Les pierres à l'huile sont cheres ; celles qui sont passablement bonnes coûtent depuis quatre francs jusqu'à cent sols la livre ; mais aussi quand elles se trouvent bonnes, c'est un grand avantage qui diminue beaucoup de leur cherté.

Les outils d'affûtage des Ebénistes, comme sergents & valets, les varlopes, demi-varlopes, les feuillerets, les guillaumes, &c, sont les mêmes que ceux des autres Menuisiers ; il n'y a que les rabots qui sont un peu différents, quoiqu'ils fassent aussi usage des rabots ordinaires, pour la construction de leurs bâtis & autres ouvrages de peu de conséquence.

Les rabots des Ebénistes, *fig.* 1 *&* 2, different des rabots ordinaires par l'inclinaison de la pente de leurs fers, & quelquefois par la forme de ces derniers, qui, au lieu d'être unis sur la planche, sont cannelés jusqu'à environ la moitié de leur longueur, comme je l'expliquerai ci-après.

La pente des rabots des Ebénistes, varie depuis celle des rabots ordinaires, indiquée par la ligne *a b*, *fig.* 1, jusqu'à celle *b c*, qui est perpendiculaire avec le fût de l'outil ; cependant celle qui est la plus ordinaire, est celle *b d*, selon laquelle est placé le fer du rabot ; cette pente est d'environ 3 à 4 lignes, sur la largeur de 2 pouces & demi à 3 pouces. Les rabots des Ebéniftes font ainfi de bout, afin qu'ils ne faffent point d'éclats aux bois qu'on travaille, lefquels étant quelquefois très-rudes, exigent que le fer foit plus ou moins de bout.

Quoique ces rabots foient ainfi de bout, on ne s'en fert guere avec les fers ordinaires que pour le bois de bout ou de champ ; car quand il s'agit de raboter le bois de placage à plat, foit en feuille, foit collé, il faut alors y mettre un fer à dents, lequel ne fauroit faire d'éclat, vu qu'il ne fait que rayer le bois, foit à bois de fil, foit à bois de travers.

Les fers à dents ou bretés, (ce qui eft la même chofe) repréfentés *fig.* 3, font de la même forme & grandeur que les fers ordinaires, à l'exception qu'ils font un peu plus épais.

Les rayures ou cannelures des fers à dents, font creufées, du côté de l'acier, d'une forme triangulaire, & entre chacune d'elles il y a un petit filet plat, qui feul eft tranchant, vu que le fer étant affûté, chacun de ces filets forme une efpece de dent d'une forme quarrée, qui va en s'épaiffiffant fur le fond.

Il y a des fers brettés dont la denture eft plus ou moins groffe, felon les diffé-rents befoins. *Voyez la fig.* 3, où j'en ai repréfenté un de grandeur d'exécution, dont les dents font d'une moyenne grandeur, y en ayant de près de moitié plus petites, & du double plus groffes, dont on fait ufage felon les diverfes fortes d'ouvrages, comme je le dirai en fon lieu.

Les fûts des rabots dont je parle, n'ont rien de différent de ceux des autres Menuifiers : il y en a de droits, comme les figures 1 & 2, & de cintrés fur le plan, dans lefquels on met foit des fers unis, ou des fers à dents, felon que le cas l'exige.

Les varlopes - onglets des Ebéniftes, font conftruites de la même maniere que leurs rabots, dont elles ne different que par leur longueur, qui varie depuis 10 pouces jufqu'à 16.

Il y a des varlopes-onglets à femelle de fer, *fig.* 4, lefquelles font propres à travailler les bois très-durs & de rebours, les bois de bout & les métaux. Ces fortes de varlopes - onglets ne different des autres que par la pente de leur lumiere, qui eft extrêmement inclinée, & par la pofition de leur fer, qui eft retourné fens deffus deffous, comme on peut le voir dans cette figure, laquelle eft repréfentée en coupe, afin qu'on puiffe voir la pente de fa lumiere, & la difpofition du fer, qui doit affleurer avec le deffous de la femelle de fer, contre laquelle il eft appuyé.

La lumiere de la varlope-onglet, telle qu'elle eft repréfentée ici, devient un peu longue, & diminue par conféquent de la force de l'outil ; c'eft pourquoi on en fait où il y a deux lumieres, l'une qui fert à placer le fer & le coin, & l'autre indiquée par les lignes *e*, *f*, *g*, *h*, par laquelle fortent les copeaux. Cette maniere de difpofer les lumieres, eft la moins ufitée, quoique cependant ce foit la meilleure.

La femelle de fer tient avec le fût de bois par le moyen de fix vis, lefquelles paffent au travers de ce dernier, & font taraudées dans l'épaiffeur de la femelle, ainfi qu'on peut le voir à la *fig. 5*, qui repréfente la coupe tranfverfale de la varlope-onglet, à l'endroit des deux vis. *Voyez auffi la fig. 6*, qui repréfente cette même varlope vue en deffous, avec le bout des vis.

Ce que je viens de dire par rapport aux varlopes-onglet à femelle de fer, peut auffi s'appliquer aux rabots, qu'il feroit bon de conftruire de cette façon, fur-tout ceux qui fervent pour les bois de bout, ou ceux qui font extrêmement durs, dont le frottement gâte en peu de temps le deffous du rabot, qui alors ne peut plus aller comme il faut, à moins qu'on ne le redreffe.

C'eft cette difficulté qui a fait imaginer les rabots de fer, tant pour les métaux que pour les bois durs. Ces outils, repréfentés *fig. 8, 9, 10 & 11*, font conftruits en forme de boîtes vuides par le deffus, dans lefquelles on ajufte un coin de bois *A, fig. 9*, lequel fert à retenir le derriere du fer, foit qu'on veuille que ce dernier foit pofé perpendiculairement, comme il eft aux *fig. 8 & 9*, ou qu'on le place incliné, comme l'indiquent les lignes ponctuées *B, C*; dans ce dernier cas on abat le coin en pente, felon celle qu'on juge à propos de donner au fer de l'outil. *Voyez la fig. 7*, qui repréfente ce coin vu en coupe & en deffus.

Le fer de ces fortes de rabots eft arrêté en place par le moyen d'un autre coin *D, fig. 9*, lequel frotte contre un boulon de fer *E*, qui tient aux deux côtés ou joues du rabot.

Quand le fer eft fort incliné, comme celui *B C*, le boulon *E* ne peut plus fervir, & on en met un autre *F*, lequel entre tout en vie d'un côté du rabot, & à quarré de l'autre, afin qu'on puiffe l'ôter quand on le juge à propos, & qu'il ne tourne point étant en place.

Le coin *D*, qui fert à retenir le fer, doit être plein fur toute fa largeur, pour qu'il foit plus folide, étant d'ailleurs fort inutile qu'il foit évuidé, vu qu'il n'y a rien en dedans du rabot qui puiffe arrêter le copeau.

Quant à la conftruction de ces fortes d'outils, je n'en ferai aucune mention, vu qu'elle eft du reffort des Taillandiers & autres Ouvriers en fer.

Les Ebéniftes fe fervent de fcies à peu-près femblables à celles des Menuifiers en bâtiment; c'eft pourquoi je n'en parlerai pas ici. Cependant il eft bon d'obferver qu'ils font plutôt ufage des fcies à tourner, que de toute autre, foit pour fcier fur la longueur ou fur la largeur; c'eft pourquoi ils en ont de différentes grandeurs, pour s'en fervir au befoin. Cette méthode eft très-bonne pour refendre le bois qui n'eft pas d'une forte épaiffeur; mais je ne fai pourquoi ils fe fervent de fcies à tourner pour fcier les bois de bout, les arrafements, &c. vu qu'une fcie ordinaire eft meilleure qu'une fcie à tourner, pour ce qui eft des bois de bout, fur-tout quand il faut que ces derniers foient coupés avec précifion.

Je

Je ne parlerai pas ici non plus de la fcie à découper, ou de marquèterie , parce qu'il fera beaucoup mieux de le faire lorfqu'il fera queftion de traiter de la maniere d'en faire ufage. Il en fera de même de beaucoup d'autres outils , dont je ne ferai la defcription qu'à mefure que je décrirai les différents ouvrages d'Ebénifterie , ou , pour mieux dire , les diverfes opérations de l'Ebénifte , ce qui évitera toute efpece de répétition , & ce qui fera d'autant plus naturel , qu'en décrivant l'outil , je donnerai la maniere d'en faire ufage felon les différents cas ; c'eft pourquoi je remets cette defcription des autres outils aux Chapitres fuivants, ne me reftant, pour terminer celui-ci , qu'à parler de la conftruction des bâtis , ce qui fera l'objet de la Section fuivante.

PLANCHE
281.

S E C T I O N   T R O I S I E M E.

Des Bâtis propres à recevoir les revêtiffements d'Ebénifterie ; de la maniere de les difpofer & de les conftruire.

La difpofition & la conftruction des Bâtis propres à recevoir les revêtiffements d'Ebénifterie , quoique très - négligées de la plupart des Ouvriers ordinaires , font cependant d'une très-grande conféquence , puifque c'eft du plus ou du moins de perfection avec laquelle les Bâtis font traités , que dépend toute la réuffite de l'ouvrage , qui , quelque bien qu'il foit fait , ne peut fubfifter long-temps , fi les Bâtis qui le portent ne font pas faits avec tout le foin néceffaire.

PLANCHE
282.

Trois chofes concourent à la perfection des Bâtis propres à recevoir le placage ; favoir , 1°. le choix de la matiere ; 2°. la difpofition générale ; 3°. la bonne conftruction. J'ai dit au commencement de cette Partie , *page 766* , que les bois propres à la conftruction des Bâtis , étoient le chêne tendre , le fapin , le tilleul, & tout autre bois tendre & fec , &c ; cependant il faut faire attention qu'il n'y a guere que le premier des trois , c'eft-à-dire, le chêne , qu'on puiffe employer pour les ouvrages de quelque conféquence ; les autres , quoique légers & peu fujets à fe tourmenter , n'étant pas affez folides ni affez propres pour faire de bon ouvrage ; c'eft pourquoi on ne doit jamais fe fervir d'autre bois que du chêne , lorfque les Bâtis feront fufceptibles d'affemblages , comme les Bureaux , les Secrétaires , &c. n'y ayant que les tablettes & autres ouvrages de cette nature , qu'on puiffe raifonnablement faire en bois blanc ; ce n'eft cependant pas ce que font les Menuifiers-Ebéniftes , qui , pour la plupart , ne font pas leurs Bâtis eux-mêmes , mais les font faire à vil prix par d'autres Menuifiers qui ne s'occupent qu'à cela, & qui emploient indiftinctement toutes fortes de bois, qu'ils trouvent toujours bons, pourvu qu'ils foient peu chers ; de forte qu'ils font des Bâtis avec du bois de bateau , foit de chêne ou de fapin, des douves de tonneaux , du tilleul, du peuplier , du maronnier & autres mauvais bois. A la mauvaife qualité des bois, ils joignent une très-mauvaife façon, la plupart de leurs Bâtis étant faits

MENUISIER. III. Part. III. Sect.   X 9

fans prefqu'aucun affemblage, fi ce n'eft quelques mauvaifes queues. Quand l'ouvrage eft cintré en plan, ils mettent les panneaux à plat-joint collés fur des taffeaux, tant à bois de bout qu'à bois de fil, ce qui fait de fort mauvais ouvrage, lequel fe détruit en très-peu de temps (*) ; c'eft pourquoi je ne faurois trop exhorter les Menuifiers-Ebéniftes à faire leurs bâtis de bon bois de chêne un peu tendre & très-fec, afin qu'ils prennent mieux la colle, & qu'ils faffent moins d'effet.

Après le choix du bois propre à faire les Bâtis, les Menuifiers-Ebéniftes doivent avoir foin de leurs difpofitions générales, c'eft-à-dire, qu'ils n'en doivent déterminer les formes qu'après avoir deffiné bien exactement tous leurs ouvrages, tant en plan qu'en élévation, afin qu'il ne s'y trouve point de forme ni de compartiment interrompus, comme il arrive prefque toujours, quand on attend que les Bâtis foient faits pour déterminer la forme & la grandeur des compartiments dont ils doivent être revêtus.

En deffinant, foit le plan ou les élévations de l'ouvrage, & par conféquent des Bâtis, il eft bon d'obferver toutes les épaiffeurs des revêtiffements, du dehors defquels on doit compter le nud de l'ouvrage, comme je l'ai obfervé aux *fig.* 1, 2 & 3, & fur-tout à la *fig.* 2, où le nud du quart de cercle du pied cornier, indiqué par les lignes ponctuées *a*, *b*, *c*, eft pris du dehors du revêtiffement.

Il faut avoir le même foin pour tous les avants & arrieres-corps, & pour les feuillures, qu'il eft auffi bon de revêtir, rien n'étant fi ridicule que de voir le bois des Bâtis apparent, lorfque les tiroirs ou les portes font ouvertes.

Quand ces mêmes portes ou tiroirs ouvriront à recouvrement, c'eft-à-dire, qu'ils feront corps fur le nud de l'ouvrage, comme à la *fig.* 2, & que ce corps ne fera pas d'une forte épaiffeur, il eft néceffaire d'y faire une double feuillure par derriere, qui porte le coup de l'ouverture, & par conféquent foulage le recouvrement du dehors.

Quand les portes ou les tiroirs entreront tout en vie, comme à la *fig.* 1, & à la *fig.* 5, il faudra toujours y faire des feuillures, afin que l'avant-corps du Bâtis, *fig.* 1, foit toujours égal, ou que la partie ouvrante affleure toujours avec le nud du Bâtis, comme à la *fig.* 5. Je ne fai pourquoi les Ebéniftes n'ont pas cette coutume, fe contentant, pour la plupart, de faire porter fur des taffeaux le fond

---

(*) Ce que j'avance ici n'eft que trop véritable ; cependant ce n'eft pas tout-à-fait la faute des Menuifiers-Ebéniftes, qui, la plupart, ne vendent l'ouvrage tout fini que ce qu'il vaudroit de façon s'il étoit bon & bien fait, ce qu'ils ne peuvent faire autrement, vu qu'ils ne travaillent, en plus grande partie, que pour les Marchands, qui ne leur payent leurs ouvrages que ce qu'ils veulent. Le luxe actuel eft auffi une des caufes du peu de bonté des ouvrages d'Ebéniflerie, tout le monde voulant en avoir, quoique fans avoir le moyen de les payer ce qu'ils valent, ce qui a mis les Ouvriers dans le cas de faire de mauvais ouvrage, afin de contenter tout le monde, & de pouvoir vivre en le faifant à bon marché, ce qui eft très-préjudiciable à cette partie de la Menuiferie, laquelle ne peut fouffrir aucune efpece de médiocrité, & ne peut avoir de mérite qu'autant qu'elle eft parfaitement bien faite ; c'eft pourquoi, je l'ai déja dit, & je le répete encore, cette efpece de Menuiferie ne devroit être employée que pour les grands Seigneurs, ou du moins pour des gens très-riches, qui auroient le moyen de la bien payer.

des tiroirs ; de forte que pour peu que ces derniers fe dérangent, ou viennent à fe travailler, ainfi que le derriere des tiroirs, le devant de l'ouvrage défaffleure, ce qui fait un très-mauvais effet.

Quant à la forme & à la conftruction des Bâtis, je n'en parlerai que très-fuccinctement, vu que j'ai traité cette partie fort au long, lorfque j'ai fait la defcription de la Menuiferie en Meubles, à laquelle on pourra avoir recours ; tout ce que je puis recommander ici, c'eft qu'il faut conftruire ces Bâtis avec toute la précaution & la folidité poffibles, pour qu'ils ne faffent aucun effet lors qu'ils feront travaillés ; c'eft pourquoi il eft bon, après avoir corroyé les bois, & y avoir fait les affemblages, de les laiffer fécher dans un endroit où ils ne foient pas trop expofés à la chaleur ou à l'humidité. Il faut avoir la même attention pour les panneaux, qu'il faut bien laiffer fécher avant & après les avoir collés ; après quoi on affemblera tout l'ouvrage, dont on collera les affemblages afin de n'y point mettre de chevilles, du moins aux endroits couverts de placage, parce que fi elles venoient à fortir de leur place, elles le feroient lever, ce qu'on pourroit cependant empêcher, en collant les chevilles.

Comme les panneaux des Bâtis dont je parle, doivent être arrafés, il eft bon qu'ils foient d'une forte épaiffeur, c'eft-à-dire, qu'ils ayent 9 lignes d'épaiffeur au moins, afin qu'ils ne ploient pas lorfqu'on travaille deffus.

Toutes les portes, deffus de tables, & autres ouvrages de cette nature, doivent être emboîtés au pourtour, c'eft-à-dire, qu'ils foient compofés d'un panneau & d'un bâtis, affemblés à bois de fil ; & même lorfque les tables & autres ouvrages feront d'une certaine grandeur, on fera très-bien d'y mettre, au lieu de panneau, un parquet d'affemblage fait en liaifon, afin qu'ils ne ploient en aucune façon.

Il faut auffi éviter, lorfqu'on conftruit les Bâtis, qu'il ne paroiffe aucun bois de bout, parce que la colle ne prend pas fi bien fur ce fens du bois que fur le bois de fil ; & on aura foin, autant que faire fe pourra, qu'ils foient tout montés avant que d'être plaqués en dehors ; c'eft pourquoi quand il arrivera que le dedans des Bâtis fera revêtu, on commencera par faire ce revêtiffement intérieur & le polir, puis on achevera de monter le Bâtis à l'ordinaire.

Quand les Bâtis font montés, il faut avoir grand foin, en les replaniffant, qu'ils foient bien dreffés fur tous les fens, & qu'il n'y refte aucune efpece d'inégalité, parce que s'il en reftoit quelques-unes, on perceroit le placage lorfqu'on viendroit à le finir.

Quand on replanit les Bâtis, il faut fe fervir de la varlope-onglet à dents, avec le plus gros fer bretté, qu'on paffe fur tous les fens, tant pour bien dreffer l'ouvrage, que pour le rayer de tous les fens, afin que la colle s'y attache mieux. Quand il y aura des corps faillants à l'ouvrage, on finira les parties rentrantes les premieres, du moins autant qu'il fera poffible, & on fera en forte qu'il s'y trouve des joints, ce qui en rendra l'exécution plus facile, comme je l'ai obfervé aux *fig.* 1 & 2. Si cependant on ne pouvoit faire des joints à l'endroit du reffaut,

sans faire tort à l'ouvrage en affoiblissant la largeur des bois, il faut alors faire
les joints plus loin que le ressaut, pour conserver la largeur & la force des bois,
comme je l'ai observé à la *fig.* 3 ; dans ce cas, comme le rabot ou la varlope à
dents ne peut passer au travers de la piece, on met le panneau en place avant
que de le coller dans les Bâtis avec lesquels on l'affleure piece à piece ; ensuite
on dresse le panneau à part avec la varlope à dents, & on le colle avec les Bâtis,
sur la partie rentrante desquels on passe une forte rape à bois, afin de les rayer
comme à peu-près feroit le rabot bretté.

Quand les Bâtis sont tout-à-fait finis, il est bon de les laisser sécher quelque
temps, avant que de les revêtir de placage, parce que n'étant pas revêtus tout
de suite après être finis, on est toujours à portée de les réparer, supposé qu'ils
viennent à faire quelqu'effet, malgré qu'on y ait pris toutes les précautions que
j'ai recommandées ci-dessus.

Quand les Bâtis sont prêts à revêtir, il faut faire choix des bois qu'on veut
employer ; puis le dessein de l'ouvrage étant fait, comme, par exemple, celui
qui est représenté *fig.* 13, on en trace toutes les formes principales sur la piece
à revêtir, sur laquelle on a soin de tracer les lignes perpendiculaires & horizon-
tales *a b* & *c d*, & les deux diagonales *e f* & *g h*, ce qui se fait à toutes sortes
d'ouvrages, afin de diriger les joints des plages ; ensuite on commence à plaquer
les bois, comme je vais l'expliquer dans le Chapitre suivant.

CHAPITRE ONZIEME.

De l'Ebénisterie simple, ou du Placage à compartiments en général.

L'ÉBÉNISTERIE dont la description va faire l'objet de ce Chapitre, quoique la plus simple des trois especes qui composent cet Art, n'en demande pas pour cela moins d'attention ; de plus, les procédés qui servent à cette premiere espece d'Ebénisterie, sont à peu-près les mêmes pour les deux autres especes ; c'est pourquoi il est très-essentiel d'en faire une exacte description, laquelle étant une fois bien faite, abrégera beaucoup celle des deux autres, & aidera à les bien faire connoître.

PLANCHE 282.

Avant de commencer à plaquer, il faut d'abord que les bâtis soient entiérement finis, & les desseins faits, afin de tracer dessus les bâtis les principales masses des compartiments qu'on y veut faire, ainsi que je l'ai dit plus haut ; reste ensuite à faire choix des bois qu'on doit employer.

Deux raisons doivent déterminer dans le choix des bois de placage ; savoir, celle d'économie & celle de convenance. La premiere de ces deux raisons n'a ordinairement lieu que lorsqu'il s'agit d'un ouvrage de peu de conséquence, & qui n'est payé qu'un prix modique, ce qui oblige alors à n'employer que des bois communs, qui, par conséquent, coûtent peu cher : car dans de beaux ouvrages on ne doit pas épargner la dépense, pour avoir des bois d'une couleur ou d'une qualité requise. La seconde raison, c'est-à-dire, celle de convenance, est la plus essentielle, parce qu'il est très-important de ne pas mettre ensemble des bois d'une couleur trop opposée, ou d'une trop inégale dureté, & qui demandent diverses especes de travail, soit pour les replanir, soit pour les polir.

La trop grande disparité des couleurs, est aussi un très-grand défaut, parce qu'alors les différents compartiments tranchent trop les uns sur les autres. Je ne prétends cependant pas qu'il ne faille mettre ensemble que des bois d'une couleur à peu-près égale, (ce qui produiroit un effet monotone presqu'aussi désagréable à voir, que la trop grande disparité de couleur,) mais seulement de mettre ensemble des bois dont les couleurs, quoique différentes les unes des autres, n'ayent pas trop d'opposition entr'elles, comme le blanc avec le noir, le rouge avec le jaune, &c. Ce n'est pas qu'on ne puisse employer des bois de couleurs ainsi opposées, dans une même piece de placage ; mais si on le fait, on doit mettre entr'eux des bois de couleur moyenne, c'est-à-dire, qui fassent nuance entre les couleurs opposées, afin que le changement de l'une à l'autre ne soit pas si sensible à l'œil, & ne le blesse pas. Cette observation ne doit avoir lieu que pour les grandes parties de placage ; car pour les petites parties, comme les

plates-bandes & les filets, il est bon qu'ils se distinguent par leur couleur opposée à celle du fond de l'ouvrage, afin qu'ils soient plus apparents.

Si la trop grande différence de couleur de bois fait un mauvais effet sur la face
de l'ouvrage, elle n'en fait pas un moindre par le côté, lorsqu'il se trouve des
épaisseurs de bois d'une couleur, & des revêtissements d'épaisseur d'une autre,
ainsi que ceux *G I H, fig.* 4, parce que la piece revêtue paroît être de trois
morceaux & de différentes couleurs. Les Ebénistes ne font pas ordinairement
grande attention à cet inconvénient, se contentant seulement de mettre toutes
les épaisseurs apparentes sur le côté de l'ouvrage, ce qui laisse toujours subsister
le défaut dont je parle, comme on peut le voir à la figure 1, où, sur les côtés *A*
& *B*, on voit l'épaisseur du placage de face; c'est pourquoi je crois qu'il vaut
mieux, lorsqu'on a des angles saillants à revêtir avec des bois de différentes couleurs, de faire leurs joints en onglets, comme ceux *E, F, fig.* 1, ce qui fait
très-bien, & n'a d'autre difficulté que l'exécution, qui devient un peu plus compliquée qu'à l'ordinaire, sans cependant être impossible, puisqu'il ne s'agit que
de dresser le joint de la piece qui est collée la premiere, avec un guillaume dont
le dessous, & par conséquent le fer, soit abattu en onglet. Un seul guillaume
disposé de la sorte, peut absolument suffire; cependant il est bon d'en avoir deux
d'une pente opposée, pour s'en servir au besoin : il est même bon d'en avoir de
côtés, afin que dans le cas où les deux côtés seroient collés les premiers, comme
ceux *E, F, fig.* 1, on puisse les recaler sans que l'un nuise à l'autre. Hors le cas
où les bois des corps saillants sont de différentes couleurs, il n'est pas nécessaire
d'y faire des joints d'onglets; il suffit que l'épaisseur du placage soit du côté le
moins apparent de la piece, comme je l'ai observé à toutes les figures de cette
Planche.

Le placage des angles rentrants se colle le premier, & on colle ensuite celui
des côtés qui saillissent; & lorsqu'il arrive qu'il y a des pans coupés, comme à la
fig. 1, il est bon de faire des coupes comme à l'angle *D*, parce que quand on
colle le morceau de côté sur celui du fond, comme à l'angle *C*, la pente qu'on
est obligé de donner au morceau de côté, forme une arête sujette à s'écorcher
quand on vient à finir l'ouvrage; il faut cependant observer que quand on fait
une coupe comme celle *D*, il faut mettre d'épaisseur égale le premier morceau
qu'on colle, & le finir à peu-près avant que de coller l'autre, afin qu'en finissant
l'ouvrage, l'angle *D* soit toujours au milieu du joint.

Quand il arrive que les avants-corps ont peu de saillie, mais que cette saillie
est plus considérable que l'épaisseur du placage, il faut alors coller le placage de
l'arriere-corps, & le finir sur le bord; ensuite on plaque sur le côté du corps
saillant, une petite tringle du même bois que celui qu'on doit plaquer sur l'avant-
corps, laquelle étant bien jointe avec ce dernier, semble ne faire qu'une seule
& même piece.

Il est des occasions où le changement de couleur des placages est avantageux,

comme, par exemple, dans le cas d'une tablette, comme celle repréſentée *fig.*
7, laquelle peut ſe diſpoſer de deux manieres ; ſavoir, de coller le placage de
champ le dernier, de maniere qu'il faſſe bordure au pourtour de la tablette, ainſi
que je l'ai obſervé dans cette figure, cote *G* & *I.* La ſeconde maniere de diſpoſer le placage des tablettes dont je parle, coté *H L , même fig.* eſt, au contraire
de la premiere, c'eſt-à-dire, qu'il faut coller le placage du plat le dernier, de
maniere qu'il faſſe cadre ſur le champ de l'ouvrage. Dans l'un ou l'autre cas, il
eſt certain que la différence des couleurs du placage fait très-bien ; mais ce ne
peut être, comme je viens de le dire, que dans le cas d'une tablette, ou tout
autre petit ouvrage de cette eſpece.

Quand il ſe trouve des ouvrages qui ſont revêtus des quatre faces, comme les
fig. 11 *&* 12, & que les revêtiſſements ſont de différentes couleurs, il eſt bon
de faire les joints d'arête d'onglets, comme à la *fig.* 11, à moins toutefois qu'on
ne voulût diſpoſer de travers les bois de côtés *M, N , fig.* 12, & que l'épaiſſeur de ceux de côtés leur ſervît de bordure.

Quand les angles arrondis ſeront plaqués, comme à cette figure, & à la *fig.*
6, on mettra le placage plus épais qu'à l'ordinaire, à cauſe de l'arrondiſſement
de l'angle, & on le collera le premier, lorſqu'il ſera placé entre deux morceaux,
comme à la *fig.* 12, & le dernier quand il formera l'arête d'une piece, comme
à la *fig.* 6.

Quoiqu'on ne plaque ordinairement que des parties plates, on peut cependant très-bien faire des ſaillies de moulures en bois de différentes couleurs, ce
qui feroit très-bien, & ne demanderoit qu'un peu de ſoin de la part de l'Ouvrier ; c'eſt pourquoi je crois qu'il feroit très-facile de le faire, & cela plus communément qu'on ne le fait. *Voyez les fig.* 8, 9 *&* 10, où j'ai tracé diverſes ſortes
de moulures, dont les membres ſont de bois de rapport de différentes couleurs,
& dont la conſtruction & la diſpoſition peuvent s'appliquer à toutes ſortes d'ouvrages, de quelque nature qu'ils puiſſent être.

S E C T I O N   P R E M I E R E.

*Des diverſes ſortes de Compartiments en général ; du détail & de la diſpoſition
des bois de placage.*

L'ESPECE d'Ebéniſterie dont je traite, ou la Marqueterie proprement dite,
conſiſte dans l'aſſemblage des divers compartiments dont elle eſt compoſée. Ces
compartiments ſont de deux eſpeces ; ſavoir, les grands, & les petits.

Les grands compartiments ſe font ordinairement de grandes pieces de bois
de placage, ſouvent d'une même eſpece, dont les joints & la diſpoſition des fils
oppoſés les uns aux autres, forment différentes figures, ſoit dans la compoſition
totale de l'ouvrage, ſoit dans les diverſes parties qui le compoſent.

Les petits compartiments different des premiers, non-ſeulement par leur grandeur, mais encore par la différence des bois qu'on y emploie ; de plus les petits compartiments font souvent entourés de plates-bandes & de filets qui les féparent du refte de l'ouvrage, comme on le verra ci-après.

PLANCHE
282.

En général, les compartiments, tant grands que petits, font formés par des lignes droites ou des lignes circulaires, ou enfin un compofé des unes ou des autres, ce qui rend l'ouvrage plus ou moins difficile à faire, quoiqu'on fe ferve à peu-près des mêmes procédés pour l'exécution de ces différents compartiments ; c'eft pourquoi je vais commencer par les premiers, c'eft-à-dire, par ceux qui font compofés de lignes droites, comme étant les plus aifés, dont je me contenterai de donner (ainfi que des autres), quelques exemples généraux, applicables à la pratique, n'étant pas poffible d'épuifer, ni même de donner des préceptes particuliers & détaillés fur cette matiere, laquelle étant une affaire de goût, dépend abfolument du goût & du génie de l'Artifte, qui compofe le deffein de l'ouvrage, de quelque nature qu'il puiffe être. Mais avant d'entrer dans le détail de ces différents compartiments, il eft bon de dire quelque chofe du débit & de la difpofition générale des bois de placage, parce que cette connoiffance eft abfolument néceffaire pour pouvoir décider fur la forme & la grandeur des compartiments, fuivant l'efpece de bois qu'on veut employer.

PLANCHE
283.

Après que les bois propres au placage ont été refendus de la maniere que je l'ai dit ci-devant, *page* 801, on les replanit au rabot à dents, tant pour les mettre d'une épaiffeur égale, que pour les rayer, afin qu'ils foient mieux en état de prendre la colle lorfqu'on les plaque ; & faifant cette opération, il faut avoir grand foin de remettre enfemble les feuilles qui fortent l'une deffus l'autre, parce que leurs veines & leurs nuances étant parfaitement égales, il eft bon, en les taillant fuivant la grandeur & la forme des différents compartiments, que les morceaux qui font femblables, foient placés à côté les uns des autres, ce qui fait un très-bel effet, d'autant plus que les veines, & généralement toutes les figures qui fe rencontrent dans un feuillet de placage, fe trouvent doublées, étant portées de chaque côté du joint, comme on peut le voir aux *fig.* 1, 2 & 6 de la Planche 284.

De telle maniere que les bois de placage foient refendus, cette obfervation eft générale ; parce que s'ils le font diagonalement ou en femelles, & qu'ils forment des rofaces, comme la *fig.* 1, *même Pl.* il eft certain que les nuances de deux feuilles ainfi refendues, ne peuvent être parfaitement égales que lorfqu'elles fortent l'une de deffus l'autre, vu que les différentes couches concentriques de l'arbre étant d'un diametre inégal, elles offrent diverfes figures, felon qu'elles font coupées plus ou moins proche du centre ou de la circonférence de l'arbre.

Si les bois font refendus parallélement à leurs fils, c'eft encore la même chofe, non-feulement par rapport aux différents diametres des couches concentriques de la piece de bois, mais encore par rapport aux différents accidents qui fe rencontrent dans l'intérieur de cette même piece, comme le voifinage des

nœuds

nœuds & autres accidents, lesquels donnent diverses configurations aux fibres du
bois, qui sont très-apparentes à un endroit de la piece, & ne se retrouvent plus
un demi-pouce plus loin. Cette observation est très-essentielle, sur-tout pour
les compartiments où il est nécessaire que les mêmes nuances de bois se répetent,
comme les pointes de diamants, les étoiles, les rosaces, &c.

Je sai très-bien qu'il n'est pas possible d'avoir, dans une même piece, plus
de deux feuillets qui soient parfaitement semblables; mais comme ces feuillets sont très-minces, la différence qu'il y a du premier (en commençant par le
cœur du bois) au huitieme ou au dixieme, est très-peuconsidérable, sur-tout quand
la piece de bois refendue est d'un très-gros diametre, & que les veines du bois
formées par les couches concentriques, sont très-proches les unes des autres. Si
au contraire la piece de bois refendue se trouve avoir les veines très-larges, &
être en même temps d'un petit diametre, comme à la *fig.* 1, on ne peut avoir
guere que deux ou trois feuillets semblables de chaque côté, ce qui fait qu'on
est obligé de faire servir les autres dans des parties qui demandent moins de régularité. *Voyez les fig.* 3, 6 *& 7*, qui représentent les élévations des feuillets *a b*,
c d & e f, de la figure 1, lesquelles sont toutes différentes les unes des autres
(*).

Quand les bois sont tels que je viens de le dire, & qu'il est nécessaire d'avoir
un nombre de feuillets semblables, soit à la *fig.* 3, ou à celles 6 ou 7, comme
on n'en peut prendre que quatre ou six pareils des deux côtés & sur l'épaisseur
de l'arbre, on est obligé de les prendre les uns au bout des autres, ce qui souffre
beaucoup de difficultés, vu qu'il est très-rare de trouver une piece de bois parfaitement de fil sur une longueur considérable, & sans qu'il s'y trouve quelques
nœuds ou autres accidents qui fassent changer les veines du bois.

Quand on refend le bois obliquement pour avoir des feuillets en femelles,
comme la *fig.* 5, la longueur de ces feuillets, lorsqu'on veut qu'ils soient d'une
même forme, ne peut pas être prise sur une ligne horisontale, comme celle *g h*,
fig. 4, parce que les nuances des feuillets inclinés, non-seulement ne seroient
plus semblables, mais encore parce qu'elles ne se trouveroient plus à égale hauteur. C'est pourquoi, lorsqu'on veut avoir plusieurs feuilles en femelles, comme,
par exemple, celle représentée *fig.* 5, laquelle est prise sur la diagonale *i l*, il
faut, après avoir refendu la piece en deux parties égales, comme le représente
la *fig.* 1, faire une levée sur le derriere de la piece, comme celle *i m*, prise de
l'extrémité de la diagonale *i l*, *fig.* 4; ensuite on refend la piece en autant de

(*) Il n'est pas exactement vrai que les couches concentriques d'un arbre quelconque,
soient aussi régulieres que je les ai représentées
dans les figures de cette Planche, soit pour la
différence de leurs couleurs, soit pour la régularité de leurs formes, qui sont extrêmement variées dans les bois, même les plus réguliers. Si
donc j'ai représenté les bois de cette maniere, ce
n'est que pour rendre ma démonstration plus sensible, & mieux faire connoître les avantages ou
les inconvénients qui se rencontrent dans le débit des bois de placage, qu'il est essentiel à un
Ebéniste de bien entendre, tant pour rendre son
ouvrage plus parfait, que pour perdre le moins
de bois qu'il lui est possible, ce qui est fort à
considérer, vu la cherté du bois, & le déchet
du sciage, sans compter la perte des rognures &
des fausses coupes, qui est inévitable.

feuillets qu'on le juge à propos, toujours parallelement à cette diagonale, &
les points où chacun d'eux rencontre la ligne *i m*, bornent leur longueur par le
haut, & on a les feuillets *n o*, *p q*, *r s*, *t u*, *x y*, *z* &, & *× j*, égaux en longueur
à celui *i l*, & parfaitement semblables à celui *fig.* 5, tant pour la nuance que
pour la forme, excepté qu'ils sont un peu plus longs que ce dernier, lequel n'est
vu que géométralement sur la ligne *h l*, au lieu d'être sur celle *i l*; ce qui, au
reste, ne fait rien à la chose.

Cette maniere d'avoir des feuillets en femelles parfaitement semblables entre
eux, est très-bonne, ne souffre aucune difficulté dans l'exécution, & n'est pas
même susceptible de changements; parce que si on vouloit pousser les refentes
au-delà du centre de la piece, comme l'indiquent les lignes ponctuées, la forme
du feuillet *fig.* 5, seroit toujours la même, & se redoubleroit en contre-bas de
la ligne *l* 2, ce qui est tout naturel, vu que cette derniere passe par le centre de
l'arbre. Il y a des occasions où cette derniere maniere de refendre les feuillets
est très-bonne, parce qu'elle donne des figures d'ellipse très-allongées, qui
font un fort bon effet dans certains compartiments barlongs, où on peut les
employer fort à propos.

Les bois d'une qualité dure & d'un petit diametre, s'emploient quelquefois
à bois de bout, non pas en les coupant tout-à-fait par tranches horisontales, mais
en inclinant un peu leur coupe, comme, par exemple, la tranche *A B*, *fig.* 3,
ce qui leur donne plus de solidité, sans pour cela changer que très-peu de chose
à leur forme, qui, cependant, devient un peu plus allongée sur la longueur
A B, que sur le diametre ordinaire de la piece; mais, comme je viens de le
dire, cette différence est de très-peu de chose.

Quand, au contraire, l'obliquité de cette tranche est considérable, comme
celle *C D*, la figure change considérablement, & de ronde qu'elle étoit, coupée
horisontalement ou à peu-près, devient une ellipse, comme je l'ai représentée
dans la figure 2, laquelle est prise sur la diagonale *C D*, de la figure 3.

Quand on fait des tranches ou lames à bois de bout ou horisontales, ce qui
est la même chose, on doit avoir soin de les tenir plus épaisses que les lames
ordinaires, de la moitié de l'épaisseur de ces dernieres; & d'un tiers seulement
lorsque les branches seront prises obliquement, ce qui est très-naturel, le bois,
quoique très-liant, étant toujours moins fort à bois de bout qu'à bois de fil.

Le débit des bois de placage tel que je viens de le décrire, quoique très-
succinctement, demande beaucoup d'attention & de pratique de la part de
l'Ouvrier, soit pour le faire à propos, soit pour choisir des pieces d'une grandeur & d'une qualité convenables, suivant les différents besoins, ce qui demande
beaucoup d'expérience, & ne s'acquiert qu'avec le temps & la pratique.

Quant à la disposition des bois de placage, elle dépend plutôt du goût ou de
la volonté de ceux qui les emploient, que d'aucune regle certaine; cependant
on peut considérer quatre différentes manieres de disposer les bois de placage;

favoir, la premiere & la plus fimple, qui eft de les mettre à bois de fil, foit horifontalement ou perpendiculairement, comme les *fig.* 3 *&* 4, cote *G H.*

La feconde, eft de mettre les fils des bois perpendiculairement & horifonta-lement, en y obfervant un joint fur la diagonale *a b*, *fig.* 5, ce qu'on appelle *des collages d'onglets,* ou *à pointes de diamants*; & on doit avoir foin, en collant les bois de cette maniere, que leurs fils foient femblables autant qu'il eft poffible, & de mettre le clair ou le brun du bois enfemble, comme je l'ai fait à cette figure.

On colle auffi les bois en forme de lofange, comme la *fig.* 2, cote *E F*, ce qui revient à peu-près à la même chofe que les pointes de diamants, à l'excep-tion que le fil des pieces qui forment la lofange, ne font & même ne peuvent pas être paralleles avec les côtés de l'ouvrage, ce qui forme des vuides *C D*, qu'on remplit par d'autres placages, foit à bois de bout ou à bois de fil, ou même du même fens des lofanges, ce qui fe pratique quelquefois, fur-tout quand cette derniere eft féparée d'une plate-bande ou d'un filet, comme dans cette figure.

La troifieme maniere de difpofer les bois, eft de mettre leurs fils diagonale-ment, de maniere que leurs joints perpendiculaires & horifontaux coupent leurs fils obliquement, comme à la *fig.* 6, cote *M* & *N.* Quand les bois font ainfi difpofés, on met le milieu du feuillet fur la diagonale *b c,* & on acheve ce qui refte pour remplir les angles avec des morceaux d'une nuance à peu-près femblable; ou bien quand le milieu des feuillets n'eft pas exactement au milieu de l'arbre, (comme il arrive quand on a fait une levée,) dans ce cas on fait le rempliffage de deux pieces exactement femblables, en obfervant de bien mettre leurs joints fur la diagonale de l'ouvrage, foit que la piece qu'on a à revêtir foit parfaitement quarrée, ou bien qu'elle foit de la forme d'un parallélogramme, ce qui eft une regle générale pour toutes fortes d'ouvrages. *Voyez la fig.* 6, qui eft difpofée de cette maniere.

La quatrieme maniere de difpofer les bois de placage, eft de les mettre en cœurs ou rofaces, comme la figure 1; dans ce cas on fait tendre le fil de chaque piece de placage au centre de l'ouvrage; on taille les pieces parfaitement égales entr'elles, & on a grand foin qu'elles foient bien d'égale hauteur de nuance, afin qu'elles fe rencontrent enfemble autant qu'il eft poffible. Voyez ce que j'ai dit ci-deffus à ce fujet, en parlant du débit des bois de placage.

En général, de quelque maniere que foient difpofés les bois de placage, on doit avoir grand foin qu'ils foient nuancés également de chaque côté oppofé, & que ces nuances fe rapportent autant qu'il eft poffible, ce qui augmentera beaucoup la perfection de l'ouvrage. On doit auffi avoir la même attention pour les frifes *O O, P P, Q Q, R R, fig.* 3, 4, 5 *& 6,* foit que ces dernieres foient placées à bois de fil, comme à la *fig.* 3, ou à bois biais ou en onglet, comme aux *fig.* 4 *&* 5, ou enfin à bois de bout, comme à la *fig.* 6, ce qui dépend du goût de l'Ouvrier; ou, pour mieux dire, de la maniere dont font placées les grandes feuilles de placage, au fil defquelles il eft bon que celui des frifes foit

oppofé.

Les frifes font ordinairement féparées des panneaux par de fimples filets de houx ou d'ofier, (ou d'autre efpece de bois de couleur, ce qui eft égal,) ou bien avec des plates-bandes *S S*, ou *feder - bandes*, comme difent les Ebéniftes, avec deux filets de chaque côté, comme je l'ai obfervé aux figures 2, 3, 4, 5 & 6 de cette Planche.

Les plates-bandes fe placent ordinairement à bois de fil, à moins qu'elles ne foient d'une largeur confidérable, comme 4 à 6 lignes; car alors on les met quelquefois à bois de bout, fur-tout quand elles font de bois nuancé, & qu'elles forment divers contours; mais la maniere la plus ordinaire eft de les faire de bois uni d'une feule couleur, & placées à bois de fil, comme je l'ai déja dit.

La difpofition des bois de bout eft à peu-près la même que celle du placage en cœur, *fig.* 1; parce que de quelque maniere qu'on les arrange, ils ne peuvent former que des rofaces, ou, pour mieux dire, plufieurs cercles concen- triques les uns aux autres, ou toute autre figure circulaire, dont on fait tendre au centre les joints des pieces qui les compofent, en obfervant toujours d'op- pofer les figures, foit régulieres, foit irrégulieres, les unes aux autres.

Ce doit être la même chofe pour la difpofition des nœuds ou loupes, de quel- qu'efpece qu'ils foient, fi ce n'eft que les morceaux foient affez grands pour faire un panneau tout entier; alors on n'y obferve pas de régularité, à moins qu'il ne fe trouve dans l'ouvrage deux panneaux pareils, qu'il eft néceffaire de remplir fymmétriquement, en oppofant les divers accidents de leurs placages les uns aux autres.

Voilà, en général, tout ce qu'on peut dire touchant la difpofition des bois de placage; le goût, l'expérience, & les diverfes occafions d'en faire ufage, étant les plus fûres regles qu'on puiffe confulter pour bien entendre cette partie de la Menuiferie, qui, comme je l'ai déja dit, dépend beaucoup du goût de l'Ou- vrier, de la mode & des ufages reçus dans chaque fiecle.

§. I. *Des diverfes fortes de Compartiments, tant droits que circulaires.*

Les différents compartiments d'ufage en Ebénifterie, font de deux efpeces, comme je l'ai dit plus haut; favoir, les grands & les petits. Les uns & les autres fe font ou par l'arrangement fymmétrique des joints & des fils des bois de pla- cage, ou par les diverfes figures que l'on donne aux frifes, aux cadres ou plates- bandes qu'on ajoute à ces derniers, c'eft-à-dire, aux compartiments, formés fimplement par les joints & les fils des bois, qui, dans les ouvrages fimples, font fouvent de la même efpece.

La Figure 1 repréfente un compartiment d'une forme quarrée des plus fimples, entouré d'une frife unie & d'une plate-bande qui fépare cette derniere d'avec le

panneau

pànneau du milieu. Les bois de ce panneau font difposés de deux manieres différentes, à joints diagonaux & en oppofition avec le fens des frifes, qui fe placent
foit à bois de fil, foit à bois de bout, ou enfin diagonalement, le tout felon la
difpofition intérieure du panneau.

La Figure 2 repréfente un autre compartiment d'une forme quarrée, entouré
de frifes à cadre, dont le rempliffage eft fait diagonalement & en deux parties
fur la largeur. Les bois de l'intérieur de cette figure font difpofés de deux
manieres; favoir, diagonalement & à joints quarrés, comme ceux *A* & *B*, &
à joints quarrés & diagonaux, comme ceux *C*, *D*, *E*, *F*, de maniere que le fil
des bois fe trouve pofitivement au milieu de chaque piece, ce qui fait affez
bien. Les plates-bandes qui entourent les frifes de cette figure, & qui les féparent du panneau du milieu, font toutes accompagnées de filets que je n'ai pu
marquer ici à caufe de la petiteffe des figures, qu'il auroit fallu faire prefqu'auffi
grandes que l'exécution, pour que les filets euffent été fenfi les.

La Figure 3 repréfente un compartiment quarré fans frifes, avec des oreilles
quarrées aux quatre coins, ce qui produit douze angles, defquels partent autant de
joints qui vont tendre au centre de la piece, & felon lefquels on ajufte les bois
de placage du fens qu'on le juge à propos, en obfervant néanmoins de le faire
fymmétriquement, comme je l'ai fait dans cette figure, où les bois de placage
font placés de trois manieres différentes, afin qu'on puiffe choifir celle qu'on
jugera à propos.

La Figure 4 repréfente un compartiment octogone ou à huit côtés, des angles
defquels partent les joints qui féparent les bois de placage, ou felon lefquels leurs
fils font difpofés, ainfi qu'on peut le voir dans cette figure, dont l'infpection
feule doit fuffire pour faire connoître toutes les manieres poffibles de difpofer
les fils des bois dans une figure de cette efpece.

La Figure 5 repréfente un compartiment circulaire en forme de roface, à huit
faces, entouré d'une plate-bande & de filets. Ce compartiment fait un très-bel
effet, & demande beaucoup de foin pour être traité avec toute la perfection dont
il eft fufceptible.

La Figure 6 enfin repréfente un autre compartiment partie droit & partie
circulaire, dont le milieu eft rempli par une étoile à huit pointes, & de bois
d'une couleur différente du fond de l'ouvrage, afin de la faire mieux reffortir.

Les compartiments que je viens de repréfenter ici, quoiqu'en petit nombre,
fuffifent pour donner une idée générale de la maniere de difpofer les joints & les
fils des bois dans tous les cas poffibles, ce qui conftitue la premiere efpece de
compartiment. Il faut cependant obferver que quand les ouvrages à revêtir feront
d'une forme barlongue, (au lieu d'être quarrés, comme dans les figures de cette
Planche,) il faut toujours que les joints ou les fils des bois tendent aux angles de
l'ouvrage, fans s'embarraffer s'il eft quarré ou non (*).

(*) Cette obfervation, quoique très-fimple, est cependant très-effentielle, vu qu'elle eft né- gligée par beaucoup d'Ebéniftes, qui, lorfqu'ils font des ouvrages d'une forme barlongue, difpo-

Il n'est guere possible de donner de préceptes touchant la seconde espece de compartiments, c'est-à-dire, ceux qui sont formés par les différentes figures qu'on donne aux frises & aux plates-bandes qui entourent les panneaux, vu qu'ils dépendent de la forme générale de l'ouvrage, du plus ou moins de richesse qu'on veut lui donner, & encore plus que tout cela, du génie de l'Artiste. Je me contenterai donc de donner ici quelques exemples de compartiments, tant de l'intérieur des panneaux, que des frises qui les entourent, & de ceux qui sont les plus en usage, d'après lesquels on pourra en inventer d'autres, ou se servir de ceux-ci, ainsi qu'on le jugera à propos, le choix de ces différents compartiments étant purement une affaire de goût.

En faisant la description des compartiments de la premiere espece, je les ai supposés de bois unis, c'est-à-dire, d'une même couleur & qualité ; au contraire ceux dont je vais parler présentement, se font non-seulement de bois d'une couleur & d'une qualité opposées, mais encore dans lesquels on fait choix des nuances, pour donner aux différents compartiments une saillie du moins apparente.

La Figure 1 représente l'espece de compartiment le plus simple de tous, & qu'on nomme *en échiquier* ; il est composé de plusieurs quarrés de bois de différentes couleurs, placés alternativement à côté les uns des autres, de sorte qu'un quarré blanc se trouve entouré de quatre quarrés noirs, & un quarré noir entouré de quatre quarrés blancs. Cette sorte de compartiment, quoique très-simple, demande beaucoup d'attention, pour que tous les joints de chaque piece s'alignent & se rencontrent parfaitement ; il faut aussi observer, quand on fait de ces sortes de compartiments, que le nombre des quarrés qui les composent, soit non-pair, afin qu'il s'en trouve quatre de même couleur dans les angles, ce qui ne pourroit être si le nombre des quarrés étoit pair, comme on peut le voir dans cette figure. S'il arrivoit que la piece qu'on auroit à revêtir avec cette sorte de compartiment, fût d'une forme barlongue peu différente d'un quarré, on diviseroit les deux côtés de la piece en autant de parties l'une que l'autre ; & toujours en nombre non-pair, afin d'avoir un même nombre de quarrés de chaque côté ; & que ces mêmes quarrés de remplissage soient d'une forme barlongue, en rapport avec celle de la piece à revêtir.

Si, au contraire, la différence des côtés de la piece à revêtir, étoit trop considérable, on la rempliroit avec des quarrés à l'ordinaire, dont on augmenteroit ou retrancheroit le nombre autant qu'il seroit nécessaire, en observant toujours que ce nombre soit impair, tant sur le grand que sur le petit côté de la piece.

Quant à la couleur des bois de l'espece de compartiment dont je parle, il est

---

sent toujours les fils de leurs bois, ou les joints de ces derniers, à l'ordinaire, c'est-à-dire, quarrément, ou suivant la diagonale d'un quarré, ce qui fait un très-mauvais effet, parce que les angles des compartiments du placage ne s'accordent plus avec ceux de la piece à revêtir, & s'en éloignent plus ou moins, selon que le parallélogramme, qu'elle représente, est d'une forme plus ou moins allongée.

affez indifférent quelle elle foit, pourvu que les quarrés de rempliffage foient
d'une couleur diftincte les uns des autres, & tous de celle des frifes & des
plates-bandes qui les entourent; & s'il arrivoit que l'on fût obligé de faire les
frifes ou les plates-bandes d'une même couleur que celle d'une des deux efpeces
de carreaux, il faudroit les féparer d'avec ces derniers, en faifant régner un filet
au pourtour de l'ouvrage, comme je l'ai obfervé aux différentes figures de cette
Planche.

La Figure 2 repréfente un autre compartiment compofé, comme le précédent,
de quarrés de couleurs différentes, placés alternativement à côté les uns des
autres. Ce fecond compartiment differe du premier, en ce que les quarrés dont
il eft compofé, font placés fur leur angle, ce qui lui a fait donner le nom de
compartiment en lofange. Ce compartiment fait affez bien, & a cela de commode
qu'on peut mettre les quarrés dont il eft compofé, en nombre pair ou impair,
felon qu'on le juge à propos, en obfervant toutefois qu'il fe trouve un quart
de quarrés dans l'angle, afin que tous les quarrés de la même efpece touchent
de leurs pointes la plate-bande ou le filet du pourtour, & que les autres foient
tous coupés au milieu de leur largeur, comme je l'ai obfervé dans cette figure.

Quand la place à revêtir fe trouvera être un peu plus longue d'un fens que
de l'autre, on divifera toujours les carreaux de rempliffage en nombre égal de
chaque côté, ce qui alors changera leur forme, qui, de quarrée, deviendra
lofange, foit fur la longueur, foit fur la largeur; & on aura grand foin de toujours faire la divifion, foit des quarrés, foit des lofanges, en raifon de la grandeur de la place à revêtir, afin qu'il ne s'en trouve aucun coupé irréguliérement,
ce qui eft un très-grand défaut, qu'il faut abfolument éviter à toutes fortes de
compartiments, de quelqu'efpece qu'ils puiffent être, comme je l'ai obfervé aux
différents compartiments repréfentés fur cette Planche.

Les compartiments dont je viens de parler, s'emploient ordinairement dans
des parties d'une moyenne grandeur; mais quand les parties à revêtir deviennent
trop grandes, on ne fait ufage de ces compartiments qu'en les entourant de
plates-bandes & de filets, qui y font des efpeces de cadres, comme à la *fig.* 3,
ce qui donne lieu de grandir les quarrés ou les lofanges autant qu'on le juge à
propos.

Quand on fait de ces fortes de compartiments, leur divifion fe fait de l'intérieur des plates-bandes qui leur fervent de cadres, fans avoir égard à la largeur
du filet, afin que l'angle de ce dernier touche pofitivement au nud de la plate-
bande qui entoure l'ouvrage, ainfi que je l'ai obfervé dans cette figure. Comme
ces compartiments font grands, il faut avoir foin qu'ils foient très-réguliers, foit
qu'ils foient d'une forme parfaitement quarrée ou lofange, ce qui eft égal,
pourvu qu'il fe trouve aux quatre angles deux demi-quarrés, comme à cette
figure, ou bien feulement un quart de quarré, fuppofé que le compartiment
foit terminé par la ligne *A B, même figure.* L'intérieur des quarrés de ces

compartiments, se remplit de différentes manieres, comme je l'ai observé ici; quelquefois on y incrufte des rofaces ou autres ornements, qui y font un très-bel effet, comme je l'expliquerai dans la fuite.

La Figure 4 repréfente un compartiment à dés ou cubes pofés fur un fond de couleur quelconque; ces dés ou cubes font des hexagones placés à côté les uns des autres, de maniere que leurs pointes fe touchent les unes aux autres, comme on peut le voir dans cette figure.

Chacun de ces hexagones, ou figures à fix côtés, eft compofé de trois lofanges jointes enfemble, lefquelles font de différentes couleurs, pour faire paroître le relief des dés ou cubes; de forte que la lofange *C*, qui eft du côté du jour, fe fait en bois de rofe; celle *D*, qui eft le deffus du cube, en bois gris ou jaune; & celle *E*, qui eft le côté de l'ombre, en bois violet; & le fond en tel autre bois qu'on le juge à propos, pourvu qu'il differe de la couleur des bois qui forment les cubes, dont la couleur doit non-feulement différer de celle du fond, mais encore être plus foncée d'un côté que de l'autre à chaque lofange dont ils font compofés; & on parvient à le faire en choififfant des morceaux plus foncés en couleur d'un côté que de l'autre, ou bien en les paffant au fable chaud, comme je l'enfeignerai en fon lieu.

La Figure 5 repréfente un autre compartiment, qui ne differe de celui dont je viens de parler, qu'en ce qu'il n'a point de fond comme ce dernier, mais qu'au contraire tous les dés ou cubes entrent les uns dans les autres fans laiffer d'efpace vuide, ce qui fait affez bien; cependant il eft bon d'obferver, en faifant cette derniere efpece de compartiment, d'y faire un fond entre les cubes du haut & du bas, comme je l'ai obfervé dans cette figure, ce qui fait beaucoup mieux que de voir des bouts de cubes coupés comme on le fait ordinairement, & que je l'ai indiqué par la ligne *F G*.

En général, que les compartiments dont je parle foient avec fond, comme la *fig.* 4, ou fans fond, comme la *fig.* 5, il faut avoir grand foin, lorfqu'on en fait la divifion, qu'il fe trouve un nombre complet de cubes fur la largeur, & que fur la hauteur l'extrémité de ces mêmes cubes touche à la plate-bande ou au filet qui les entoure, comme je l'ai obfervé ici; ce qu'il eft très-aifé de faire, puifqu'il n'y a qu'à hauffer ou baiffer la hauteur des cubes, felon qu'il en fera befoin, n'étant pas abfolument néceffaire que l'hexagone du cube foit parfaitement régulier, quoique cependant lorfqu'il peut l'être, il n'en fait que mieux, & eft d'autant plus aifé à faire, que les trois lofanges qui compofent l'hexagone, font d'une forme femblable, ce qui n'arrive pas ordinairement quand l'hexagone eft d'une forme irréguliere.

Si on ne vouloit pas faire des dés ou cubes faillants, comme à la *fig.* 5, on pourroit fe fervir du compartiment de ces derniers pour faire un rempliffage de lofanges en bois unis, ce qui ne fait pas mal quand les joints en font bien faits, comme on peut le voir dans cette figure.

La

La Figure 6 repréfente un compartiment à étoiles confufes, qui eſt d'une compofition très-difficile en apparence ; cependant ce ne font que des hexagones,
comme celui *H, I, L, M, N, O*, qui s'approchent & fe pénetrent les uns
les autres, de forte que l'extrémité quelconque dans chaque étoile, devient le
centre d'une autre. Il faut cependant obſerver, en faifant ces fortes de compartiments, qu'il fe trouve, autant qu'il eſt poffible, un nombre d'hexagones complet fur la hauteur, comme il fe trouve dans cette figure, afin que le fond ou
le vuide que laiffent les pointes des étoiles, foit femblable par le bas comme
par le haut, ce qui ne pourroit pas être fi le compartiment étoit borné par la ligne
P Q, dont la diſtance juſqu'au filet fupérieur du compartiment, ne contient qu'un
hexagone & demi de hauteur ; quant à la largeur de cette efpece de compartiment, pris dans le fens que le repréfente la figure 6, il n'importe pas que le
nombre des hexagones foit complet, il fuffit qu'il ne fe trouve point de pointes
d'étoiles coupées fur une même ligne, pour que ce compartiment foit auffi parfait qu'il puiffe être.

Ces fortes de compartiments peuvent être faits avec une faillie apparente, ou
bien être remplis de bois unis, ce qui eſt égal pour la forme & la difpofition
des joints, qui font toujours donnés par des lignes paralleles, horifontales &
perpendiculaires, & par des triangles équilatéraux, dont les fommets font oppo-
fés les uns aux autres, ainfi qu'on peut le voir dans cette figure, dont l'infpection feule vaut mieux que toute l'explication qu'on en pourroit faire.

La Figure 7 repréfente un autre compartiment compofé d'octogones ou figures
à huit côtés, difpofés en étoiles à huit pointes, lefquelles tendent, intérieurement, toutes à un même centre. Les étoiles qui compofent ce compartiment, fe
touchent, fur leurs faces perpendiculaires & horifontales, par deux pointes, ce
qui produit entr'elles un efpace quarré qu'on remplit foit en pointe de diamant,
comme dans le haut de cette figure, ou bien en bois unis faifant fond, ce qui
eſt égal. Les autres vuides quarrés que produit la rentrée des pointes de ces
mêmes étoiles, étant plus grands que ceux dont je viens de parler ci-deffus, fe
rempliffent par d'autres étoiles à quatre pointes, ou toute autre efpece de compartiment, placées fur un fond qui les diſtingue du reſte de l'ouvrage, comme je
l'ai obfervé dans la partie fupérieure de cette figure, dont les étoiles ainfi que
les pointes de diamants, ont un relief apparent.

Ces fortes de compartiments peuvent auffi fe faire totalement de bois unis,
tant les étoiles que le fond, ou bien les étoiles d'une couleur plus ou moins
foncée que le fond, ce qui eſt égal.

Il fe fait encore beaucoup d'autres compartiments propres au rempliffage des
panneaux d'Ebénifterie, dans le détail defquels je n'entrerai pas ici, le petit
nombre d'exemples que je viens de donner dans cette Planche, & l'explication
que j'en ai faite, étant fuffifants pour aider à tracer réguliérement tel compartiment qu'on voudra faire, en obfervant toujours de faire les compartiments

pour la place, & non pas la place pour les compartiments, comme il arrive très-souvent, & en évitant sur-tout de remplir des panneaux d'Ebénifterie avec des compartiments, lefquels étant ou trop grands ou trop petits, fe trouvent néceffairement mutilés par les cadres & les plates-bandes du pourtour du panneau, ce qui n'arrive que par la négligence des Ouvriers, qui, lorfqu'ils ont une fois fait le deffein d'un compartiment, & les outils propres à en ajufter les différentes pieces, n'en veulent plus changer, foit par pareffe ou par incapacité, ou, ce qui eft plus jufte, par l'impoffibilité où les Marchands les mettent de le faire, en ne leur payant l'ouvrage que la moitié de ce qu'il vaudroit s'il étoit bien fait.

Les panneaux d'Ebénifterie font ordinairement entourés de frifes, foit de bois unis collés de différents fens, ou bien en compartiments, ce qui eft égal; dans l'un ou l'autre cas, on y met quelquefois des plates-bandes de différentes couleurs, entourées de filets, comme je l'ai déja dit; ces plates-bandes forment un fecond cadre autour du panneau, aux quatre angles duquel on leur fait faire divers reffauts, comme le repréfentent les *fig.* 1, 2 & 3, qui font difpofées de la même maniere, quoique différentes, pour la forme, les unes des autres.

Que les plates-bandes foient fimples, comme aux *fig.* 2 & 3, ou qu'elles foient doubles, comme à la *fig.* 1, il faut toujours qu'elles foient entourées de filets qui les féparent du refte de l'ouvrage, ce qui eft une regle générale dans tous les cas. Ces filets font ordinairement blancs; cependant on peut en faire d'autres couleurs, ce qui eft indifférent, pourvu que leur couleur faffe oppofition avec les bois qu'ils féparent, & qu'ils foient d'un bois bien liant & de fil, afin de pouvoir les travailler facilement, comme je l'enfeignerai ci-après. *Voyez la fig.* 4, qui repréfente une plate-bande avec fes deux filets qui y font collés, vue tant de face que de côté.

Quand la couleur des frifes eft beaucoup différente de celle des panneaux, il arrive alors que le filet ne fe diftingue pas affez de l'une ou l'autre couleur, ce qui oblige à mettre un filet double de deux couleurs différentes, lefquelles font oppofition avec le fond de l'ouvrage, quoique de différentes couleurs. *Voyez la figure* 5, qui repréfente des filets de cinq efpeces; favoir, un filet double, coté *A B*; un filet triple, dont le milieu eft noir, coté *C*; un autre filet triple dont le milieu eft blanc, coté *D*; un filet triple dont le milieu eft mi-parti blanc & noir, coté *E*; enfin une autre efpece de filet triple, dont les trois parties qui le compofent font toutes mi-parties, & en oppofition les unes avec les autres, coté *F*.

Les frifes fe font quelquefois à compartiments, & de bois de différentes couleurs, lefquels forment fimplement des cadres, ou bien font remplies, dans toute leur largeur, par des compartiments quelconques. La premiere maniere de faire les frifes, repréfentées *fig.* 6 & 7; eft la plus fimple, & ne demande d'autre foin que de tracer réguliérement les ronds ou les lofanges, foit que ces frises soient sans plates-bandes, comme la *fig.* 6, ou avec des plates-bandes, comme la *fig.* 7.

La seconde maniere de remplir l'intérieur des frises, est beaucoup plus compliquée que la premiere, parce que l'espace de cès dernieres étant ordinairement peu considérable, les parties qui composent les compartiments dont ils sont remplis, ne peuvent être que très-petites, ce qui en rend la parfaite exécution très-difficile, sur-tout depuis qu'on est d'usage d'y mettre des grecques ou bâtons rompus, lesquels sont composés d'une infinité de morceaux différents, comme on peut le voir dans les *figures* 8, 9, 10, 11 & 12.

Les grecques ou bâtons rompus, représentés dans ces différentes figures, sont plus ou moins composés, en raison de la largeur des frises, & se tracent tous de la même maniere, comme je vais l'expliquer.

Quand on veut tracer de ces sortes d'ornements, il faut d'abord, après avoir tracé le milieu de la frise, comme la ligne *a b*, *fig.* 8, diviser la largeur de la frise en autant de parties égales que l'exige le compartiment dont on a fait choix, lesquelles se trouvent au nombre de sept dans cette figure (les pleins devant être égaux aux vuides). Ce qui étant fait, on trace autant de lignes paralleles qu'il y a de points de division de donnés ; ensuite on trace ces mêmes espaces ou divisions perpendiculairement, en observant qu'il s'en trouve une au milieu de l'ouvrage, comme dans cette figure ; ensuite de quoi on détermine la forme des bâtons rompus, auxquels on fait faire autant de révolutions qu'il est nécessaire pour remplir la longueur de la frise, en observant qu'il se trouve au bout une révolution entiere, ou du moins qui finisse heureusement, sans avoir l'air d'être coupée, ainsi que j'ai eu attention dè le faire à la *fig.* 8, cote *G* ; à celle 9, cote *H* ; à celle 10, cote *I* ; & à celle 11, cote *L*.

Il résulte un inconvénient de cette observation, qui est que si la largeur de la frise est bornée, sa longueur ne peut l'être qu'après avoir fait la division de cette même largeur en autant de parties qu'on le juge à propos, ainsi qu'on a pu le voir ci-dessus. Si, au contraire, c'est la longueur de la frise qui est donnée, comme il arrive ordinairement, on ne peut en déterminer la largeur qu'après avoir fait choix du compartiment qu'on veut employer, & du nombre de révolutions que la moitié de la longueur de la frise pourra contenir, ce qui donnera un nombre de parties quelconques, sur lequel on divisera la moitié de la longueur de la frise, en observant toujours de mettre une de ces divisions au milieu de sa longueur. La division de la longueur de la frise étant faite, on aura aisément sa largeur, puisque c'est la division déja faite, répétée autant de fois qu'il est nécessaire, selon le compartiment adopté, qui la donne.

Ce que je viens de dire touchant la division de la figure 8, est appliquable à toutes les autres, de telle espece qu'elles puissent être ; c'est pourquoi je n'en parlerai pas davantage, vu que l'inspection seule des figures peut, & même doit suffire, pour peu qu'on veuille y faire attention.

La Figure 12 repréfente une efpece de compartiment propre à remplir des cafes ou parties quarrées féparées les unes des autres, comme il s'en trouve quelquefois, fur-tout dans les angles des frifes, où ils peuvent tenir lieu de rofaces ou autres ornements.

En général, toutes les parties qui compofent les compartiments dont je parle, doivent être ajuftées d'onglets dans tous les angles ; & on doit avoir grand foin qu'elles s'alignent bien les unes avec les autres fur tous les fens, ce qui fait la principale beauté de ces fortes de compartiments, & de tous les autres en général.

Les frifes fe rempliffent auffi avec des compartiments circulaires, tels que les entrelas ronds ou ovales, fimples ou doubles, lefquels font toujours entourés de filets, & s'incruftent fur des fonds unis, foit de bois plein, foit de rapport. *Voy. les fig. 1 & 2.*

Quelquefois au lieu d'entrelas ronds, on y met des poftes fimples & d'une égale largeur dans tout leur contour, comme les *fig. 3 & 4* (*).

Je ne m'étendrai pas fur ces fortes de compartiments, vu que, quoique différents, pour la forme, de ceux dont j'ai parlé ci-deffus, ils font fujets aux mêmes foins pour les tracer, c'eft-à-dire, qu'il eft néceffaire qu'ils foient d'une grandeur relative à celle de la place qu'ils doivent occuper, afin qu'ils ne foient pas coupés par les cadres des frifes.

Il y a des occafions où on ne met point de frifes autour des panneaux d'Ebénifterie, mais fimplement un champ liffe d'une forme contournée, lequel eft féparé du fond du panneau par un feul filet, comme le repréfente la *fig. 5* ; quelquefois ce champ liffe paffe droit comme à la *fig. 6*, & le panneau eft entouré, ou, pour mieux dire, orné d'une plate-bande d'une forme contournée, ce qui fait un affez bon effet, fur-tout quand les contours en font doux & gracieux.

Quand les panneaux d'Ebénifterie deviennent très-grands, on y met quelquefois dans le milieu une plate-bande contournée, ou bien on y met un petit panneau féparé du grand par un filet feulement, comme aux *fig. 5 & 6* ; ou bien au lieu de plate-bande, on y met une efpece de ruban, *fig. 7*, ce qui fait très-bien quand il eft placé & ombré à propos.

En général, pour que les compartiments circulaires faffent bien, il faut que leurs contours foient doux, coulants, fans aucune efpece de jarets ; c'eft pourquoi de telle efpece qu'ils foient, il eft bon, après les avoir tracés à la main le plus parfaitement poffible, de les chercher aux traits de compas, tant pour les rendre plus fûrs, que pour les faire plus fymmétriques, afin que le contour d'un côté foit parfaitement femblable à celui qui lui eft oppofé. Quand on trace ainfi les cintres au compas, il faut avoir grand foin que les centres des plus petites portions de cercles, foient placés fur les rayons des plus grands, & que les

---

(*) Il eft des occafions où les entrelas font remplis de rofaces, & les poftes fleuronnées, c'eft-à-dire, ornées de feuilles d'ornements ; mais ce n'eft pas ici le lieu d'en parler, vu que cette defcription dépend de la feconde efpece d'Ebénifterie, à laquelle je ne pafferai qu'après avoir épuifé tout ce qu'il y a à dire fur celle-ci.

centres opposés fassent une ligne droite avec leurs points de rencontre ou d'attouchement (ce qui est la même chose), ainsi que je l'ai observé aux *fig.* 5 & 6, sur lesquelles j'ai marqué les différents centres des courbes, ainsi que leurs rayons, que j'ai indiqués par des lignes ponctuées ; de sorte que pour peu qu'on veuille faire attention aux diverses opérations tracées sur ces figures, on sera en état de tracer au compas tous les cintres imaginables, sans avoir besoin d'une explication plus étendue que celle-ci.

Voilà, à peu-près, tout ce qu'il est possible de dire touchant la théorie des compartiments, sur lesquels je ne m'étendrai pas davantage, vu que cette matiere est presqu'inépuisable, & que le peu que j'en ai dit, quoiqu'en général, peut s'appliquer à tous les cas possibles. Tout ce que je puis recommander aux Ouvriers, c'est beaucoup d'exactitude en traçant leurs compartiments, qu'ils doivent toujours faire en raison des places, comme je l'ai dit plus haut, & que je ne saurois trop le recommander. Ils doivent aussi faire le dessein de leur ouvrage, & le tracer en grand, & même en colorer les masses principales avant d'en faire les bâtis.

Lorsque l'ouvrage doit être revêtu d'ornements de bronze, il faut les faire modeler sur le plan, lorsque c'est une surface droite, ou bien faire des modeles en relief, pour modeler ensuite les ornements dessus, en suivant les contours ou les ressauts de l'ouvrage. Ces précautions sont longues & coûteuses, à la vérité, mais aussi sont-ce les seules qu'on puisse prendre pour faire l'ouvrage dont il est ici question avec toute la perfection possible : de plus, je l'ai déja dit, & je le répete encore, cette espece de Menuiserie n'est pas faite pour tout le monde ; & je crois qu'en la faisant aussi bien qu'elle peut être, & la vendant ce qu'elle vaut lorsqu'elle est bien faite, ce seroit un moyen sûr pour retrancher cette branche du luxe actuel, ce qui ne feroit aucun tort aux Ouvriers, puisqu'en leur retranchant une partie de leurs ouvrages, on augmenteroit le prix de ceux qui leur resteroient à faire, ce qui deviendroit égal pour eux ; puisque l'Ouvrier une fois sûr d'être bien payé, s'appliqueroit davantage à son ouvrage, & deviendroit en peu de temps plus intelligent & plus inventif : de sorte que l'Art de l'Ebénisterie, qui semble maintenant réduit à une espece de routine plus ou moins heureuse, renaîtroit, pour ainsi dire, de ses cendres, & on verroit paroître des ouvrages capables non-seulement d'égaler, mais même de surpasser ceux des siecles précédents.

§. II. *De la maniere de découper & d'ajuster les pieces droites,
& des Outils qui y font propres.*

PLANCHE
289.

APRÈS avoir traité fommairement des différents compartiments propres à
l'Ebénifterie, (lefquels font à cette efpece de Menuiferie, ce que font les profils & les contours aux autres parties de cet Art déja décrites), il s'agit maintenant de paffer de la théorie à la pratique, en enfeignant la maniere de procéder
à l'exécution de ces mêmes compartiments, tant ceux qui font compofés de
parties droites, que ceux qui font compofés de parties circulaires, ce qui entraî-
nera après foi le détail de plufieurs Outils néceffaires à l'exécution de cette
partie de l'Ebénifterie, comme je l'ai annoncé ci-devant, *page* 811.

Les compartiments d'Ebénifterie font, comme on a pu le voir ci-deffus, compofés d'une infinité de morceaux de bois de placage de différentes formes &
grandeurs (cependant femblables, comme difent les Ouvriers, chacun à leur
chacun), c'eft-à-dire, que dans un compartiment compofé de cent morceaux
différents, il y en a, par fuppofition, dix d'une forme, fix d'une autre, vingt
d'une autre, &c, lefquels doivent être parfaitement égaux entr'eux, foit pour
la grandeur, foit pour la direction des fils, ou pour les nuances des couleurs,
&c.

Avant d'entrer dans ce détail, je vais donner la maniere de préparer les filets
& de les mettre d'épaiffeur, afin de ne me point répéter lorfque j'enfeignerai la
maniere de les employer.

Les filets dont on fait maintenant ufage, font de deux efpeces; favoir, ceux
d'ofier, qui font les moins bons, & que les Vanniers vendent tout préparés; &
ceux de bois de houx, que les Ebéniftes préparent eux-mêmes, ce qui fe fait
de la maniere fuivante.

On commence par choifir un feuillet de houx, refendu à l'ordinaire des bois
de placage, dont le fil fe trouve le plus droit poffible, & qu'on dreffe fur la
rive en fuivant toujours le fil du bois; ce qui étant fait, on le refend au trufquin,
par le moyen d'un outil ou entaille nommée *bois à refendre*. Cette entaille *A B*,
repréfentée *fig.* 1, n'eft autre chofe qu'un bout de membrure d'environ 3 pouces
d'épaiffeur, fur 5 à 6 pouces de largeur, fur lequel eft fait un ravalement d'environ une ligne & demie d'épaiffeur, ce qui eft fuffifant pour contenir le feuillet
qu'on veut refendre. *Voyez la fig.* 1, cote *C*.

Ce ravalement ne fe fait pas dans toute la longueur de l'entaille; mais on y
réferve un talon par le bout fupérieur coté *A*, contre lequel vient butter le
bout du feuillet. La largeur du côté de l'entaille, contre lequel s'appuie le
feuillet, eft arbitraire; il fuffit qu'il foit bien dreffé & exactement parallele d'un
bout à l'autre; parce que s'il arrivoit qu'il ne le fût pas, le filet fe trouveroit
refendu d'inégale largeur, ce qui eft tout naturel, puifque le trufquin *D*, dont

l'ouverture est fixe, ne peut faire que des traits paralleles, ce qui, je crois, n'a pas besoin de démonstration.

Le trusquin dont on se sert pour refendre les feuillets, n'est point différent pour la forme, des autres trusquins à longues pointes, si ce n'est que la pointe de celui-ci doit être de bon acier trempé, moyennement dur, & aminci (comme disent les Ouvriers) en *langue de chat*, afin qu'elle entre plus aisément dans l'épaisseur du feuillet, qu'on refend cependant à deux fois; c'est-à-dire, qu'après avoir donné un trait d'un côté, on le retourne pour en faire autant de l'autre.

Quant à la maniere de tenir le trusquin & le feuillet sur l'entaille, voyez la figure 1, dont l'inspection seule vaut mieux qu'une longue explication, qui, d'ailleurs, me paroît assez inutile ici.

Quand les filets sont ainsi refendus, on les met égaux d'épaisseur avec un outil nommé *Tire-filet*. Cet outil, représenté *fig.* 3, 4 & 5, est composé d'une principale piece ou fût *E F*, au milieu de l'épaisseur & de la longueur duquel est placé un fer *L*, disposé parallélement à ses faces verticales; au-dessus du fût du tire-filet, est placée une manivelle ou levier, laquelle sert à appuyer le filet contre le fer, comme je le dirai ci-après; cette manivelle ou levier est fixée par un de ses bouts au point *a*, à une tige *b c*, sur laquelle elle se meut à charniere; & cette même tige *b c*, entre dans l'épaisseur du fût, dans laquelle elle est ordinairement attachée à demeure.

A l'autre bout du levier, qui est arrondi en forme de poignée, est assemblé un petit tenon *a*, lequel entre d'environ 6 à 8 lignes dans l'épaisseur du dessus du fût du tire-filet, afin que lorsqu'on en fait usage, le levier reste en place.

Le dessus du fût du tire-filet doit être ravalé de l'épaisseur des filets dans toute la largeur du fer, moins environ une ligne de chaque côté, qu'il est nécessaire qu'il soit enterré, pour qu'il ne se fasse point d'engorgement.

Ce ravalement doit présenter une surface un peu arrondie sur la largeur de l'outil, & être garni de fer, afin que le frottement continuel des filets qu'on passe dessus n'y fasse pas d'inégalités, ce qu'il faut avoir grand soin d'éviter, parce que le fer de l'outil prendroit plus de bois dans des endroits que dans d'autres, ce qui exposeroit les filets à se couper.

Il faut avoir la même attention pour le dessous du levier, qu'il est aussi bon de garnir de fer, & non de cuivre, parce que celui-ci venant à s'échauffer, s'attacheroit au filet, & pourroit le noircir.

Le tire-filet se pose quelquefois sur l'établi, où on l'arrête avec un ou deux valets; mais pour l'ordinaire on le met dans la presse de côté, dans laquelle on l'arrête par le moyen de deux tiges *I*, *M*, lesquelles sont assemblées & arrêtées à demeure en dessous du tire-filet. Ces tiges sont non-seulement nécessaires pour arrêter l'outil en place, mais encore pour procurer de la place à la saillie du fer, ainsi qu'on peut le voir à la *fig.* 4, qui représente le tire-filet vu en coupe avec une partie de l'établi & de la jumelle de la presse.

Quand le tire-filet se pose sur l'établi, les tiges *I*, *M*, sont supprimées, & on y met un fer qui ne déborde point l'épaisseur de l'outil en dessous, ce qui est assez incommode, sur-tout quand on veut y donner du fer ; c'est pourquoi il faut le préférer avec des tiges, tel que je le représente ici.

J'ai dit plus haut que la tige *b c*, *fig.* 3, à laquelle est attaché le levier *G H*, étoit attachée à demeure dans le fût du tire-filet, parce que c'est la maniere la plus ordinaire de le faire ; cependant je crois qu'on feroit mieux de rendre cette tige mobile dans le fût de l'outil, dans lequel on l'arrêteroit avec une vis de pression, ou avec une clef, comme une tige de trusquin ; ce qui donneroit le moyen de hausser ou de baisser le levier selon l'épaisseur qu'on voudroit donner au filet, ou telle autre piece qu'on jugeroit à propos de mettre d'épaisseur par le moyen de cet outil.

En faisant la tige *b c* ainsi mobile, on seroit obligé d'allonger celle de l'autre bout du levier de *d* en *e*, qu'on n'arrêteroit pas en place, vu qu'il est nécessaire qu'elle soit mobile à chaque instant, mais dont on fixeroit la retombée par le moyen d'une vis ou d'une clef placée en dessous ; & on auroit soin que cette tige *d e*, fût disposée de maniere qu'elle décrivît un axe pris du centre *a* du levier, afin de pouvoir hausser ce dernier autant qu'il seroit nécessaire.

Quand on veut faire usage du tire-filet, on prend le manche ou poignée du levier de la main gauche ; puis de la main droite on prend un filet refendu, qu'on fait passer entre l'outil & le levier en tirant le filet à soi, & on n'appuie sur le levier qu'autant qu'il est nécessaire pour que le fer de l'outil morde sur le filet, qu'on retourne bout pour bout lorsque le premier bout a été mis d'épaisseur, ce qu'il est aisé de connoître quand le fer ne mord plus, & que le levier porte sur le fût de l'outil. *Voyez la fig.* 5.

En mettant les filets d'épaisseur, il faut avoir grand soin de choisir le fil du bois, afin que le fer n'y fasse pas d'éclats, ou du moins ne les écorche pas ; à quoi on remédie en partie, en mettant le fer debout ; ce qui ne dispense cependant pas de choisir le fil du bois, puisque cela ne demande qu'un peu d'attention de la part de l'Ouvrier.

Les plates-bandes de fil & autres parties étroites du placage, se refendent au trusquin, comme les filets ; & on se sert, pour les mettre de largeur, d'une entaille ou bois à mettre de largeur, représentée *fig.* 2, dans laquelle est fait un ravalement dont la largeur est égale à celle que doit avoir le morceau de feuillet qu'on veut mettre de largeur ; ce qui fait qu'à chaque différente largeur, il faut rélargir ou rétrecir le ravalement de l'entaille, ou en avoir de toutes les largeurs dont on peut avoir besoin, ce qui devient un peu embarrassant, sur-tout lorsqu'on a un grand nombre de pieces de différentes largeurs.

On pourroit remédier à cet inconvénient, en ne faisant pas de ravalement à l'entaille sur la largeur, & en plaçant dessus une regle mobile à peu-près semblable à une parallele de Graveur, laquelle, par conséquent, ne pourroit se

mouvoir

mouvoir que parallélement , & feroit retenue en place par le moyen d'une vis
de preffion ; mais comme cet outil deviendroit un peu compliqué & coûteux,
les Ouvriers n'en feroient pas beaucoup d'ufage , préférant toujours les outils
fimples & qui fe font à peu de frais.

De telle maniere qu'on faffe ces fortes d'entailles , il faut toujours qu'elles
foient de bois dur & liant , dont le fil foit bien droit , & même un peu incliné
du fens dont l'outil fe pouffe, afin d'être moins fujet à s'écorcher , lorfque quand
les pieces font tout-à-fait de largeur , le fer du rabot ou de la varlope-onglet
porte contre l'entaille , qu'il faut bien fe donner de garde de raboter, parce qu'on
en diminueroit la largeur, foit en tout ou en partie. *Voy. la fig.* 2, qui repréfente une entaille à mettre les pieces de largeur , avec la maniere d'en faire ufage;
la coupe de cette même entaille , & celle de la piece *NO*, repréfentée cote *P*.

S'il arrivoit qu'on eût des pieces longues à ajuster , dont la largeur eût befoin
d'être inégale d'un bout à l'autre, on fe ferviroit toujours des mêmes outils, tant
pour les refendre que pour les mettre de largeur, en obfervant de faire la joue
de l'entaille à refendre , & le ravalement de celle à mettre de largeur , d'une
largeur inégale d'un bout à l'autre , & cela en raifon de l'inégalité que les pieces
doivent avoir.

Quand l'inégalité des pieces eft un peu confidérable , il faut avoir deux entailles à mettre les bois de largeur , dont la pente foit à contre-fens l'une de
l'autre, afin de pouvoir recaler les pieces toujours en fuivant le fil du bois, afin
qu'il ne s'y faffe point d'éclats, & que le joint foit toujours vif & fin.

Quand les pieces font ainfi mifes de largeur, on les coupe à la longueur convenable, foit quarrément, foit d'onglet, ou telle autre pente qu'il eft néceffaire,
ce qui fe fait avec une fcie à l'ordinaire, après les avoir tracés avec des calibres
ou modeles propres à chacun d'eux ; enfuite on les recale dans des entailles ou
bois à ajufter , felon la pente qu'elles doivent avoir.

Les entailles ou bois à ajufter , *fig. 6*, 7, 8 & 9 , font des morceaux de bois
d'environ 3 pouces d'épaiffeur, dans le côté defquels eft pratiquée une mortaife
où l'on fait entrer le bout du valet qui les tient arrêtés fur l'établi, comme le
repréfente la figure 6.

Le deffus de ces entailles ou bois à ajufter, eft ravalé d'environ 2 lignes de
profondeur , (ce qui eft néceffaire pour contenir les pieces qu'on veut ajufter)
& cela de diverfes manieres , felon les différentes formes que les morceaux doivent avoir, foit que cette forme foit quarrée , ou fimplement à angle droit ,
ou d'une pente quelconque. Quand les morceaux font d'une forme barlongue,
après les avoir mis de largeur, comme je l'ai dit ci-deffus, on les met dans l'entaille *R* , *fig.* 7, dont la largeur doit être égale à celle de la piece dont on veut
ajufter le bout, qu'on recale enfuite à bois de bout avec un rabot ou une varlope-
onglet, dont le fer eft placé perpendiculairement, & en obfervant de bien
appuyer la piece contre le côté de l'entaille oppofé au rabot, & de ne guere

Menuisier. III. Part. III. Sect.   D 10

Planche
289.

PLANCHE
289.

prendre de bois à la fois, afin d'éviter les éclats, qui font fort aifés à faire à bois de bout, quelque précaution que l'on prenne.

Quand les pieces font d'une forme exactement quarrée, on les tient un peu plus larges qu'il ne faut, en les mettant de largeur par bandes, (ce qui eft plutôt fait que de le faire une à une) ; & lorfqu'elles font coupées de longueur le plus jufte poffible, on les ajufte dans les entailles *S* ou *T*, felon leur grandeur, lefquelles entailles font un peu barlongues pour pouvoir contenir la piece avant qu'elle foit ajuftée.

En recalant ces fortes de pieces, un de leurs côtés étant parfaitement dreffé, on commence par finir les deux bois de bout en pouffant fur le côté du bois de fil qui n'a pas été mis de largeur, & qu'on finit le dernier, pour regagner les éclats qui pourroient s'être faits en recalant les bois de bout.

Quand les pieces font coupées d'onglet, ou de toute autre pente, on les recale d'abord d'un bout dans une entaille *U*, *fig.* 7, dont la largeur eft toujours égale à celle de la piece ; enfuite on les coupe de longueur & on les recale dans d'autres entailles *X*, dont la longueur & la forme font exactement femblables à celles de la piece, foit qu'elle foit coupée parallele dans fa pente, comme l'entaille *X*, ou quarrément d'un bout, comme de *f* à *g*, ou en fens contraire, comme de *g* à *h*, ce qui eft égal.

Si le fil de la piece à recaler fe trouvoit en fens contraire du bois de fil, comme de *i* à *l*, *fig.* 8 ; cote *Y*, il faudroit alors faire l'entaille à rebours, comme je l'ai obfervé ici, afin que le bois, dont le fens fe trouve alors de *i* en *l*, foit toujours coupé à bois de fil.

Autant on a de pieces d'une même largeur, & d'une différente forme & longueur, autant il faut faire d'entailles dans les bois à ajufter, comme je l'ai repréfenté *fig.* 9 ; & on ne doit point faire ufage de ces derniers, qu'après avoir effayé fes entailles les unes après les autres, & s'être affuré que toutes les pieces qui ont été recalées dedans, fe trouvent avoir bien parfaitement la forme & la grandeur néceffaires pour que le compartiment foit parfaitement bien fait.

De quelque forme que foient les pieces à ajufter, on fe fert toujours de la même méthode, du moins pour les parties droites, foit que leurs faces foient paralleles, comme celles qui compofent l'hexagone *fig.* 14, ou qu'elles foient d'une forme irréguliere, comme celles qui compofent la figure 17.

Quand on aura des compartiments où les plates-bandes feront coupées par de petites longueurs, comme dans le cas des bâtons rompus ou autres, on collera les filets des deux côtés, comme à la *fig.* 13, après quoi on les coupera de longueur à l'ordinaire. Quant aux filets féparés & aux plates-bandes qui font très-étroites, on ne les coupe pas à la fcie, & on ne les recale pas au rabot dans un bois à ajufter ; mais on les coupe & ajufte au cifeau, ou bien au petit couteau de taille repréfenté *fig.* 16.

Les grandes pieces de placage fe recalent à l'ordinaire au rabot & dans un

bois à ajuster, représenté *fig.* 10, 11 *&* 12, lequel n'est autre chose qu'un morceau de bois de 15 à 18 pouces de longueur, sur 2 à 3 pouces de largeur, &
environ un pouce & demi d'épaisseur.

Ce morceau de bois est ravalé des deux côtés de son épaisseur, d'environ
3 à 4 lignes, ce qui est plus que nécessaire pour appuyer contre le morceau de
placage qu'on veut recaler, lequel on fait porter contre le talon du bois à ajuster,
dont les bouts sont entaillés en forme de pieds-de-biche, pour pouvoir tenir en
place lorsqu'on en fait usage.

Les talons des bois à ajuster, sont coupés quarrément d'un côté, & d'onglet
de l'autre, comme ceux *A*, *B*, *C*, *D*; & on doit observer que les entailles d'onglet soient faites à contre-sens l'une de l'autre, pour servir dans le cas où le fil
du bois se trouveroit disposé de cette maniere, ainsi que je l'ai démontré plus
haut, en expliquant la figure 8 de cette Planche.

Quand on veut faire usage des bois à ajuster dont je viens de faire la description, on place dans un des trous de l'établi, une cheville, contre laquelle on
appuie un des bouts du bois à ajuster, qu'on retient en place, appuyant l'autre
bout contre sa poitrine; puis on prend de la main gauche la piece qu'on veut
recaler, & on la place sur le bois à ajuster, où on la retient ferme en place contre
le talon de ce dernier, puis on la recale avec le rabot qu'on tient de la main droite,
jusqu'à ce qu'il porte sur le bois à ajuster, qu'on doit avoir grand soin de ne pas
toucher avec le rabot ou la varlope-onglet. *Voyez la fig.* 15, laquelle représente un Ebéniste faisant usage du bois à ajuster, & sur l'établi duquel est placée
une entaille ou bois à ajuster, de l'espece de celle représentée *fig.* 7, 8 *&* 9.

Les grands bois à ajuster ne servent que pour les grandes pieces de placage,
dont on veut faire les joints, qu'on doit toujours avoir soin de tracer très-justes
sur leur place avant de les recaler dans les bois à ajuster, dont la trop petite
largeur n'est pas suffisante pour bien diriger le joint d'une piece d'une certaine
grandeur, soit que ce dernier se retourne à angle droit, ou qu'il soit d'onglet,
ce qui est égal.

J'ai dit plus haut, *page* 823, en parlant de la disposition des bois de placage,
que quand les places à revêtir se trouvoient barlongues ou oblongues (ce qui
est égal), il falloit toujours que les joints diagonaux ou les fils des pieces de
remplissage, tendissent aux angles de la piece à revêtir, ce qui donne différentes
pentes aux coupes des pieces de remplissage; dans ce cas, il faut, lorsqu'on a un
certain nombre de pieces d'une coupe semblable, faire des bois à ajuster dont la
coupe des talons soit selon les différentes pentes des pieces à ajuster, afin qu'elles
portent dans toute la largeur du talon lorsqu'on les recale.

Il faut aussi que la saillie du talon soit dégraissée en dessous, afin que la piece
demeure en place, & ne se releve pas en dessus, ce qui arrive quelquefois, sur-
tout lorsqu'elle est trop longue pour que l'étendue de la main puisse la contenir
en place. *Voyez la fig.* 11, qui représente un bois à ajuster vu de côté, & le
bout de ce même bois coté *E*, *même figure.*

D'après ce que je viens de dire touchant la maniere de couper & d'ajuster les pieces droites, il est très-aisé de concevoir que cette partie de l'Ebénisterie, quoique la plus simple en apparence, demande beaucoup de précision & d'attention de la part de l'Ouvrier, sur-tout quand les compartiments seront composés de beaucoup de petites parties, lesquelles doivent être toutes coupées & ajustées avant de les coller, ce qui est très-difficile à bien faire. Quant aux grandes parties de placage, elles demandent moins de sujétion, parce que non-seulement elles sont en moindre nombre, mais encore parce qu'elles s'ajustent les unes après les autres, & cela à mesure qu'on les colle, comme on le verra ci-après.

La difficulté de l'ajustement des différentes pieces qui composent les petits compartiments, a fait recourir à divers expédients, tant pour les rendre les plus parfaits possibles, que pour en accélérer l'exécution; les uns ont coupé & ajusté toutes leurs pieces, & les ont collées les unes après les autres, soit que toutes ces mêmes pieces fussent d'une forme semblable ou non, ce qui rend l'ouvrage assez parfait, mais d'une très-longue & très-difficile exécution.

D'autres, pour éviter ces difficultés, ont préféré, sur-tout lorsque les compartiments offrent des figures régulieres, comme des hexagones, des étoiles, de coller les pieces de chacune de ces figures d'abord par parties, puis toutes ensemble, de maniere qu'elles fassent un tout qu'ils ajoutent ensuite, & qu'ils collent avec d'autres placages (ou qu'ils incrustent en plein bois, ce qui est égal). Cette derniere maniere d'exécuter les petits compartiments, est la plus prompte & la plus commode; c'est pourquoi je vais m'en servir en traitant de la maniere d'ajuster les compartiments droits, tant petits que grands, ce que je ferai le plus succinctement possible, me contentant de donner quelques exemples généraux, dont l'application puisse se faire à toutes sortes d'ouvrages, le nombre des exemples & leurs applications n'étant pas ce qui est le plus essentiel, mais bien plutôt la maniere d'opérer, sur-tout quand elle est applicable à beaucoup de cas, comme il arrive dans cette partie de la Menuiserie, où, abstraction faite de la connoissance des bois ou autres matieres & des différents compartiments, toute la théorie de cet Art ne consiste presque qu'en diverses manieres d'opérer appliquées à différents ouvrages (*).

Quand les compartiments sont composés de petites parties dont l'assemblage forme des figures régulieres, comme des hexagones, des étoiles, &c, on les colle les unes avec les autres avant de les plaquer ou de les incruster, ce qui se fait de la maniere suivante.

(*) Ce que j'avance ici semble être contradictoire avec ce que j'ai dit au commencement de mon Ouvrage, *page* 763, où j'ai fait l'énumération des différentes connoissances nécessaires aux Ebénistes; cependant pour peu qu'on veuille y faire attention, il est fort aisé de voir que ces mêmes connoissances, quoique très-nécessaires & même indispensables aux Ebénistes, ne sont qu'accessoires à leurs ouvrages, ou ne tiennent pas essentiellement à la pratique de ce qui constitue ce qu'à proprement parler, on appelle l'*Art de l'Ebé*nisterie, lequel consiste plutôt dans diverses manieres d'opérer, que dans des connoissances relatives soit à la forme, soit à l'usage des ouvrages sur lesquels on opere, étant très-indifférent d'ajuster & de plaquer non-seulement des compartiments de différentes especes, mais encore de le faire sur un côté de Bureau, sur la face d'une Commode ou de tout autre ouvrage, puisqu'on se sert toujours des mêmes moyens pour le faire, du moins à très-peu de chose près.

On

On commence d'abord par tailler & ajuster toutes ces pieces selon la grandeur & la forme qui leur est convenable ; ensuite si c'est, par exemple, un hexagone, comme la figure 1, on colle ensemble les deux parties *A*, *B*, *fig.* 2, & on les laisse sécher, après quoi on y ajuste la troisieme piece *C*, qu'on colle ensuite, & qu'on laisse pareillement sécher.

Quand les trois pieces qui composent l'hexagone, sont ainsi collées, on recale ce dernier dans un bois à ajuster, afin de lui donner une forme la plus parfaite possible, supposé que les premiers morceaux qu'on a ajustés, laissent du bois de trop, ce qu'il faut éviter le plus qu'il sera possible.

En recalant les hexagones, ou toute autre figure assemblée, il faudra bien prendre garde aux pieces qui excedent plus les unes que les autres, pour y ôter autant de bois qu'il sera nécessaire, afin que les angles de la figure se trouvent très-exactement à la rencontre des joints de chaque piece, comme je l'ai observé aux *fig.* 1 & 2.

Plus les figures sont compliquées, & plus leur exécution devient difficile ; quoiqu'on se serve toujours des mêmes moyens pour les faire ; les étoiles, par exemple, sont de ce nombre, parce que non-seulement elles sont composées de beaucoup de pieces, mais encore parce qu'il n'est pas possible d'y retoucher lorsqu'elles sont une fois collées toutes ensemble, ce qui demande beaucoup de précision dans l'ajustement de ces mêmes pieces.

Les étoiles comme celle représentée dans la figure 3, sont celles dont la forme est la plus simple, puisque celle-ci n'a que quatre pointes *D*, *E*, *F*, *G*, lesquelles sont composées chacune de deux morceaux, & doivent être à égale distance les unes des autres, de maniere que la distance *D E*, soit égale à celle *E F*, & celle *F G* égale à celle *D G*, &c, ce qui est général pour toutes les étoiles d'une forme réguliere.

Quel que soit le nombre des pointes des étoiles, elles se font toujours de la même maniere, c'est-à-dire, qu'après avoir préparé & ajusté les morceaux dont elles doivent être composées, comme ceux *H*, *I*, *L*, *M*, *fig.* 4, on les colle ensemble deux à deux, comme ceux *N*, *O*, *même figure* ; puis quand la colle est seche, on les recale & ajuste de nouveau, supposé que cela soit nécessaire ; ensuite on colle ces mêmes pointes deux à deux (ou trois à trois, si l'étoile est composée de six pointes), comme celles *P*, *Q*, *fig.* 5, & on y retouche encore s'il est nécessaire ; après quoi on acheve l'étoile en joignant les parties *P*, *Q*, ensemble.

De quelque forme que soient les différents compartiments, on se sert toujours de la même méthode pour les exécuter, c'est-à-dire, qu'on forme, autant qu'il est possible, des parties régulieres composées de plusieurs morceaux joints & collés ensemble, comme je viens de l'enseigner ci-dessus ; ce qui étant fait, on les plaque à côté les unes des autres, comme à la *fig.* 6, en observant qu'elles présentent, par leurs assemblages, des lignes droites, soit horisontalement, ou

perpendiculaires ou diagonales, ce qui est égal, pourvu qu'elles existent, &
que par conséquent elles puissent servir à diriger le compartiment, lequel peut
alors se disposer par bandes droites sur l'un ou l'autre sens, comme on peut le
remarquer dans cette figure.

Quand les compartiments seront comme la figure 7, d'une nature à ne pouvoir donner aucune des lignes droites que je souhaiterois du moins sans être
interrompues, il faut, avant de placer les pieces de remplissage, tracer sur les
plates-bandes qui l'entourent, toutes les lignes que forment ces compartiments;
ensuite les pieces étant toutes ajustées, on les mettra en place parties par parties,
& on placera une regle bien droite d'une ligne à l'autre, comme de *R* à *S*, &
de *R* à *T*, ou de *R* à *U*, selon les différentes pieces, afin de se rendre compte
si tous leurs joints s'alignent parfaitement; ensuite de quoi on en colle une
partie, qu'on laisse sécher avant d'ajuster les autres.

Quand les remplissages forment de grandes parties, comme la *fig.* 8, on commence par ajuster la piece *A* du milieu, *fig. 9*, à laquelle on ajuste & on colle
celles *B*, *C*, dont on recale les extrémités *a*, *b*, quand la colle est seche; ensuite
on ajuste l'hexagone *D*; & lorsqu'il est collé, on y joint les deux autres
pieces *E*, *F*: le reste à l'ordinaire.

Le remplissage des grands compartiments, comme ceux de l'intérieur des
figures de la Planche 285, ne s'ajustent pas d'avance comme ceux dont je viens
de parler; au contraire on ne les coupe sur la place qu'après que les frises qui
les entourent sont collées, & cela morceau à morceau, que l'on colle à mesure
qu'ils sont ajustés, & de la maniere qui convient à chaque espece d'ouvrage,
comme je l'expliquerai ci-après.

Les pieces de remplissage dont je viens de parler ci-dessus, non-seulement
s'appliquent sur un fond de bois uni, mais encore s'incrustent dans de la Menuiserie apparente, avec laquelle elles affleurent, ce qui ne fait rien à la maniere
de les préparer, laquelle est toujours la même. Quant à la maniere de préparer
les bâtis pour recevoir les incrustations, elle est très-simple, puisqu'il ne s'agit
que de creuser dans ces mêmes bâtis la place nécessaire pour pouvoir contenir
les pieces à incruster, qui, lorsqu'elles sont composées de parties droites,
comme dans les figures de cette Planche, sont toujours très-faciles à faire, puisqu'elles peuvent être creusées, ou du moins commencées avec un bouvet, &
ensuite finies au ciseau & à la guimbarde, comme les places cotées *G*, *G*, *G*,
fig. 10, ce qui fait qu'elles sont toujours parfaitement droites, d'une largeur &
d'une profondeur égales par-tout: au défaut du bouvet, on peut se servir d'un
trusquin à scie, lequel trace des traits de la profondeur dont on a besoin, &
toujours paralleles entr'eux.

Quand les places destinées à recevoir des incrustations, quoique composées
de lignes droites, ne présenteront pas de côtés paralleles entr'eux où on puisse
se servir de bouvet ou de trusquin à scie, comme, par exemple, l'étoile *I I*,

fig. 10, on les découpe & on les fouille au cifeau, puis on les finit à la guim-
barde, ce qui eft la maniere la plus ordinaire de faire ces fortes d'incruftations ;
cependant quelque foin qu'on prenne en les découpant au cifeau, il eft affez
difficile de le faire fans aucun éclat, & bien droits fur toute la longueur.

C'eft pourquoi je crois qu'il vaudroit mieux, fur-tout quand les parties à
creufer font d'une certaine grandeur, & faites dans du bois difficile à travailler,
il vaudroit mieux, dis-je, en découper les côtés avec une fcie à dégager, qu'on
feroit paffer contre une regle de fer, ou du moins de bois très-dur, appliquée
fur l'ouvrage le long du trait de la partie à découper, ce qui eft très-facile à faire,
& rendroit l'ouvrage beaucoup plus parfait, qu'en fuivant la maniere ordinaire.

Quand les côtés des parties propres à recevoir les incruftations, font ainfi
découpées à la fcie, on acheve de les creufer au cifeau & à la guimbarde,
comme le repréfente la figure 12.

La guimbarde, *fig.* 11 & 13, n'eft autre chofe qu'un morceau de bois, de 2
à 3 pouces de largeur, fur un pouce ou deux d'épaiffeur, felon fa longueur (qui
varie depuis un pied jufqu'à un pied & demi, felon les différents befoins), au
milieu duquel eft percé un trou un peu en pente, & d'une grandeur capable
de contenir un fer *a*, *fig.* 13, de 3 à 4 lignes d'épaiffeur, & un coin *b*, pour
le retenir en place. Ce fer doit être bretté comme ceux des rabots, & excéder
le deffous de fon fût de la profondeur du ravalement qu'on veut faire.

Cet outil fe tient à deux mains, & on le fait aller en le pouffant devant foi,
comme de *c* à *d*, en obfervant, lorfqu'on commence à s'en fervir, de le foulager
un peu du derriere, afin que le fer ne prenne de bois qu'autant qu'on le juge à
propos. Comme il y a de très-petites parties à fouiller, on peut fe paffer de
guimbarde pour le faire ; ou fi on juge à propos de s'en fervir, on en fait de
petites, lefquelles peuvent paffer par-tout, & font d'un ufage plus facile que
celle dont je viens de faire la defcription ; mais de quelque forme & grandeur
qu'elles foient, il faut toujours que leur fer foit bretté, afin que le fond de l'ouvrage foit un peu rude, pour qu'il prenne mieux la colle.

Après avoir donné la maniere de découper & d'ajufter les pieces droites, je
vais maintenant traiter de celles qui font circulaires, ou du moins fufceptibles de
contours, lefquelles alors ne peuvent pas être ajuftées au rabot comme les premieres, ce qui en rend la parfaite exécution un peu plus difficile, comme on
va le voir ci-après.

§. III. *De la maniere de découper les pieces cintrées, & des Outils qui y sont propres.*

PLANCHE
291.

LES pieces de placage contournées se découpent à la scie, & s'incrustent pour l'ordinaire avec le couteau de taille & autres outils, dont je donnerai la description en parlant de l'incrustation de ces pieces.

Deux fortes d'outils sont nécessaires pour découper les pieces de placage ; favoir, l'âne ou étau, & la scie à découper, autrement dit *la scie de marqueterie.*

L'âne, *fig.* 1, 2, 3, 6 *&* 9, est une espece de petit banc fupporté par trois pieds de 15 à 16 pouces de haut, lequel banc a environ 2 pieds & demi de longueur, fur un pied de largeur, dans fa partie la plus large.

Dans le deffus de ce banc, à environ 6 pouces du bout, est placé l'étau de bois B, *fig.* 2, lequel n'est autre chofe qu'un morceau de bois de 3 à 4 pouces de largeur, fur 2 pouces d'épaiffeur, & 12 à 15 pouces de hauteur, pris du deffus du banc, fur lequel il est affemblé à tenon double, & y est arrêté par le moyen d'un coin, comme les *fig.* 2 *&* 3, & les *fig.* 7 *&* 8, qui le repréfentent vu de face & de côté le double plus grand qu'aux élévations *fig.* 1, 2 *&* 3.

L'étau est refendu fur fon épaiffeur par une rainure d'environ 3 à 4 lignes de largeur au plus, & on a foin qu'elle foit un peu plus étroite du haut que du bas, afin qu'elle ferre mieux du bout. Cette rainure doit s'étendre jufqu'à 2 pouces de l'arrafement de l'étau ; & on doit obferver que la joue ou mord qui est du côté de l'Ouvrier, foit plus mince que l'autre, afin qu'elle ploie plus facilement lorfqu'on veut en faire ufage ; l'autre joue de l'étau, c'est-à-dire, la plus épaiffe, est appuyée contre un arc-boutant C, *fig.* 2, lequel y est affemblé à tenon & mortaife, ainfi que dans le deffus du banc ; quelquefois on ne fait pas de mortaife dans la joue de l'étau, mais fimplement une entaille de 6 à 8 lignes de profondeur, venant à rien du bas, dans laquelle l'arc-boutant entre tout en vie, comme je l'ai obfervé aux *fig.* 7 *&* 8. Dans le milieu du deffus du banc, est placé un petit montant A, *fig.* 2, à environ 5 pouces du devant de l'étau, au haut duquel est affemblé à charniere, un levier D, dont l'autre extrémité vient butter contre le haut du mord du devant de l'étau, pour le faire ployer, & par ce moyen retenir folidement les feuilles qu'on met dedans pour les découper. Le levier entre en enfourchement fur le mord de l'étau, afin qu'il ne s'écarte ni à droite ni à gauche, & il appuie deffus par le moyen d'une corde qui y est attachée aux points *a, a, fig.* 1 *&* 2, laquelle, paffant au travers du banc, vient s'attacher à la marche *F G*, fur laquelle l'Ouvrier pofe le pied pour ferrer le mord de l'étau, comme je l'expliquerai en parlant de la maniere de découper. *Voyez la fig.* 1, qui repréfente l'âne vu du côté du levier, & les *fig.* 4 *&* 5, qui repréfentent ce même levier vu de face & de côté.

Le devant du banc, du côté de l'étau, doit avoir un rebord pour retenir les
petites

petites parties qu'on pose dessus ; & le dessus de ce même banc doit être chantourné en creux vers le milieu, afin que l'Ouvrier puisse être assis commodément dessus.

On se sert encore d'une autre espece d'âne ou étau, lequel differe de celui dont je viens de parler, en ce qu'il est placé sur une table de 16 à 18 pouces de haut, dont le milieu est évuidé pour faire place à l'Ouvrier qui travaille assis sur un tabouret, & est par conséquent entouré des trois côtés de la table sur laquelle il pose son ouvrage de droite & de gauche. Comme ces sortes d'ânes sont peu en usage à présent (quoique très-commodes quand on a beaucoup de pieces à découper), je me suis contenté d'en faire une courte description, sans en donner de figures, qui ne m'ont pas paru fort nécessaires, vu que la partie essentielle de cet âne, c'est-à-dire, le mord, est construit de la même maniere que celui dont je viens de faire la description.

Il y a d'autres petits étaux ou ânes qu'on arrête sur l'établi avec le valet, lesquels ne different de celui-ci, qu'en ce qu'ils sont plus petits, qu'ils n'ont pas de pieds, & que la planche dans laquelle l'étau est assemblé, est coupée au nud du petit montant qui porte le levier; au reste on fait usage de cet âne de la même maniere que de celui à pieds, c'est-à-dire, qu'on serre toujours le mord de l'étau par le moyen de la corde *a a*, dans laquelle on passe le pied, & on y substitue un petit patin à la place de la marche.

Il est encore une autre espece d'étau ou âne de bois, *fig.* 10, 11 *&* 13, dont les mords ou mâchoires ouvrent parallélement par le moyen d'une vis de bois arrêtée par le collet dans une des mâchoires, de sorte qu'elle tient avec cette derniere, soit qu'on ouvre ou qu'on ferme l'étau.

Les deux mords ou mâchoires de cet étau sont d'une forme égale à l'extérieur; & celui H, *fig.* 11, dans lequel la vis est taraudée, est assemblé à tenon & mortaise dans le plateau *L M*, & l'autre *I*, est assemblé à queue dans la piece à coulisse de ce même plateau, laquelle est assemblée à rainure & languette dans l'épaisseur de ce dernier, & passe en dessous du mord H. *Voyez la fig.* 10, qui représente le bout de l'étau vu du côté du mord *I*; & la *fig.* 12, qui représente ce même mord avec la piece à coulisse, avec laquelle il est assemblé. *Voy. les fig.* 13 *&* 14, qui représentent l'une l'étau tout assemblé & vu en dessus, & l'autre le plateau tout nud & prêt à recevoir les mords & la piece à coulisse.

Cet étau s'arrête sur l'établi par le moyen d'un valet, & est très-commode non-seulement pour découper & limer les pieces, mais pour coller de petites parties qui ne pourroient pas résister à la secousse du valet. Quant à la maniere dont la vis de cet étau est retenue dans la mâchoire *I*, je n'en parlerai pas ici, parce que c'est la même chose qu'à celle de la boîte à rappel de l'établi à l'Allemande, dont j'ai fait la description au commencement de cette Partie, *page* 803.

La scie de marqueterie est un outil des plus nécessaires & des plus compli-

PLANCHE
291.

PLANCHE
292.

qués dont se servent les Ebénistes; elle est composée d'un chassis de fer *A B C D*, *fig.* 4, de deux mords *E*, *F*, qui servent à tenir la lame de la scie, & d'un manche ou poignée *G H*, dont la partie *H* se monte à vis pour bander la scie autant qu'il est nécessaire.

Le chassis d'une scie à découper, est fait de fer plat, posé sur le champ, de 6 à 8 lignes de largeur, sur une ligne & demie d'épaisseur au plus; la partie supérieure de ce chassis estapplatie par le bout, & est percée d'un trou quarré dans lequel passe le bout du mord *E*, qui est taraudé pour recevoir un écrou qui l'arrête à demeure sur le chassis, dans lequel il ne peut pas tourner, puisque le trou du haut du chassis est quarré, & le bout du mord d'une même forme. *Voyez la Fig.* 1, qui représente le chassis de la scie vu en dessus avec son écrou, *fig.* 5. *Voyez la Fig.* 2, qui représente cette même scie coupée dans toute sa longueur; & la *Fig.* 3, qui la représente vue de face.

La partie inférieure du chassis, *fig.* 4, est terminée par une douille *I*, qui est percée d'un trou quarré en dessus, semblable à celui du haut, & dans laquelle douille la partie G du manche, est arrêtée à demeure. *Voyez les figures* 6 & 7, qui représentent le bout de la branche du chassis, & sa douille vue en coupe, & cette même douille vue en dessous.

Les mords *E*, *F*, *fig.* 4, sont tous deux composés de deux parties chacun, lesquelles se séparent à moitié de l'épaisseur du mord, & sont retenues ensemble par le moyen d'une vis, comme on peut le voir aux *fig.* 2, 3 *&* 4; de sorte qu'en serrant ces vis on arrête en place la lame de la scie *a b*, *fig.* 3 & 4, laquelle, à cause de son peu de largeur, ne peut l'être autrement.

Les deux mords sont, comme je viens de le dire, semblables à l'extérieur, c'est-à-dire, en dedans de la scie; mais ils different en ce que celui du haut a une tige très-courte, au lieu que celui du bas en a une qui passe au travers de la longueur du manche, avec la partie inférieure duquel il s'arrête par le moyen d'un écrou : à cette différence de longueur près, ils sont parfaitement égaux, ayant tous deux une tige quarrée pour empêcher qu'ils ne tournent tant dans le manche que dans le haut du chassis, laquelle tige est taraudée également à tous les deux, comme on peut le voir à la *fig.* 2 & à la *fig.* 13, qui représentent le mord du bas dans toute sa longueur, avec la forme totale du manche, indiquée seulement par un trait.

L'intérieur des mords doit être taillé comme une lime, pour pouvoir mieux retenir la feuille de la scie; & il est bon que la partie mobile du mord entre en entaille dans le bas de l'autre, afin de n'être pas sujette à tourner lorsqu'on vient à serrer la vis. *Voyez les figures* 8, 15 & 16, qui représentent un mord grand comme l'exécution, la partie mobile de ce mord vue en dedans, & la vis propre à les serrer tous deux.

Le manche d'une scie à découper est, comme je l'ai dit plus haut, composé de deux parties; l'une *G*, *fig.* 2, 4 & 12, qui est fixe & adhérente au chassis

de fer ; & l'autre *H*, *fig.* 2, 4 & 11, qui eſt mobile, & entre dans la premiere, laquelle eſt creuſée en dedans pour recevoir la partie quarrée de la tige
du mord, & la tige ou goujon de la partie mobile du manche. Cette derniere,
cote *H*, *fig.* 2 & 11, eſt auſſi percée dans toute ſa longueur, pour laiſſer paſſer
la vis du mord, qui s'y arrête par le moyen d'un écrou *c*, *fig.* 11 & *fig.* 9, de
maniere qu'en tournant la partie *H*, *fig.* 2 & 11, on fait hauſſer ou baiſſer le
mord inférieur de la ſcie, qu'on tend ou détend par ce moyen, comme on le
juge à propos.

Les Menuiſiers-Ebéniſtes ont des ſcies à découper de différentes grandeurs,
ſelon les ouvrages qu'ils ont à faire ; celle qui eſt repréſentée ici eſt de la grandeur la plus ordinaire ; mais qu'elles ſoient grandes ou petites, leurs formes &
conſtruction ſont toujours les mêmes ; & il faut toujours que les branches hori-
ſontales de leurs chaſſis ouvrent un peu du devant, afin que quand on tend la
ſcie, elles ne rentrent pas en dedans.

La lame de la ſcie à découper, telle qu'elle eſt repréſentée ici, a les dents ſur
la même ligne que le chaſſis, comme aux ſcies ordinaires ; cependant les Ebéniſtes la diſpoſent autrement, c'eſt-à-dire, qu'au lieu de voir le côté de la lame
comme dans la figure 4, ce ſont les dents qui ſe trouvent en face, de maniere
qu'elle ſcie horiſontalement, & que le chaſſis ſoit toujours perpendiculaire, du
moins à peu de choſe près, afin de leur ſoulager la main, & que le trait qu'ils
ſcient ſoit toujours parallele avec le deſſus du mord de l'étau (*).

Les lames des ſcies à découper, ſont faites avec des morceaux de reſſorts de
montres refendus à différentes largeurs, depuis une demi-ligne, y compris la
denture, juſqu'à une ligne & demie tout au plus, ſur 5 à 6 pouces de longueur,
ce qui fait que les plus grandes ſcies à découper n'ont guere plus de 6 pouces
de diſtance entre leurs branches, qu'on prolonge en longueur autant qu'on le
juge à propos, c'eſt-à-dire, autant qu'on peut le faire, en leur conſervant la
ſolidité convenable.

La denture de ces ſortes de ſcies eſt très-fine, preſque droite, comme celle
des ſcies à preſſes, & cela pour qu'elle ne s'émouſſe pas aiſément.

Quant à la maniere de faire uſage de la ſcie à découper & de l'âne, elle eſt
très-aiſée, parce qu'après avoir tracé la forme des pieces, on s'aſſied à califourchon
ſur le banc de l'âne, puis on prend la piece à découper de la main gauche, & on
la met dans l'étau qu'on ſerre, en appuyant le pied ſur la marche du bas ; & on
a ſoin que ce qui doit ſervir, ſoit en contre-bas du trait, qu'on approche le plus
près qu'il eſt poſſible du deſſus des mâchoires de l'étau ; enſuite on prend la ſcie
à découper de la main droite, & on ſcie la piece, qu'on hauſſe ou baiſſe de la
main gauche, ſelon que l'exigent les différents contours ; il faut auſſi, lorſqu'on
ſcie les pieces, hauſſer ou baiſſer la ſcie ſelon qu'on eſt en deſſus ou en deſſous

---

(*) Les Eventailliſtes & autres Ouvriers qui
font uſage de la ſcie à découper, s'en ſervent
avec la lame diſpoſée à l'ordinaire, c'eſt-à-dire,
comme elle eſt repréſentée *fig.* 4, ce qui leur eſt,
diſent-ils, plus facile que ſi elle étoit diſpoſée à
la maniere des Ebéniſtes ; ce qui me fait croire
que ces derniers pourroient s'en ſervir de l'une &
l'autre maniere, & cela en raiſon des différents
ouvrages qu'ils ont à faire.

du trait, afin de refendre les pieces un peu hors d'équerre en deſſous, ſur-tout lorſqu'elles ſont faites pour être incruſtées, parce qu'elles ont plus d'entrée, & qu'elles joignent mieux que ſi elles étoient refendues d'équerre.

Voyez la Figure 14, qui repréſente un Ouvrier occupé à découper une piece, & placé ſur l'âne ſelon la méthode ordinaire.

Il y a des Menuiſiers-Ebéniſtes qui, pour avoir plutôt fait, ne ſe mettent pas à califourchon ſur l'âne, mais qui ne font que s'y aſſeoir de côté, ce qui les oblige d'en placer l'étau obliquement, pour pouvoir travailler. Cette méthode eſt peu commode, vu qu'ils ſont toujours dans une ſituation contrainte; c'eſt pourquoi on doit en faire peu d'uſage.

Avant de découper les pieces contournées, il faut d'abord les tracer ſelon le deſſin de l'ouvrage; quelquefois on colle le deſſin deſſus, afin d'en mieux ſuivre les contours, puis on les découpe comme je viens de le dire ci-deſſus, en obſervant de ſuivre ces contours avec toute la préciſion poſſible, en commençant toujours de droite à gauche, & en faiſant en ſorte de ne pas retirer la ſcie que toute la piece ne ſoit chantournée, du moins autant qu'il ſera poſſible.

Quand une piece eſt évuidée dans le milieu, on y perce un trou pour paſſer la ſcie qu'on démonte de dans le mors, ſoit du haut, ſoit du bas, & qu'on retend enſuite.

Quand la diſtance qui eſt entre le dehors & le dedans d'une piece, n'eſt pas conſidérable, les Menuiſiers-Ebéniſtes ne ſe donnent pas la peine de démonter leurs ſcies; mais après en avoir fait le contour extérieur, ils paſſent au travers de la partie pleine en ſuivant le fil du bois; par ce moyen ils évuident le dedans ſans quitter la ſcie, ce qui n'eſt ſujet à d'autre inconvénient qu'à affoiblir un peu la piece; car le joint ne paroît pas lorſqu'elle eſt collée.

Ce que je viens de dire touchant la maniere de découper les pieces cintrées, renferme à peu-près toute la théorie de cette partie de l'Ebéniſterie; cependant quand la forme des pieces eſt réguliere, comme des ronds parfaits, des arcs de cercles, &c, il me ſemble que la méthode de les découper à la ſcie n'eſt pas aſſez parfaite, parce que quelqu'adroitement qu'elles ſoient refendues, il n'eſt guere poſſible qu'il ne s'y rencontre quelques jarrets, leſquels ſeroient moins dans le cas de toutes pieces cintrées d'une forme circulaire, on feroit très-bien apparents dans des pieces d'une forme irréguliere; c'eſt pourquoi je crois que de ne pas ſe ſervir de ſcie, mais au contraire d'un truſquin ou compas à verge, *fig.* 1 & 2, dans la tête duquel on place une lame ſemblable à celle d'un couteau de taille, ou bien une petite ſcie, avec quoi on découpe les pieces beaucoup plus réguliérement qu'avec un couteau de taille, vu que le compas à verge une fois ajuſté, toutes les pieces découpées avec doivent être toutes parfaitement ſemblables & ſans aucuns jarrets.

Les compas à verges peuvent être faits en bois, comme les *fig.* 1, 2 & 3, ou bien en fer, comme les *fig.* 4 & 5, ſur-tout quand ils ſont deſtinés à découper

de

de petites parties ; dans l'un ou l'autre cas, ils font toujours compofés d'une tige
A B, *fig.* 1, au bout de laquelle eft pratiquée une lumiere pour y placer un fer
quelconque, qu'on y arrête par le moyen d'un coin, comme dans cette figure,
ou bien avec une vis de preffion, comme à la *fig.* 5, ce qui vaut mieux qu'un
coin, à la vérité, mais auffi ce qui n'eft pratiquable que quand cet outil eft de
fer ou de cuivre.

La tige d'un compas à verge paffe dans une tête ou boîte *C*, *fig.* 1, armée
d'une pointe en deffous, & qu'on fixe fur la tige par le moyen d'une vis de
preffion *D*, ce qui vaut mieux que d'y mettre une clef, comme font les Menuifiers de bâtiment, parce que les coups qu'on eft obligé de frapper fur la clef
pour la ferrer, dérangent toujours un peu la boîte de place, ce qu'il faut éviter.
De plus, pour la rendre plus folide & éloigner toute efpece d'ébranlements, il
eft bon de faire le trou ou mortaife de la boîte, *fig.* 3, & par conféquent la tige,
plus étroite du bas que du haut, afin qu'étant preffée par la vis, la tige joigne
toujours parfaitement dedans, fur-tout par les côtés.

Aux compas à verge de fer, la vis de la tête peut fe placer fur l'angle,
comme à la *fig.* 4, ce qui eft plus folide que de la placer par-deffus ou par le
côté, parce que la preffion de la vis fe fait des quatre côtés de la tige, par le
moyen d'un couffinet placé dans l'intérieur de la boîte, fur lequel fe fait la
preffion de la vis.

Quant à la maniere de faire ufage des trufquins à verge, elle eft très-facile ;
car il ne s'agit que de placer la pointe de la boîte au centre de la partie à découper, & d'éloigner la tête de la tige jufqu'au cintre donné, comme de *E* à *F*,
fig. 6 & 10 ; enfuite après avoir affuré la boîte, on la prend de la main gauche
qu'on appuie deffus, pour qu'elle ne forte pas du point de centre, & de la main
droite on fait mouvoir la tête du trufquin jufqu'à ce que la piece foit découpée.

Les trufquins à verge font non-feulement propres à découper les pieces de
placage, mais encore à découper les parties de Menuiferie, foit pleines ou plaquées, pour y faire des incruftations, qui ne fe découpent ordinairement qu'avec
le couteau de taille, *fig.* 11 & 12, ce qui eft fujet à beaucoup de difficultés,
parce qu'il n'eft guere poffible qu'avec ce couteau on fuive parfaitement un
contour d'une certaine longueur fans y faire des jarrets, outre que l'inégalité
des fils des bois entraîne prefque toujours le couteau, quelque foin qu'on puiffe
prendre pour l'empêcher de tourner ; c'eft pourquoi il ne faut avoir aucun égard
à l'ancienneté de l'ufage, & ne fe fervir du couteau de taille pour les incruftations, qu'autant qu'on ne pourra pas fe fervir du compas à verge.

S'il arrivoit qu'en fe fervant de ce compas, on craignît que la pointe de la
boîte ne fît un trou à la place du centre, on pourroit coller fur l'ouvrage un
petit morceau de bois mince, qui recevroit la pointe de cette boîte, ce qui leve-
roit toute efpece de difficultés, excepté celle du plus de temps ; car je ne fau-

rois difconvenir que l'ufage d'un compas à verge en emploie davantage que ne fait le couteau de taille, fur-tout quand un cintre eft compofé de plufieurs arcs de cercles qui ont tous différents centres ; mais cet emploi de temps doit être compté pour très-peu de chofe, fur-tout dans le cas de l'efpece de Menuiferie dont il s'agit maintenant, laquelle ne fauroit être faite avec trop de foin & de précifion.

On met dans le compas à verge non-feulement des efpeces de lames, comme la *fig.* 7, mais encore des fcies, des limes, comme les *fig.* 8 *& 9*, afin d'agrandir au befoin une partie creufe qui fe trouveroit trop étroite, ce qu'on ne fauroit mieux faire que de cette maniere, qui eft, je crois, la plus parfaite poffible, tant pour couper le bois franc & net, que pour rendre les parties cintrées exactement paralleles entr'elles.

Le couteau de taille repréfenté *fig.* 11 *& 12*, ne differe du petit couteau de taille dont j'ai parlé *page* 386, que par la longueur & la forme de fon manche, lequel a environ 18 pouces de long ; de maniere que quand on en fait ufage, on le prend des deux mains, un peu au-deffus du fer, & on pofe le bout du manche fur fon épaule pour fe donner un point d'appui, d'après lequel on dirige le manche du couteau qu'on enfonce dans le bois en le tenant un peu penché, & en le tirant à foi.

Le fond des places propres à recevoir les pieces circulaires en incruftation, s'évuide de la même maniere que pour les pieces droites, c'eft-à-dire, qu'après les avoir découpées & fouillées au cifeau, on les finit à la guimbarde, du moins autant que cela peut fe faire ; enfuite on colle les pieces à incrufter, tant droites que cintrées, comme je l'enfeignerai après avoir traité de la maniere de plaquer, en commençant par les ouvrages les plus fimples, pour parvenir, par gradation, à ceux qui font les plus compliqués, comme je l'ai toujours obfervé dans le courant de cet Ouvrage.

SECTION SECONDE.

De la maniere de coller & plaquer la Marqueterie.

QUAND les différentes pieces de placage font difpofées comme je l'ai enfeigné ci-deffus, il s'agit de les coller à leur place, ce que les Ebéniftes appellent *plaquer*, opération à laquelle ils apportent beaucoup de foin, parce que c'eft de fon plus ou moins de perfection que dépend toute la folidité de leurs ouvrages.

Avant de donner la maniere de plaquer, je vais faire le détail des outils propres au placage, comme les marteaux à plaquer, le fer à chauffer, & les preffes à main, &c, afin que cette connoiffance une fois acquife, facilite l'intelligence de ce que j'aurai à dire en parlant des différents placages.

Le marteau à plaquer des Ebéniftes, repréfenté *fig.* 3 *& 4*, ne differe de celui des autres Menuifiers, que par la forme large & applatie de fa pane, laquelle eft

réduite à une ligne & demie d'épaisseur, sur 2 pouces & demi à 3 pouces de
largeur, laquelle largeur n'existe que sur environ un pouce depuis l'extrémité
de la pane, & vient à rien regagner le corps du marteau, comme on peut le voir
à la *fig.* 4.

Il y a deux sortes de marteaux à plaquer, l'un, *fig.* 4, qui a l'extrémité de la
pane droite, & qui sert à plaquer l'ouvrage droit, c'est-à-dire, dont la surface
est plane & unie; l'autre, *fig.* 5, dont la pane est cintrée, & qui sert à plaquer
l'ouvrage dont la surface est creuse.

Le fer à chauffer, représenté *fig.* 8 & 9, est un morceau de fer de 15 à 18
pouces de long, garni d'un manche à l'une de ses extrémités, & dont l'autre
bout forme une masse d'environ 9 lignes d'épaisseur, sur 2 pouces de largeur au
plus, & environ 6 pouces de longueur, laquelle vient en se rétrécissant par le
bout, comme on peut le voir à la *fig.* 8. La masse du fer & sa tige, ne forment
pas une ligne droite en dessous; mais cette derniere est recourbée, afin qu'en
passant la masse du fer sur l'ouvrage, on puisse la tenir commodément, soit par
le manche ou par le milieu de la tige, comme le font quelques Ebénistes, en
prenant la précaution de l'envelopper d'un linge ou avec une poignée de bois
nommée *moufle*, faite de deux pieces creusées dans le milieu, avec lesquelles
on saisit la tige pour ne se pas brûler les mains.

Il y a des fers à chauffer dont le dessous est bombé, pour servir dans les
ouvrages creux, ce que j'ai indiqué par la ligne *a b c*, *fig.* 8.

Les presses ou vis à main sont de deux sortes; les unes, qui ont depuis 6 pouces
d'ouverture jusqu'à un pied, & même plus, & qui sont construites en bois; &
les autres, qui sont beaucoup plus petites, lesquelles sont faites en fer ou en
cuivre.

La premiere de ces deux especes de presses, représentée *fig.* 1, est composée
de trois pieces de bois; savoir, une *A B*, dans laquelle les deux autres, qu'on
nomme *les branches de la presse*, sont assemblées à tenon & mortaise, & à
enfourchement double, lesquelles passent tout à travers de la principale piece
A B. Voyez la Fig. 7, qui représente une des branches de la presse vue de côté
avec ses assemblages; à l'extrémité de laquelle est percé le trou de la vis qui y
est taraudé.

L'autre branche de la presse est semblable à celle-ci, excepté qu'elle n'est pas
percée comme la premiere, & qu'elle est un peu creuse en dessous, c'est-à-dire,
en dedans de la presse, afin que quand on serre la vis entre cette derniere &
l'ouvrage, elle pince toujours du bout, ce qui ne pourroit pas être si elle n'étoit
pas creusée en dessous, parce que quelque bien que soient assemblées les branches, elles font toujours quelqu'effet. La vis de ces sortes de presses, doit avoir
environ 6 à 8 lignes de diametre, & est terminée en dessous par une tête méplate
qui sert à la tourner; cependant il vaudroit mieux, au lieu de cette tête, y laisser
un manche de 3 pouces de long ou environ, d'une forme un peu applatie, avec

lequel on la tourneroit plus promptement & plus commodément.

Les petites presses de fer, nommées aussi *Happes*, ne different de celles dont je viens de parler, que par la grandeur & par la matiere avec laquelle elles sont faites ; car leurs formes & leurs usages sont absolument les mêmes, puisqu'elles servent l'une & l'autre à appuyer des parties de placage qui n'ont pas pris la colle lorsqu'elles ont été plaquées, comme l'indique la *fig.* 2, où j'ai repré-senté un morceau de placage pris dans la presse à main.

Les autres outils propres au placage, sont les pointes de Maréchaux, ou, pour mieux dire, l'extrémité des clous plats dont se servent les Maréchaux, des fers à mouler, dont je parlerai ci-après, une éponge, *fig.* 6, pour mouiller le placage avant & après être collé, & un pot à la colle, de cuivre, qui doit être à double fond, c'est-à-dire, que ce doit être deux pots ou vases qui entrent l'un dans l'autre, dans l'un desquels on met de l'eau, dont la chaleur entretient celle de la colle, qui est placée dans le plus petit, ce qui s'appelle *faire chauffer la colle au bain-marie*, ce qui est très-commode, parce que non-seulement la colle se maintient dans un degré de chaleur à peu-près toujours égal, mais encore parce qu'elle ne s'attache pas au pot & ne s'y brûle pas, comme cela arrive aux pots à colle ordinaires.

Il y a des Ebénistes qui ont de petits fourneaux d'environ 2 pieds de hauteur, sur lesquels ils font chauffer leur colle, ce qui est très-commode, parce qu'ils n'ont pas la peine de se baisser si souvent que quand la colle est devant le feu, où d'ailleurs elle chauffe moins également que sur un fourneau, sur lequel on peut laisser le premier pot, dans lequel est l'eau, à demeure, & retirer celui dans lequel est la colle, quand on le juge à propos.

On ne se sert, pour plaquer, que de la colle d'Angleterre, du moins quand on veut faire de bon ouvrage ; & on doit avoir soin qu'elle soit toujours bien chaude & un peu consistante, sans cependant être trop épaisse, parce qu'alors elle feroit corps sous le placage, & ne pourroit plus sortir lorsqu'on appuieroit le marteau dessus.

Si la colle trop épaisse n'est pas bonne pour faire de bon placage, celle qui est trop claire l'est encore moins, parce qu'elle ne colle point du tout, & que le placage ne peut pas prendre, quelque soin qu'on puisse prendre, & quelque diligence dont on puisse user.

Quand on veut plaquer, on commence premierement par les parties extérieures de l'ouvrage, qu'on ajuste d'abord tant de longueur que de largeur ; ensuite on pose plusieurs pointes le long du trait contre lequel la piece à coller doit venir joindre, tant sur la longueur que par les bouts, afin qu'elle ne puisse pas se déranger lorsqu'on la plaque, ainsi qu'on peut le voir à la *fig.* 10 ; ensuite on moule la piece, c'est-à-dire, qu'on la bat avec la tête du marteau du côté qu'elle doit être collée, afin de la faire creuser, & que par conséquent elle porte mieux sur les bouts. Ce qui étant fait, on mouille la piece avec l'éponge

à l'eau

à l'eau tiede du côté du parement, ou bien avec de la colle très-claire, ce qui vaut d'autant mieux, que cette colle, quoique peu confiftante, remplit mieux les pores du bois que ne peut faire de l'eau, ce qui eft fort à confidérer, d'autant qu'on ne mouille ainfi les pieces de placage du côté du parement, que pour empêcher qu'elles ne fe creufent de ce côté, lorfqu'on étend de la colle du côté du placage, ce qui ne manqueroit pas d'arriver fi on ne prenoit cette précaution, parce que les feuilles de placage étant très-minces, la colle qu'on y met toute chaude, en s'introduifant dans les pores du bois, les dilate & fait creufer la piece, ce qu'on ne peut empêcher qu'en la mouillant de l'autre côté, ainfi que je viens de le dire, & qu'on doit toujours avoir foin de faire avant de mettre la colle, afin que l'eau qu'on met fur le côté du parement, en s'introduifant la premiere dans les pores du bois, contrebalance l'effet de la colle qu'on met de l'autre côté, laquelle en fait d'autant moins, qu'elle trouve plus de réfiftance, ce qui doit faire préférer de la colle claire à de l'eau, pour mouiller le parement du placage.

Quand la piece eft ainfi mouillée, on la chauffe du côté du joint, & on la mouille encore s'il eft néceffaire; enfuite on l'enduit de colle, ainfi que le bâtis fur lequel on veut la plaquer, & on la pofe à fa place le plus promptement qu'il eft poffible; puis on prend le marteau à plaquer, dont on appuie fortement la pane fur la piece en le pouffant devant foi, & en l'agitant de droite à gauche, fans ceffer d'appuyer le plus qu'il eft poffible, afin que la colle s'introduife dans les pores du bâtis & du placage autant qu'il eft néceffaire pour qu'ils s'attachent l'un à l'autre fans qu'il refte de colle entre-deux, parce que s'il y en reftoit, elle feroit un corps étranger qui fe détruiroit à la fuite, foit par la trop grande chaleur ou par l'humidité; c'eft pourquoi on commence toujours à plaquer une piece par un bout, & on avance à mefure en pouffant toujours la colle devant foi, laquelle n'étant pas retenue, fort par les deux côtés de la piece, s'ils font ifolés, comme à la *fig.* 10; fi un des côtés de la piece qu'on plaque, touche à une autre, on commence par plaquer le côté du joint toujours en commençant par le bout de la piece, & en pouffant la colle devant foi du côté de la piece qui eft libre.

Quand il arrive que les deux côtés de la piece font engagés, on la plaque toujours à l'ordinaire, en obfervant de mettre une cale par le bout, entre la piece à plaquer & le bâtis, afin de laiffer un paffage à la colle; & on n'ôte cette cale que précifément à l'inftant qu'il eft néceffaire de plaquer le bout de la piece.

Quand on a plaqué une piece, on la fonde, c'eft-à-dire, qu'on frappe deffus à petits coups, avec la tête du marteau, pour favoir, par le fon qu'elle rend, fi elle porte bien par-tout, ce qui eft fort aifé à connoître; parce que quand elle porte bien, elle rend un fon plein & fonore; au lieu que quand il y a du vuide, elle rend un fon fourd qui annonce l'endroit qui ne porte pas, & fur lequel il faut faire paffer le marteau à plaquer, toujours en l'agitant de divers fens.

Quand on a plaqué une piece extérieure, telle que celle *C D*, *fig.* 10, on plaque celle qui lui est opposée, comme celle *E F*, *même figure*; ce qui étant fait, on plaque les deux autres, qu'on n'ajuste ordinairement qu'après que les deux premieres ont été plaquées; parce que quelques soins que l'on prenne, il arrive presque toujours quelque dérangement, auquel on ne peut plus remédier quand une fois la colle est prise.

A mesure qu'on plaque les pieces, on prend un ciseau ou même une petite spatule de bois, avec laquelle on enleve la colle qui sort de dessous, tant pour ne la point perdre, que pour qu'elle ne nuise pas à plaquer le reste de l'ouvrage.

Quand les pieces du pourtour d'un ouvrage quelconque sont ainsi plaquées, il est bon de les laisser sécher une journée au moins; après quoi on ajuste celles du milieu, qu'on plaque toujours de la même maniere que ci-dessus, à l'exception que quand elles sont très-grandes, on les plaque par parties, comme de 6 pouces en 6 pouces, ainsi que l'indiquent les lignes *d, e, f, fig.* 11, ce qui oblige de se servir du fer à chauffer, afin de rendre à la colle le degré de chaleur convenable.

Le fer à chauffer se tient de la main gauche, & on le fait passer sur l'ouvrage en appuyant dessus, de la droite, avec le manche ou la tête du marteau à plaquer autant qu'on le juge à propos, pour chauffer la colle, sans cependant brûler la piece qu'on plaque.

Au lieu de se servir du marteau à plaquer, on feroit beaucoup mieux de prendre un simple morceau de bois, ou le manche de quelqu'autre outil pour appuyer sur le fer à chauffer, parce que la chaleur de ce dernier se communiquant au marteau, met celui qui vient à s'en servir en danger de se brûler les mains, ce qui, à mon avis, n'est pas fort nécessaire. *Voyez la Figure* 11, qui représente un Ouvrier occupé à chauffer une grande piece de placage entourée de frises à bois de fil, ce qui est l'espece de placage le plus simple.

Quand l'Ebénisterie est plus composée, comme, par exemple, la *fig.* 1, & qu'il y a des plates-bandes au pourtour des frises, on commence par plaquer celles du dedans de l'ouvrage, ainsi que celle *A B*, ce qui se fait à l'ordinaire, c'est-à-dire, qu'on l'appuie contre des pointes; cependant quand ces plates-bandes sont étroites, comme celle-ci, elles sont sujettes à ployer sur la longueur lorsqu'on les plaque, ce que les pointes ne peuvent guere empêcher; c'est pourquoi je crois qu'à la place de ces dernieres, on feroit très-bien de mettre une regle, ainsi que celle *C D*, contre laquelle on puisse appuyer la plate-bande dans toute sa longueur: cette regle s'attache sur le bâtis avec des especes de clous représentés *fig.* 4 & 5, dont je parlerai ci-après, & doit être abattue en chanfrein sur le devant, afin qu'elle ne nuise pas au passage du marteau à plaquer. *Voyez la Figure* 3, qui représente la coupe de cette regle, avec le trou propre à passer le clou par lequel on l'arrête.

Le remplissage des frises se plaque après que toutes les plates-bandes sont seches; ce n'est pas qu'on ne pût les plaquer immédiatement après avoir

plaqué les plates-bandes intérieures, comme la frise cote *E*, ce qui donneroit
beaucoup d'aisance pour dresser leurs joints extérieurs ; mais il en résulteroit une
difficulté pour plaquer la plate-bande extérieure, qu'on a peine à bien faire
joindre contre le remplissage *F* ; c'est pourquoi il vaut mieux ne remplir les frises
que quand toutes les plates-bandes, tant intérieures qu'extérieures, sont collées
& seches.

Quand les frises sont remplies à compartiments, comme la partie *G*, *fig.* 1,
on plaque les pieces de ces compartiments les unes après les autres, & toujours
après que les plates-bandes sont posées, ce qui demande beaucoup de soin ;
d'autant que chacune des pieces de ces compartiments est préparée d'avance,
comme je l'ai enseigné en parlant de la maniere d'ajuster les pieces droites,
page 835 *& suiv.*

Le placage des pieces du milieu de cette figure, se fait toujours à l'ordinaire ;
& quand il est disposé diagonalement, comme de *H* en *I*, on commence par
ajuster une piece comme celle *H.I*, qu'on plaque & qu'on arrête, si on le
juge à propos, par des clous à patte, *fig.* 4 *& 5*. Cette premiere piece ainsi
collée, on en ajuste une seconde à côté, qu'on plaque & arrête de la
même maniere que la premiere, puis une troisieme, & enfin une quatrieme,
ce qui fait le remplissage du panneau, du moins par les angles, parce qu'il
arrive rarement que chaque piece soit d'une largeur suffisante pour le remplir en
entier ; de sorte qu'il reste toujours des vuides comme ceux *L*, *M*, qu'on remplit par d'autres pieces dont les veines & la couleur se rapportent avec celles des
angles le plus parfaitement possible ; de maniere que quand l'ouvrage est fini,
il semble n'être que d'un seul morceau.

Plus les pieces de remplissage d'un panneau ont l'angle ou, comme disent les
Ebénistes, la pointe aiguë, & plus on doit avoir soin que ces pointes soient bien
plaquées, parce que pour peu que l'air s'introduise dessous, elles levent tout
de suite ; à quoi on remédie en les arrêtant avec une pointe qu'on recourbe
dessus, ce qui, à mon avis, n'est pas trop bon, parce que cette pointe ainsi
recourbée ne porte qu'en un endroit, & qu'elle est sujette à gâter le joint, &
même à écraser la pointe de la piece ; c'est pourquoi je crois qu'il vaudroit mieux
se servir de clous à patte, *fig.* 4 *& 5*, lesquels ne different des clous ordinaires
que par une petite tête ou patte saillante, laquelle peut prendre sur le placage
sans y rien gâter, ni par dessus ni par le côté. *Voyez les Fig.* 4 *& 5*, qui représentent cette espece de clou dans sa grandeur naturelle, vu de face, en dessus
& de côté.

Le placage des pieces contournées se fait de la même maniere que celui des
pieces droites, c'est-à-dire, qu'après avoir collé les plates-bandes, tant droites
que cintrées, comme à la *fig.* 2, on ajuste les pieces de remplissage, & on les
plaque ensuite à l'ordinaire.

Comme les pieces de remplissage ne peuvent pas toutes se tracer au compas, on est obligé de prendre leurs cintres sur celui des plates-bandes déja posées, ce qui se fait de deux manieres différentes, qui, toutes deux, reviennent à peu-près au même, comme je vais l'expliquer.

On prend une ou plusieurs feuilles de papier, qu'on applique sur les plates-bandes qui sont posées, sur lesquelles on a soin de les tenir bien étendues; ensuite avec le manche d'un outil quelconque (pourvu qu'il soit arrondi & uni), en frotte sur le papier en appuyant un peu en dedans de la partie à plaquer, & en suivant bien exactement tous les contours des plates-bandes, dont l'arête s'imprime dans le papier & y fait un pli, ou, pour mieux dire, un trait qui donne exactement le contour de la place vuide, & sur lequel trait on passe de la mine de plomb ou de la sanguine, de crainte qu'il ne s'efface en redressant le papier. *Voyez la Fig. 9.*

Après avoir ainsi pris le calque de la piece, on l'étend & le colle sur un feuillet de placage; & quand il est sec, on découpe ce feuillet avec la scie de marqueterie à l'ordinaire. Il faut observer, en collant le calque sur le feuillet, de ne mouiller le premier qu'à l'endroit du trait, afin qu'il reste dans sa grandeur, & qu'il ne soit pas dans le cas de se retirer en séchant.

Quand il y a plusieurs pieces d'une forme semblable à ajuster, pour user de plus de diligence, on ne fait qu'un calque, qu'on pique avec une épingle dans tous ses contours; puis après l'avoir posé sur le feuillet, on le frotte avec un petit sachet rempli de mine de plomb ou de sanguine pulvérisée, laquelle passant au travers des trous du calque, laisse sur le feuillet un petit trait ponctué, qu'on reprend ensuite avec le crayon.

Cette maniere de prendre le contour des pieces cintrées, est assez défectueuse, parce qu'il n'est guere possible de faire tous les contours des plates-bandes parfaitement semblables, & que quand ils le seroient, il n'est pas plus possible de les coller sans les faire un peu ployer ou rentrer, soit en dedans ou en dehors; c'est pourquoi je crois qu'il vaut mieux prendre un calque pour chaque piece, ou bien se servir de la seconde maniere de prendre le contour des pieces cintrées, laquelle est plus simple & plus facile que la premiere, ce qui se fait de la maniere suivante.

Après que les plates-bandes sont parfaitement seches, on les frotte sur l'arête avec de la craie; puis on prend un feuillet, que l'on coupe & ajuste d'un bout, selon la direction qui lui est propre; ce qui étant fait, on le met à sa place du bout qui est ajusté: on le fait passer par-dessus les plates-bandes cintrées, & avec le marteau on frappe légérement sur le feuillet, en suivant, autant qu'il est possible, l'arête intérieure & le contour des plates-bandes, lesquelles étant frottées de craie, comme je viens de le dire, marquent sur le feuillet un petit trait blanc qui donne le contour exact de la piece, qu'on découpe ensuite à l'ordinaire avec la scie de marqueterie. *Voy. les Fig. 6 & 10*, qui sont ainsi découpées.

Je viens de dire qu'on ajustoit les pieces d'abord par un bout, & c'est la bonne
maniere;

maniere ; parce que s'il y a quelque chose à y retoucher, on est le maître de le
faire. Cependant il y a des Ebénistes qui prennent le contour des deux bouts
(que je suppose tous deux cintrés) tout à la fois, & qui, par la grande habitude qu'ils ont, sont presque sûrs de n'en jamais manquer aucun.

Comme la Figure 2 est très-petite, je n'ai pu y représenter des filets autour
des plates-bandes, tant droites que cintrées, quoiqu'il soit toujours bien d'en
mettre.

Ces filets se collent aux pieces droites avant d'ajuster ces dernieres, sur-tout
quand elles sont étroites, comme les frises de bâtons rompus & autres. Quant à
celles qui sont cintrées, on n'y colle les filets qu'après qu'elles sont plaquées ;
& on leur fait suivre le contour de ces mêmes plates-bandes, en y mettant des
pointes, *fig.* 8, de distance en distance, sur-tout dans les parties creuses, comme
je l'ai observé à la *fig.* 7.

En général, lorsqu'on plaque l'Ebénisterie, il faut éviter de le faire dans des
lieux trop humides, ou exposés à beaucoup de hâle, parce que l'un fait sécher
la colle trop vîte, & que l'autre l'empêche de prendre ; ce qui, de façon ou
d'autre, donne passage à l'air, qui fait lever le placage. Il faut aussi avoir soin
de couvrir les parties plaquées avec un linge un peu humide, pour empêcher
qu'elles ne sechent trop promptement à l'extérieur, & qu'elles ne levent à l'endroit des joints, qu'on doit avoir grand soin de couvrir de colle, après même
les avoir plaqués.

Quelque soin qu'on prenne, il arrive cependant que le placage leve quelquefois ; alors on lui fait reprendre colle en le chauffant avec le fer ; & s'il est trop
roulé pour prendre avec le marteau à plaquer, on le contraint avec des clous à
tête, quand il est possible d'en mettre, ou avec des presses à main, ou enfin
avec des goberges, c'est-à-dire, des tringles, dont un bout porte contre le
plancher de la boutique, & l'autre contre une cale placée sur l'ouvrage, de
maniere que la goberge roidit entre cette derniere & le plancher, ou, pour
mieux dire, le plafond de la boutique.

Quand l'ouvrage est cintré sur le plan, on le plaque de la même maniere que
quand il est droit, en observant, lorsqu'on prend la longueur ou le contour des
pieces, de les faire ployer selon le plan de l'ouvrage ; & quand ce plan est
considérablement cintré en S, comme, par exemple, la *fig.* 1, il est bon
d'arrêter le bord du placage avec une vis à main du côté du bouge, & de retenir
la partie creuse par le moyen d'une goberge *N*, d'une cale *O*, & d'un coussin
P, placé entre cette derniere & l'ouvrage, pour mieux en prendre les sinuosités.
Voyez la fig. 15, qui représente, en coupe, une partie de placage ainsi disposée ;
& la *fig.* 17, qui représente ce même placage développé sur une ligne droite.

Ce que je viens de dire touchant le placage cintré, n'est bon qu'autant que le
cintre n'est pas trop considérable pour que les pieces puissent aisément ployer,
ou même que, si elles le font, on ne puisse pas craindre qu'elles ne se redressent ;

c'eſt pourquoi dans le cas d'une partie très-cintrée & de peu d'étendue, il faut cintrer les pieces avant de les coller, ce qui ſe fait de la maniere ſuivante.

La partie à plaquer étant prête, ainſi que celle repréſentée *fig.* 11, (abſtraction faite des deux placages *Q R S & T U X*,) on commence par ajuſter toutes ces pieces à la longueur convenable, comme celle *fig.* 14, pour le placage *Q R S*, ou celle *fig.* 16, pour celui *T U X*; enſuite on les moule ſur un fer chaud, en prenant la précaution de les mouiller pour qu'elles ploient plus aiſément. Les Ebéniſtes ſe ſervent, pour cette opération, du premier morceau de fer qu'ils ont ſous leurs mains, ce qui les met ſouvent dans le cas non-ſeulement de ſe brûler, mais encore de mal cintrer leurs pieces, ſoit en les chauffant plus à un endroit qu'à l'autre, ſoit en les faiſant ployer inégalement ; c'eſt pourquoi je crois qu'il vaudroit mieux qu'ils fiſſent uſage d'un outil fait exprès pour cet ouvrage ; cet outil eſt repréſenté *fig.* 13, & je le nommerai *fer à mouler*.

Cet outil eſt une eſpece de cylindre de 15 à 18 pouces de long juſqu'au manche, ſur environ un pouce & demi de diametre, ſur la ſurface duquel, & dans la plus grande partie de ſa longueur, eſt pratiquée une eſpece de couliſſe ou rainure ſaillante, dans laquelle on fait entrer l'extrémité de la piece qu'on veut cintrer, de maniere qu'elle s'y trouve priſe de toute ſa largeur, & qu'on peut la faire ployer comme on le juge à propos, ſans craindre qu'elle ne ſe caſſe à bois de travers, comme il arrive quelquefois quand on ne ſe ſert que de ſes doigts pour faire ployer les pieces qu'on veut mouler. *Voyez la Fig.* 12, qui repréſente la coupe de cet outil deſſiné grand comme l'exécution.

Quoique j'aye mis un manche au fer à mouler pour pouvoir le tenir plus commodément, il ſeroit cependant mieux de le diſpoſer de maniere, quoiqu'avec un manche, qu'il pût ſe placer ſur l'établi dans une eſpece de fourchette à deux branches qui le ſaiſiſſent par les deux bouts, afin que l'Ouvrier quien fait uſage, puiſſe être libre de ſes deux mains, tant pour faire ployer la piece, que pour la mouiller par derriere autant qu'il eſt néceſſaire ; cela ſeroit d'autant plus commode, que le fer une fois chaud, on pourroit l'entretenir à un degré de chaleur égale par le moyen d'un fourneau placé au-deſſous.

Quand l'ouvrage eſt cintré en bouge, comme du côté *Q R S, fig.* 11, il faut avoir ſoin que les pieces de placage ſoient un peu plus cintrées que la place, afin qu'elles portent bien des bouts, ce qui eſt eſſentiel à toutes ſortes de placages, & ſur-tout dans le cas dont il eſt ici queſtion ; par la même raiſon, quand l'ouvrage eſt cintré en creux, comme du côté *T U X, même figure*, il faut que le placage ſoit moins cintré que ſa place, ce qui ne ſouffre aucune difficulté.

Quand les places ſont abſolument trop cintrées pour y mettre du placage ployé, du moins avec ſolidité, on y met alors du bois d'une épaiſſeur convenable, qu'on creuſe ou arrondit après qu'il eſt plaqué, comme on le juge à propos.

Ce que je viens de dire touchant la maniere de plaquer l'Ebéniſterie ordinaire,

renferme à peu-près tout ce que la théorie peut enseigner à ce sujet, & est
applicable aux autres especes d'Ebénisterie dont je vais parler ci-après, du moins
à quelques différences près, que j'aurai soin d'indiquer lorsqu'il sera nécessaire.

Il ne me reste plus, pour terminer ce Chapitre, & ce qui concerne la premiere
espece d'Ebénisterie, qu'à enseigner la maniere de la finir après l'avoir plaquée,
& les différentes manieres de polir toutes sortes d'ouvrages, de telle nature
qu'ils puissent être, afin d'épuiser tout de suite ce qui concerne le poli, qui est
à peu-près le même à tous les ouvrages de rapport, ce qui fera le sujet de la
Section suivante.

SECTION TROISIEME.

De la maniere de finir l'Ebénisterie de placage, & des différentes especes de polis

QUAND le placage est suffisamment sec, il s'agit de le finir, c'est-à-dire, d'en
égaliser toutes les parties, après quoi on le polit, comme je l'expliquerai
ci-après.

Avant de replanir le placage, il faut commencer par ôter la colle qui est restée
dessus, & qu'on enleve avec un ciseau ou tout autre outil; ensuite on le replanit
au rabot à dents, auquel on ne donne que très-peu de fer, pour éviter les éclats;
& on doit avoir soin de pousser le rabot diagonalement aux fils du bois, sur-
tout à la rencontre des joints, comme de *a* à *b*, & *c* à *b*, *fig.* 1, afin de ne point
écorcher le fil des bois en le renversant en dehors du joint.

Quand le bois de bout d'une piece est perpendiculaire à une autre, il faut
avoir la même attention, & pousser le rabot du bois de bout au bois de fil, &
toujours diagonalement, comme de *d* à *e*, *fig.* 1, ou de *c* à *f*, ce qui est non-
seulement la même chose, mais encore ce qu'on doit nécessairement faire, afin
de ne point creuser le placage plus sur un sens que sur l'autre, & qu'il soit parfaitement droit sur tous les sens. Il faut aussi faire attention, lorsque les fils des
pieces sont à angle droit, & que par conséquent leurs joints sont d'onglets, de
prendre ces mêmes joints du plus petit côté des pieces, & de pousser le rabot de
g à *h*, afin de renverser les fils des bois sur eux-mêmes, & qu'ils servent de point
d'appui les uns aux autres; ce qui ne pourroit être si on poussoit le rabot de *h* à *g*,
parce que les fils des bois étant pris sur leur plus grande longueur, ne trouveroient plus de soutien, s'érailleroient à l'endroit du joint, sur-tout quand le
bois des pieces est tendre & poreux, comme il arrive quelquefois.

Quand le placage est composé d'un grand nombre de pieces, il n'est guere
possible de suivre exactement la méthode que je donne ici; cependant on ne doit
s'en écarter que le moins qu'on pourra; & quand les pieces seront absolument
trop petites pour le faire, ou que le placage sera contourné, comme à la *fig.* 2,
on poussera le rabot en tournant de droite à gauche, & en évitant de prendre

PLANCHE 295.

PLANCHE 296.

aucune piece à bois de travers, du moins autant qu'il sera possible de le faire. En général, il faut avoir grand soin de ne jamais pousser le rabot à bois de travers contre du bois disposé diagonalement ou perpendiculairement, comme de *i* à *l*, *fig.* 2, parce qu'il est presqu'impossible de le faire sans éclatter les pieces à l'endroit des joints, ou du moins sans agrandir ces derniers.

A mesure que le placage se nétoie, on doit retirer le fer du rabot jusqu'à ce qu'il ne morde presque plus du tout, & on doit même changer de plusieurs rabots, dont les fers soient cannelés plus fins, & placés plus debout les uns que les autres, afin que les derniers dont on fait usage, ne soient, à proprement parler, que des especes de racloirs.

Lorsqu'on commence à replanir le placage, on doit avoir grand soin de frotter avec de la graisse le dessous du rabot, afin que la colle qui est restée dessus le placage étant échauffée par le frottement du rabot, ne s'y attache que le moins qu'il est possible ; & il faut replanir le placage jusqu'à ce qu'il n'y reste aucune espece d'inégalité dans toute sa surface, tant par la faute des pieces qui sont quelquefois d'une inégale épaisseur, que par les ondes que le premier rabot peut y avoir faites.

Le placage étant ainsi replani, on le racle & le polit comme je vais l'enseigner après avoir fait la description des outils & des ingrédients dont on se sert pour le poli de l'Ebénisterie.

Les outils propres à finir & polir l'Ebénisterie en général, sont les racloirs de toutes les especes, les limes douces d'Angleterre, la pierre de ponce, la peau de chien de mer, la prêle, les polissoirs, les bois à polir simples & garnis, & les frottoirs. Les autres ingrédients sont la cire, la laque, la colophane, le tripoli, le charbon, l'huile d'olive & le blanc d'Espagne.

Les racloirs, *fig.* 3, 4 & 5, sont composés d'un fût de bois de 3 pouces de longueur, sur environ 2 pouces de largeur, & 5 à 6 lignes d'épaisseur, dans le milieu de laquelle est assemblée, ou, pour mieux dire, incrustée une lame d'acier qu'on choisit le plus fin & le meilleur qu'il est possible, pour qu'il coupe plus fin. Les racloirs des Ebénistes different de ceux des autres Menuisiers de bâtiment, en ce qu'ils n'ont pas de biseau comme ceux de ces derniers, & qu'on les affûte quarrément sur la pierre à l'huile, de maniere qu'ils ne mordent que de leur arête, laquelle étant moins aiguë que s'ils avoient un biseau, est moins sujette à s'égrener. Quand le racloir est affûté sur le champ, on le frotte sur le plat des deux côtés avec un morceau d'acier trempé, qu'on appuie fortement dessus pour en rabattre le fil ; ce qui étant fait, on passe ce même morceau d'acier sur le champ, en faisant en sorte de le tenir le plus droit possible, ce qui lui donne un fil fin des deux côtés, lequel enleve un petit copeau fin & uni, qui acheve d'enlever toutes les petites inégalités que le dernier rabot à dents peut avoir laissées.

Les racloirs sont droits comme la *fig.* 3, ou cintrés comme la *fig.* 5, ce qui

ne

ne fait rien à la maniere de les affûter, qui eft toujours la même, ainfi que la
maniere d'en faire ufage, comme on le verra ci-après.

Il eft encore une autre efpece de racloir, qui ne differe de ceux dont je viens
de parler, qu'en ce qu'il ne coupe pas, mais qu'au contraire les arêtes font un peu
arrondies. Ce racloir fe nomme *Racloir à la cire*, parce qu'il fert à ôter le fuperflu
de la cire après qu'elle a été étendue avec le poliffoir.

Après les racloirs, les Ebéniftes fe fervent quelquefois de limes douces d'Angleterre, dont la taille fine & douce eft très-propre à unir le bois & le préparer
à recevoir le poli. Pour fe fervir commodément de ces limes, il eft bon que leur
foie foit recourbée, afin que leur manche foit un peu élevé au-deffus de
l'ouvrage.

La pierre de ponce eft une efpece de pierre d'une fubftance légere & poreufe,
peu compacte, & remplie d'une infinité de cavités plus ou moins confidérables.
Cette pierre eft rude au toucher; & pour en faire ufage il faut l'unir d'un côté
fur le grès, enfuite fur un morceau de bois uni, avant de s'en fervir fur l'ouvrage. Il faut choifir la pierre de ponce qui a le grain le plus égal, & dans
laquelle il ne fe rencontre pas de veines dures, lefquelles réfiftent plus au frottement que le refte de la pierre, & rayent l'ouvrage, ce qu'il faut éviter.

La peau de chien de mer fert, en général, à tous les Menuifiers; mais les
Ebéniftes ne fe fervent que des parties les plus fines, comme les nageoires,
qu'ils appellent *oreilles de peau de chien*, lefquelles ont le grain le plus fin de
toute la peau, & qui, par conféquent, rayent moins l'ouvrage. *Voy. la Fig.* 6.

La prêle ou aprêle, *fig.* 7, auffi appellée *queue de cheval*, & en latin *equife-
tum*, eft une efpece de jonc très-dur, dont la furface eft rude & comme cannelée
dans toute fa longueur, qui eft de 15 à 20 pouces de haut, & qui eft divifée
par jets ou nœuds de 2 à 3 pouces de diftance les uns des autres. On doit ôter
les nœuds de la prêle lorfqu'on en fait ufage, parce qu'ils font plus durs que
le refte de cette derniere, & que de plus leur faillie rayeroit le bois.

La cire dont les Ebéniftes fe fervent pour polir, eft ordinairement de la cire
jaune; pour le poli des ouvrages communs, comme les Armoires, les Commodes de bois de hêtre & de noyer, &c. on met un tiers de fuif avec de la cire;
& dans les beaux ouvrages on doit fe fervir de belle cire blanche, quoique ce
ne foit point la coutume.

La laque eft une efpece de gomme ou cire de couleur rouge, qui vient des
Indes orientales, & qui fert au poli des bois de couleur.

La colophane eft une efpece de gomme ou réfine de couleur brune ou noirâtre, qui eft faite avec de la térébenthine fine, cuite dans de l'eau jufqu'à ce
qu'elle devienne folide. Cette gomme fondue avec du noir de fumée, fert pour
le poli des bois noirs, & à remplir la capacité des gravures.

Le poliffoir, *fig.* 8 & 9, eft un faifceau de jonc ordinaire, d'environ 4 pouces de longueur, fur environ 2 pouces de diametre. Ce faifceau eft fortement lié dans toute

sa longueur; & avant d'en faire usage on l'imbibe de cire fondue, qu'on laisse refroidir; ensuite de quoi on frotte le polissoir sur un morceau de bois corroyé, pour l'unir & le rendre propre à polir l'ouvrage. Il y a des polissoirs de diverses formes & grandeurs, pour pouvoir entrer dans les parties creuses ou étroites.

Les bois à polir, *fig.* 10, 11 & 12, sont de petits morceaux de noyer, ou tout autre bois d'un grain fin & serré, sans être trop dur, d'environ 6 pouces de longueur au moins, lesquels sont de diverses formes & grandeurs, & amincis en biseau par le bout. Ces bois servent à polir l'ouvrage, ou, pour mieux dire, à étendre la cire dans les parties creuses & étroites dans lesquelles les polissoirs ne peuvent pas entrer, comme les filets & autres petites parties dont il est nécessaire de conserver les arêtes vives.

Quelquefois les bois à polir sont garnis de chapeau ou de peau de buffle, pour servir à différents polis, comme je le dirai ci-après.

Le tripoli est une espece de craie ou de pierre tendre, d'un blanc rougeâtre, rude au toucher, quoiqu'il soit fort uni. On s'en sert pour polir, réduit en poudre très-fine passée au tamis, & mêlée soit avec de l'eau, de l'huile, du suif ou du vinaigre, suivant les différentes matieres qu'on polit. Le bon tripoli vient de Bretagne.

Le charbon qui sert à polir, est celui de hêtre, de fusain, qu'on doit choisir bien égal, & sans fente ni nœuds. On polit aussi les nœuds & les racines avec de l'indigo & du vinaigre, ce qui y fait de belles nuances & des figures.

On se sert d'huile d'olive pour les polis, soit au tripoli ou au charbon; cependant pour le poli à l'huile, qui est, à proprement parler, plutôt une teinture qu'un poli, on se sert d'huile de lin, dans laquelle on fait infuser de l'orcanette, espece de racine d'un rouge foncé en dessus, laquelle teint d'une belle couleur vermeille.

Je ne parlerai pas ici du blanc d'Espagne, parce qu'il est non-seulement très-connu, mais encore parce qu'il ne sert qu'à finir dans certaines occasions, pour ôter les taches que les doigts pourroient avoir fait à l'ouvrage.

Quand le placage est replani, comme je l'ai expliqué ci-dessus, on le passe au racloir, lequel se tient à deux mains, en appuyant de la paume de la main droite lorsqu'on le pousse devant soi, ou du bout des doigts, le plus près de la lame qu'il est possible, lorsqu'au contraire on le tire à soi; car on en fait usage des deux manieres. De l'une ou l'autre façon, il faut qu'il soit incliné du côté où on le fait avancer, à peu-près selon la direction d'un angle de 45 degrés. De quelque maniere que soient disposées les pieces d'un placage, il faut toujours les racler à bois de fil, en observant toutefois que la lame du racloir soit disposée obliquement avec le fil du bois, comme l'indiquent les lignes *a b*, *c d* & *e f*, *fig.* 14, afin de mieux couper les fils du bois, lesquels étant pris ainsi, se détachent plus aisément, vu qu'ils ne sont pas pris tous ensemble; de sorte que le fil qui est sous le tranchant du racloir trouvant de la résistance, & étant appuyé par celui qui eſt à côté, s'enleve ſans ſe ployer, ce qui arriveroit néceſſairement ſi on menoit le racloir perpendiculairement au fil du bois, ſur-tout dans les bois tendres.

Quand la piece eſt ainſi raclée d'un ſens, on la racle de l'autre, en poſant la lame du racloir ſelon la direction des lignes *g c*, *b e* & *d h*; après quoi on donne le dernier coup de racloir ſelon la direction des fils du bois, pour achever d'enlever les fils qui pourroient être reployés de côté ou d'autre. Il ne faut pas beaucoup appuyer en donnant ce dernier coup de racloir, afin de ne point onduler le bois, ce qui ne manqueroit pas d'arriver ſi on appuyoit beaucoup, parce que les bois étant pour la plupart d'une inégale denſité ſur la longueur, le racloir mordroit plus dans les endroits tendres que ſur les durs, & y formeroit des ondes, ce qu'il faut avoir grand ſoin d'éviter.

C'eſt en partie cette raiſon encore, même plus que la difficulté de couper les fils des bois, qui oblige de placer la lame du racloir obliquement à ces mêmes fils, pour qu'il porte en même temps ſur les parties dures & ſur les parties tendres du bois, afin qu'étant ſoutenu par les premieres, il n'entre pas plus qu'il ne faut dans les dernieres.

Cette obſervation eſt très-eſſentielle, & on ne ſauroit trop y faire attention, ſur-tout quand les pieces de placage ſont coupées en femelles, & qu'elles préſentent alternativement des parties dures & des tendres, tant ſur la longueur que ſur la largeur, ce qui les rend très-difficiles à racler & à rendre leur ſuperficie auſſi plane qu'une glace, comme l'ouvrage bien poli doit être.

Toutes les pieces d'un placage ſe raclent ainſi ſéparément; & lorſqu'elles ſont diſpoſées comme la *fig.* 15, ou de toute autre maniere quelconque, il faut avoir grand ſoin que le racloir ne vienne pas heurter contre leurs joints, mais au contraire qu'il prenne ces derniers obliquement ou perpendiculairement à eux-mêmes, ſelon que le cas l'exigera.

C'eſt ſur-tout à la rencontre de pluſieurs joints, comme au point *i*, *fig.* 15, qu'il faut prendre de grandes précautions, afin de ne point écorcher les joints ni les fils du bois; dans ce cas, on doit faire tourner un peu le racloir, pour éviter de heurter les uns ou les autres : c'eſt ce que la pratique enſeigne encore mieux que la théorie la plus parfaite.

Quand le placage eſt raclé, on y paſſe la peau de chien fine, pour ôter le reſte des fils que le racloir n'a pu enlever; & il faut avoir grand ſoin que cette peau de chien ſoit très-douce & bien égale, ſans quoi elle rayeroit l'ouvrage. Il faut auſſi avoir attention de paſſer la peau de chien du même ſens que le racloir, & éviter d'appuyer autant ſur les endroits tendres que ſur les durs, afin de ne point faire d'ondes à l'ouvrage.

On paſſe la peau de chien juſqu'à ce qu'en regardant l'ouvrage preſqu'horiſontalement & de divers ſens, on n'y apperçoive plus aucun fil qui s'éleve au-deſſus de ſa ſurface, & que les parties tendres de cette même ſurface ſemblent ne plus y faire de cavités ; alors on passe la prêle pour effacer les petites raies que la peau de chien a faites, en observant les mêmes précautions qu'à cette derniere, en commençant par appuyer, & en soulageant la main peu à peu, afin qu'en finissant, la prêle ne fasse presque qu'effleurer la superficie du bois. La prêle se tient avec les doigts pour polir l'ouvrage plan ; & pour les filets, il est bon de passer dedans de petits bouts de fil de laiton ou autre, lesquels la maintiennent droite, afin de ne point gâter les arêtes de l'ouvrage (*).

Dans les parties creuses, comme les gorges & autres moulures, où les doigts ne pourroient pas entrer pour appuyer sur la prêle, on prend un bois à polir d'une forme & d'une grandeur nécessaires pour pouvoir la contenir.

Quand l'ouvrage est prêlé, & par conséquent parfaitement uni, il présente une surface très-plane, mais d'une couleur terne qui change absolument celle du bois, laquelle revient & même augmente par le moyen du poli qui se fait de différentes manieres, comme je le dirai ci-après.

Le poli le plus ordinaire est celui qui se fait avec la cire, & par lequel je vais commencer, comme étant celui qui est le plus en usage pour l'Ebénisterie de placage dont il est ici question.

Pour faire de beau poli, on doit prendre de la cire de la meilleure qualité possible, & on en frotte toute la surface de l'ouvrage jusqu'à ce qu'il y en ait suffisamment par-tout ; ensuite on l'étend avec le polissoir, lequel, par son frottement, l'échauffe, ainsi que le bois dans les pores duquel elle s'introduit. *Voy. la Fig.* 13, qui représente un Ouvrier occupé à polir une piece de placage.

Il y a des Ebénistes qui, au lieu de polissoir de jonc, se servent de liege, ce qui n'est pas bon ; parce que le liege s'échauffe trop au frottement, ce qui met la cire presqu'en fusion, & expose le placage à se décoller.

Quand la cire est bien étendue avec le polissoir, tant sur les parties planes que dans les cavités, (ce qui se fait avec les bois à polir,) on la retire avec le racloir à cire qu'on passe sur l'ouvrage pour ôter le plus gros de la cire, qu'on acheve ensuite d'étendre & d'enlever avec un frottoir, qui n'est ordinairement qu'un morceau de drap, ou, ce qui vaut mieux, de serge, laquelle, sans être trop rude, a plus de mordant que le drap.

Cette opération est la derniere du poli ordinaire, après laquelle, lorsqu'elle est bien faite ainsi que les autres, l'ouvrage doit être aussi uni & aussi luisant qu'une glace.

Quand on polit des bois poreux ou de couleur rougeâtre, comme le Palissandre, l'Amaranthe & autres, lorsqu'on a étendu la cire sur ces mêmes bois, on y

---

(*) Il y a des Ebénistes qui, à la place de la peau de chien, passent sur leurs ouvrages une lime fine & douce, laquelle le dresse parfaitement ; mais cette méthode n'est guere suivie, à cause de la difficulté d'avoir des limes courbes, soit par leur foie ou dans leur longueur ; c'est pourquoi on ne s'en sert guere que pour les filets & autres moulures, ou pour des parties faillantes, ou enfin pour des ouvrages d'Ebénisterie d'assemblage, quoiqu'il seroit fort à désirer qu'on pût l'employer à toutes sortes d'ouvrages, lesquels en seroient assurément plus parfaitement lisses & mieux dressés qu'avec la peau de chien, qui, quelque précaution qu'on prenne, fait toujours quelques cavités à l'ouvrage.

feme

ſeme de la gomme-laque en poudre, laquelle étant étendue avec le poliſſoir, remplit les cavités du bois ſans y faire de taches, en même temps qu'elle en augmente la couleur.

On peut auſſi ſe ſervir de colophane en poudre pour les bois noirs, ou bien mêler avec la cire des couleurs en poudre ſemblables à la couleur du bois, pour empêcher la cire d'y faire une teinte, qui, cependant, lorſqu'elle eſt bien étendue, ne peut pas être ſenſible ; de plus, ſi on craint cet inconvénient avec de la cire jaune, il faut en prendre de la blanche, laquelle ne tache point le bois. Quant à ce qui eſt de la méthode de mêler de la gomme-laque, de la colophane ou autre ingrédient avec la cire pour polir le placage, elle eſt certainement bonne à bien des égards ; mais auſſi ſert-elle ſouvent à maſquer les défauts de l'ouvrage, ſur-tout aux yeux de ceux qui n'en ont pas une parfaite connoiſſance.

Le poli dont je viens de parler, eſt celui dont on fait le plus d'uſage pour l'Ebéniſterie de placage, parce qu'il ſe fait tout à ſec, ce qui eſt néceſſaire pour ne point décoller les pieces. Il y a encore d'autres eſpeces de polis, qui ſont le poli commun, le poli à l'eau & le poli à l'huile, ſoit au tripoli ou au charbon.

Le poli commun n'eſt pas, à proprement parler, du reſſort des Ebéniſtes, puiſqu'il ne ſert ordinairement que pour les gros meubles, comme les Armoires, les Commodes, &c ; cependant comme les Ebéniſtes en font uſage quelquefois pour leurs ouvrages les plus communs, j'ai cru devoir en parler ici plutôt que dans la partie du meuble, afin de raſſembler dans un ſeul article tout ce qui concerne les différents polis.

Le poli commun ſe fait ſans aucun apprêt ; lorſque l'ouvrage eſt fini & raclé le plus proprement poſſible, ſans cependant prendre toutes les précautions dont j'ai parlé plus haut, on le frotte de cire, laquelle eſt ordinairement alliée d'un tiers de ſuif, & on étend cette cire avec une broſſe un peu rude, puis on eſſuie l'ouvrage avec un frottoir de ſerge. Pour étendre plus promptement la cire & la faire mieux entrer dans les pores du bois, on ſe ſert quelquefois d'une eſpece de poële de tôle, dans laquelle on met des charbons ardents, & qu'on paſſe au-deſſus de l'ouvrage le plus près poſſible, afin de chauffer mieux la cire. Au lieu de cette poële, on peut ſe ſervir d'un morceau de fer très-chaud & même preſque rouge, lequel vaut d'autant mieux, qu'il fait bouillonner la cire & l'oblige de s'introduire dans les pores du bois, qu'on polit enſuite avec la broſſe.

Si au lieu de ſe ſervir de cire mêlée, on ſe ſervoit de bonne cire, & même de cire blanche, on pourroit, en ſuivant cette méthode, faire un poli admirable, tant pour la durée que pour la beauté, bien entendu toutefois qu'on n'en feroit uſage qu'à de l'ouvrage plein & aſſez ſolide pour que l'action du fer rouge qu'on paſſe deſſus n'y puiſſe faire aucun mal. J'ai poli des ouvrages de bois de noyer de cette maniere, qui ſont devenus auſſi beaux & auſſi luiſants que les glaces.

Le poli à l'eau ſe fait de la maniere ſuivante : Après que l'ouvrage a été raclé, on prend un morceau de pierre de ponce bien uni, que l'on trempe légérement dans l'eau, & avec lequel on frotte l'ouvrage de tous les sens possibles, en obfervant de toujours finir à bois de fil ; & on continue l'opération jusqu'à ce que l'ouvrage soit parfaitement lisse, ce qui ne peut être qu'en réitérant l'opération à différentes fois, & après avoir laissé sécher l'ouvrage à chaque reprise.

Quand l'ouvrage est poli à la ponce, on le prêle ensuite, & on le polit à la cire à l'ordinaire, ou bien on le met en huile avec un linge ou une éponge, ce qui est plutôt une couleur qu'un poli. Cette teinture, qui est composée d'huile de lin & d'orcanette, donne au bois une couleur brune, qui devient luisante avec le temps.

En général, le poli à l'eau & à la ponce n'est guere propre qu'aux ouvrages de peu de conséquence, & qui sont faits de bois rebours & tortueux, tel que le Noyer rustique, l'Acajou tortillard, & autres semblables ; de plus, il laisse toujours une espece de limon qui entre dans les pores du bois, & qui a bien de la peine à s'en aller, ce qui fait un mauvais effet ; on ne peut faire usage de ce poli qu'aux ouvrages faits en plein bois, l'humidité étant contraire aux ouvrages de placage.

On se sert aussi de la pierre de ponce à sec pour polir les bois blancs, comme le Sapin, le Peuplier & le Tilleul, ce qui les rend très-lisses & doux au toucher.

Lorsqu'on ne polit pas l'Ebénisterie avec la cire à l'ordinaire, & que l'ouvrage est assez de conséquence pour y faire la dépense d'un plus beau poli, après l'avoir prêlé, on le polit avec du tripoli réduit en poudre passée au tamis de soie, broyée avec un peu d'huile d'olive de la meilleure qualité, qu'on étend sur l'ouvrage avec un polissoir à l'ordinaire, & qu'on essuie ensuite avec le frottoir ; puis on prend un autre polissoir (garni de peau de buffle ou de chapeau) avec lequel on recommence à polir l'ouvrage en y semant un peu de blanc d'Espagne, pour enlever les taches, & on l'essuie ensuite avec un linge fin & propre.

Le tripoli s'emploie différemment, selon les différentes especes de bois ; on le broie avec l'huile d'olive pour l'Ebene, le Bois violet & la loupe de Buis ; avec du suif pour le Bois rose, & de l'eau pour le bois de la Chine.

L'Ebene se polit aussi au charbon à l'huile, soit en poudre, soit avec un charbon entier, dont on affûte bien le bout, c'est-à-dire, dont le bout est uni & dressé. Ces différentes especes de polis se terminent toujours par le polissoir de buffle & un peu de blanc d'Espagne.

Comme la plupart des couleurs des bois, soit des Indes, soit de France, ou des bois teints, perdent leur éclat avec le temps, & qu'il est très-important de conserver ces couleurs, on ne pourroit mieux faire, après les avoir finis à la prêle & au tripoli, ou au blanc d'Espagne, que de les vernir avec du vernis blanc, appellé communément *vernis de Venise*. Quoique le vernis dont je parle soit un peu différent de ce dernier, le vernis, propre à mettre sur les ouvrages d'Ebénisterie, est blanc, ou, pour mieux dire, sans aucune couleur : il est composé d'une pinte ou deux livres d'esprit-de-vin, de cinq onces de sandaraque la plus blanche possible, de deux onces de mastic en larmes, d'une once de gomme élémy, & d'une once d'huile d'aspic, le tout fondu au bain-marie sans que l'esprit-de-vin bouille; & quand ce vernis est refroidi, on le filtre au travers du coton, pour qu'il n'y reste aucune espece d'ordure.

On peut mettre plusieurs couches de ce vernis sur les ouvrages d'Ebénisterie, sans craindre qu'il en obscurcisse les couleurs, en faisant attention de ne pas mettre la seconde que la premiere ne soit parfaitement bien seche. Quand on a ainsi mis deux, quatre ou six couches de vernis, & que la derniere est parfaitement seche, on polit le tout avec un tampon fait de lisieres de drap roulées, ou avec du buffle, sur lequel on met un peu de tripoli détrempé dans de l'eau; ensuite on lave le tout avec de l'eau claire, & on l'essuie avec des linges blancs & fins.

Cette méthode de finir l'Ebénisterie, est un peu plus coûteuse & plus sujette que les autres; mais aussi a-t-elle l'avantage d'être la plus parfaite, parce que le vernis, en bouchant tous les pores des bois, saisit leur couleur, qui, ne pouvant plus s'évaporer, reste toujours dans le même état, ce qui est d'un très-grand avantage, vu que c'est en partie dans la vivacité de ces mêmes couleurs, que consiste la beauté des ouvrages d'Ebénisterie, de quelqu'espece qu'ils puissent être : & c'est le seul moyen que je connoisse pour donner du brillant à la couleur des bois teints.

Les différents polis sont applicables non-seulement à l'espece d'Ebénisterie dont je viens de parler, mais même à toutes les autres especes dont je vais traiter ci-après, excepté cependant l'Ebénisterie où on emploie l'écaille, la nacre, & les métaux, dont le poli se fait d'une maniere différente, comme je le dirai en son lieu.

CHAPITRE DOUZIEME.

De l'Ebénisterie ornée, appellée Mosaïque *ou* Peinture en Bois, *en général.*

L'ESPECE d'Ebénisterie dont je vais traiter ici, est la plus précieuse de toutes, tant pour la délicatesse du travail, que pour les connoissances qu'elle exige de la part de l'Ouvrier, qui, comme je l'ai dit au commencement de cette Partie, doit bien entendre le dessein de tous les genres, & connoître le ton & la nuance des couleurs, pour représenter, le plus parfaitement possible, toutes sortes de sujets, comme des bâtiments en perspective, des ornements, des fleurs, des paysages, des figures, &c, le tout fait en bois de rapport de couleur naturelle ou teints, incrustés sur un fond d'Ebénisterie, soit de bois de placage ou en plein bois, ce qui est égal quant à la maniere d'opérer, du moins à très-peu de chose près, comme on le verra dans la suite.

La grande difficulté de cette espece d'Ebénisterie, consiste non-seulement dans l'art de découper & d'incruster les bois pour représenter, le mieux possible, différents sujets, mais encore dans l'art de donner à chaque piece l'ombre qui lui est nécessaire, ce qui se fait par le moyen du feu ou des acides, & qui demande beaucoup d'attention & d'expérience pour le bien faire.

Pour donner à la description de cette partie de l'Ebénisterie toute l'étendue convenable, & en même temps éviter les répétitions, je me contenterai de donner quelques exemples des différentes manieres d'opérer, les plus générales & les plus nécessaires, lesquelles pourront s'appliquer à tous les cas, afin d'abréger, autant qu'il sera possible, la fin de cette Partie de mon Ouvrage; étant d'ailleurs très-indifférent, dans la description dont il est ici question, que l'on sache à quelle espece de meuble ou autre espece de Menuiserie ces exemples seront applicables, puisqu'on peut les employer indifféremment à toutes, selon le goût de l'Artiste, ou, pour mieux dire, le dessein général de la piece à revêtir, & la dépense qu'on veut y faire, laquelle doit toujours être très-considérable, proportion gardée avec la premiere espece d'Ebénisterie, celle dont il est ici question, ne pouvant souffrir aucune espece de médiocrité dans l'exécution, ce qui la rend très-coûteuse lorsqu'elle est bien faite (*).

(*) Rien de si commun que de voir des meubles revêtus d'Ebénisterie de toutes les especes, & rien de plus rare que d'en trouver de parfaitement bien faits ; & cela moins par la faute des Ouvriers que par celle des Acquéreurs, qui, la plûpart, sans goût & sans connoissance, & ce qui est encore pis, sans avoir les facultés de payer de bons ouvrages, prennent indistinctement celui qu'on leur présente, pourvu qu'il leur coûte peu cher : de-là viennent le grand nombre & la mauvaise qualité des ouvrages d'Ebénisterie, où, sans parler de l'épargne de la matiere, la façon est absolument mauvaise, quant à la partie de la théorie & de la pratique, & cette premiere

Lorsque

Lorsque j'ai traité sommairement des différentes especes d'Ebénisterie , *page* 765 , j'ai mis celle dont il est ici question dans une classe particuliere , comme étant absolument différente des deux autres especes , & cela pour donner plus d'ordre & de clarté à mon Ouvrage ; cependant il est rare à présent que la Mosaïque s'emploie toute seule , c'est-à-dire , sur des fonds de bois unis ; au contraire on l'emploie presque toujours avec l'Ebénisterie de la premiere espece , c'est-à-dire , la Marqueterie de placage , sur laquelle on l'incruste , ce qui semble réunir les deux premieres especes d'Ebénisterie , & n'en faire qu'une seule , quoiqu'elles soient différentes l'une de l'autre , tant pour la théorie que pour la pratique.

SECTION PREMIERE.

Principes élémentaires des regles de Perspective , dont la connoissancé est absolument nécessaire aux Ebénistes.

D E toutes les connoissances nécessaires aux Ebénistes , celle des regles de la Perspective est une des plus essentielles , & cependant celle qui est le plus souvent négligée , rien n'étant plus commun que de voir des ouvrages qui souvent ne manquent pas de mérite , où les regles de Perspective sont absolument violées , soit dans les dessins que les Ebénistes composent eux-mêmes , ou dans ceux qu'ils copient , que souvent ils rendent mal , (supposé qu'ils soient bien faits) , & cela faute de connoissance des principes qui ont servi à mettre ces dessins en perspective. Pour obvier à ces difficultés , & pour faciliter les Ebénistes pour lesquels cet Ouvrage est particuliérement fait , j'ai cru ne pas pouvoir me dispenser de donner ici quelques notions de cette science , le tout démontré méchaniquement , sans entrer dans aucun détail des rapports qu'elle a avec les regles d'Optique , & des autres parties des Mathématiques , dont la connoissance est nécessaire à la parfaite théorie de la perspective , mais dont , à la rigueur , les Ebénistes peuvent se passer.

La Perspective est une science par le moyen de laquelle on parvient à représenter sur une surface plane , les différents objets qui frappent notre vue , comme les bâtiments , les paysages , & même les hommes & les animaux , non pas comme chacun de ces différents objets sont exactement , (ce qui est l'objet des dessins géométraux) mais comme ils paroissent à notre vue , & cela en raison de la distance qu'il y a de nous à eux , & de la façon dont ils nous sont présentés ; de sorte

totalement négligée , tant pour les compartiments de la Marqueterie , que pour les ornements de la Mosaïque , lesquels sont la plûpart mal dessinés & sans goût , & le plus souvent peu faits pour la place qu'ils occupent. Je ne prétends cependant pas dire ici qu'il ne se trouve pas des ouvrages d'Ebénisterie très-bien faits ; je suis même très-éloigné de le penser ; au contraire , je sai qu'il y a d'excellents Artistes dans cette partie , auxquels je rends toute la justice possible ; mais par malheur le nombre n'en est pas bien grand , & ne peut même pas l'être , pour les raisons que j'ai données ci-dessus , à la note de la page

qu'ils diminuent de capacité en raifon du plus ou moins d'éloignement, & femblent en même temps changer de forme, quoiqu'en effet ils foient toujours les mêmes ; cette différence étant un effet d'Optique, dont la connoiffance de la caufe n'eft point néceffaire ici.

On diftingue trois fortes de Perfpectives, celle des lignes, celle des plans & celle des corps, qui, toutes trois, s'exécutent de la même maniere, ce qui eft tout naturel, puifqu'elles dépendent toutes des mêmes principes, comme je vais le démontrer ci-après.

PLANCHE 297.

Lorfque nous regardons un objet quelconque, l'efpace que notre vue embraffe forme un cercle dont notre œil eft le centre, de forte que nous ne pouvons appercevoir que les objets renfermés dedans. Ce cercle coté *a a*, fig. 1 & 2, fe nomme *cercle vifuel*, & fon centre *b*, *point de vue*, auquel point tous les objets doivent tendre lorfqu'ils fe préfentent perpendiculairement à nous, c'eft-à-dire, à la bafe fur laquelle nous fommes pofés. Le point *b* fe nomme encore *point horifontal*, parce que la ligne *c d*, qui paffe par ce point, eft toujours de niveau, foit que l'objet fur lequel elle eft tracée, ou, pour mieux dire, qu'elle coupe, fe préfente parallélement à la bafe *e f*, fur laquelle nous fommes placés, ou qu'il foit perpendiculaire à cette même bafe *e f*, qu'on nomme ordinairement *ligne de terre*, parce qu'elle doit toujours être parallele à la ligne horifontale *c d*, & que fa diftance à cette derniere eft égale à la hauteur humaine, qui eft de 5 à 6 pieds, du moins pour l'ordinaire ; car il y a des cas où on hauffe ou baiffe plus ou moins le point de vue, ce qui n'empêche pas que la ligne de terre ne foit toujours parallele à la ligne horifontale *c d*, dont les extrémités qui touchent le cercle vifuel, fe nomment *points de diftances*, auxquels points tendent toutes les lignes inclinées de 45 degrés à la ligne de terre. Le point *g*, fe nomme *point de diftance tranfpofé* ; & c'eft par le moyen de ce point que l'on borne la longueur de toutes les lignes des plans, foit qu'elles foient paralleles à la ligne de terre, ou perpendiculaires à cette derniere. La ligne *g &*, fe nomme *originale*, & elle doit toujours paffer par le point de vue *b*, & par conféquent couper en deux parties égales la ligne horifontale *c d*, à laquelle elle eft perpendiculaire.

Quand on veut mettre un objet en perfpective, on commence par en tracer le plan géométral en deffous de la ligne de terre, comme, par exemple, la ligne *h i*, fig. 5, qu'on prolonge jufqu'à la ligne de terre qu'elle rencontre au point *n* ; puis de ce point on mene une ligne au point de vue *b*, ce qui donne d'abord l'inclinaifon apparente de la ligne qu'on veut mettre en perfpective ; enfuite des points *h*, *i*, qui font les extrémités de la ligne géométrale, on mene deux lignes au point de diftance tranfpofé, lefquelles venant à couper la ligne *n b*, fig. 1, aux points *o*, *p*, donnent la longueur de la ligne mife en perfpective. Si on vouloit mettre en perfpective la ligne *l m*, parallele à celle *h i*, fig. 5, on opéreroit comme pour cette derniere, & on auroit la ligne *q r* en perfpec-

tive, *fig.* 1. Si au lieu des lignes perpendiculaires *h i* & *l m* de la figure 5, on
vouloit mettre en perspective les lignes horisontales de la même figure, on se
serviroit toujours de la même méthode que pour les lignes perpendiculaires,
c'est-à-dire, qu'après avoir élevé sur les extrémités de la ligne horisontale les
perpendiculaires *i n* & *l s*, des points *n* & *s*, on mene deux lignes au point
de vue *b*; puis des points *i* & *l*, on en mene deux autres au point de distance transposé, lesquelles coupent les lignes menées au point de vue *b*, &
donnent les points *o*, *r*, par lesquels on fait passer une ligne qui est parallele à
la ligne de terre, qui est celle *i l*, *fig.* 5, vue en perspective, dont elle ne
diffère que par la longueur.

La ligne *h m*, se met de même en perspective, en menant de ses extrémités
h m, deux lignes au point de distance transposé, ce qui donne, *fig.* 1, la ligne
horisontale *p q*, laquelle est plus courte que celle *o r*, en raison de ce que la
ligne *h m*, *fig.* 5, est plus éloignée de la ligne de terre que celle *i l*.

S'il arrivoit que les lignes *i l* & *h m*, quoique toujours parallèles entr'elles,
fussent d'inégale longueur, ou, quoique d'égale longueur, elles ne fussent pas
placées perpendiculairement au-dessus l'une de l'autre, comme, par exemple,
de *u* à *t*, on se serviroit toujours de la même méthode pour les mettre en perspective, en observant de mener autant de lignes perpendiculaires à la ligne de
terre, & de-là au point de vue, qu'il y auroit de bouts de lignes, ce qui est
fort aisé à concevoir.

Lorsqu'on sait une fois mettre des lignes perpendiculaires & des lignes horisontales en perspective, il est bien aisé d'y mettre des quarrés, puisqu'ils ne sont
formés que par la combinaison de ces deux espèces de lignes, & qu'en démon-
trant la maniere de les mettre en perspective, j'ai tout de suite construit un quarré,
comme on peut le voir dans la figure 1 ; c'est pourquoi je n'en parlerai pas
davantage, vu que ce ne seroit qu'une répétition de ce que j'ai déja dit.

Si on vouloit mettre en perspective les diagonales *i m* & *h l*, du quarré *fig.* 5,
& cela sans avoir égard au quarré mis en perspective, *fig.* 1, on prolongeroit
chacune de ces diagonales jusqu'à ce qu'elles rencontrassent la ligne de terre aux
points *x* & *y*; puis du point de distance transposé *g*, on tire deux lignes paralleles aux deux diagonales qu'on veut mettre en perspective, & on les prolonge
jusqu'à ce qu'elles rencontrent la ligne horisontale, ce qui, dans le cas dont il est
ici question, se fait aux deux extrémités de cette ligne, où sont les points de distance *c d*, parce que les angles que forment les lignes dont je parle, avec la ligne perpendiculaire du milieu ou ligne originale, doivent être égaux avec ceux
que forment les lignes qu'on veut mettre en perspective, & une ligne perpendiculaire élevée au milieu de ces mêmes lignes ; & que ces angles étant chacun de 45
degrés, il est nécessaire que les lignes *g c* & *g d*, rencontrent la ligne horisontale à
ses extrémités, de maniere que c'est toujours aux points de distance que doivent
tendre les lignes d'onglets ou de 45 degrés, mises en perspective, ainsi qu'on

PLANCHE
297.

peut le voir dans cette figure, où la diagonale *m i*, prolongée jusqu'en *x*, est renvoyée au point *d*; & celle *h l*, prolongée jusqu'en *y*, est renvoyée au point *c*.

L'opération que je viens de faire, ne sert qu'à donner l'inclinaison des diagonales ou lignes d'onglet, mises en perspective. Quant à leur longueur, on la borne de la même maniere que celle des lignes horisontales, c'est-à-dire, que de chaque extrémité des diagonales du plan, *fig.* 5, on mene des lignes au point de distance transposé; & le point où elles touchent les diagonales mises en perspective, en borne la longueur, comme on peut le voir dans la *fig.* 1.

Les quarrés posés sur l'angle, c'est-à-dire, dont la diagonale est perpendiculaire à la ligne de terre, comme celui *fig.* 6, se mettent en perspective par le moyen des lignes de leurs côtés, prolongées jusqu'à la rencontre de la ligne de terre, aux points 1, 2, 3 & *f*, & de-là reportées aux points de distance qui leur sont opposés, c'est-à-dire, ceux 1 & 2, au point *d*, & ceux 3 & *f*, au point *c*, ce qui donne, *fig.* 2, le quarré sur l'angle 4, 5, 6 & 7, vu en perspective, dont la diagonale 7, 5, tend au point de vue, ce qui doit être, puisque cette même diagonale est perpendiculaire à la ligne de terre dans la figure 6.

Les quarrés sur l'angle peuvent aussi se mettre en perspective par le moyen des lignes perpendiculaires élevées de leurs angles à la ligne de terre, menées ensuite au point de vue, & coupées, par des lignes menées de ces mêmes angles, au point de distance transposé, ainsi que je l'ai fait pour le quarré *fig.* 5 & 1; mais cette derniere méthode est plus compliquée que la premiere qu'on lui préfere dans le cas dont je parle; cependant cette méthode a le défaut d'être plus juste que l'autre, parce que les lignes dont on se sert s'approchent moins, & par conséquent donnent des points de section plus justes que ceux qui sont donnés par la rencontre des lignes tendantes aux points de distance, lesquelles sont toujours très-inclinées à l'horison, & par conséquent tendent beaucoup au parallélisme, ce qui en rend le point de rencontre moins certain, pour peu qu'on n'opere pas bien juste, ce qui, quelquefois, donne des erreurs considérables, sur-tout dans de petits objets; c'est pourquoi il est bon de s'assurer de la justesse de l'opération par la méthode du quarré, comme je l'ai observé dans la figure 2.

Quand les plans sont disposés de maniere que ni leurs côtés ni leurs diagonales ne sont pas perpendiculaires à la ligne de terre, comme à la *fig.* 7, on se sert toujours des mêmes méthodes que ci-devant; à l'exception que si on veut employer la méthode du quarré sur l'angle, les points de distance changent en raison de l'inclinaison des côtés du quarré, lesquels étant plus ou moins inclinés à l'horison, donnent des points de distance inégaux, comme ceux *a*, *b*, *fig.* 2 & 4, qui alors se nomment *points de distance accidentels*; ces points sont toujours donnés par des lignes partantes du point de distance transposé, & menées parallélement aux côtés opposés de la figure du plan, de sorte que l'angle *c d*, *fig.* 3, est égal à l'angle *g h*, *fig.* 7; & l'angle *d e*, est égal à celui *f g*, *même fig.*

Les

Les diagonales de ce quarré tendent auffi à d'autres points de vue accidentels ; celle *o n*, qui partage la figure en deux, & par conféquent l'arc de cercle *f m* en *h*, auffi en deux parties égales, eft donnée en perfpective par une ligne partante du point de diftance transpofé, & qui partage en deux parties égales l'arc de cercle *c d e* au point *i*, duquel point étant prolongée jufqu'à la ligne d'horifon, elle donne le point *l* pour point de diftance accidentel, duquel, au point *m*, on fait paffer la diagonale demandée.

Le point de diftance de l'autre diagonale fe trouve par la même méthode ; fi je ne l'ai point marqué ici, c'eft que non-feulement il eft très-loin au dehors de la Planche, mais encore parce que j'ai cru que ce que je viens de dire étoit fuffifant, fans embarraffer davantage cette figure, qui l'eft déja beaucoup, vu fon peu de grandeur.

Les figures circulaires fe mettent en perfpective de la même maniere que les quarrés ; on divife leur furface par un nombre de perpendiculaires quelconque, qu'on prolonge jufqu'à la ligne de terre, & qu'on mene enfuite au point de vue pris par des lignes provenantes du point de diftance transpofé, & menées aux points de divifion de la *fig.* 8 : on a, fur la figure 4, des points de fection qui donnent la figure du cercle vu en perfpective.

Ce que je viens de dire, renferme à peu-près tout ce qu'on peut dire touchant la perfpective des plans, du moins pour me conformer au peu d'étendue que je me fuis propofé de donner à cette matiere : refte préfentement à dire quelque chofe de la perfpective des corps, laquelle eft très-aifée, celle des plans étant une fois bien entendue.

J'ai dit ailleurs, en parlant des corps folides, qu'on pouvoit les confidérer comme une infinité de plans très-minces, placés au-deffus les uns des autres ; en fuivant le même raifonnement, par rapport à la perfpective, il fera fort aifé de concevoir que des corps réguliers mis en perfpective, ne font autre chofe que plufieurs plans élevés au-deffus les uns des autres, & qu'on doit s'imaginer voir au travers des corps, comme s'ils étoient transparents.

Soit les quatre quarrés *a*, *b*, *c*, *d*, *fig.* 14, le plan de quatre prifmes qu'on veut mettre en perfpective ; on commence d'abord par tracer leurs plans perfpectifs fuivant la méthode que j'ai donnée ci-deffus, ainfi que ceux *e*, *f*, *g*, *h*, *fig.* 9 ; puis à chaque angle de ces plans perfpectifs, on éleve autant de perpendiculaires qu'on prolonge indéfiniment ; ce qui étant fait, d'un des angles du plan géométral, on éleve une ligne perpendiculaire comme celle *i l*, laquelle coupe la ligne de terre au point *m*, & fur laquelle on marque la hauteur des prifmes en partant de la ligne de terre ; enfuite la hauteur étant bornée comme, fuppofé, au point *l*, on mene de ce point une ligne tendante au point de vue *p*, laquelle donne la hauteur perfpective de toutes les lignes perpendiculaires élevées des angles des plans perfpectifs, en obfervant toutefois que cette hauteur n'eft exactement vraie que pour les lignes élevées fur le côté du plan perfpectif, correfpondant à celui du plan géométral, fur lequel la ligne *i m l* a été élevée. La hauteur des lignes perpendiculaires élevées fur les autres côtés du plan perfpec-tif, eft bornée par des lignes horifontales, tracées des points où la ligne *l p* rencontre les autres perpendiculaires, comme on peut le voir dans cette figure, où les quatre prifmes font terminés par cette méthode, & dont les quatre plans fupérieurs *q, r, s, t*, font exactement perpendiculaires & femblables aux plans inférieurs *e, f, g, h*. Quand je dis que les plans fupérieurs font égaux aux plans inférieurs, ce n'eft que fur leurs faces verticales ; car pour leur épaiffeur, elle eft plus ou moins confidérable, felon qu'ils font plus ou moins éloignés de la ligne horifontale, où cette épaiffeur eft réduite à une feule ligne, c'eft-à-dire, à rien. *Voyez la fig. 9*, où les plans donnés par les lignes *n p* & *o p*, font iné-gaux fur leur épaiffeur, non-feulement entr'eux, mais encore avec ceux des bouts inférieurs & fupérieurs des prifmes.

Que la hauteur des prifmes dont je parle, (ou de tel autre corps régulier quelconque) foit donnée par une ligne élevée du côté intérieur ou extérieur du plan géométral, cela eft indifférent, comme on peut le voir dans cette figure, où la ligne *x u*, qui eft égale de hauteur à celle *i l*, étant menée au point de vue *p*, donne pareillement la hauteur des prifmes, en obfervant toujours de prendre des points de hauteur fur les perpendiculaires élevées fur les côtés du plan per-fpectif, qui correfpondent à ceux du plan géométral fur lequel la ligne des véri-tables hauteurs a été élevée, ainfi que je l'ai recommandé ci-deffus.

Tous les corps réguliers fe mettent en perfpective par la même méthode, & on peut même l'appliquer aux corps irréguliers, en les réduifant à des formes régulieres, comme des cubes, des prifmes, &c. afin d'avoir des points d'après lefquels on puiffe partir pour les mettre en perfpective, comme on le verra ci-après.

La figure 10 repréfente une pyramide en perfpective, dont la hauteur eft donnée par une ligne provenante du centre de fon plan, *fig. 15*, ce qui eft tout naturel, vu qu'il n'y a qu'à ce point qu'exifte la véritable hauteur de la pyramide. S'il arrivoit que la pyramide, au lieu d'être droite comme celle repréfentée dans cette figure, fût inclinée, & que fon fommet, au lieu d'être à fon centre *y*, fût au point *z, fig. 15*, on auroit toujours fa hauteur perfpective, en élevant de ce point une perpendiculaire, fur laquelle feroit tracée la véritable hauteur, que l'on feroit tendre au point de vue, pour avoir la hauteur perfpective de l'axe incliné, comme on peut le voir dans la *fig. 10*.

Les corps cylindriques fe mettent en perfpective par la même méthode que les corps quarrés ; ceux qui fe préfentent de face, comme la *fig. 16*, font les plus faciles, il ne s'agit que de mettre leur axe & leur diametre perpendiculaires en perfpective, tendants au point de vue ; puis à la rencontre des lignes ten-dantes au point de diftance tranfpofé, avec la ligne de diametre inférieur, on éleve les perpendiculaires *a b* & *c d*, dont la longueur donne le diametre des deux bouts du cylindre vu en perspective. Cette opération étant faite, du milieu de chacune de ces perpendiculaires, comme centre, on décrit deux cercles, auxquels on mène deux tangentes, l'une en dessus, & l'autre en dessous, lesquelles donnent un diametre apparent du cylindre vu en perspective, qui augmente d'autant plus, que le cylindre est plus écarté de la ligne originale ; car quand il est très-proche de cette derniere, le diametre n'augmente pas ; & même lorsque cette derniere lui sert d'axe, il diminue en apparence, & cela en raison du plus ou moins d'éloignement qu'il y a de l'œil à l'objet, comme on peut le voir dans la figure 12, où les lignes i & l, provenantes du point h, sont tangentes avec le cercle beaucoup plus loin de son diametre que les lignes f, g, provenantes du point e, qui est le plus éloigné du cercle ; de sorte que dans le premier cas ce dernier ne semble avoir de diametre que la corde m n, donnée par le point de contact des deux tangentes ; au contraire, quand l'axe du cylindre est éloigné de la ligne originale, soit à droite ou à gauche, son diametre augmente en apparence, parce que la ligne e p, qui est supposée partir du point de vue, entre dans le diametre du cylindre pour atteindre le point q, ce qui donne un petit segment p n o, dont l'ordonnée, ou, pour mieux dire, la largeur doit être augmentée au diametre du cylindre, comme on a pu le voir dans les *fig.* 4 & 8, sur lesquelles je n'ai pu faire de démonstration, à cause de la petitesse de la figure, quoique ce fût la véritable place de le faire ; ce qui, au reste, ne fait rien à la chose, puisque cette démonstration est applicable non-seulement aux plans circulaires, mais même aux corps cylindriques & sphériques, comme on peut le voir dans la figure 11.

Les cylindres vus de côté, comme celui *fig.* 17, se mettent en perspective comme les corps quarrés, ainsi que la *fig.* 13; ensuite sur une des lignes qui ont servi à donner la hauteur du prisme dans lequel le cylindre doit être inscrit, on décrit le demi-cercle p q r s, qu'on divise en quatre parties égales, qu'on fait tendre au point de centre t, & on mene ces divisions au point de vue à l'ordinaire ; puis aux points où elles rencontrent les diagonales des bouts du prisme, on fait passer des courbes qui décrivent les deux bouts du cylindre vu en perspective.

Ce cylindre, ainsi que celui *fig.* 11, augmente de diametre en raison de ce qu'il est plus ou moins éloigné de la ligne horisontale, ce que je n'ai pas pu trop faire sentir, à cause de la petitesse de la figure, ce qui, au reste, n'est pas fort nécessaire, après ce que j'ai dit en expliquant la figure 12.

La Figure 20 représente la perspective d'une partie d'Architecture, avec un avant-corps au milieu, laquelle est représentée en plan dans la figure 24, & au pourtour duquel regne une marche, afin que la perspective soit un peu plus compliquée, & qu'on y reconnoisse les différentes opérations que j'ai démontrées ci-dessus.

La Figure 25 représente ce même corps avec la saillie de la corniche qui le couronne, lesquels font repréfentés en plan perfpectif dans la *fig.* 21 ; au-deffus, *fig.* 18, eft l'élévation de ce même corps avec fa corniche, laquelle fe met en perfpective de la maniere fuivante.

Sur la ligne perpendiculaire provenante d'un des angles du plan géométral, on trace le profil de la corniche de la forme & à la hauteur qu'elle doit être, & on trace tous les membres fur cette ligne aux points *a*, *b*, *c*, *d*, defquels points on mene autant de lignes au point de vue, jufqu'à ce qu'elles rencontrent l'angle de la partie mife en perfpective, au pourtour de laquelle on les fait tourner en fuivant les différentes formes du plan ; puis à chaque angle du plan, & à la rencontre de ces lignes, on en fait paffer d'autres tendantes aux deux points de diftance, felon la direction des angles de la corniche, comme il eft indiqué fur le plan, *fig.* 21. Ce qui étant fait, à l'un des angles faillants ou rentrants, (ce qui eft égal) on trace la forme du profil, auquel on donne une faillie égale à celle qui eft marquée fur le plan à cet endroit; & par chaque angle que forme ce profil, on fait paffer des lignes tendantes au point de vue, lefquelles venant à rencontrer les diagonales des angles qui leur font correfpondantes, donnent la perfpective de la corniche, ainfi qu'on peut le voir dans la *fig.* 18, & dans celle cote *A*, où cette opération eft faite plus en grand, pour qu'elle foit plus fenfible.

On pourroit fe difpenfer de tracer ce double profil, en retournant celui de la ligne des hauteurs en dedans, & en opérant fur le premier angle faillant comme s'il étoit rentrant, ce qui abrégeroit beaucoup l'ouvrage, qui en feroit en quelque façon plus jufte, ce que je n'ai pas fait ici, parce que la figure eft très-petite, & que la double opération qu'il auroit fallu faire au premier angle faillant, l'auroit trop embrouillée.

La Figure 22 repréfente une bafe en perfpective, dont le plan géométral eft en-bas, *fig.* 26. Quand on veut mettre une bafe en perfpective, on trace le plan perfpectif avec toutes les faillies des moulures, à la rencontre defquelles, avec les lignes perpendiculaires & diagonales du plan, on éleve autant de perpendiculaires, ainfi qu'au point de centre ou axe de la colonne ; ce qui étant fait, on porte fur cette perpendiculaire, élevée au centre du plan perfpectif, la hauteur de tous les membres de moulures de la bafe, afin d'avoir autant de points, par lefquels on tire des lignes tendantes aux points de diftance & au point de vue, afin qu'à leur rencontre avec les perpendiculaires du plan qui leur font correfpondantes, on trace les profils *a*, *b*, *c*, *d*, par lefquels on fait paffer les lignes des contours de la bafe.

Les chapiteaux, *fig.* 19, 23 & 27, fe mettent en perfpective de la même maniere que les bafes, & fouvent même un profil fuffit, ainfi qu'à ces dernieres, pour les mettre en perfpective, du moins pour la partie quarrée; car pour la partie ronde il faut néceffairement faire un plan perfpectif, afin d'avoir des points fur les lignes diagonales de ces derniers, pour former des profils par lefquels paffent les contours des moulures, comme je l'ai obfervé aux *fig.* 22, 19 & 23.

Les

Les regles de Perspective que je viens de donner, n'ont pour objet que ce qui regarde la forme des plans ou des corps. Il y a encore une autre espece de Perspective, qu'on nomme *Perspective aérienne*, laquelle a pour objet la couleur des corps, c'est-à-dire, les différentes nuances qu'ils prennent par la lumiere qui les éclaire, & les ombres qui les obscurcissent ou qui les couvrent, & cela en raison du plus ou moins de distance qu'il y a de nous à l'objet.

L'air qui nous environne, ainsi que les objets que nous appercevons, quoiqu'un fluide très-transparent, ne laisse pas que de diminuer la lumiere que les corps reçoivent, & qu'ils nous réfléchissent; plus il y a de distance de nous à l'objet éclairé, & plus le volume d'air qu'il y a entre nous est épais : de sorte que non-seulement la lumiere qui frappe sur ces corps devient moins vive, mais encore leurs couleurs, ce qui est tout naturel, puisque les couleurs n'existent qu'où il y a de la lumiere, & que l'affoiblissement de cette derniere entraîne nécessairement celle des couleurs; c'est pourquoi dans une Perspective qui représente un objet avec plusieurs avants & arrieres-corps, comme la *fig.* 4, le premier corps L, doit être plus éclairé que le second M, celui-ci plus que celui N, & ce dernier enfin plus que celui O. Il en est de même des 3 dessus des marches P, Q, R.

Les ombres doivent être aussi en raison de la lumiere, c'est-à-dire, que plus cette derniere est vive, plus les ombres doivent être marquées; c'est pourquoi celles X, Y, sont les plus fortes de toute cette figure, étant les plus proches de l'œil. Les reflets, comme ceux S, T, U, doivent aussi être plus sensibles où la lumiere est la plus vive, & s'éteindre à mesure qu'elle s'affoiblit, & que les ombres deviennent plus pâles.

Cette différence de lumiere & d'ombre doit être non-seulement en raison de l'éloignement des corps, mais encore de leur position continue ou éloignée les uns des autres, parce que la lumiere se réfléchit plus ou moins, selon ces différentes positions; les ombres s'affoiblissent lorsque les corps sont près les uns des autres, parce que la lumiere qui réfléchit d'un corps sur un autre, diminue la force des ombres qui portent sur ce dernier, sur-tout quand les corps sont éclairés par la lumiere du soleil, laquelle produit beaucoup de reflet, & donne des ombres vives & tranchantes comme celles de cette figure.

Je ne m'étendrai pas davantage sur cette partie de la Perspective, dont la connoissance est cependant très-nécessaire aux Peintres en bois, qui ne doivent rien négliger de ce qui peut concourir à la perfection de leur Art, qui n'a de vrai mérite qu'autant que les objets qu'il représente, approchent de la vérité le plus près possible; c'est pourquoi à la science de la Perspective, tant linéaire qu'aérienne, ils doivent joindre celle du mélange & des nuances des couleurs des bois dont ils font usage, ce qui demande de leur part beaucoup d'étude & d'expérience, afin qu'en faisant choix des bois & en les ombrant, ils ne soient pas trompés sur l'effet qu'ils feront lorsqu'ils seront employés & finis (*).

(*) Les notions de Perspective que je viens de donner, sont applicables non-seulement aux sujets représentant des ouvrages d'Architecture, mais encore à des sujets de paysages, de figures

Ce que je viens de dire touchant les regles de la Perspective, quoique très-succinct, renferme à peu-près toute la théorie-pratique de cette science démontrée méchaniquement ; & comme mon deffein n'a pas été de donner un Traité complet de Perspective, mais feulement des notions élémentaires, par le fecours defquelles on pût mettre méchaniquement diverfes fortes d'objets en perfpective, je crois m'être affez étendu pour pouvoir donner aux Ebéniftes le moyen d'éviter de faire des fautes groffieres en Perfpective, & d'entendre paffablement les diverfes opérations de cette fcience, dans laquelle ils peuvent d'ailleurs fe perfectionner par l'étude des divers Ouvrages qui ont été faits fur cette matiere, mon deffein n'étant pas de les éloigner de l'étude des fciences néceffaires à leur état, mais plutôt de les difpofer & de les encourager à le faire par les notions abrégées que j'en donne, & que je ne pourrois pas même rendre plus étendues, vu les bornes que je me fuis prefcrites.

Avant d'exécuter la Perfpective fur l'ouvrage, il faut d'abord en faire le deffin felon les regles que j'ai données ci-deffus, foit que ce deffin repréfente des compartiments en plan, comme les *fig.* 2 & 3, ou des corps en élévation, comme la *fig.* 4. Le deffin étant fait, non-feulement au trait, mais ombré, & même colorié, on en trace toutes les parties fur l'ouvrage, non pas en le décalquant comme les deffins d'ornements & de figures dont je parlerai ci-après, mais en le traçant à nud avec la pointe, afin que toutes les parties foient à leur place, & qu'elles tendent bien aux différents points.

Soit, par exemple, les figures 2 & 3, repréfentées en petit *fig.* 1, qu'on veut tracer fur l'ouvrage, on commence par marquer fur cette derniere les deux points de diftance *A*, *C*, & le point de vue *B*, auxquels points on pofe une pointe très-fine pour faire un point d'appui à la regle, de laquelle on fe fert pour tracer les compartiments dont les diftances font données par le deffin qu'on a fait.

Les regles dont on fe fert pour tracer la Perfpective, n'ont ordinairement rien de particulier ; cependant il feroit bon qu'elles fuffent faites comme celle repréfentée *fig.* 5, dont l'extrémité *D*, eft garnie des deux côtés d'une platine de fer ou de cuivre, dans laquelle eft percé un trou rond, dont le centre *c* répond parfaitement avec le devant de la regle *a b* ; de maniere qu'en faifant entrer dans ce trou les pointes placées aux points *A*, *B*, *C*, *fig.* 1, on feroit fûr de ne point varier en aucune maniere, & que toutes les lignes tendroient à leurs points. Si cette regle étoit toute de fer ou de cuivre, elle n'en feroit que meilleure, parce que non-feulement on s'en ferviroit pour tracer la Perfpective fur le bois, mais encore pour l'incrufter, vu que cette regle étant fixée d'un bout au point de vue ou de diftance, & de l'autre fur la piece, par le moyen d'un valet ou d'une preffe à main, elle pourroit fervir de conduite pour appuyer les couteaux de

& de fleurs, dont la conftruction va faire le fujet de la Section fuivante, dans laquelle je donnerai la méthode d'ombrer les bois, foit par le moyen du feu ou des acides, &c.

taille, les scies à découper & autres outils dont on se sert pour incruster.

Quand la Perspective est tracée sur l'ouvrage, on en prépare toutes les pieces, ce qui demande beaucoup d'attention de la part de l'Ouvrier, parce que toutes ces pieces sont d'une forme irréguliere & d'inégale grandeur entr'elles, soit que leur direction soit au point de vue ou aux points de distance; cependant quand les figures sont des quarrés perspectifs, comme dans la *fig.* 2, elles sont un peu moins sujettes, parce qu'on peut préparer des bandes de carreaux paralleles & d'inégale largeur entr'elles, qu'on coupe ensuite suivant l'inclinaison qu'elles doivent avoir pour tendre au point de vue, ce qui se fait en mettant la piece au-dessus de la place qu'elle doit occuper, & en faisant passer la regle par-dessus, de maniere qu'on la découpe juste avec le couteau de taille; après quoi on peut la recaler, s'il est nécessaire, dans un bois à recaler mobile, puis on les met en place à l'ordinaire.

Les bois à ajuster mobiles, *fig.* 7 & 8, sont composés de deux pieces de bois chacun, dont une, qui est celle qui porte l'ouvrage, & contre laquelle frotte le rabot, est fixe sur l'établi; l'autre, au contraire, est mobile sur la premiere, afin de pouvoir prendre l'inclinaison qu'on juge à propos de lui donner.

La piece de dessous du bois à ajuster, *fig.* 7, est ravalée de l'épaisseur de la regle ou joue mobile *E F*, afin d'avoir un talon *G*, contre lequel on puisse appuyer la piece qu'on ajuste. La regle *E F*, est arrêtée par le moyen de deux vis, & elle est percée de deux mortaises d'une largeur égale à la grosseur du collet de ces dernieres, afin qu'on puisse la mettre à telle distance du bout de la piece de dessous, & selon la pente qu'il est nécessaire de donner à la piece à recaler.

La regle de l'autre bois à recaler, *fig.* 8, est fixe au point *H*, de maniere qu'elle ne se meut que du bout *I*, où on la fixe par le moyen d'une vis placée comme celle de la figure 7.

Je n'entrerai point ici dans le détail de la forme & de la construction des différents objets qu'on peut mettre en perspective; il n'importe quels ils soient, pourvu qu'on les assujettisse aux regles que j'ai données ci-dessus, tant pour la forme générale & particuliere de chacun d'eux, que pour la maniere de les exécuter, qui est à peu-près toujours la même que pour l'Ebénisterie de placage, vu que la Perspective peut également se placer sur des fonds de bois pleins ou de bois de rapport, ainsi que cette derniere; c'est pourquoi je me suis contenté de donner ici, dans les *fig.* 2 & 3, des exemples de compartiments mis en perspective selon les regles que j'ai données ci-dessus. J'ai pareillement donné, dans les *fig.* 4 & 6, des exemples de corps en perspective selon ces mêmes regles, où j'ai eu attention de laisser une partie des lignes de construction, afin qu'on reconnoisse plus aisément la marche des opérations qui ont servi à les construire.

SECTION SECONDE.

De la maniere de découper, d'ombrer, d'incruster les Ornements de bois de rapport.

DE telle nature que soient les Ornements de Mosaïque, il faut, avant touté chose, les dessiner à part sur le papier le mieux possible, comme la *fig.* I, en y observant toutes les ombres nécessaires, selon que ces mêmes Ornements doivent être placés, soit à droite, soit à gauche de l'ouvrage, ou bien selon que ce dernier est éclairé, supposé qu'il soit d'une nature à rester en place, comme, par exemple, les revêtissements d'Appartément, ou même des Meubles qui sont faits exprès pour occuper une place dont ils ne doivent pas sortir, ce qui est très-essentiel à observer, n'y ayant rien de si ridicule à voir que des Ornements qui étant faits pour paroître saillants, sont ombrés du côté par lequel ils sont éclairés, ce qui arrive souvent lorsqu'on ne prend pas la précaution que je recommande ici.

Quand les Ornements sont ainsi dessinés sur le papier, on en prend le calqué pour les tracer sur le bois, ce qui se fait de plusieurs manieres. La plus usitée, & celle dont se servent les Ebénistes, est d'appliquer sur le dessin un autre papier blanc, puis d'opposer les deux ensemble à la lumiere, ce qui se fait en les posant sur un verre placé verticalement au grand jour, ou même sur un carreau de la croisée, ce qui est égal, pourvu que les traits du dessin puissent s'apperce-voir au travers du papier appliqué sur le dessin; ensuite on prend un crayon, & on trace sur le papier blanc tous les traits du dessin, qui se trouve exactement calqué de cette manière, qui n'a d'autre défaut que d'être peu commode, vu qu'il faut dessiner ce calque verticalement, & même, s'il est possible, un peu incliné du haut en devant, afin que le jour frappe mieux dessus, ce qui rend la position de celui qui est obligé de dessiner ainsi, très-fatiguante; c'est pourquoi je crois qu'il vaudroit mieux prendre les calques à la maniere des Graveurs, soit en appliquant sur le dessin un papier huilé ou verni, ou même un papier serpente très-fin, au travers duquel on puisse lire tous les traits du dessin, qu'on calque ensuite à la plume avec de l'encre de la Chine un peu forte pour le papier huilé; avec une pointe fine, un peu arrondie par le bout, pour le papier verni; & avec de l'encre de la Chine ou du crayon, pour le papier blanc.

On peut encore prendre le calque d'un dessin, en frottant le derriere du dessin avec de la mine de plomb, ou de la sanguine tendre pulvérisée, & en l'appliquant légérement sur un papier blanc; ensuite on prend une pointe fine, avec laquelle on passe sur tous les traits du dessin, qui, par ce moyen, se trouvent tracés sur le papier blanc qui est sous le dessin, & qu'on repasse ensuite soit à l'encre ou au crayon, pour assurer les traits qu'on y a faits. Cette derniere espece

espece de calque s'applique & se colle sur le bois qu'on veut découper, ce qui se fait à la maniere ordinaire, comme je le dirai ci-après.

Quand on a beaucoup de parties d'Ornements d'une forme semblable, comme, par exemple, la rosace représentée *fig.* 1 *& suiv.* on est alors obligé de prendre plusieurs calques pour les coller sur le bois ; ou bien quand la chose n'est pas d'une très-grande conséquence, on fait un calque de papier un peu fort, qu'on frotte de sanguine par derriere, & qu'on fait décalquer sur le bois avec une pointe à l'ordinaire, ou bien on pique ce même calque avec une épingle, en suivant tous les contours le plus juste possible ; puis avec un petit sachet de toile fine, rempli de mine de plomb fine ou de sanguine pulvérisée, on frotte sur le calque, lequel étant placé sur le bois, y laisse une traînée de points qui indique le contour de la piece à découper.

Cette derniere méthode n'est bonne que pour les grandes parties ; car pour les petites, il vaut mieux faire autant de calques qu'on a de pieces semblables à faire, ce qui en rend l'exécution beaucoup plus parfaite.

Dans le cas dont il est ici question, on peut encore se servir d'un modele de fer-blanc ou de cuivre très-mince, contourné de la même maniere que les pieces qu'on veut découper, ce qui est beaucoup plus juste que des calques de papier, qu'il est très-difficile de dessiner parfaitement semblables, sur-tout quand on en fait un grand nombre d'une forme pareille, ce qui doit faire préférer la méthode que je donne ici, qui n'est pas plus coûteuse que celle dont on se sert ordinaire-ment, parce que si on perd du côté du prix de la matiere, on gagne d'un autre côté par le temps qu'on épargne, &, ce qui est fort à considérer, par la plus grande perfection qu'on donne à l'ouvrage. De plus, les calibres ou patrons ainsi faits en fer-blanc ou en cuivre très-mince, peuvent servir très-long-temps sans souffrir d'altération sensible dans leurs formes, ce qui est un double avan-tage qui doit les faire préférer aux calques de papier, du moins dans le cas où on a un grand nombre de pieces semblables à découper, comme les rosaces repré-sentées *fig.* 1, ou toute autre de cette espece.

On doit cependant observer que ces modeles, soit en fer-blanc ou en cuivre, ne peuvent servir que pour les contours extérieurs des pieces, & que les con-tours intérieurs se tracent à l'ordinaire, à moins qu'on ne voulût faire autant de modeles que chaque piece seroit composée de parties différentes, ce qui ne pourroit être que dans des pieces d'une certaine grandeur.

Les Ornements en général, sont réguliers comme ceux de cette Planche, ou irréguliers. Dans le premier cas, il faut avoir grand soin que toutes les parties qui les composent soient parfaitement semblables & égales entr'elles, du moins cha-cune avec sa semblable, ce à quoi on parvient aisément, en prenant sur le dessin les extrémités & les distances de chaque partie, & en les indiquant soit par des lignes droites & horisontales, ou enfin par des cercles concentriques sur le calque ou sur la piece à découper, supposé qu'on n'y colle point de calque, comme je

PLANCHE
299.

l'ai obfervé à la figure 2, afin que ces lignes ainfi tracées, fervent à corriger les inégalités qui pourroient s'être gliffées, foit en faifant le calque, foit en le décalquant.

Les Ornements de Mofaïque étant ainfi calqués & reportés fur la piece de placage deftinée à cet ufage, il faut les découper, ce qui fe fait avec la fcie de marqueterie dont j'ai donné la defcription ci-deffus, ainfi que la maniere d'en faire ufage, *page 843 & fuiv.*

Lorfqu'on découpe les Ornements, il faut avoir grand foin d'en fuivre les contours le plus parfaitement poffible, tant à l'intérieur qu'à l'extérieur, & on doit auffi obferver d'en découper toutes les parties faillantes, & de les détacher les unes des autres, afin de pouvoir les ombrer comme on le juge à propos. *Voyez la fig.* 3, qui repréfente la roface deffinée *fig.* **1**, toute découpée, & les morceaux féparés les uns des autres pour les préparer au feu & y donner les ombres, comme il eft indiqué dans le deffin *fig.* **1**.

Quand les parties font trop petites pour être féparées, comme les côtes des quatre feuilles *A, B, C, D, fig.* 3, on ne les refend pas à la fcie, & on fe contente de les indiquer au burin, comme je l'enfeignerai ci-après; cependant il eft beaucoup mieux de les refendre, à moins qu'elles ne foient abfolument trop petites pour pouvoir le faire, parce qu'il eft toujours plus facile de les ombrer que quand elles ne le font pas; & que les ombres faites, foit au feu ou par le moyen des acides, font beaucoup plus douces & plus naturelles que celles qu'on fait au burin.

Quant à la maniere de découper les Ornements, c'eft la même chofe que pour les pieces circulaires dont j'ai parlé, *p.* 842 *& fuiv.* & on doit avoir grand foin de découper tous les contours extérieurs un peu en pente, afin qu'ils forcent un peu lorfqu'on les met en place, & que par conféquent ils joignent mieux; de plus, cette pente en augmentant la furface extérieure des Ornements, en refferre tous les joints lorfqu'on vient à les mettre en place, de forte qu'ils ne paroiffent plus que par la différence des couleurs ou des ombres des pieces qui les compofent, ce qui eft néceffaire pour donner à l'ouvrage toute la perfection dont il peut être fufceptible.

Lorfqu'on découpe les Ornements ou autres pieces de Mofaïque, il faut avoir grand foin de conduire la fcie de maniere qu'elle puiffe découper le plus grand nombre de parties poffible, fans être obligé de la retirer de la piece qu'on découpe, ce qu'il eft toujours facile de faire, pour peu qu'on veuille y faire attention; & on doit obferver de mettre à part, proche de foi & dans un endroit propre, chaque morceau découpé, toujours felon la place qu'ils doivent occuper, comme on peut le voir *fig.* 3; ce qui étant fait, on les raffemble les uns auprès des autres, & on les place fur un papier enduit d'un peu de colle claire, pour les retenir enfemble & en conferver toutes les parties, qui étant fouvent très-petites, font fort fujettes à s'égarer.

Cette obfervation eft très-effentielle, fur-tout dans le cas des Ornements réguliers, tels que ceux qui font repréfentés dans cette Planche, lefquels ont beaucoup de parties femblables, qu'il eft très-important de ne pas changer de place, vu que quelque précaution qu'on prenne en les découpant, il n'eft guere poffible de les faire parfaitement femblables entr'elles, & qu'il faut par confé-quent bien prendre garde de les changer de place.

De plus, ces fortes d'Ornements réguliers ne fe découpent guere pour un feul, étant de l'avantage de l'Ouvrier d'en découper tout de fuite le nombre dont il a befoin; il eft donc néceffaire de prendre des précautions pour que ces Ornements ne foient pas expofés à fe perdre ni à fe confondre les uns avec les autres.

Il y a des Ouvriers qui, au lieu de coller les morceaux découpés à plat fur du papier, fe contentent de les coller fur le champ avec de la colle claire, placés de diftance en diftance, afin que les morceaux tiennent tous les uns avec les autres, ce qui eft moins bon que la premiere méthode que je viens d'expliquer; parce que pour coller ainfi les pieces d'Ornements fur le champ, la colle, quoi-que claire, doit cependant être confiftante, ce qui ne laiffe pas de faire une épaiffeur qui groffit le joint, & qu'il faut ôter avant d'incrufter les Orne-ments, ce qui eft fujet à y faire des éclats lorfqu'on veut les décoller pour les ombrer enfuite, ainfi que je vais l'expliquer.

Les Ornements & autres parties de Mofaïque, s'ombrent de deux manieres; favoir, avec le feu, ou, pour mieux dire, le fable chaud, ou avec des liqueurs acides. La premiere maniere eft la plus ufitée, & celle par laquelle je vais com-mencer, & qui, quoique très-fimple, demande beaucoup d'attention & d'expé-rience de la part de l'Artifte, ce qu'il ne peut acquérir que par une longue pra-tique, vu les différences qui fe rencontrent, tant dans les couleurs que dans la plus ou moins grande dureté des bois qu'il emploie; ce qui fait que je ne don-nerai ici que des regles générales touchant la maniere d'ombrer les bois, ce qui eft peut-être plus aifé à bien faire qu'à décrire, vu que c'eft une affaire pure-ment d'expérience & de pratique.

Pour ombrer au feu, on prend du fablon ou du fable de riviere très-fin, qu'on met dans une poële de fer, & qu'on fait chauffer fur un fourneau, jufqu'à ce que la chaleur du fable foit capable de brunir le bois, fans cependant le brûler, ce qu'on connoît en y plongeant un morceau de bois de la même épaiffeur & de la même qualité que ceux qu'on veut ombrer. *Voyez la fig.* 7. Enfuite on prend les pieces d'Ornements, lefquelles doivent être décollées & raffemblées toutes à leur place, & on les ombre les unes après les autres felon le ton du deffin, qu'il eft bon d'avoir toujours devant foi, pour donner à chaque piece la teinte qui lui eft néceffaire.

Comme les pieces à ombrer font fouvent trop petites pour qu'on puiffe les tenir avec les doigts fans fe brûler, on les prend avec une pointe, *fig.* 9, qu'on pique dedans, ce qui est peu commode, parce que les pieces peuvent tourner & même tomber dans le sable, ce qui les expose à se brûler, ou du moins à être ombrées plus qu'il ne faut, ou à sens contraire ; c'est pourquoi je crois qu'au lieu de la pointe, *fig. 9*, on feroit mieux de se servir d'une pince ou tenette de fer représentée *fig. 8*, avec laquelle on pourroit tenir les pieces à ombrer, quelque petites qu'elles puissent être, sans crainte qu'elles tournassent ni qu'elles tombassent ; ce qui ne peut pas arriver, quand même on ouvriroit la main avec laquelle on tient la pince, les branches de cette derniere ne pouvant se mouvoir d'elles-mêmes, puisque elles sont retenues par un ressort *EF*, qu'il faut comprimer pour les faire ouvrir.

Quoique l'usage de ces sortes de pinces soit très-commode, les Menuisiers-Ebénistes ne s'en servent pas, aimant mieux s'exposer au danger de brûler leurs bois ou leurs doigts, que d'abandonner leurs anciennes coutumes, bonnes ou mauvaises.

Les bois ne s'ombrent pas du premier coup, mais en les plongeant à diverses reprises dans le sable, en observant de les y enfoncer plus ou moins, selon qu'on veut en forcer l'ombre plus près du bord de la piece, qui, d'ailleurs, s'ombre naturellement en adoucissant.

A mesure qu'on a ombré une piece, il faut la remettre à sa place, tant pour qu'elle ne s'égare pas, que pour examiner si elle est ombrée au degré qui lui convient, comparaison faite avec le dessin de l'ouvrage & les autres pieces déja ombrées, afin qu'elles soient parfaitement d'accord entr'elles & le dessin, dont il faut qu'elles imitent l'effet, du moins autant qu'il est possible, ce qui n'est pas bien facile à faire sans beaucoup de patience & de précaution, & par-dessus tout cela, sans le secours d'une pratique consommée, & une très-grande connoissance dans la partie du dessin.

On se sert aussi des acides pour ombrer les bois, comme je l'ai dit plus haut. Ces acides sont l'eau de chaux, dans laquelle on met du sublimé corrosif, pour en augmenter la force. On se sert aussi d'esprit de nitre & d'huile de soufre. De ces trois ingrédients, l'esprit de nitre est celui qui fait le plus d'effet sur le bois, qu'il faut avoir soin de brunir avant de le teindre, parce que l'esprit de nitre détruit totalement les couleurs. Cet acide donne aux bois blancs une couleur roussâtre, & les pénetre dans l'instant. L'action de l'huile de soufre est moins violente : elle donne aux bois blancs une teinte d'un brun vineux, & augmente certaines couleurs, au lieu de les détruire ; c'est pourquoi on peut l'employer après avoir teint les bois, du moins dans beaucoup de cas.

Il faut avoir grand soin, en employant l'un ou l'autre de ces deux acides, de n'en mettre qu'une très-petite quantité, parce qu'ils s'étendent beaucoup, sur-tout l'esprit de nitre, dont 3 lignes de diametre s'étendent au moins à 6, ce qui fait près de trois fois la chose.

L'eau de chaux, quoique moins violente que les deux drogues dont j'ai parlé ci-dessus, ne laisse pas que de brunir les bois, soit blancs ou colorés, & je la préférerois à ces dernieres, sur-tout pour de grandes parties.　　　　　En

En général, la méthode de brunir les bois par le moyen des acides, n'est plus en ufage à préfent, du moins chez le plus grand nombre des Ebéniftes, & je ne fai pas trop pourquoi, vu que leur ufage eft très-commode, fur-tout dans des parties toutes entourées de lumieres, & qui ne peuvent par conféquent pas être ombrées au feu, à moins que de les découper à l'endroit de l'ombre, ce qui n'eft pas toujours poffible.

Quant à la maniere de faire ufage des acides, elle eft très-fimple; il ne s'agit que d'en mettre, avec un pinceau ou le bout d'une plume, la quantité fuffifante fur le bois qu'on veut brunir, & de recommencer l'opération autant qu'on le jugera à propos, en augmentant ou diminuant la quantité & l'étendue de la liqueur, felon que le cas l'exigera, ce qui eft une affaire purement d'expérience, & fur laquelle on ne peut guere donner de regles certaines; c'eft pourquoi je me contente d'indiquer ici le nom & l'ufage des drogues propres à brunir les bois; laiffant aux Artiftes le foin d'en diriger l'emploi à raifon des différentes occafions de le faire, lefquelles font fi variées, qu'on ne peut entrer dans aucun détail circonftancié, qui, de plus, deviendroit très-confidérable, fans être abfolument utile.

Quant aux drogues fervant à brunir les bois, on les vend toutes prêtes chez les Epiciers-Droguiftes, fous le nom que je les ai indiquées; il n'y a que l'eau de chaux qu'il faut faire foi-même, ce qui eft très-facile, puifqu'il ne s'agit que d'éteindre de la chaux vive dans de l'eau ordinaire, & de prendre la liqueur qui furnage quand la chaux s'éteint.

Quand toutes les pieces font ainfi ombrées, on les met à leur place, puis on les colle toutes enfemble du côté du parement (c'eft-à-dire, du côté qu'elles ont été tracées & découpées) fur un morceau de papier, & on les laiffe fécher enfuite pour pouvoir les incrufter à la place qui leur eft deftinée, ce qui fe fait de la maniere fuivante.

Quand le papier fur lequel les pieces font collées eft parfaitement fec, on en déchire toutes les extrémités pour découvrir le pourtour de la piece à incrufter, comme le repréfente la *fig*. 4; enfuite de quoi on pofe cette piece à la place qu'elle doit occuper, & on y trace un trait avec une pointe très-fine, en obfervant de bien fuivre les contours de la piece à incrufter; puis on fait l'incruftation avec le couteau de taille & les autres outils propres à cet ouvrage, ainfi que je l'ai enfeigné *page* 832 *& fuiv*. en parlant de l'incruftation des pieces de marqueterie, tant droites que circulaires.

Quand la place que doivent occuper les Ornements, eft tout-à-fait évuidée, comme le repréfente la *fig*. 5, on y préfente la piece à incrufter, *fig*. 4, pour voir fi elle entrera aifément, & on acheve de l'ajufter, fuppofé qu'il refte quelque chofe à y faire; ce qui étant fait, on l'enduit de colle en deffous, ainfi que la piece qui doit la recevoir, & on la met en place, en obfervant de n'y pas mettre trop de colle, & de la placer de maniere qu'il refte un peu de jour pour que le superflu de cette derniere puisse s'évacuer aisément ; après quoi on acheve de l'enfoncer en frappant tout doucement dessus avec la tête du marteau à plaquer. Quand la piece qu'on colle est d'une certaine grandeur, & composée de plusieurs morceaux, il faut avoir soin de prendre un morceau de bois uni qui la couvre toute en entier, sur lequel on frappe avec le marteau, afin qu'elle ne soit pas exposée à se rompre, mais qu'au contraire elle entre tout d'une piece, & que tous ses joints se resserrent en même temps, ce qui arrive nécessairement, pour peu qu'elle soit bien ajustée, & que ses contours soient découpés en pente, comme je l'ai recommandé plus haut, *page* 880.

Quand la piece est collée, on la sonde avec le marteau, pour voir si elle porte bien par-tout, & on l'enduit d'un peu de colle claire par-dessus, afin que l'humidité de dessous ne la fasse point relever ; ensuite de quoi on couvre l'ouvrage avec un linge un peu humide, & on le laisse sécher dans un lieu exempt de trop de hâle ou d'humidité ; après quoi on enleve la colle, & on replanit tout l'ouvrage, comme je l'ai enseigné ci-devant, *page* 857, en observant cependant de ne pas le polir qu'on n'ait gravé les parties qui doivent l'être, ce qui se fait de différentes manieres, comme je vais l'enseigner dans le Paragraphe suivant.

§. I. *De la maniere de graver & de finir les Ornements de bois de rapport.*

LA gravure de l'Ebénisterie dont il est ici question, est une partie très-essentielle à bien faire, & par conséquent à connoître, parce que c'est par son secours qu'on parvient à donner aux différents objets qu'on représente, tout l'effet possible, ce qui ne peut être avec les seuls traits de la scie à découper, laquelle ne donne que des masses d'une moyenne grandeur, & que les ombres qu'on donne aux pieces découpées, ne peuvent pas toujours suffire ; c'est pourquoi on a recours à la gravure, laquelle donne à l'ouvrage toutes les finesses de perfection qu'on peut souhaiter.

La gravure d'Ebénisterie se fait avec un burin représenté *fig.* 10, 11 & 12, lequel est un morceau d'acier d'environ 3 à 4 pouces de longueur, sur 2 lignes de largeur au plus, & un peu plus d'une ligne d'épaisseur du côté du dos, c'est-à-dire, en dessus, en venant à rien par-dessous ; de sorte que sa coupe forme un triangle très-alongé, comme le représente la *fig.* 13.

Le milieu de l'épaisseur de ce burin est évuidé dans presque toute sa largeur, parallélement à ses côtés ; & son extrémité supérieure *a, fig.* 10, est coupée en chanfrein de *a* à *b*, de maniere que le taillant de l'outil qui est du côté *b c*, quoique très-aigu, coupe le bois très-finement & sans y faire aucun éclat, vu que par la disposition du chanfrein *a b*, il coupe autant des côtés que de la pointe, & que pour peu que cette derniere entre dans le bois, ce sont les deux côtés de l'outil qui coupent les premiers ; de sorte que le copeau passe entre deux, & devient plus ou moins épais, selon qu'on enfonce plus ou moins l'outil.

Ce burin est monté dans un petit manche de bois, *fig.* 10, dont le dessous est applati, afin qu'on puisse mener le burin le plus proche de l'ouvrage qu'il est possible, & en faciliter le passage sur le bois, dans lequel il ne faut pas qu'il entre bien avant, & toujours également; c'est pourquoi le dessous du burin *b c*, qu'on appelle ordinairement *le ventre*, est un peu bombé sur sa longueur, ce qui, joint au peu d'épaisseur du manche de ce côté, donne à l'Ouvrier la facilité de le faire entrer dans le bois aussi peu & tant qu'il le juge à propos.

Ce burin se tient de la main droite, laquelle doit être posée sur l'ouvrage dans toute la longueur de l'avant-bras, le manche appuyé dans le creux de la main, & retenu par le pouce & le doigt majeur; le doigt index doit être tendu dessus pour le conduire & le faire prendre dans le bois, comme je l'ai représenté *fig.* 1 & 3, cote *A*.

Le burin se tient ainsi quand on veut faire des traits droits, soit perpendiculaires ou horisontaux, ce qui est égal; mais lorsqu'on veut faire des contours d'un très-petit cintre, on fait glisser l'index de dessus le dos du burin, qui alors n'est retenu que par le pouce dans le creux de la main, pour avoir la liberté de tourner le burin comme on le juge à propos: dans ce cas le bras de l'Ouvrier ne pose pas sur l'ouvrage; mais on le leve un peu à l'endroit du coude, comme on peut le voir à la *fig.* 15, qui représente un Ouvrier occupé à graver des fleurs dans un panneau d'Ebénisterie.

De quelque maniere qu'on se serve du burin, il faut être assis devant son ouvrage (du moins pour l'ordinaire,) & avoir la main gauche & son avant-bras appuyés sur l'ouvrage parallélement au devant de ce dernier, à peu-près dans la posture d'une personne qui écrit, comme on peut le voir *fig.* 3, cote *B*.

On se sert du burin pour indiquer les petits détails qu'on n'a pas pu faire à la scie à découper, & pour former des ombres par le moyen des tailles ou hachures (ce qui est la même chose); dans ce dernier cas les tailles se disposent de deux manieres différentes; savoir, à une seule taille, comme la *fig.* 13, ou bien à deux tailles, comme la *fig.* 14. La gravure à une seule taille est la plus belle, & se fait par des traits de burin paralleles entr'eux, qu'on fait plus ou moins forts, & qu'on serre ou qu'on éloigne les uns des autres, selon qu'on veut que l'ombre soit plus ou moins forte sur la largeur ou sur la longueur, ainsi qu'on peut le voir à la *fig.* 13.

La gravure à deux tailles se fait de la même maniere que la précédente, à l'exception qu'on dispose les traits de burin en forme de losanges, ce qui ne fait pas un fort bel effet dans l'espece de gravure dont il s'agit ici, où il est bon que toutes les tailles suivent le sens des parties que l'on grave; c'est pourquoi on fera très-bien de graver tous les ouvrages quelconques à une seule taille, ainsi que je l'ai observé aux différents exemples que j'ai donnés dans les Planches 299, 300, 301, &c; ce qui est d'autant plus naturel, que la gravure en Ebénisterie ne sert pas positivement à former les ombres, mais seulement à les

Planche 299.

Planche 300.

augmenter, ce qui demande moins de noir, & peut, par conféquent, difpenfer de mettre des fecondes.

Il eft des occafions où, au lieu de burin, on peut fe fervir d'une pointe à peu-près femblable à celle dont fe fervent les Graveurs en bois. Cet outil, repré-fenté *fig.* 5, 6 & 8, eft compofé d'un manche de 4 à 5 pouces de long, fendu en deux fur fon épaiffeur à environ 2 pouces de longueur, comme de E à F, *fig.* 6, pour placer la lame G H entre-deux, & pouvoir l'avancer & la reculer comme on le juge à propos.

La lame H n'eft autre chofe qu'un morceau d'acier très-mince, qu'on aiguife par le bout, & qu'on arrête dans le manche, en ferrant ce dernier avec une ficelle dont on l'entoure, comme on peut le voir à la *fig.* 5 ; & pour que cette lame ne mouve pas dans le manche, on fait dans les deux côtés de ce dernier, *fig.* 7, un petit ravalement contre lequel s'appuie le dos de la lame, *fig.* 8, qui, comme je viens de le dire, eft très-mince, étant fouvent faite avec des refforts de montres ou de petites pendules. Au lieu de refforts, il y a des Ebéniftes qui fe fervent de vieilles lancettes qu'ils emmanchent dans un morceau de bois, foit pour leur fervir à faire des incruftations extrêmement délicates, ou pour la gra-vure de leurs ouvrages.

Quand on grave à la pointe, on tient cette derniere de la main droite, à peu-près de la même maniere dont on tient la plume, & on fait couper la pointe en la tirant à foi, comme on peut le voir à la *fig.* 2 & à la *fig.* 4, cote C. Cette gravure ne fait qu'un fimple trait dans le bois, qu'on élargit enfuite en repaffant la pointe dans le même trait plufieurs fois, & en l'inclinant à droite & à gauche pour couper du bois fur le côté de la taille, qu'on élargit par ce moyen.

En gravant à la pointe, on fe place devant l'ouvrage de la même maniere que pour graver au burin, à l'exception que la main gauche eft plus étendue fur l'ou-vrage, comme on peut le voir à la *fig.* 4, cote D.

La gravure à la pointe eft très-utile pour les parties très-délicates où l'on craint que le burin ne faffe des éclats, ou qu'il n'échappe ; au refte cela dépend beau-coup du goût & de l'habitude de l'Ouvrier, qui fe fert de l'un ou de l'autre de ces outils felon qu'il le juge à propos.

Je ne m'étendrai pas davantage fur ce qui concerne la gravure de l'Ebénifte-rie de bois de rapport, vu que la théorie de cette partie de l'Ebénifterie tient beaucoup à la pratique, laquelle varie felon les différentes occafions ; & que chaque Artifte adopte fouvent une maniere de faire qui lui eft particuliere, ce qui, au fond, eft fort indifférent, pourvu que l'ouvrage foit bien fait ; c'eft ce qui fait que je n'ai donné que des regles générales touchant la gravure, lefquelles feront, je crois, fuffifantes pour donner une idée jufte & précife de cette partie de l'Ebénifterie, dans laquelle il n'eft pas poffible d'exceller fans avoir une grande pratique du deffin des différents genres, laquelle fervira mieux à conduire & à déterminer la quantité & la forme des tailles de la gravure, que tout ce que je

pourrois

pourrois dire à ce sujet, sur lequel on ne peut guere donner que des regles générales, ainsi que je l'ai fait.

PLANCHE
300.

Quand on a fini la gravure d'une piece quelconque, on en ébarbe les tailles ; c'est-à-dire, qu'on ôte toutes les bavures produites par le burin sur les bords de ces dernieres, ce qui se fait avec le racloir ou avec le taillant d'un ciseau, ce qui est égal ; ensuite on remplit les tailles avec du mastic, soit noir, brun, ou de toute autre couleur, qu'on tient chaud dans un vase comme celui *I, fig.* 15, & qu'on applique ; ou, pour mieux dire, qu'on introduit dans les tailles avec une spatule de bois ; on le laisse sécher & on le racle ensuite ; après quoi on fait une recherche à l'ouvrage, pour voir s'il n'y manque rien, & si la gravure fait l'effet demandé ; s'il arrive qu'il y manque quelques tailles, on les fait & on les mastique à l'ordinaire ; ce qui étant fait, en acheve de polir l'ouvrage, ce qu'on doit faire avec beaucoup de soins & de précautions, vu la différence des fils des bois, & la multitude des parties dont il est composé. Cette observation est très-essentielle, non-seulement pour le poli de ces sortes d'ouvrages, mais encore lorsqu'on commence à les replanir après qu'ils ont été incrustés.

Les Ornements, les fleurs, &c. s'incrustent non-seulement sur des bois de placage, mais encore en plein bois, ce qui ne change rien à la maniere d'opérer en général ; cependant lorsqu'on fait des incrustations dans de l'ouvrage en plein bois, le fond de ces incrustations est un peu plus difficile à évuider que quand c'est sur des bois de placage ; c'est pourquoi aux outils propres à faire des incrus-tations dont j'ai fait ci-devant la description *page* 840, on doit joindre les ciseaux coudés, *fig.* 9 & 10, les ciseaux en carrelets ou burins, *fig.* 11, & les gouges arrondies sur le taillant, tant droites que coudées, *fig.* 12, lesquels outils font de différentes grandeurs, depuis 5 à 6 lignes de largeur, en diminuant jus-qu'à une ligne, afin de pouvoir s'en servir dans les plus petits endroits, de ne rien écorcher au bois qu'on entaille, & le faire le plus proprement possible ; afin que quand l'ouvrage est fini, il ne paroisse aucun joint, ou du moins que ces derniers ne soient sensibles que par la différence des fils ou de la couleur des bois ; ce qui demande beaucoup de précision, tant en creusant les places destinées à recevoir les Ornements, qu'en découpant ces mêmes Ornements, dont les con-tours faits à la scie de marqueterie, doivent être encore réparés avec de petits couteaux de taille, afin de leur donner toute la perfection possible, suppo-sé cependant que la scie y ait fait quelques jarrets ; car il y a des Ebénistes qui sont très-sûrs de n'en faire aucun, & de contourner les Ornements à la scie sans qu'il y ait rien à y faire.

Voilà, à peu-près, tout ce qu'on peut dire touchant la théorie de l'Ebénis-terie de la seconde espece, c'est-à-dire, de la Mosaïque ou Peinture en bois ; reste maintenant à faire l'application de ces regles générales à différents sujets, pour épuiser cette partie de l'Ebénisterie, laquelle est, comme on l'a pu voir, la plus compliquée de toutes, tant pour les connoiſſances qu'elle exige, que pour la difficulté de ſon exécution.

SECTION TROISIEME.

De la maniere de repréſenter les Fleurs, les Fruits, les Payſages
& les Figures en bois de rapport.

L'OBJET de la Moſaïque étant d'imiter la peinture, ou, pour mieux dire, la nature des différents ſujets dont cette derniere n'eſt que la copie, il faut, autant qu'il eſt poſſible, que les ouvrages de Moſaïque reſſemblent aux ſujets qu'on veut repréſenter, comme les Fleurs, les Fruits, &c.

Pour parvenir à donner aux ouvrages de Moſaïque, ce caractere de vérité qui en fait tout le mérite, il faut joindre aux connoiſſances théorie-pratiques de l'exécution dont j'ai parlé ci-deſſus, celle de la théorie ſpéculative, qui a pour objet l'ordre & la convenance qui doivent régner dans l'enſemble d'un ouvrage, afin que toutes les parties qui le compoſent ſoient parfaitement à leur place, & d'accord les unes avec les autres.

Cette ſeconde eſpece de théorie, qui n'eſt autre choſe que ce qu'on appelle *le goût*, ne peut pas s'enſeigner dans un Livre ; ce ne peut être que le réſultat des réflexions que peut nous faire naître une grande habitude dans le deſſin, & un examen ſuivi & réfléchi des choſes qu'on repréſente par le moyen de ce dernier ; c'eſt pourquoi, ſuppoſant cette théorie toute acquiſe dans la plupart de ceux qui ſe vouent à cette eſpece d'Ebéniſterie, (ce qui, au fond, doit être vrai) je me contenterai de donner ici quelques exemples de deſſins propres à être exécutés en bois de rapport, & la route qui me paroît la meilleure à ſuivre pour parvenir à les bien exécuter.

La principale figure de cette Planche, repréſente le deſſin d'un Bouquet compoſé de pluſieurs fleurs, dont les principales ſont, un Œillet de la groſſe eſpece *A*, avec des boutons & des feuilles *B*, une branche de Jonquille *C*, une Tulipe *D*, une branche de Hyacinthe *E*, un Pavot *F*, des Roſes *G* & *H*, avec leurs feuilles *I* & un bouton *L*, & enfin quelques autres petites feuilles & fleurs qui ſe réuniſſent avec les tiges des autres fleurs, & ſont toutes liées enſemble par un ruban noué en roſe, ce qui termine le bas du Bouquet, dont le deſſin doit non-ſeulement être terminé & ombré avant que de procéder à ſon exécution en bois, ainſi qu'on le voit dans cette Planche, mais encore être colorié au naturel, afin qu'on puiſſe faire choix des bois (ſoit teints ou naturels) dont la couleur puiſſe imiter celle de la fleur qu'on veut repréſenter.

En général, il faut faire attention que toutes les feuilles ou pétales qui compoſent une fleur, ne ſont pas de la même nuance de couleur, & qu'il en eſt, comme, par exemple, la Roſe, où cette nuance eſt très-ſenſible, comme auſſi il en eſt d'autres qui font toutes d'une couleur, comme la Grenade, le Barbeau, &c. ce qui doit faire préférer de prendre des bois coloriés pour faire des fleurs dont les pétales font toutes d'une même couleur, & des bois blancs pour celles dont la couleur des pétales eſt nuancée, afin de pouvoir les teindre après les avoir découpés, ce qui donne alors la facilité d'en foncer plus ou moins la couleur, à moins qu'on ne voulût faire les fleurs nuancées de pluſieurs morceaux de bois de différentes couleurs, foit teints ou naturels, ce qui pourroit être, & feroit de l'ouvrage très-précieux, fur-tout s'il étoit fait avec des bois de couleur naturelle (*); mais cette maniere de faire les fleurs augmenteroit de beaucoup le prix de l'ouvrage; c'eſt pourquoi on préfere de prendre les fleurs quelconques dans un feul morceau de bois, qu'on teint enfuite après l'avoir découpé à l'ordinaire, c'eſt-à-dire, avec la fcie de marqueterie.

La teinture des fleurs ou de toute autre piece de Moſaïque, fe fait avec les mêmes ingrédients & de la même maniere que pour les bois de l'Ebéniſterie fimple dont j'ai parlé ci-devant, *page 792 & fuiv.* cependant comme il eſt quelquefois néceſſaire que quelques-unes de ces pieces (comme, par exemple, les pétales des fleurs, les parties de ciel, &c.) foient nuancées fur leur furface, & même changent quelquefois de couleur, il faut prendre garde, en les teignant, qu'elles ne prennent pas trop de couleur, ou qu'elles n'en prennent pas également par-tout, ce qui fe fait de la maniere fuivante.

On commence par donner aux bois un bain de teinture de la couleur & de la force que doivent porter les parties les plus claires de la piece; enfuite de quoi, lorfqu'elle eſt parfaitement feche, on deſſine deſſus le contour que doit faire la nuance la plus foncée; ce qui étant fait, on couvre de cire ce qui doit reſter clair, c'eſt-à-dire, de la couleur du premier bain de teinture, puis on remet la piece dans cette derniere pour fe foncer en couleur, jufqu'à ce qu'elle foit venue au point où elle doit être; & s'il arrivoit qu'une piece eût befoin de trois ou quatre nuances, on recommenceroit trois ou quatre fois la même opération.

Il faut obferver, en couvrant les pieces avec de la cire, d'en mettre un peu plus avant que l'endroit où les couleurs doivent différencier, parce que lorfqu'on remet les bois dans la teinture, elle s'introduit un peu au pourtour de la cire, & cela plus ou moins, felon la qualité de la teinture, & la plus ou moins grande denſité du bois dont on fait ufage, ce qui fait que je ne faurois donner ici de regles certaines du plus ou moins d'étendue qu'il faut donner à l'enduit de cire, vu que cela varie beaucoup, & qu'il n'y a qu'une longue expérience qui puiſſe fervir à diriger cette opération.

Au moyen de l'expédient que je propoſe ici, on peut non-feulement aug-

PLANCHE
301.

(*) C'eſt ainſi qu'on fait les Moſaïques de Florence & de Rome, l'une avec des verres ou émaux teints de diverſes couleurs, & les autres avec des cailloux refendus par feuilles, toutes les deux fcellées fur un fond de maſtic, ainſi que le font ces magnifiques tables qu'on voit encore dans les Maiſons Royales, dont elles font un des plus beaux ornements. Quel dommage qu'un ſi bel Art foit prefqu'entiérement négligé en France, tandis qu'il fait tant d'honneur aux Italiens!

menter le ton de la couleur d'une piece, mais encore en changer comme on le juge à propos, c'est-à-dire, qu'on peut teindre une piece de deux ou trois couleurs différentes, en observant toutefois d'enduire de cire le dessous & le dessus des endroits qui ne doivent pas être teints, & cela à chaque changement de teinture.

Lorsqu'on change la nuance d'une piece teinte, ou qu'on la teint de diverses couleurs, l'endroit de la séparation ne paroît pas fort sensible, & ne passe pas tout de suite du rouge pâle au rouge foncé, ou du verd au jaune, &c ; mais les différentes teintes ou couleurs s'adoucissent à leur rencontre en se mêlant, ce qui fait très-bien pour les couleurs qu'on ne fait que foncer ; mais pour celles qui sont différentes, il arrive quelquefois que leur rencontre donne une nuance composée des deux premieres, ce qui exige beaucoup d'attention & de soin pour empêcher cette troisieme nuance, soit en mettant une couleur la premiere préférablement à une autre, soit en augmentant ou en diminuant l'étendue de la cire, ce qui est une affaire purement d'expérience.

Toutes les fleurs qui composent un Bouquet tel que celui-ci ou tout autre, se découpent à part, & s'ombrent chacune selon la place qu'elles doivent occuper (*), ce qui ne demande qu'un peu de soin de la part de l'Artiste.

On doit avoir la même attention pour toutes les autres parties du Bouquet, comme les feuilles, les tiges, & le ruban qui les noue, ce qui est général non-seulement pour les fleurs, mais encore pour toutes autres sortes d'ouvrages, comme, par exemple, la frise d'ornement courant, représentée dans la figure 2 de cette Planche.

La maniere de découper, d'ombrer & d'assembler les diverses parties qui composent les fleurs, est la même que pour les ornements dont j'ai parlé ci-dessus, *page* 878 *& s.* ; cependant pour faciliter l'intelligence de ce que je viens de dire chant la disposition des fleurs du Bouquet de la Planche 301, j'ai donné dans la Planche suivante, le détail d'une partie de ces fleurs ; savoir, la Tulipe *D*, *Pl.* 301, toute découpée ; *fig.* 1, la même fleur rassemblée & couverte de son papier, *fig.* 2, & toute rassemblée sans papier, pour qu'on en puisse voir tous les joints, qui sont faits selon les contours que forment les dehors & les revers des pétales de cette fleur.

Les Figures 4 & 5, représentent les deux Roses *G* & *H* toutes rassemblées ; la figure 6, la Rose de haie *M* ; la figure 7 représente la tige de la Hyacinthe *E* ; la figure 8, les deux feuilles de Rose *I* ; les figures 9 & 10, le Pavot *F*, divisé & rassemblé ; la figure 11 représente l'Œillet *A* ; la figure 12, une grande

---

(*) Ce n'est cependant pas la méthode du commun des Ebénistes, qui achetent des fleurs toutes faites à quelques-uns de leurs Confreres qui ne s'occupent qu'à ce genre d'ouvrage, sans s'embarrasser si elles iront bien les unes avec les autres, & si elles sont ombrées pour la place qu'elles doivent occuper ; ce qui fait que dans la plupart des ouvrages communs, on voit des fleurs qui semblent y être placées comme au hasard, & ombrées les unes d'un sens, & les autres d'un autre, ce qui fait un très-mauvais effet.

feuille

feuille cotée N. Les figures 13, 14 & 15, repréſentent le nœud de ruban tout détaillé; & les figures 16, 17 & 18, une partie des ornements de la friſe courante, *fig.* 2, *Pl.* 301, chantournée par maſſes.

PLANCHE 302.

Les tiges des fleurs, généralement parlant, ne font jamais droites; cependant il y a des Ebéniſtes qui les préparent comme celle *A B*, *fig.* 18, en obſervant ſeulement de les tenir plus étroites d'un bout que de l'autre, ce qui peut quelquefois paſſer pour des tiges de peu de longueur, ou qui ſont preſque droites & ſans reſſauts, comme, par exemple, celles des Tulipes, des Jonquilles, &c; mais pour celles qui ſont ſuſceptibles de contours & de reſſauts, il faut abſolument les contourner, comme l'indique le deſſin de l'ouvrage, quoique cela tienne beaucoup de temps à faire.

Quand toutes les parties qui doivent compoſer une piece de Moſaïque, comme le Bouquet repréſenté, *Pl.* 301, *fig.* 1, ſont toutes préparées, comme je l'ai enſeigné ci-deſſus, on procede à leur incruſtation, ce qui ſe fait de la maniere ſuivante.

PLANCHE 303.

On commence d'abord par tracer ſur l'ouvrage, au crayon ſeulement, tout l'enſemble du deſſin, ou du moins les contours extérieurs de toutes les parties qui compoſent le Bouquet, ainſi que je l'ai obſervé ſur cette Planche, *fig.* 1; enſuite l'on commence à incruſter les fleurs, dont on trace le contour extérieur ſur l'ouvrage avec une pointe très-fine, à la place que chacune d'elles doit occuper.

Lorſqu'on incruſte les fleurs, il faut obſerver de commencer par celles qui ſe trouvent en deſſous, c'eſt-à-dire, dont la forme extérieure n'eſt pas entiérement apparente, comme celles *M, H, fig.* 1, parce que lorſqu'on vient à incruſter les fleurs qui ſont toutes entieres comme celle *G*, on en trace le contour tant ſur le fond de l'ouvrage, que ſur les fleurs déja incruſtées, comme je l'ai obſervé dans cette Planche, où la place de la Roſe *G*, n'eſt qu'évuidée, au lieu que les fleurs qui l'avoiſinent ſont toutes incruſtées.

Cette obſervation eſt très-eſſentielle, parce que ſi on commençoit par incruſter les fleurs qui ſont toutes apparentes, & que le contour de ces fleurs fût très-détaillé, comme celui de l'Œillet *A*, il ſeroit très-difficile de bien ajuſter les autres feuilles ou fleurs qui l'avoiſinent, & de les faire joindre parfaitement dans tous les angles & contours que produit l'extrémité de cette fleur, que je n'ai repréſentée ici toute incruſtée, que pour mieux faire ſentir les raiſons pour leſquelles on ne doit incruſter ces fleurs que les dernieres.

C'eſt pourquoi (regle générale) on doit toujours commencer par incruſter les parties qui paroiſſent les plus engagées dans le pourtour de leurs contours, puis incruſter enſuite celles qui ne le ſeront que dans une partie, & finir par celles dont le contour ſera totalement apparent, comme celles *A* & *G*, & en général toutes celles qui ſont dans le même cas.

Quant aux fleurs qui ſont iſolées, comme celles *C, D, F*, il eſt indifférent de les incruster les premieres ou les dernieres; cependant il faut faire attention si c'est l'extrémité de leur tige qui forme un contour, comme à la figure F, ou si c'est le bas de la fleur, comme à la figure D, parce que dans le premier cas il faut incruster la fleur la premiere, & la tige ensuite; & qu'au contraire dans le second il faut incruster la fleur la derniere, pour les raisons que je viens de détailler ci-dessus.

Ce que je viens de dire pour l'incrustation des fleurs, doit s'appliquer aux ornements comme la figure 2, afin que les contours des parties qui posent sur les autres, se dessinent mieux, & que leurs joints en soient plus parfaits.

Ces ornements, tels qu'ils sont représentés dans la figure 2, cote O, se nomment *Moresques*, & se font ordinairement avec du bois d'une seule couleur, appliqué sur un fond différent. Quelquefois ces ornements sont de deux couleurs, sur-tout lorsqu'ils sont composés de maniere qu'ils semblent s'enlasser les uns dans les autres; dans l'un ou l'autre cas, il est très-rare qu'on les ombre: on se contente de les bien contourner extérieurement, & d'en indiquer les contours intérieurs par des traits de scie à découper, ou bien par des tailles faites au burin ou à la pointe à graver. *Voyez la fig.* 2, cote O, où une partie de la frise d'ornements courants est disposée de cette maniere, & dont le côté opposé P, est tout disposé pour recevoir le reste de l'incrustation, ainsi qu'une partie des masses du bouquet de la figure 1, ce que j'ai fait afin de faire mieux connoître la marche de l'exécution de ces sortes d'ouvrages, qui, comme on peut le voir, ne sauroient être traités avec trop de précision & de soins, ce qui demande beaucoup d'expérience dans la pratique, qui est pour le moins aussi nécessaire dans cette partie de l'Ebénisterie, que la théorie la plus parfaite.

La Figure 1 de cette Planche, représente le dessin d'un panneau d'Ebénisterie, dont le milieu est orné d'un médaillon soutenu par des branches de Rose & de Laurier, & couronné de guirlandes de fleurs, lesquelles se construisent de la maniere que j'ai décrite ci-dessus.

Le médaillon peut se remplir de différentes manieres, soit par un sujet comme celui de la figure premiere, ou seulement par un chiffre; dans l'un ou l'autre cas, lorsque, comme dans les figures 1, 2 & 3, le fond du médaillon est différent du fond de l'ouvrage (comme cela doit toujours être), il est bon que le médaillon soit tout rempli de son sujet avant que de l'incruster sur le fond du panneau.

Quand on fait un médaillon ou tout autre ouvrage de cette espece, on commence par découper toutes les pieces qui doivent y être incrustées, afin de les tracer chacune à leur place; ensuite de quoi on évuide le dedans de l'ovale avec la scie à découper, qu'on y introduit par un trou percé dans un des endroits qui doivent être évuidés, ou bien qu'on fait entrer par l'endroit où le chiffre approche le plus près du bout de l'ovale, comme aux points A ou B, fig. 2, ce qui ne souffre aucune difficulté, parce que le trait de scie est si mince, que lorsque

les deux parties ſont rapprochées , le joint n'eſt plus apparent. Quand le dedans
de l'ovale eſt évuidé, on y colle les parties de rempliſſage ; & quand on a fait
entrer la ſcie par les côtés de l'ovale, comme à la *fig.* 3 , on doit, avant de placer
les parties de rempliſſage, y coller le filet du pourtour, comme à la *fig* 3 , &
même le cadre entier , *fig.* 4 , afin de faire approcher les joints , & que les morceaux de rempliſſage ſoient bien ſerrés à leur place, comme on peut le voir à la
fig. 3 , qui repréſente le médaillon , *fig.* 2 , tout rempli & vu en deſſous , c'eſt-
à-dire , du côté qui s'applique ſur le panneau.

Quand le médaillon eſt ſec , on le colle en place ſur le fond comme de l'Ebéniſterie ordinaire , & on le finit enſuite.

Je ne parlerai pas des fleurs ni des autres parties de détail de cette Planche ,
vu que ce que j'ai dit ci-deſſus , en expliquant la Planche 301 , doit ſuffire ;
cependant comme il y a beaucoup de petites parties dans les fleurs de la figure
1 , qui ne peuvent s'incruſter, comme les épines, l'extrémité des petites tiges ,
&c, on ſe contente de les graver ſur le fond de l'ouvrage, d'où elles ſe détachent ſoit en noir ou en brun, ſelon la couleur du maſtic dont les tailles ſont
remplies.

La Figure 1 de cette Planche , repréſente un Trophée de guerre, compoſé
de différentes armes & inſtruments tant anciens que modernes , leſquels ſont
placés ſur un amortiſſement qui leur ſert de ſupport.

Ce morceau , quoique très-compliqué , peut cependant être exécuté en Ebéniſterie. Il y a dans le Cabinet du Roi , à Choiſy , une Table ſur laquelle il y
a un trophée du même genre que celui-ci , & qui eſt exécuté avec toute la préciſion & la délicateſſe poſſibles , ce qui fait beaucoup d'honneur à ſon Auteur,
que je nommerois ici avec plaiſir ſi je le connoiſſois , vu que ces exemples ſont
très-rares , & qu'on ne ſauroit trop louer ceux qui ſont capables de faire de ſi
belles choſes.

Le Trophée que j'ai repréſenté , *fig.* 1 , s'exécute de la même maniere que les
autres morceaux de Moſaïque dont j'ai fait la deſcription ci-deſſus , c'eſt-à-dire ,
qu'il faut toujours coller les grandes maſſes enſemble avant de les incruſter ſur le
fond de l'ouvrage, comme je l'ai repréſenté , *fig.* 2 , & toujours commencer
par les pieces qui ſont les plus engagées , & finir par celles qui ſont totalement ,
ou du moins en partie, iſolées. Il faut auſſi avoir attention de mettre le fil du
bois du ſens où il ſe trouve le moins tranché lorſqu'on le découpe, & de la plus
grande longueur des pieces, comme je l'ai obſervé aux développements des
principales pieces de ce Trophée, repréſentées *fig.* 2 , & cotées *B, C, D, F,
H, I, R.*

Quand les pieces doivent être arrondies comme celles *A, M, E, N, O,
G, P, Q,* il faut, autant qu'il eſt poſſible, mettre le fil des pieces parallélement à leur arrondiſſement, parce qu'en les bruniſſant, l'action, ſoit du feu
ou des acides, ſe fait mieux de ce ſens que de l'autre , & s'adoucit plus naturel-

Pʟᴀɴᴄʜᴇ
304.

Pʟᴀɴᴄʜᴇ
305.

lement à bois de fil qu'à bois de bout : car l'inégale denfité d'une piece de bois brunie à bois de bout, donne plus ou moins de prife à l'action du feu ou des acides, ce qui fait que le bois bruni de cette façon eft ondé à l'extrémité de l'endroit ombré, ce qui n'arrive pas quand on difpofe le fil du bois du même fens que l'ombre, comme je le recommande ici.

La Figure 1 de cette Planche, repréfente un panneau fur lequel j'ai raffemblé des Fruits de différentes efpeces, des Oifeaux & autres Animaux. Je n'entrerai pas ici dans le détail de la conftruction de cette piece de Mofaïque, vu que ce ne feroit qu'une répétition inutile de ce que j'ai dit jufqu'à préfent. Je n'ai donc fait le deffin de cette Planche, ainfi que ceux des Planches 304, 305 & 307, que pour donner un exemple de chaque efpece de Mofaïque, en obfervant de donner à chacune d'elles le détail des parties principales, & les différences qui peuvent fe trouver dans la maniere de les exécuter.

Dans la Figure 2 de cette Planche, j'ai repréfenté le détail des principales pieces de la figure 1, lefquelles font cotées $C, D, E, F, G, I, L, M, N$, & fe conftruifent à l'ordinaire ; il n'y a que le poil des Animaux, & les plumes des Oifeaux qui fouffrent un peu de différence, parce qu'elles fe font prefque toutes au burin, pour mieux exprimer les poils & les filets des plumes ; c'eft pourquoi j'ai repréfenté, *fig.* 2, cotes A & B, une aîle d'Oifeau toute détaillée & en maffe, afin qu'on en juge mieux que dans les autres parties de cette Planche, qui deviennent un peu petites.

La Figure 1 repréfente un payfage, avec un Berger placé fur le devant, jouant de la flûte, & un mouton près de lui qui femble être attentif au fon de l'inftrument, comme cela lui eft, dit-on, naturel. Dans le bas de la Planche, j'ai repréfenté, *fig.* 2, 3, 4, &c. les principales parties de rapport qui compofent cette piece de Mofaïque, dont le fond doit faire partie, c'eft-à-dire, qu'il ne doit point y avoir de fond d'ouvrage apparent, comme aux autres Planches repréfentées ci-devant, mais que les intervalles que laiffent les arbres & les terraffes, doivent être remplies par un ciel, qui fe fait ordinairement en bois d'érable, dont les nuances fe prêtent volontiers à l'effet des nuages, & dont les parties les plus ouvragées fe reportent à part, comme le repréfente la *figure* 3.

Voilà, à peu-près, tout ce que je puis dire touchant la théorie & la pratique de l'Ebénifterie de la feconde efpece, c'eft-à-dire, de la Mofaïque ; trop heureux fi les foibles effais que je préfente ici, peuvent être utiles au Public, & furtout aux Ebéniftes qui s'attachent à cette partie de ce bel Art, qui n'eft pas affez connu, & malheureufement trop négligé ; & qui, pour être bien décrit, auroit eu befoin d'un auteur plus expérimenté, n'étant pas affez verfé dans la pratique de cet Art, qui demanderoit, pour être bien connu, un long ufage & une quantité de connoiffances que je puis bien indiquer ici, mais que je ne

poffede

poſſede pas aſſez parfaitement pour les bien enſeigner (*).

Dans la deſcription de la Moſaïque, je n'ai donné aucun exemple de perſpective, ce que je n'ai pas cru néceſſaire, vu que ce n'eſt que la premiere
eſpece d'Ebéniſterie dont les pieces ſont coupées relativement à la place qu'elles
doivent occuper, pour repréſenter un objet quelconque, ſelon les regles que
j'en ai données *page 868 & ſuiv.* ce qui ne change rien à la maniere d'opérer,
qui eſt la même que pour l'Ebéniſterie de placage.

Cependant il ſeroit à ſouhaiter, lorſqu'on repréſente des parties d'Architecture en perſpective ou même en géométral, qu'on imitât, dans le mélange
des bois, la maniere de diſpoſer les marbres; c'eſt-à-dire, qu'on pourroit, par
exemple, dans le cas d'un Frontiſpice orné d'ordres d'Architecture, faire le fût
des colonnes d'une ſorte de bois, les baſes & les chapiteaux d'une autre, l'archi-
trave & la corniche d'une autre, & enfin la friſe & les autres parties adjacentes
d'une autre eſpece, ce qui, certainement, feroit très-bien, ſi les différentes eſpeces de bois étoient bien mélangées & en oppoſition les unes avec les autres, ſans
cependant qu'elles tranchaſſent trop ſoit entre elles ou ſur le fond de l'ouvrage.

Ce que je dis ici relativement à un Portique décoré d'ordres d'Architecture,
peut également s'appliquer à tout autre objet, ſans pour cela qu'il fût repréſenté
en perſpective, ce qui feroit une eſpece d'Ebéniſterie très-agréable à la vue, &
qui feroit nuance entre la premiere & la ſeconde eſpece d'Ebéniſterie dont je
viens de faire la deſcription, & à laquelle je vais faire ſuivre celle de l'Ebéniſterie pleine & de l'Ebéniſterie ornée, laquelle terminera cette Partie de mon
Ouvrage.

(*) Dans la deſcription des deux premieres eſpeces d'Ebéniſterie, j'ai été aidé des conſeils de M. Chavigneau, Compagnon Menuiſier-Ebéniſte, lequel poſſede très-bien cette partie, & dont les talents mériteroient d'être plus connus, pour lui procurer les moyens de les mettre en uſage.

CHAPITRE TREIZIEME.

De l'Ébénisterie pleine ou d'assemblage en général.

Avant de traiter de la troisieme espece d'Ebénisterie, c'est-à-dire, celle dans la construction de laquelle on fait entrer les métaux & différentes autres matieres, je vais faire la description de l'Ebénisterie pleine, laquelle sert souvent de fond à la premiere, & dont par conséquent la connoissance est absolument nécessaire.

Sous le nom d'*Ebénisterie pleine*, on comprend tous les ouvrages faits en plein bois, dont la construction est particuliérement du ressort des Menuisiers-Ebénistes, comme beaucoup de Meubles dont j'ai déja fait la description dans la seconde Section de cette troisieme Partie de mon Ouvrage, & une infinité d'autres ouvrages dont je parlerai ci-après, & qui sont absolument du ressort des Ebénistes, à cause de leur petitesse, & encore plus de la propreté & de la grande précision avec lesquelles il faut qu'ils soient faits, tels que les Métiers à broder de toutes formes & grandeurs, les Tables de différentes especes, les Guéridons, les Pupitres de toutes façons, les Boîtes de toutes sortes, & généralement tous les Modeles & les Instrumens servant aux différents Arts, comme la Physique, la Méchanique, &c. lesquels demandent à être traités avec une propreté & une exactitude dont il n'y a guere que les Menuisiers-Ebénistes, & encore ceux qui s'adonnent particuliérement à cette partie de leur Art, qui en soient capables; de sorte que ce genre de travail demande une étude toute particuliere par rapport à la grande précision & aux soins qu'il exige, quoiqu'en général on se serve toujours des mêmes principes pour la construction de ces sortes d'ouvrages, que pour celle des autres especes de Menuiseries, comme je l'expliquerai dans la suite.

Les ouvrages d'Ebénisterie dont il est ici question, se font toujours en bois des Indes, ou du moins avec des bois de France les plus propres, comme le Poirier, le Noyer & autres de cette espece, lesquels prennent bien le poli, & dont le grain fin & serré les rend plus faciles à travailler & à prendre toutes les formes qu'on juge à propos de leur donner, quelque petites que soient les pieces, ce qu'on ne peut pas faire avec les bois à gros grain, comme le Chêne, l'Orme, &c.

Les outils dont on se sert pour faire cette espece d'Ebénisterie, sont les mêmes que ceux des Menuisiers d'assemblage, des Menuisiers en Meubles, & des Menuisiers-Ebénistes, dont j'ai fait la description au commencement de cette Partie de mon Ouvrage, du moins quant à ce qui regarde la construction, qui eſt toujours la même ; cependant comme cette eſpece d'Ebéniſterie doit être faite avec beaucoup de ſoins & de précifion, il eſt bon que pluſieurs des outils qui ſervent à ſa conſtruction, comme les Equerres de toutes ſortes, & même les Truſ-quins à vis, ſoient conſtruits en fer ou en cuivre, au lieu d'être tout de bois, parce que les opérations faites avec ces derniers, ne peuvent pas être faites ſi juſtes qu'a-vec les autres, vu que le bois de leurs lames s'uſe aiſément par le long uſage ; les ſcies doivent auſſi être d'une meilleure conſtruction, tant pour la forme & la qua-lité de leur monture, que pour celle de leur lame, qui doit être trempée, afin de mieux réſiſter à la dureté des bois, qu'il faut toujours couper juſte & le plus proprement poſſible, ce qu'on ne peut pas aiſément faire avec les ſcies ordinaires.

Comme cette eſpece de Menuiſerie eſt quelquefois ornée de moulures, les outils qui ſervent à les former ſont les mêmes, & ſe font de la même maniere que pour la Menuiſerie d'aſſemblage ; cependant comme on emploie quelquefois des bois très-durs & difficiles à travailler, on fait la pente de ces outils plus droite qu'à l'ordinaire ; quelquefois même on y met des ſemelles de cuivre ou de fer, (ce qui vaut beaucoup mieux) afin qu'elles réſiſtent plus long-temps au frottement ſans perdre de leur forme, ce qui eſt très-utile, parce que la forme du fût d'un outil de moulure reſtant toujours la même, il eſt plus aiſé de conſer-ver celle du fer, qui ne ſauroit alors s'altérer en l'affûtant ſans qu'on ne s'en apperçoive en le mettant dans ſon fût ; tout l'inconvénient qu'il peut y avoir aux outils de moulures ainſi conſtruits, c'eſt que non-ſeulement ils ſont beau-coup plus coûteux que les autres, mais encore ils ont le défaut de tenir ſur le bois en frottant deſſus, ce qui les rend plus rudes à conduire ; les ſemelles de cuivre ſur-tout, ont cet inconvénient, parce que ce métal étant plus poreux que le fer, s'échauffe plus aiſément par l'action du frottement, ce qui l'attache en quelque ſorte avec le bois ſur lequel il coule.

Les Menuiſiers-Ebéniſtes ſe ſervent, pour la conſtruction des ouvrages dont il eſt ici queſtion, non-ſeulement des outils communs aux autres Menuiſiers, ainſi que je viens de le dire, mais encore de diverſes ſortes d'outils appartenants à d'autres Arts, comme ceux du Tourneur, pour ce qui a rapport au Tour à pointe ordinaire, & aux Filieres en bois ; de ceux du Serrurier, comme les Etaux, les Limes & autres outils de cet Art, qui leur ſont néceſſaires, non-ſeulement pour ferrer & ajuſter les parties de ſerrurerie qui s'adaptent à leurs ouvrages, mais encore pour travailler les bois durs, dont les bois de bout ſe reca-lent & s'équarriſſent à la lime beaucoup plus aiſément qu'on ne pourroit le faire au ciſeau ou avec tout autre outil ; c'eſt pourquoi, après avoir fait la deſcription de quelques outils propres à la conſtruction de l'Ebéniſterie dont je parle, je donnerai une notion, ſimplement élémentaire, de la partie de l'Art du Tour-neur & du Serrurier, dont la connoiſſance eſt abſolument néceſſaire, & même indiſpenſable, aux Ebéniſtes, pour faire les parties de leurs ouvrages qui appar-tiennent à ces différents Arts, & auxquels ils ſont liés de maniere que les

Ouvriers de ces mêmes Arts ont été obligés de leur laisser faire des choses qu'ils ne pouvoient pas faire eux-mêmes, du moins sans beaucoup de peine & de perte de temps (*).

SECTION PREMIERE.

Description de quelques Outils propres à la construction de l'Ebénisterie d'assemblage, & la maniere de s'en servir.

COMME la plupart des bois des Indes sont très-chers, & pour la plus grande partie difficiles à travailler, on les débite à la scie, tant sur l'épaisseur que sur la largeur, afin d'épargner la matiere en y faisant le moins de perte possible, & en même temps pour les corroyer plus facilement, vu que beaucoup ne peuvent l'être qu'avec la varlope-onglet à dents, du moins pour les mettre tout-à-fait à la grosseur convenable, ce qu'on ne peut pas faire avec la varlope ordinaire, vu que ces bois étant souvent très-durs ou, ce qui pis est, de rebours, les fers pleins des varlopes mordroient peu dessus, ou y feroient des

(*) Cette liaison des Arts, & le rapport que plusieurs ont les uns avec les autres, est la meilleure preuve qu'on puisse donner de l'impossibilité où sont les Ouvriers de s'assujétir à des Réglements qui donnent à tel Art la jouissance exclusive de certains outils, & qui, par conséquent, en privent les autres Arts auxquels ces outils seroient très-nécessaires, puisque ceux mêmes qui jouissent de ces droits, se trouvent tous les jours dans la nécessité de les abandonner, parce qu'ils leur deviennent onéreux; ou bien pour jouir eux-mêmes des outils d'un autre Art, auquel, par représailles, ils accordent, du moins tacitement, la communication des leurs, ne voulant pas choquer ouvertement ces Réglements faits pour assurer leurs droits, quoiqu'ils ne fassent au contraire que les gêner eux & les autres Ouvriers, sans leur faire aucune espece de bien. En effet, ne seroit-il pas beaucoup plus utile pour le progrès & la perfection des Arts, & pour le bien de l'humanité même, qu'il fût libre à chacun des Ouvriers ou des Artistes, de se servir des outils qui leur seroient les plus utiles pour accéléret leur travail, & le rendre plus parfait? A quoi sert de gêner les hommes jusques dans la maniere de travailler? ne le font-ils pas déja assez par la nécessité physique qui les oblige de le faire pour conserver leur existence, & par l'inconvénient des Maîtrises, qui, quoiqu'instituées pour servir au maintien & à la perfection des différents Arts, ne servent souvent, au contraire, qu'à leur destruction? Et supposé même que les Maîtrises tendissent au but qu'on s'étoit proposé en les établissant, la communicatoin des outils que je souhaiterois, ne pourroit leur faire aucun tort, & leur feroit, même, beaucoup de bien. Qu'importeroit-il à un Ouvrier, ou, pour mieux dire, à un Maître d'un certain Art, qu'un autre se servît de quelques outils dont l'usage lui appartient, pourvu qu'il ne fît que des ouvrages de son Art? il ne perdroit pas pour cela le droit, (peut-être juste,) de le saisir s'il le trouvoit en contravention. Qu'on aille dans les Laboratoires de la plupart des Seigneurs & des Savants qui s'exercent aux Arts méchaniques, on y trouvera ensemble les outils du Menuisier avec ceux du Tourneur, ceux du Serrurier, de l'Horloger, & généralement tous les outils qu'ils croient leur être nécessaires, & dont ils se servent indistinctement selon qu'ils le jugent convenable. Si des gens qui ne travaillent que pour leur amusement, & souvent pour l'instruction du Public, ont reconnu la nécessité de se servir indifféremment de toutes sortes d'outils, à plus forte raison des Ouvriers qui travaillent pour gagner leur vie, devroient-ils avoir plus de commodité & la liberté de se servir de tous les outils qui peuvent leur être utiles. On ne peut guere, comme je l'ai démontré dans le cours de cet Ouvrage, faire les ouvrages d'un Art sans le secours de beaucoup d'autres Arts; & il est très-difficile de bien connoître les justes bornes qu'on peut lui donner: celui dont je traite sur-tout, est dans ce cas plus que tout autre; car dans son origine il tient à l'Art du Charpentier, avec lequel il ne faisoit anciennement qu'un; d'un autre côté il tient au Serrurier, au Tourneur, au Sculpteur, au Layetier, au Boisselier, au Tabletier, à l'Eventailliste, à l'Orfévre & même au Bijoutier, des outils desquels les Menuisiers ont souvent besoin, & dont la privation leur fait beaucoup de tort; ou si ils s'en servent, ils sont exposés à être saisis: d'où il s'ensuit des querelles, des procès, l'animosité & l'esprit de parti, qui en sont les suites, &, ce qui est plus malheureux encore, l'imperfection qui se rencontre dans presque tous les ouvrages des différents Arts,

éclats

éclats qu'on ne pourroit pas atteindre sans faire tort aux différentes pieces qui alors se trouveroient trop minces ou trop étroites ; de plus cette espece de Menuiserie étant faite pour être polie, il faut qu'il ne s'y trouve aucune cavité dans toute sa surface, tant sur la longueur que sur la largeur, ce qui, par conséquent, oblige à se servir des outils à fers brettés, du moins pour le bois d'une qualité extrêmement dure, ou d'un fil trop mêlé de rebours, ainsi que je viens de le dire ci-dessus ; pour les bois qui seront moins durs & plus de fil que ceux dont je viens de parler, on les corroye avec les varlopes & de la maniere ordinaire. Cependant on fera très-bien de les terminer avec les outils brettés, afin d'éviter toute espece d'éclats à leur surface.

Quand les pieces sont trop petites, ou d'un bois trop dur pour être corroyées à l'ordinaire, c'est-à-dire, avec des varlopes & des rabots, après les avoir sciées, on les équarrit avec les rapes & les limes de différentes especes, comme je l'expliquerai ci-après ; mais de quelque maniere que les bois soient corroyés, les Ebénistes se servent, pour les équarrir, d'équerres de bois ordinaires ; cependant il seroit bon qu'ils en eussent de fer ou de cuivre nommées *équerres à chaperons* dont une des branches fût tournée sur le plat, & l'autre sur le champ, comme celle *fig.* 2, dont on auroit supprimé la partie *a b c d*, afin qu'en inclinant l'équerre de quelque maniere que ce soit, sa branche supérieure fût toujours perpendiculaire à la piece qu'on travailleroit, comme on peut le voir à la *fig.* 4, où la branche supérieure de l'équerre, supposée de *e* en *f*, est perpendiculaire à l'autre branche *g h*, vue par le bout dans cette figure. Ces mêmes équerres peuvent aussi servir pour retourner sens dessus dessous, c'est-à-dire, la branche supérieure en dessus au point *i*, & l'autre *g h*, posée à plat sur l'ouvrage. *Voyez la fig.* 4.

Cette équerre peut aussi servir de triangle pour tracer l'ouvrage, soit qu'elle soit construite comme je l'ai supposée, ou qu'elle est représentée *fig.* 2.

La Figure 1 représente une autre espece d'équerre ou de triangle propre à tracer des angles droits à différentes parties où les équerres ou triangles ordinaires ne seroient pas d'un usage commode.

Les équerres dont je viens de parler, ne peuvent servir que pour des angles saillants & des surfaces planes ; & comme il arrive quelquefois qu'on a des cavités à angle droit à creuser dans le bois, comme des mortaises ou autres ouvrages de cette espece, on se sert pour les équarrir (ou du moins pour vérifier si elles sont percées bien quarrément), d'une équerre nommée *équerre à croix*, laquelle est composée de deux tringles de fer *A B* & *C D*, dont la derniere se meut perpendiculairement à la premiere, avec laquelle elle est arrêtée par le moyen d'une vis *E*, de maniere que cette équerre sert en même temps à vérifier si les côtés de la partie creuse sont perpendiculaires à la surface de l'ouvrage, & à assurer de l'égalité de la profondeur, puisqu'on fait descendre la branche *C D* de l'équerre, depuis *F* jusqu'à *D*, d'une longueur égale à la profondeur de la partie qu'on veut creuser, comme on peut le voir dans cette figure.

PLANCHE 308.

dans laquelle j'ai repréſenté, par des lignes ponctuées, la même équerre reportée de l'autre côté de la mortaiſe.

Quoique je n'aye repréſenté ici que des équerres & des triangles à angles droits, il eſt cependant bon d'avoir des triangles-onglets, & de fauſſes équerres auſſi de fer, pour les raiſons que j'ai dites ci-deſſus; ſi donc je ne les ai pas deſſinés ici, ce n'eſt que dans la vue d'éviter les répétitions, & pour ne point multiplier inutilement les figures, & par conſéquent les Planches.

La Figure 5 repréſente une eſpece d'équerre, ou, pour mieux dire, de compas propre à vérifier en même temps ſi une piece eſt parfaitement d'équerre & d'une égale épaiſſeur dans toutes ſes parties, ce qui eſt néceſſaire, ſur-tout pour les pieces qu'on équarrît à la lime.

Les truſquins en fer ſont d'une forme à peu-près ſemblable à la figure 5, excepté qu'au lieu de la branche en retour d'équerre *G*, leur tige eſt terminée par une pointe priſe à même la tige, ou rapportée à vis dans cette derniere, ce qui eſt égal, pourvu que cette pointe ſoit d'acier bien dur & même trempé, ſur-tout quand on s'en ſert pour les métaux.

J'ai dit plus haut, *page* 810, que les Ebéniſtes ſe ſervoient des mêmes ſcies que les autres Menuiſiers; cependant pour les ouvrages dont il eſt ici queſtion, il eſt bon que ces ſcies, ſi elles ſont les mêmes, ſoient faites avec un peu plus de ſoin, & que leurs lames ſoient trempées, afin qu'elles réſiſtent mieux en travaillant les bois durs; or, comme les ſcies trempées demandent à être extrêmement tendues, on fera très-bien, au lieu de corde, d'y mettre une tringle de fer taraudée d'un bout, afin de recevoir un écrou par le moyen duquel on puiſſe bander la ſcie au degré qu'on le juge à propos. *Voyez les fig.* 7, 11, 13 & 14.

Il faut avoir ſoin que le bas de cette tringle (ſoit de fer ou de cuivre) ſoit d'une forme quarrée, ainſi que la partie du haut priſe immédiatement après le taraudage, afin qu'elle ne tourne pas lorſqu'on ſerre l'écrou; & il eſt même bon de garnir l'extrémité du bras de la ſcie, *fig.* 11, d'une platine de fer en dedans, laquelle eſt percée d'un trou quarré par où paſſe la tringle, comme on peut le voir dans cette figure.

La Figure 6 repréſente une ſcie nommée *Scie à l'Angloiſe*, dont l'arçon ou monture eſt tout de fer; cette ſcie ſe bande par le moyen du manche, lequel reçoit le bout du mord *H*, qui y eſt arrêté par le moyen d'un écrou *I*, à peu-près de la même maniere qu'à la ſcie de marqueterie dont j'ai fait la deſcription *page* 843. Ces ſortes de ſcies ſervent non-ſeulement pour tous les petits ouvrages, mais encore pour couper les métaux tendres, comme le cuivre, l'étain, &c. ainſi que pour les autres matieres qu'on emploie en Ebéniſterie; c'eſt pourquoi il eſt toujours néceſſaire que leurs lames ſoient trempées.

La Figure 8 repréſente un outil nommé *Couteau à ſcie* ou *Scie en couteau*, lequel ne differe de la ſcie à main (dont j'ai parlé dans la premiere Partie de

mon Ouvrage, *page* 190,) que par la grandeur de la lame & la forme du
manche. Cette scie est très-commode pour de petites parties où on ne peut PLANCHE
308.
pas se servir de scies ordinaires, & il est bon de les construire comme celle
représentée *fig.* 8, afin de pouvoir changer leurs lames quand on le juge à
propos.

Les Figures 9 & 15 représentent une autre espece de scie à manche & à conduite, laquelle ne descend qu'à la profondeur qu'on juge à propos de lui donner, & forme par conséquent, dans plusieurs pieces, des traits d'une profondeur
égale. Cette scie est composée d'une lame à l'ordinaire, & d'un chassis ou monture de fer divisé en deux sur l'épaisseur, & dont une des parties entre en entaille des deux bouts dans celle qui est dormante, & qui, par conséquent, entre
dans le manche, de maniere qu'elles ne semblent faire qu'une ; ces deux parties
sont arrêtées ensemble par le moyen de trois vis taraudées dans la partie dormante
de la monture, au milieu de laquelle la scie est placée, étant percée elle-même
par trois mortaises correspondantes & d'une largeur égale au diametre des vis,
de maniere qu'on peut faire avancer ou reculer la lame autant que peut le permettre la longueur des mortaises ; ensuite de quoi on serre les vis pour tenir la
scie en place. *Voyez la fig.* 9, où j'ai cassé le milieu d'une partie de la monture,
afin qu'on puisse voir la mortaise de la lame, & par conséquent la refuite qu'elle
peut avoir.

La Figure 10 représente une autre scie à conduite, dont la monture est au
milieu, de maniere qu'on peut y adapter une ou deux lames de scie, c'est-à-dire,
une de chaque côté. La monture de cette scie entre dans un premier coup de
scie donné auparavant dans la piece, & elle peut, ainsi que la précédente, servir
non-seulement à couper les différentes parties de l'ouvrage, mais encore à y
faire des ravalements de différentes profondeurs & plus ou moins larges, selon
que les scies sont plus ou moins épaisses, à la place desquelles on peut même
mettre des écouenes si on le juge à propos, sur-tout pour travailler les bois
durs, l'ivoire, l'écaille ou d'autres matieres dans lesquelles on veut faire des
incrustations, en raison desquelles on construira les outils dont on aura besoin ;
me contentant des deux exemples que je viens de donner, lesquels sont, ce me
semble, suffisants pour aider à en composer d'autres, soit d'une forme à peu-près
semblable, ou disposés comme des outils à fût.

La Figure 12 représente un outil nommé *Perçoir* ; ce n'est autre chose qu'une
pointe d'une forme applatie, dont les arêtes extérieures sont vives & coupantes.
Cette pointe sert à percer de petits trous dans des parties de bois minces, en
observant de disposer la partie la plus large du perçoir en travers des fils du bois,
afin que ces derniers étant coupés, n'opposent point de résistance à la pointe
qu'on enfonce dans le bois, qui alors n'est pas exposé à se fendre. Les autres
petits trous se percent à la meche, à l'ordinaire ; & quand on craint que les
pieces ne soient trop foibles pour résister à l'effort de cette derniere, on les perce

au foret, comme je l'expliquerai ci-après en parlant des outils propres à percer les métaux.

Les outils dont je viens de faire la description (abstraction faite de ceux du Tour & de Serrurerie dont je vais parler ci-après, & en général de tous les outils de Menuisiers dont j'ai parlé dans le cours de cet Ouvrage, qui peuvent servir également à la construction de l'Ebénisterie dont il est ici question), sont, à peu de chose près, tous ceux qui sont les plus utiles. Il en est encore beaucoup d'autres que chaque Ouvrier fait pour son usage, selon son génie & les différentes occasions qu'il a de les employer avec plus ou moins de succès ; mais comme la plupart de ces outils sont peu différents de ceux dont j'ai parlé dans la description des différentes especes de Menuiserie, j'ai cru pouvoir me dispenser d'entrer dans aucun détail à ce sujet, cette matiere étant d'ailleurs inépuisable.

Quant à la construction de l'Ebénisterie pleine, c'est toujours la même chose que pour les autres especes de Menuiserie ; les différentes parties qui la composent sont toujours liées les unes avec les autres par le moyen des rainures, des languettes, des tenons, des mortaises & autres assemblages ; toute la différence qu'il y a, c'est qu'il faut que tous ces différents assemblages, ainsi que tout le reste de la construction de cette Menuiserie, soient faits avec toute la perfection possible, que le corroyage des bois, les joints & les assemblages sur-tout, soient faits avec la derniere des précisions, sans être dégraissés en aucune maniere ; de sorte qu'en travaillant sur les joints ils ne se découvrent pas. Je ne parlerai pas ici de la qualité des bois, lesquels doivent être parfaits & aussi secs qu'il convient ; sans quoi, quelque soin qu'on prenne, on ne peut pas faire de bon ouvrage.

SECTION SECONDE.

Notions élémentaires de la partie de l'Art du Tour nécessaire aux Ebénistes.

L'ART du Tour est, de tous les Arts relatifs ou accessoires à l'Art du Menuisier, celui qui semble appartenir de plus près à ce dernier, dont il faisoit assûrément partie avant qu'il fût devenu assez considérable pour être divisé en plusieurs branches, qui, par la suite des temps, sont devenues des Arts différents, dont la jouissance est exclusive par le moyen des Maîtrises ; en effet, tous les anciens ouvrages de Menuiserie sont ornés de parties faites au Tour, qui sûrement l'étoient par les Menuisiers, ou du moins leur grande adhérence avec la Menuiserie, donne lieu de le croire ainsi, ou bien que les Tourneurs étoient eux-mêmes Menuisiers, ce qui est la même chose.

Maintenant les Menuisiers ordinaires ne font plus d'ouvrages de Tour, quoiqu'ils soient en droit d'en faire, du moins les Maîtres & leurs fils sous eux, ou un de leurs Apprentifs ; il n'y a que quelques Menuisiers-Ebénistes qui se servent

de

de ce droit pour tourner eux-mêmes les parties de leurs ouvrages qui ont befoin de l'être, ce qui eft beaucoup mieux que de les faire faire par un Tourneur ordinaire, qui, quelqu'habile qu'il foit, (s'il n'eft que Tourneur proprement dit) n'eft guere en état de traiter auffi bien les parties de Menuiferie qui ont befoin d'être tournées, que le feroit un Menuifier qui fauroit tourner ; de plus, il n'y a que dans les Villes comme Paris, & quelques-unes de nos Provinces, où il y a des Maîtrifes exclufives où les Menuifiers ne font pas Tourneurs ; & comme cet Ouvrage eft pour tous les Pays indifféremment, ce feroit le rendre incomplet, fi je ne donnois au moins des notions élémentaires du Tour à pointe, dont à la rigueur, les Menuifiers peuvent fe paffer, du moins pour les ouvrages ordinaires.

La Figure 1 repréfente un Tour à pointe, lequel eft compofé d'un banc ou établi, de deux poupées avec leurs pointes, de deux ou trois fupports avec leurs barres, d'une perche, d'une marche ou pédale, & d'une corde par le moyen de laquelle on fait tourner l'ouvrage, pris entre les deux pointes des poupées.

L'établi ou banc du Tour a de hauteur 3 pieds à 3 pieds un quart, fur 5 à 6 pieds de longueur ; il eft compofé de deux jumelles *A B*, *C D*, de 4 pouces quarrés, diftantes l'une de l'autre d'environ 2 pouces, & affemblées à leurs extrémités par des entre-toifes qui y entrent à tenons doubles fur leur épaiffeur, & qu'on cheville fortement. Quelquefois au lieu de mettre ces traverfes ou entre-toifes à bois de bout comme dans la figure 1, on y met des morceaux à bois de fil affemblés à clef avec les jumelles, au travers defquelles, & au milieu de leur épaiffeur, on fait paffer un boulon de fer à vis, lequel retient très-bien l'écart des jumelles, & en même temps donne la facilité de les démonter, foit pour les redreffer, ou pour quelqu'autre chofe qu'on voudroit y faire.

Les jumelles font portées par quatre pieds d'une groffeur à peu-près égale à celle de ces dernieres, dans le deffous defquelles on les affemble à tenons & mortaifes doubles fur l'épaiffeur. Quand on veut que ces affemblages foient très-folides, on y met des vis, dont la tête ronde & plate s'incrufte dans le deffus des jumelles avec lequel elles affleurent ; l'écrou de ces vis fe place dans l'intérieur du pied, à 3 ou 4 pouces de leur arrafement ; & on doit avoir grand foin qu'il foit bien ajufté, pour qu'il ne puiffe faire aucun mouvement.

Quand on met des vis aux affemblages des pieds de l'établi du Tour, on ne doit donner à ces derniers qu'un pouce de longueur au plus, ce qui eft néceffaire pour les retenir en place où ils n'ont pas befoin d'être chevillés.

L'extrémité inférieure des pieds de l'établi ou banc du Tour, eft affemblé dans des patins *E*, *F*, *fig.* 2, avec lefquels ils affleurent, & dont la longueur eft d'environ 3 pieds, afin de donner plus d'empattement au banc, & pour recevoir des arcs-boutants *G*, *H*, qui viennent s'y affembler, ainfi que dans les pieds, à tenon, à mortaife & en embreuvement, afin d'oppofer plus de réfiftance, & d'empêcher que le pied de l'établi ne faffe aucun mouvement. *Voyez la fig.* 7, qui repréfente un arc-boutant tout défaffemblé, avec fes tenons & les deux barbes *a*, *b*, dont la faillie eft indiquée par des lignes ponctuées ; & la *fig.* 8, qui repréfente le patin vu en deffus avec les affemblages tant des arcs-boutants que des pieds, qu'on cheville avec les patins, du moins pour l'ordinaire ; car il vaudroit beaucoup mieux y mettre des vis en deffous, lefquelles arrêteroient les pieds beaucoup plus folidement qu'on ne pourroit le faire avec des chevilles.

L'établi ou banc du Tour, tel qu'il eft repréfenté dans la figure de cette Planche, eft de la moyenne groffeur, & on peut tourner deffus tous les plus gros ouvrages de Menuiferie, en obfervant de l'arrêter fortement contre la muraille, & même contre le plancher, ou, pour mieux dire, le plafond de l'Attelier, par le moyen d'un ou plufieurs étréfillons ou goberges placés de divers fens, pour éviter que l'établi ne tremble lorfqu'on y tourne de gros ouvrages, à l'effort defquels le poids de l'établi n'apporte pas affez de réfiftance ; ce qui, cependant, eft affez rare pour les ouvrages de Menuiferie ordinaires, qui ont, pour la plupart, befoin de moins de réfiftance que n'en oppofe le poids de l'établi tel que je l'ai repréfenté ici ; c'eft pourquoi, dans le cas de petits ouvrages, on fait ufage d'établis moins lourds que celui-ci, & dont le deffus eft plus large fur le derriere, afin de pouvoir y placer l'ouvrage ou les outils. Ces fortes d'établis peuvent être placés contre le mur ou vis-à-vis d'une croifée, ou bien être ifolés dans le milieu de l'Attelier ; dans ce dernier cas, il faut qu'ils foient fermés au pourtour, du moins de trois côtés, celui de la jumelle la plus étroite devant être toujours vuide & fans traverfe par le bas, pour donner la liberté de faire mouvoir la marche.

Le deffus de ces fortes d'établis doit toujours être très-épais, pour qu'ils ne tremblent pas lorfqu'on travaille deffus, & leurs jumelles de devant avoir toujours 4 pouces de largeur.

En général, le deffus des établis de Tour doit être très-droit & bien dégauchi, afin que les poupées portent également par-tout, & foient toujours bien perpendiculaires ; il faut auffi avoir grand foin que la diftance ou rainure qui eft entre les deux jumelles, foit bien égale de largeur dans toute la longueur de l'établi, pour que les queues ou tenons des poupées n'ayent pas plus de jeu dans un endroit qu'à l'autre. Les faces intérieures des jumelles qui forment cette rainure, doivent être parfaitement d'équerre, & par conféquent perpendiculaires au deffus de la table, pour ne nuire en aucune maniere au paffage des queues des poupées, qui doivent entrer très-jufte dans la rainure, fans cependant frotter beaucoup, afin de pouvoir les faire aller & venir comme on le juge à propos.

Les poupées *I* & *L*, *fig.* 1, font des pieces de bois de 12 à 14 pouces de hauteur, prifes du deffus de l'établi, fur 5 à 6 pouces d'épaiffeur, & 7 à 8 de largeur, à l'extrémité inférieure defquelles eft réfervé un tenon ou queue qui paffe entre les deux jumelles, & les défaffleure en deffous d'environ 6 pouces, pour pouvoir y faire une mortaife dans laquelle on fait entrer un coin *c d*, *fig.* 2, qui arrête la poupée fur les jumelles à telle place qu'on le juge à propos. *Voyez les fig.* 3 *&* 4, qui repréfentent les deux poupées *I*, *L*, *fig.* 1, vues de face, c'eft-à-dire, fur leur épaiffeur, avec les mortaifes propres à placer les coins, lefquelles mortaifes remontent en contre-haut du deffous des jumelles, indiquées par des lignes ponctuées, d'environ un demi-pouce, ce qui eft néceffaire pour faciliter la preffion du coin.

PLANCHE 309.

Au haut des poupées, *fig.* 1, 3 *&* 4, & le plus près poffible de leur extrémité, font placées deux pointes d'acier, terminées toutes deux en forme de cône un peu bombé fur fes faces ; une de ces pointes qui eft placée à gauche, *fig.* 3, eft taraudée dans toute fa longueur, & eft terminée en dehors par une manivelle *e f*, au moyen de laquelle on la fait mouvoir pour l'avancer ou la reculer felon qu'il eft befoin.

L'autre pointe, *fig.* 4, eft arrêtée à demeure dans la poupée ; & pour conferver à cette derniere toute fa folidité, on reploie la pointe en équerre de *g* en *h*, & de *h* en *i*, où elle traverfe la poupée avec laquelle on l'arrête avec un écrou, le bout *i* de la pointe étant taraudé à cet effet. *Voyez la fig.* 5, qui repréfente cette pointe vue de face, & cotée des mêmes lettres que la *fig.* 4.

Les pointes ne doivent pas être placées directement au milieu de la largeur des poupées, mais au contraire le plus près du devant qu'il eft poffible, afin que dans le cas d'un ouvrage d'un petit diametre, la barre qui fupporte l'outil approche contre l'ouvrage.

Les fupports ordinaires font compofés d'une tige *M N*, *fig.* 2, de 2 pouces d'épaiffeur, fur environ 3 de largeur, à l'extrémité de laquelle eft affemblé, en retour d'équerre, un montant ou mantonnet *O*, dont la hauteur doit être de 5 à 6 pouces. A environ un pouce & demi de diftance du mantonnet *O*, eft pareillement affemblée une cheville *P*, d'un bon pouce de diametre, laquelle fert à retenir en place la barre de fupport *Q R*, *fig.* 6, laquelle doit être prife très-jufte entre la cheville & le montant, afin qu'elle ne faffe aucun mouvement lorfqu'on travaille & qu'on appuie l'outil deffus.

Ces fupports entrent tout en vie dans les poupées, à environ 3 pouces au-deffus de l'arrafement de ces dernieres ; & on pratique au-deffus des mortaifes, dans lefquelles entrent les fupports des entailles où fe placent les chevilles qui retiennent la barre de fupport, de maniere que cette derniere peut approcher jufqu'au devant des poupées, ce qui eft quelquefois néceffaire.

La barre de fupport *Q R*, *fig.* 6, eft une piece de bois de chêne, ou de tout autre bois ferme & de fil, dont la longueur doit être égale à celle du banc, ou du moins au dehors des poupées. Quant à la largeur de la barre, ou, pour mieux dire, de fa hauteur, elle doit être difpofée de maniere que fon extrémité fupérieure foit un peu plus baffe que le centre des pointes des poupées, pour les raifons que je dirai ci-après, en parlant de la maniere de tourner. *Voyez la fig.* 2, où la barre de support est représentée en coupe, & son angle extérieur arrondi, ce qui est nécessaire pour qu'on puisse incliner l'outil en dehors autant qu'on le juge à propos.

Les supports s'écartent du devant des poupées autant que l'exige le diametre de la piece qu'on tourne, & on les arrête en place par le moyen d'une vis de pression taraudée dans la joue de la poupée, ainsi qu'on peut le voir à celle *L*, *fig.* 1, & à celles *I* & *L*, *fig.* 3 & 4.

Quand les poupées sont écartées l'une de l'autre autant qu'il est possible, (c'est-à-dire, que la longueur de l'établi peut le permettre), & qu'on craint que la barre de support ne ploie sur sa longueur, ou que, pour quelque raison, on ne veut pas que cette barre aille d'une poupée à l'autre, on la fait porter par un support *S*, *fig.* 1, lequel est assujetti sur le banc par le moyen d'un morceau de bois *T*, qui passe entre les deux jumelles, en dessous desquelles il est arrêté à clef, ainsi que les poupées. Ce support *S*, differe de ceux placés dans les poupées, en ce que son montant & la cheville de devant sont d'une seule piece entaillée pour placer la barre de support; & on doit avoir grand soin que le dessus de cette entaille soit parfaitement de niveau avec le dessus de la tige de l'autre support, ainsi que je l'ai observé dans cette figure.

La barre de support entre, ainsi que je l'ai dit plus haut, juste entre le mantonnet & la cheville des supports; cependant il est bon, pour plus de solidité, de mettre des vis dans l'épaisseur des mantonnets, lesquelles fassent pression sur la barre, & par conséquent l'empêchent de se mouvoir & de se déranger de sa place.

La perche à laquelle est attachée la corde du Tour, doit être d'un bois ferme & liant, comme le Charme, le Frêne & même le Buis, lorsqu'il n'est pas trop noueux, de la longueur de 7 à 8 pieds, & de 2 à 2 pouces & demi de diametre par son plus gros bout, lequel doit être attaché au plafond de l'Attelier, de maniere qu'elle puisse tourner aisément; l'autre bout de la perche doit être un peu plané en dessous jusqu'à environ le quart de sa longueur, à compter du gros bout, parce que c'est à peu-près à cette distance qu'on place le chassis sur lequel la perche porte. Ce chassis n'est autre chose qu'une traverse d'environ 2 pieds de longueur, assemblée par ses deux extrémités dans deux montants de 8 à 10 pouces de haut, fortement attachés au plafond de l'Attelier. La corde s'attache au petit bout de la perche, laquelle doit être placée de maniere que quand elle est abaissée à la moitié du chemin qu'elle doit faire lorsqu'elle est entraînée par la corde, cette derniere se trouve perpendiculaire à l'axe de l'ouvrage qu'on tourne, & par conséquent avec les pointes des poupées, ou du moins à une ligne horisontale menée de l'une à l'autre.

La corde doit avoir une ligne & demie à 2 lignes de diametre; & il faut lui faire faire deux tours sur l'ouvrage, en observant que le second se trouve en face en retombant, pour joindre la pédale au point *U*, *fig.* 1, afin qu'en

appuyant

appuyant sur cette derniere, elle entraîne la corde, & par conséquent l'ouvrage, & l'oblige à tourner à la rencontre de l'outil, qui, par ce moyen, mord dessus. *Voyez la fig.* 1.

La corde doit être placée à la gauche de l'Ouvrier, du moins c'est l'ordinaire, quoiqu'il y ait des occasions où on la place à droite ; & c'est pour cela que la perche pose sur un chassis de 2 pieds de largeur, afin d'avoir la liberté de la placer à droite ou à gauche, selon qu'on le juge à propos.

La marche ou pédale est simple, c'est-à-dire, composée d'un seul morceau de bois de 2 à 3 pieds de longueur, ou composée de plusieurs morceaux, comme celle *U*, *fig.* 1, laquelle est ainsi disposée, parce que la corde passant par derriere le banc & au-dessus des jumelles, comme on peut le voir dans cette figure, & que l'indique la ligne *l m*, *fig.* 2, il faut que cette pédale soit très-longue, ce qui oblige à y mettre une entre-toise *X Y*, *fig.* 1, afin que le Tourneur puisse également se servir du pied droit & du pied gauche, & avoir en même temps un autre point d'appui en *Z*, qui augmente un peu la puissance de la pression, & diminue par conséquent de la résistance qu'oppose le choc de l'outil & la perche qui tend à se redresser.

Ces sortes de marches n'ont d'autre avantage que de faire parcourir de plus grands espaces à la corde, ce qui est nécessaire quand on a des ouvrages d'un gros diametre à tourner, où il faut, autant qu'il est possible, que la partie où est placée la corde ne soit pas d'un trop petit diametre, parce que l'outil opposeroit trop de résistance ; hors ce cas, il vaut mieux faire passer la corde entre les deux jumelles, comme l'indique la ligne *l n*, *fig.* 2, parce qu'alors le Tourneur peut poser son pied tout proche de la corde, ce qui le fait jouir de toute sa force, & le fatigue beaucoup moins que quand la branche de la marche est prolongée jusqu'en *m*, où il ne jouit pas de la moitié de sa force, ce qui l'oblige d'appuyer davantage.

Le banc du Tour, ainsi que je viens de le représenter avec ses poupées & ses supports, est propre pour les gros ouvrages, & construit de la maniere la moins coûteuse possible, ce qui est très-essentiel pour la plupart des Ouvriers ; cependant comme on n'a pas toujours de gros ouvrages à tourner, & qu'il est même très-rare que cela soit, sur-tout pour les ouvrages d'Ebénisterie dont il est ici question, on peut faire des bancs de Tour moins grands, comme je l'ai dit plus haut, avec des poupées & des supports aussi moins gros, ainsi que celles représentées *fig.* 1, 2 & 3. Ces poupées différent de celles dont j'ai parlé ci-dessus, non-seulement par la grosseur, mais encore par la forme, celles dont je parle ici étant ravalées sur leur largeur, pour faire approcher la barre de support aussi proche de l'ouvrage qu'il est possible, ou du moins que peut le permettre la grosseur des pointes, d'après lesquelles il faut toujours laisser une joue d'une force raisonnable.

La queue de ces poupées ne descend qu'à-peu-près aux deux tiers de l'épaisseur des jumelles, en dessous desquelles on les arrête par le moyen d'une vis *A A*, *fig.* 1 *&* 3, qui ne pose pas directement sur les jumelles, mais sur une espece de platine de fer ou de cuivre *B B*, sur laquelle on observe une saillie de 5 à 6 lignes d'épaisseur, & d'une largeur égale à la distance qu'il y a entre les deux jumelles, afin qu'en serrant la vis cette platine ne tourne point avec elle. L'écrou de la vis *A* se place au milieu de la queue ou tenon de la poupée, au nud de son arrasement, comme on peut le voir à la *fig.* 1 & à la *fig.* 2, où la place de l'écrou est vuide.

Les supports C, *D*, des poupées dont je parle, se font en fer ou en cuivre, afin de tenir moins de place dans les poupées, où on les arrête avec des vis de pression à l'ordinaire.

Quant aux pointes, on les fait toutes droites, comme celles représentées *fig.* 9 *&* 10 ; ou bien quand les poupées sont très-petites, & qu'on craint que les pointes étant placées trop près du bord des poupées, ne les fassent fendre, on y met des pointes coudées, comme la figure 7 ou la figure 8, ce qui est égal. Ces pointes, ainsi que les deux autres, sont dessinées au sixieme de l'exécution ; au lieu que les figures 1, 2, 3, 4, 5 & 6, ne le sont qu'au douzieme, c'est-à-dire, au pouce pour pied.

Quand on tourne des pieces très-longues comme, par exemple, des pieds de lits à colonnes, on supprime une des poupées du Tour ; & à l'alignement de celle qui reste, on pose dans le mur de l'Attelier (ou, quand il n'est pas possible de le faire, dans un poteau postiche,) une pointe comme celle représentée *fig.* 6, qu'on ôte quand on veut, c'est-à-dire, quand l'ouvrage est fini.

La barre des supports, représentée dans cette Planche, ne differe de celle dont j'ai parlé ci-dessus, que par la grandeur prise sur toutes ses dimensions, en observant cependant qu'elle soit assez forte pour résister au choc de l'outil.

Les supports & les barres dont je viens de parler, ne servent que pour tourner l'ouvrage à bois de fil, comme le représente la *fig.* 30 ; & lorsqu'on veut tourner l'ouvrage à bois de travers, comme à la *fig.* 32, on se sert d'un support représenté *fig.* 4 *&* 5, lequel est composé de deux parties E, *F*, qu'on sépare lorsqu'on le juge à propos, n'étant retenues ensemble que par des vis *a*, *a*, dont la tête faite en forme de T, est enterrée dans la piece mobile du support, où sont pratiqués un ravalement & une rainure, pour laisser à cette piece la liberté de se mouvoir horisontalement quand on juge à propos de le faire, ce qui est nécessaire en raison des différents diametres des pieces qu'on tourne, vu que le dessus de la piece E est disposé en pente en relevant de droite à gauche, pour servir de point d'appui au Tourneur , & qu'il faut toujours que l'outil prenne, à peu de chose près, dans le diametre horisontal de la piece à tourner, indiquée par une ligne ponctuée qui passe de la pointe de la poupée *fig.* 1, à celle *fig.* 6.

La piece *F*, du dessous de ce support, est à peu-près disposée comme une poupée, du moins dans sa partie inférieure, dans laquelle on fait passer une clef pour l'arrêter en dessous des jumelles, ou bien une vis, comme aux *fig.* 1 *&* 3.

Au-devant du support *F*, on fait un ravalement sur lequel vient s'appuyer la planche *E*, ou partie supérieure du support, à la place de laquelle on peut mettre une lunette *b c d e*, qui n'est autre chose qu'un morceau de bois, ou quelquefois de cuivre, percé au milieu d'un trou rond un peu évasé, pour retenir la piece qu'on fait passer dedans. Les lunettes servent quand, par quelque raison, on ne peut pas faire usage des deux pointes du Tour, comme, par exemple, dans le cas où une piece devroit être percée au Tour par le bout; dans ce cas, dis-je, on place un des bouts de cette piece sur la pointe de la poupée à gauche, & l'autre dans la lunette, dont le diametre doit être ajusté avec celui de la piece qu'on veut percer, ou l'extrémité de cette derniere avec l'ouverture de la lunette, comme cela arrive quelquefois.

Quand on tourne l'ouvrage à bois de travers, comme le représentent les figures 11, 13 & 14, & encore mieux celle 32, on le place sur des outils nommés *mandrins*, dans lesquels entrent les pointes des poupées, & qui reçoivent la corde du Tour.

Les mandrins propres au Tour à pointe, (qui est celui dont je parle ici) sont de différentes formes & grosseurs, en raison des différentes sortes d'ouvrages où ils servent.

Quand, par exemple, l'ouvrage n'est pas d'un grand diametre, & qu'il n'est pas exposé à beaucoup d'efforts en le tournant, on se sert d'un mandrin *fig.* 11, dont le bout qui doit porter l'ouvrage, est armé de trois pointes de fer, comme celles *f*, *g*, *h*, *fig.* 12, lesquelles suffisent à retenir l'ouvrage en place. Quand ce dernier est d'un diametre assez considérable pour faire craindre que les pointes du mandrin ne soient pas suffisantes, on se sert d'un mandrin à vis, représenté *fig.* 13, dont la vis *G H* passe au travers de l'ouvrage, & est percée d'un trou conique à son extrémité, pour recevoir la poupée à droite du Tour; cette vis est arrêtée dans le mandrin par le moyen d'une goupille, & on perce dans le mandrin un trou *I*, dans lequel on fait passer une broche de fer, par le moyen de laquelle on desserre la vis qui tient l'ouvrage sur le mandrin, laquelle tient d'autant plus fort, qu'elle se serre toujours en travaillant.

Il y a des ouvrages qui ne peuvent être percés à leur centre, comme celui dont je viens de parler, & qui cependant sont d'un très-grand diametre, comme, par exemple, des ronds dont on orne les pilastres & les banquettes des croisées; dans ce cas on se sert d'un mandrin *fig.* 14, dont la vis est courte, & se monte sur un plateau de bois d'environ un pouce d'épaisseur, comme celui *L M*, sur lequel on place l'ouvrage *N O*, qu'on y arrête avec trois ou quatre clous déliés & fins, pour qu'ils marquent moins; & on doit avoir attention en attachant l'ouvrage sur le plateau, que leurs fils soient croisés, afin qu'ils se soutiennent mutuellement.

Quand l'ouvrage est d'une certaine conséquence, on fait aussi très-bien de rapporter dessus une calle de bois *P*, dont l'épaisseur soit suffisante pour recevoir la pointe du Tour, qui alors ne marque point l'ouvrage, comme il arrive à tous les ronds où on ne prend pas cette précaution. *Voy. la fig.* 32, où est représentée une piece montée de cette maniere.

Dans le cas où on ne voudroit pas se servir de la poupée de la droite du Tour, on pourroit faire un mandrin qui se plaçât d'un bout sur la poupée à gauche, & de l'autre dans une lunette, de maniere que toute la face de l'ouvrage seroit libre, ce qui seroit très-avantageux, & pourroit, dans le cas dont je parle, tenir lieu de Tour en l'air, dont je ne parlerai pas ici, vu que ce détail appartient à l'Art du Tour proprement dit, dont la description, faite par M. Hulot, va paroître incessamment, à laquelle ceux qui voudront prendre des connoissances plus étendues de ce bel Art, pourront avoir recours, me bornant ici à en donner quelques notions les plus simples, dont la connoissance est absolument nécessaire aux Menuisiers, de quelqu'espece qu'ils soient.

Les outils propres à tourner, sont, après le Tour (qui est le principal de tous), les Gouges, *fig.* 15 *&* 16; les Fermoirs ou Ciseaux, quelquefois nommés *Plaines*, *fig.* 17 *&* 18; les Grains-d'orge, *fig.* 19 *&* 20; les Ciseaux proprements dits, nommés *Ciseaux à planches*, *fig.* 21 *&* 22; les Becs-d'âne, *fig.* 23 *&* 24; les Gouges plates ou à planches, *fig.* 25 *&* 26, & les Crochets, soit en bec-d'âne comme la *fig.* 27, en gouge plate comme la *fig.* 28, ou en grain d'orge comme la *fig.* 29.

Ces différentes sortes d'outils peuvent se réduire à cinq especes; savoir, les Gouges creuses & les Fermoirs, dont le taillant qui est toujours à deux biseaux, est quelquefois incliné comme dans cette figure, ou bien droit, c'est-à-dire, perpendiculaire avec les côtés de l'outil; ces deux premieres especes servent à tourner les bois tendres à bois de fil. Les trois autres especes ne servent qu'aux bois durs & aux bois de travers, & sont tous à un seul biseau; savoir, les Ciseaux proprement dits & les Becs-d'âne, les Grains-d'orge & les Gouges plates, soit que ces derniers outils soient droits ou à crochets.

Tous ces différents outils sont plus ou moins grands. Il y a, par exemple, des Becs-d'âne depuis une ligne jusqu'à un demi-pouce de largeur, & ainsi des autres, ceux que j'ai représentés ici étant de la grandeur la plus ordinaire, qui est un pied de fer.

Tous ces différents outils s'affûtent sur la meule avec les affiloirs & la pierre à l'huile, selon qu'il convient à la forme de chacun d'eux, en observant cependant que les outils à planche ayent le fil en dessus, le frottement de l'ouvrage tendant toujours à le rabattre en dessous.

Il y a deux manieres de tourner, comme je l'ai dit plus haut; savoir, à bois de fil & à bois de travers; dans l'un ou l'autre cas, il faut d'abord commencer par ébaucher l'ouvrage le plus près possible; ensuite de quoi on le place sur le Tour, après l'avoir cintré d'abord; quand il est entre les pointes, on vérifie s'il est bien cintré en le faisant tourner quelques tours, pour connoître

s'il

s'il n'eſt pas plus d'un côté que d'un autre ; enſuite de quoi on ſerre & arrête les poupées de maniere qu'elles tiennent la piece ferme , ſans cependant en empê-cher le mouvement ; enſuite de quoi on commence à tourner ; ce qui ſe fait de la maniere ſuivante.

On commence par poſer le pied droit ou le gauche ſur la pédale , (ce qui eſt égal, car il y a des Tourneurs qui ſe ſervent également de l'un ou de l'autre) pour mettre la piece en mouvement ; puis , quand ce ſont des bois tendres qu'on veut tourner à bois de fil, on prend le manche de la gouge de la main droite, qu'on tient renverſée en deſſous, & de la main gauche on ſaiſit la gouge vers ſon extrémité , & on l'appuie fortement ſur la barre du ſupport, en obſervant de l'incliner de maniere que ſon taillant prenne un peu au-deſſus d'une ligne horiſontale paſſant au centre de la piece, avec la circonférence de laquelle il faut que l'intérieur du taillant de la gouge faſſe tangente , du moins à peu de choſe près. On pro-mene ainſi la gouge tout le long de la piece juſqu'à ce qu'elle ſoit parfaitement ébauchée de groſſeur, ce qu'on connoît en y préſentant de temps en temps le compas courbe, *fig.* 31 , autrement dit *compas d'épaiſſeur* , ouvert à la groſſeur que la piece doit porter.

Quand on a ainſi ébauché à la gouge , on prend le fermoir dont le taillant eſt incliné, *fig.* 17 , qu'on tient de la même maniere que la gouge , à l'exception qu'il faut relever un peu le côté *i* , *fig.* 30 , du fermoir, afin qu'il ne morde pas parallélement avec l'axe de la piece, mais incliné à cet axe d'environ 45 degrés ; cette inclinaiſon eſt néceſſaire pour que le bois ne s'écorche pas en tournant, ce qui arriveroit infailliblement ſi le taillant du fermoir étoit parallele à l'axe de la piece, & par conſéquent mordoit dans toute ſa largeur.

Le fermoir ainſi diſpoſé , ſe mene de droite à gauche dans toute la longueur de la piece, juſqu'à ce qu'on ait atteint tous les traits formés par la gouge ; enſuite on finit l'ouvrage avec le fermoir droit ou *plane* , qu'on tient un peu moins incliné que l'autre, & qu'il eſt bon de creuſer un peu ſur la largeur, afin qu'il faſſe moins d'ondes ſur la ſurface de la piece qu'on tourne.

La maniere de tenir & de conduire la gouge & le fermoir telle que je viens de la décrire, & que je l'ai repréſentée *fig.* 30 , eſt la plus ordinaire ; ce n'eſt pas qu'on ne le puiſſe faire à rebours, au contraire, il y a des occaſions où on eſt obligé de la faire ; alors on change l'outil de main, c'eſt-à-dire , qu'on tient le manche de l'outil de la main gauche , & le fer de la droite , & qu'on le fait aller de gauche à droite.

La gouge & le fermoir ſuffiſent pour tourner les bois tendres à bois de fil, ſoit que l'ouvrage ſoit tout uni ou orné de moulures creuſes ou rondes ; dans le premier cas les gouges ſeules ſuffiſent, & dans le ſecond les fermoirs, qu'il faut avoir grand ſoin de faire toujours prendre du milieu, du moins autant qu'il eſt poſſible, & d'éviter de faire toucher de l'angle, ce qui raye l'ouvrage.

Quand on tourne des bois durs, comme l'Ebene, le Gayac & autres , on ſe fert des outils à planche, qu'on tient droits dans la direction de l'axe de la piece ce qu'on tourne; de forte que ces outils grattent plutôt le bois qu'ils ne le coupent, ce qui oblige à les faire un peu épais, & leurs biseaux courts, en suivant à peu-près l'inclinaison de 45 degrés. On commence toujours les ouvrages dont je parle, avec la gouge pour ébaucher, & on les finit ensuite avec les ciseaux à planches, les becs-d'âne & les grains-d'orge, &c.

L'ouvrage à bois de travers se travaille de même que les bois durs dont je viens de parler, parce que les bois de travers ont beau être tendres, ils ne peuvent se couper à la gouge creuse & au fermoir, vu qu'ils présentent alternativement du bois de fil & du bois de travers, & entre les uns & les autres des fils qui tendent à écarter ou à rapprocher l'outil, ce qui oblige à tenir ce dernier bien ferme sur le support, & à bien prendre garde qu'il ne morde trop, parce qu'alors on ne peut plus en être le maître, sur-tout à des ouvrages d'un diametre un peu considérable.

Quand l'ouvrage, soit à bois de fil ou à bois de travers, est entiérement terminé à l'outil, on le polit avec de la peau de chien, & ensuite avec de la prêle qu'on passe dessus en le faisant mouvoir comme lorsqu'on le tourne; ensuite de quoi on y passe un peu de cire, & on l'essuie avec un morceau de buffle ou de drap, & cela toujours en faisant tourner la piece. Aux bois durs, à la place de la cire, on peut se servir d'huile d'olive, qu'on étend avec du buffle ou du chamois.

Le Tour à pointe dont je viens de faire la description, se fait aussi mouvoir par le moyen d'une roue d'environ 4 à 5 pieds de diametre, qu'un homme fait tourner, ce qui est très-commode, parce que non-seulement le Tourneur est moins fatigué, mais encore parce que l'ouvrage ne tournant plus que d'un sens, l'action de l'outil devient continue, ce qui est très-nécessaire pour les ouvrages d'un gros diametre, qui, par ce moyen, sont mieux & plus promptement faits.

§. I. *Des Taraux & des Filieres en bois à l'usage des Ebénistes.*

S1 les Menuisiers-Ebénistes pouvoient faire usage du Tour en l'air, ou si, pour mieux dire, cette machine n'étoit pas d'une trop grande cherté, relativement aux moyens du plus grand nombre, les Filieres en bois dont je vais faire la description, ne leur seroient pas aussi absolument nécessaires qu'elles leur sont pour faire les vis & les écrous de bois, ou, pour mieux dire, la place que ces vis occupent dans leurs ouvrages, qui, la plupart, ne peuvent s'en passer, soit pour éviter la dépense des ferrures, soit pour donner la facilité de démonter ces mêmes ouvrages lorsqu'on le juge à propos, & cela sans qu'il y ait aucune ferrure apparente.

Le Tarau représenté *fig.* 4, est un outil d'acier garni d'un manche de bois *A B*, de la même forme que ceux des Tarieres; la partie inférieure *C*, de cet outil eſt taillée en forme de vis, dont les pas ſont en ſaillie d'après le nud de la tige, & interrompus par quatre coups de lime donnés ſur les quatre faces, parallément à l'axe du Tarau, de maniere que ce dernier vu en deſſous, comme la *fig.* 2, repréſente quatre angles en ſaillie, leſquels ſont tous perpendiculaires au centre *a*; & quand on fait uſage du Tarau, chacun des angles que préſentent les pas de la vis ainſi coupés, ſont autant d'outils qui coupent & emportent le bois qu'ils rencontrent, d'autant mieux qu'il eſt bon que le Tarau ſoit un peu diminué du bas pour lui donner de l'entrée.

Quand on veut faire uſage d'un Tarau, on commence par percer dans la piece de bois qu'on veut tarauder, un trou d'un diametre égal à celui du Tarau, pris du fond des filets ou pas de vis; enſuite on fait entrer le Tarau dans ce trou, en le tournant de gauche à droite, avec la précaution de le graiſſer & de le retirer de temps en temps, pour empêcher que le bois ne ſe foule trop fort, & que les filets ne s'éclattent. *Voyez la fig.* 3, qui repréſente un Tarau qui eſt à moitié chemin de l'épaiſſeur de la piece de bois *D E*, coupée par la moitié de ſa largeur.

La Filiere repréſentée *fig.* 6, 9, 10, 11 & 13, eſt compoſée de deux parties principales; ſavoir, de la Filiere proprement dite, qui eſt un morceau de bois plat, d'environ un pouce d'épaiſſeur, ſur 3 de largeur, & 9 à 10 pouces de longueur, y compris les deux manches *F*, *G*; deſſous cette Filiere eſt appliqué un morceau de bois *H I*, *fig.* 6, d'environ 4 lignes d'épaiſſeur, qu'on nomme *conduite*, & qui eſt arrêté avec la Filiere par le moyen de deux vis *L*, *M*, leſquelles paſſent au travers de cette derniere, & ſont taraudées dans l'épaiſſeur de la conduite, comme on peut le voir à la *fig.* 7 & à la *fig.* 11, qui repréſentent la coupe longitudinale de la Filiere & de la conduite.

Dans le milieu de la longueur & de la largeur de la Filiere, eſt percé un trou *N*, *fig.* 9, dans lequel on fait paſſer le Tarau, comme à la *fig.* 3, afin d'y former des filets, & que l'intérieur de ce trou devienne un écrou, par le moyen duquel, ainſi que du fer placé dans l'intérieur de la Filiere, on puiſſe faire des vis en bois, comme je l'expliquerai ci-après.

Ce fer, repréſenté *fig.* 14, vu tant en dedans que de côté, & de face ou en dehors, doitêtre d'une épaiſſeur un peu plus forte que la hauteur d'un des pas de vis, & être diſpoſé de maniere que ſa coupe, priſe ſur la ligne *a b*, *fig.* 13, (laquelle eſt un des rayons du cercle que forment les filets de l'écrou, avec lequel le devant du fer doit faire une tangente,) il faut, dis-je, que cette coupe forme à l'extérieur un triangle équilatéral, dont le ſommet ſoit au point *b*.

Le dedans de ce fer doit être évuidé & affûté à vif à ſon extrémité, pour qu'il puiſſe couper le bois & ne le foule pas, ce qui arriveroit néceſſairement s'il étoit plein comme au Tarau, où très-ſouvent le bois ſe refoule au lieu de ſe couper, ſur-tout aux bois tendres, où les filets s'égrenent, & même les pieces ſe fendent par l'effort que fait le Tarau, ce qu'on peut éviter en mettant la piece à tarauder dans une preſſe ou dans un étau.

Le fer de la Filiere en bois fe place dans une entaille faite dans l'épaiſſeur de la Filiere, en obſervant que ſon angle *b*, *fig.* 13, touche bien préciſément au cercle intérieur du filet, & que l'arête du fer, vue ſur ſon épaiſſeur, vienne rencontrer l'arête du filet ſaillant à ce même point, ainſi qu'on peut le voir à la *fig.* 11, ce qui eſt très-facile à faire, puiſqu'il ne s'agit que de faire l'entaille dans laquelle le fer eſt placé, un peu plus ou moins profonde.

L'extrémité du fer du côté du taillant, ne doit pas être coupée perpendicu-lairement à ſa face, mais au contraire un peu inclinée du côté de l'angle *b*, *fig.* 13, & cela afin qu'il ne prenne pas le bois de front, mais un peu obliquement, en commençant par l'extérieur du cylindre ſur lequel on veut faire un filet ou pas de vis, ce qui facilite l'évacuation du copeau, & en même temps empêche le bois de s'égrener, vu que l'extrémité des filets eſt toujours coupée la premiere.

Le fer de la Filiere doit être placé très-juſte dans ſon entaille, tant ſur la largeur que ſur la profondeur, & ſur-tout à ſon extrémité *c*, *fig.* 13, afin que lorſqu'on en fait uſage, il ne puiſſe point reculer, quelque forte que ſoit la preſſion du bois de la vis ſur le fer, qui tend à s'écarter & à reculer, & qui, par conféquent, a beſoin d'être ſolidement appuyé ſur tous les ſens, & ſur-tout à ſon extrémité. Le fer d'une Filiere s'arrête avec deux ou trois vis placées des deux côtés, comme à la *fig.* 13 ; cependant il vaut mieux y mettre un crochet comme celui repréſenté *fig.* 5, lequel paſſe au travers de l'épaiſſeur de la Filiere, en deſſous de laquelle il eſt arrêté avec un écrou, & vient embraſſer le fer dans ſa largeur ; quelquefois même on fait une entaille ſur l'épaiſſeur du fer, dans laquelle le crochet entre afin de l'arrêter d'une maniere ferme & ſolide.

Derriere le fer, à l'endroit de ſon taillant, on fait dans toute la largeur en deſſus du côté de la Filiere, une entaille *O*, *fig.* 13, nommée *lumiere*, laquelle ſert à la ſortie des copeaux ; cette lumiere doit être d'une profondeur égale à celle de l'entaille où eſt placé le fer, à laquelle elle ſert de continuation. *Voyez la fig.* 6 & la *fig.* 8, qui repréſentent la coupe tranſverſale de la Filiere.

Que le fer ſoit incliné comme à la *fig.* 13, ou qu'il ſoit parallele avec les côtés de la Filiere, cela eſt égal, pourvu qu'il faſſe toujours tangente avec le cercle intérieur des filets, c'eſt-à-dire, que le devant du fer ſoit perpendiculaire avec le rayon du cercle pris à ſon point de rencontre, comme je l'ai exprimé *fig.* 12, où les lignes *P*, *Q*, *R*, forment autant d'angles droits avec les rayons du cercle, auxquels ces lignes ſont tangentes.

La conduite de la Filiere eſt percée d'un trou, dont le centre doit répondre bien exactement à celui de la Filiere, & dont le diametre doit être égal au fond des filets de cette derniere, comme on peut le voir à la *fig.* 11, où les premiers pas de vis ſont ſupprimés juſqu'à la rencontre du fer, ce qui eſt néceſſaire pour que ce dernier puiſſe commencer à prendre ſur le cylindre, qu'on fait paſſer d'abord dans la conduite, qui l'empêche de ſe déranger lorſqu'on le taraude, ce qui ſe fait de la maniere ſuivante.

On

On commence d'abord par tourner un cylindre de la longueur & de la grosseur convenables, dont on diminue un peu l'extrémité pour lui donner de l'entrée; ce qui étant fait, on assujettit le cylindre dans une presse ou dans un étau, (ce qui est égal) & on fait entrer l'extrémité du cylindre dans la conduite de la Filiere, qu'on tient à deux mains par les manches ou poignées F, G, & qu'on fait tourner de gauche à droite, en appuyant légérement dessus jusqu'à ce qu'il y ait quelques filets de faits, lesquels prenant dans ceux de la Filiere, dispensent d'appuyer davantage. Quand la vis qu'on veut tarauder est d'une certaine longueur, il faut avoir grand soin de retirer la Filiere de temps en temps, pour frotter l'intérieur de cette derniere avec un morceau de savon, tant pour empêcher qu'elle ne s'échauffe trop par le frottement de la vis, que pour en faciliter le passage. *Voyez la Fig. 6*, qui représente une Filiere toute montée & vue du côté de la lumiere, avec un cylindre *S T*, dont la partie supérieure est taraudée comme je l'ai enseigné ci-dessus.

Lorsqu'il arrive que la piece qu'on taraude a un arrasement, on fait descendre la Filiere jusqu'à ce qu'elle porte dessus; ensuite on ôte la conduite de cette derniere, qu'on fait encore descendre autant qu'il est possible, de maniere qu'il ne reste plus guere qu'un filet à faire pour atteindre l'arrasement, lequel filet s'acheve au ciseau, pour que la vis soit parfaite dans toute sa longueur.

Il y a des Taraux, & par conséquent des Filieres de toutes sortes de pas, depuis 2 à 3 *lignes* de diametre, jusqu'à un pouce, & même au-dessus; mais elles ne sont guere d'usage pour les Menuisiers. Chaque Tarau & sa Filiere se trouvent tout faits chez les Marchands Clincaillers qui les vendent; cependant il seroit fort aisé aux Menuisiers de les faire, sur-tout ayant les Taraux tout faits, qu'ils pourroient cependant au besoin, faire eux-mêmes, en prenant un morceau d'acier forgé & limé le plus rond possible, sur la partie inférieure duquel ils feroient les pas de vis avec une lime en tiers-point, après les avoir tracés de la maniere suivante.

On trace sur un papier un parallélogramme *U X Y Z*, *fig. 1*, dont la largeur est égale à la circonférence du Tarau prise à sa partie inférieure; on divise cette largeur en six parties égales, comme l'indiquent les lignes perpendiculaires de cette figure; puis on prend la moitié d'une de ces divisions, qu'on porte de *Z* à *b*, ce qui donne l'inclinaison du pas de la vis, qui, pour être bonne, doit être le douzieme de la circonférence développée sur une ligne droite, comme dans cette figure.

Quant à la distance qu'il doit y avoir d'un pas de vis à l'autre, elle ne doit pas être plus considérable que celle *d Z*, c'est-à-dire, d'un douzieme de la circonférence de la vis, ou un dix-huitieme au moins, sur-tout pour les vis en bois.

Quand on a réglé la distance d'un pas de vis à un autre, on trace sur le parallélogramme autant de lignes obliques paralleles à celles *Y d*, qu'on veut faire de pas de vis sur le Tarau; ce qui étant fait, on colle le papier sur lequel ces divifions font tracées, fur la partie inférieure du Tarau, en obfervant que ce papier ne foit pas trop épais, qu'il foit d'une largeur bien égale à la circonfé-rence de ce dernier, & que les lignes horifontales qui vont d'une révolution à l'autre, fe rencontrent parfaitement. Quand ce papier eft fec, on prend une lime en tiers-point, & on lime l'intervalle qui fe rencontre entre chaque ligne oblique, formant autant de lignes au pourtour du Tarau, jufqu'à ce que les filets indiqués par ces lignes, viennent à vive arête. Si on opere jufte, il eft certain qu'on parviendra, par cette méthode, à faire des Taraux de toutes fortes de groffeurs auffi parfaits qu'ils peuvent être fans être faits fur le Tour ni à la Filiere en fer.

Les Taraux une fois faits, il eft très-aifé de faire les Filieres, qui, pour être bonnes, doivent être faites avec du bois très-fec, & d'une qualité dure, comme le Buis, le Cormier, &c; & pour bien ajufter la conduite de la Filiere, il faut, après l'avoir percée ainfi que cette derniere, y placer un cylindre dont une partie de la vis foit faite comme celui *S T*, *fig. 6*, afin de centrer jufte la conduite, qu'on arrête enfuite fur la Filiere pour y percer les trous des vis *L*, *M*; & après que ces dernieres font placées, on finit la Filiere à l'extérieur, ce qui ne fouffre aucune efpece de difficulté, vu que la forme extérieure des Filieres, ni les orne-ments qu'on peut y ajouter, ne font rien à la bonté de ces outils.

§. II. *Des Machines propres à faire des Cannelures, tant fur les Cylindres que fur les Cônes.*

QUAND les parties coniques ou cylindriques qu'on tourne fur le Tour à pointe, font d'une certaine longueur, il eft affez difficile de les faire parfaite-ment droites felon la méthode ordinaire; c'eft pourquoi j'ai cru qu'il étoit bon de donner ici une autre méthode felon laquelle on puiffe les faire très-droits, de telle forme qu'ils foient.

Quand on veut dreffer fur le Tour des pieds de Table, ou toute autre piece d'un diametre inégal d'un bout à l'autre, comme celle *A B*, *fig. 1*, on com-mence à la dreffer à la gouge & au cifeau à l'ordinaire & le mieux poffible; après quoi on pofe des deux côtés des poupées, les deux barres de fupport *C D* & *E F*, dont les arêtes fupérieures fe dégauchiffent parfaitement bien entr'elles, & on éleve ou abaiffe ces deux fupports jufqu'à ce qu'ils foient de niveau avec les deux extrémités de la piece *A B*, comme l'indiquent les lignes *a b* & *c d*. Ce qui étant fait, on prend la varlope-onglet *G H*, qu'on pofe fur les deux fup-ports de maniere que fon fer touche à peu-près le milieu de la piece qu'on fait tourner à l'ordinaire; & quand elle ceffe de prendre dans toute la longueur de la piece, c'eft une marque certaine que cette derniere eft parfaitement droite, du moins autant que les deux fupports le feront eux-mêmes.

Quand les pieces doivent être droites dans toute leur longueur, il eft affez indifférent qu'on pofe la varlope-onglet perpendiculairement à la face des supports, ou qu'elle leur soit inclinée, comme celle *I L*, *fig.* 2, ce qui est même mieux, pour que le fer de la varlope ne prenne pas dans toute sa largeur.

Mais s'il arrivoit qu'au lieu d'une piece droite dans toute sa longueur, comme celle *A B*, *fig.* 1, elle fût bombée comme, par exemple, le fût d'une colonne, il faudroit avoir grand soin de tenir la varlope-onglet perpendiculaire à la face des supports, ainsi que celle *M N*, *fig.* 2, parce que ces supports devant être eux-mêmes bombés selon le renflement de la colonne, pour peu qu'on menât la varlope de biais, il est certain qu'on la feroit hausser ou baisser de l'un de ses bouts plus que de l'autre, ce qui ne pourroit être sans augmenter ou diminuer du fût de la colonne, ce qu'il faut absolument éviter.

Quand les pieces à dresser à la varlope-onglet, sont dans le cas dont je viens de parler, c'est-à-dire, qu'elles sont bombées ou renflées sur leur longueur, il faut avoir grand soin que les deux supports *C D* & *E F*, soient bien également bombés entr'eux, & que quand on les pose sur les poupées, ils soient bien exactement vis-à-vis l'un de l'autre & de la piece à dresser ; c'est pourquoi il est bon de faire sur les uns & sur les autres des lignes de repaires, pour n'être pas exposé à se tromper en les posant.

Les supports se posent à la maniere ordinaire, du moins pour celui *C D* ; & l'autre *E F* s'attache derriere la poupée avec des vis à tête, & dont l'écrou est placé dans la poupée, ce qui donne la facilité de changer de support quand on veut, & de le hausser & baisser comme on le juge à propos, en y faisant dans sa largeur une mortaise de la grosseur du colet de la vis.

Cette maniere de dresser sur le Tour les différentes parties, soit cylindriques, coniques ou bombées, est très-bonne, & devient même nécessaire quand ces mêmes parties sont travaillées ensuite sur leur longueur, où on y fait quelquefois des cannelures ou autres ornements, lesquels exigent beaucoup d'exactitude pour être bien faits.

On a, jusqu'à présent, cherché divers moyens pour canneler les parties rondes par leurs plans, & faire les divisions de ces cannelures le plus juste possible. Quelques-uns de ces moyens ont très-bien réussi ; mais comme ils sont fort compliqués, & qu'ils demandent beaucoup de dépense, on ne peut guere s'en servir pour les ouvrages dont il est ici question, dont la grandeur exigeroit une machine extrêmement coûteuse, & qu'il ne seroit par conséquent pas à la portée de tous les Ouvriers d'acquérir. J'ai donc cru devoir donner ici le moyen de faire ces cannelures le plus facilement possible, & cela par le moyen d'une machine très-simple & construite presque toute en bois, dont la premiere idée m'a été fournie par M. Ancelin le jeune, Compagnon Menuisier, & à laquelle j'ai fait les additions & les changements que j'ai cru nécessaires pour la perfectionner.

Cette machine ou outil propre à faire des cannelures, représentée *fig.* 3, 4 & 5, a environ 5 pieds & demi de longueur, sur un pied de largeur : elle est composée de deux jumelles *A B*, *C D*, *fig.* 5, de 3 pouces de largeur, sur 4 pouces d'épaisseur, & de deux traverses *E*, *F*, *fig.* 4 & 5, dans lesquelles elles sont assemblées, ce qui forme un châssis dont le vuide intérieur a environ 6 pouces; la face intérieure de ces jumelles est ravalée d'environ un pouce de profondeur, sur 2 pouces de largeur, & on fait deux rainures par les côtés de ce ravalement, pour y former des coulisses, comme on peut le voir dans la *fig.* 7, qui représente la coupe de la machine faite au double des figures 3, 4 & 5. Ces coulisses sont faites pour recevoir des châssis *G*, *H*, *I*, qui y sont retenus par des languettes, & qui reçoivent eux-mêmes deux collets *L*, *M*, qui y entrent tout en vie dans les deux rainures indiquées par les lignes *a*, *b*, *c*, *d*, de maniere que le collet *M* peut hausser autant qu'on le juge à propos, ce qui se fait par le moyen de la vis *N*, laquelle est placée au milieu de la traverse *I* du châssis mouvant, & sert par conséquent de point d'appui aux collets *L*, *M*, comme on peut le voir dans cette figure & dans la figure 8, qui représente la coupe des collets *L*, *M*, & par conséquent du châssis qui les porte.

Il y a dans la machine à canneler deux collets semblables, avec les châssis qui les portent, lesquels châssis different entr'eux en ce que celui *O*, *fig.* 4, est plein d'un côté, comme le représente plus en grand la figure 8, & que l'autre *P*, *même figure*, est absolument vuide des deux côtés, le collet n'étant retenu dedans que par les joues des rainures, comme le représente la figure 7. Le châssis du collet *O* n'est ainsi plein d'un côté, que pour servir de point d'appui à la piece qu'on travaille, laquelle alors vient butter contre, comme on peut le voir dans la figure 4; cependant on peut se passer de le faire plein, en serrant bien ferme le bout de la piece dans le collet, qu'on fait exprès de deux pieces, pour pouvoir le serrer comme on le juge à propos, ce qu'on fait par le moyen de deux vis qui passent au travers du collet supérieur, & dont les écrous sont placés dans la partie inférieure.

Il faut observer que les têtes de ces vis ne doivent pas être apparentes, parce qu'elles nuiroient au passage de la regle *X Y*, *fig.* 4, qui sert de conduite à l'outil, contre laquelle le dessus du collet doit porter; c'est pourquoi on enterre la tête des vis, qu'il est bon de faire quarrée, afin de pouvoir les serrer par le moyen d'une clef creuse en forme de canon.

Comme il se trouve des pieces à canneler de différentes grosseurs, il est nécessaire d'avoir plusieurs collets de différentes ouvertures, qui tous aillent dans les châssis; & quand la différence de la grosseur des pieces n'est pas fort considérable, on peut se servir des mêmes collets, en les ouvrant un peu, ou bien en ôtant du bois de leur largeur, pour diminuer le diametre de leur ouverture.

Que ce soit les mêmes collets qui servent à différentes pieces, ou qu'on en ait de différentes grandeurs d'ouverture, il faut toujours qu'ils soient construits comme ceux dont je viens de parler, que j'ai représentés *fig.* 7 & 8, au double

de

de la grandeur des figures 3, 4 & 5 ; & il faut avoir grand foin qu'ils entrent
très-juftes dans les chaffis qui les portent, tant fur l'épaiffeur que fur la longueur, afin qu'ils ne faffent aucune efpece de mouvement lorfqu'on vient à
canneler la piece.

On doit avoir la même attention pour les chaffis qui portent les collets, lefquels doivent auffi être très-juftes entre les deux jumelles, afin qu'il ne fe faffe
aucune efpece d'ébranlement lorfqu'on travaille. Si on vouloit éviter la dépenfe,
on pourroit fupprimer les vis N, N, *fig.* 7 & 8, qui fervent à hauffer les
collets, & y mettre feulement des cales qui les tiennent élevées à la hauteur
néceffaire, ce qui deviendroit moins coûteux, fans que l'ouvrage fût moins
bien fait.

Au-deffus du principal chaffis de la machine à canneler, font placées trois
traverfes Q, R, S, *fig.* 7, lefquelles ont environ un pouce & demi à 2 pouces
d'épaiffeur, & font toutes trois ravalées en deffous dans la plus grande partie de
leur longueur, ainfi que celle T U, *fig.* 7, afin de laiffer paffer la regle X Y,
fig. 4 & 5, laquelle fert de conduite à l'outil Z, *fig.* 4.

La traverfe Q, *fig.* 5, eft placée à l'extrémité de la machine, où elle eft
arrêtée en place, & on y trace une ligne *e f*, laquelle correfpond avec le milieu
de toute la machine, & par conféquent avec le centre des collets dans lefquels
la piece à canneler eft placée ; cette ligne *e f* fert à placer le devant de la regle
au centre de la machine, & on arrête cette regle en place par le moyen d'une
vis *g*, laquelle fait preffion deffus, ce qui eft fuffifant pour la tenir en place.

La traverfe R n'eft pas arrêtée à demeure fur le principal chaffis de la Machine,
elle n'y eft affujettie que par le moyen de deux vis *h, i, fig.* 5 & 7, dont la forme des têtes eft barlongue comme un T, lefquelles têtes entrent dans des rainures
l, m, pratiquées dans le deffus des jumelles, de maniere qu'on peut avancer ou
reculer la traverfe R autant qu'on le juge à propos. Le corps de ces vis eft
quarré pour qu'il ne tourne pas dans la traverfe R, & il n'y a que leur
extrémité qui eft arrondie à l'endroit du filet pour recevoir l'écrou à aîle qui
fait preffion fur la traverfe, & la retient en place.

Les rainures du deffus des jumelles, ainfi que celles des côtés intérieurs, fe
font d'abord au bouvet & à la guimbarde à l'ordinaire, *fig.* 11 ; puis on les
fouille de côté avec une autre guimbarde, dont le fer eft reployé en retour
d'équerre, comme la *fig.* 12. Quand les rainures font d'une certaine longueur,
comme celle des deux jumelles, on met ce fer dans une efpece de guillaume de
côté, qu'on mene à la maniere des becs-de-canne.

La traverfe R eft auffi divifée en deux par une ligne *n o, fig.* 5, laquelle
répond au centre des collets ; & on y perce une mortaife d'environ 6 pouces de
long, & de l'épaiffeur du collet d'une vis attachée avec l'extrémité de la regle
X Y, *fig.* 4 & 5, afin qu'on puiffe faire mouvoir la regle à volonté, & la fixer
enfuite en ferrant fon écrou.

Menuisier, III. Part. III. Sect.   B ı ı

PLANCHE
312.

La derniere traverse *S*, est attachée à demeure sur les jumelles, à 3 ou 4 pouces de distance de la traverse du bâtis, & on y ajuste une petite piece mobile à queue d'aronde, au milieu de laquelle est tracée une ligne *p q*, qui répond au milieu de toute la machine, ainsi que celle des autres traverses: cette piece mobile sert d'alidade pour arrêter en place la platine divisée en parties égales, représentée dans la figure 6, ce qui se fait par le moyen d'une pointe placée au bout de cette piece à queue, laquelle pointe est correspondante à la ligne *p q*, & entre dans les trous de la platine, qu'elle empêche par conséquent de tourner, ainsi que la piece à canneler, au bout de laquelle cette platine est fortement attachée par le moyen de deux vis; de sorte qu'en faisant mouvoir la platine d'un point de sa division à un autre, la piece à canneler fait le même mouvement toujours en parties égales, & en rapport avec le nombre des divisions de la platine sur lesquelles on opere. *Voyez les Fig.* 4, 5 *&* 8.

La platine à diviser, *fig.* 6, doit être de cuivre ou de fer-blanc, ce qui est cependant moins bon; & elle doit avoir 7 à 8 pouces de diametre, & être percée à son centre d'un trou *s*, pour y placer une pointe qui réponde au centre de la piece à canneler, à laquelle la platine est attachée par deux vis qu'on fait passer dans les trous *r* & *t*, comme je l'ai dit plus haut. Ces trous doivent être un peu alongés, afin qu'on puisse faire mouvoir la platine de droite & de gauche, pour des raisons que je donnerai ci-après.

Quant aux divisions de la platine, il n'est pas nécessaire qu'elles soient en grand nombre, les trois nombres 24, 20 & 16, étant suffisants pour faire des cannelures depuis le nombre 5 jusqu'au nombre 24, c'est-à-dire, qu'on peut faire avec ces trois premiers nombres, ceux 5, 6, 8, 10 & 12, qui sont ceux dont on fait le plus d'usage dans le cas dont il est ici question.

Il y a une petite difficulté dans la maniere dont l'alidade *p q*, *fig.* 5, est placée, parce que la pointe qui entre dans la platine étant toujours à la même hauteur, il faut que tous les nombres de divisions de la platine soient sur la même ligne, ce qui pourroit y causer de l'embarras, & exposer ceux qui font usage de cette machine, à se tromper, en prenant un nombre pour un autre; c'est pourquoi je crois qu'il seroit bon de faire mouvoir la pointe de l'alidade de bas en haut, de sorte qu'elle rencontrât les différents cercles de divisions de la platine, tels qu'ils sont marqués dans la figure 6.

Quant à la maniere de se servir de la machine à canneler, elle est très-simple: on commence d'abord par attacher la platine au bout supérieur de la piece qu'on veut canneler, en observant que son centre réponde bien exactement au centre de cette derniere, dont le bout doit être coupé bien quarrément avant de la tourner sur le Tour à pointe, afin que le trou de la pointe du Tour restant apparent, puisse servir à centrer la platine. Ce qui étant fait, on place la piece à canneler dans les collets, & par conséquent dans la machine, comme on le voit représenté *fig.* 3 & 4; ensuite, après avoir fait choix du nombre & de la forme des cannelures, on place la pointe de l'alidade dans le premier point de division de la platine, dont le nombre répond à celui dont on a fait choix, & on commence la cannelure, ce qui se fait de la maniere suivante.

On commence par tracer à part le plan des cannelures, soit avec des filets, comme la figure 9, ou bien sans filets, afin de se rendre compte de l'espace qui doit régner entre les cannelures, de leur profondeur, ainsi que de celle des filets ; ce qui étant fait, on ajuste un bouvet *A*, dont le conduit porte sur la regle *B*, (qui est la même que celle *X Y*, *fig.* 4 & 5) & qui redescend en contre-bas de cette derniere, & de la profondeur du filet ; de sorte qu'on pousse ce bouvet sur la piece à canneler jusqu'à ce qu'il porte sur la regle, comme on peut le voir dans la figure 9.

Quand les filets sont faits d'un côté à chaque cannelure, on creuse la gorge de cette derniere avec un rabot rond, *fig.* 10, disposé comme le bouvet, *fig.* 9, en observant de desserrer les vis de la platine pour la faire tourner sur elle-même de la largeur du filet, afin que l'angle *u* de la cannelure se trouve passer par la ligne du centre de la piece, & soit par conséquent à-plomb du devant de la regle, ce qui est nécessaire pour que la largeur du filet se trouve diminuer en raison des différents diametres de la piece, que j'ai fait très-différents dans cette figure, pour qu'on en sente mieux l'effet.

Si la piece à canneler étoit d'un diametre égal d'un bout à l'autre, on pourroit se passer de changer la platine de place, & on observeroit au rabot rond une joue d'une épaisseur égale à la largeur du filet, comme je l'ai indiqué par des lignes ponctuées *x*, *y*, *fig.* 10, ce qui seroit égal, pourvu que le fer fût affûté suivant la forme de l'arc de cercle *u z*, *fig.* 9.

Dans le cas où il n'y auroit pas de filets aux cannelures, & qu'elles seroient d'égale largeur, on feroit un rabot rond qui feroit la cannelure tout d'un seul coup, & qu'on placeroit perpendiculairement au centre de la machine, ce qui obligeroit à reculer la regle *XY*, *fig.* 4 & 5, *Pl.* 312, de la moitié de la largeur de la cannelure. Il faudroit aussi que le rabot rond eût deux points d'appui, l'un en dehors qui portât sur la regle à l'ordinaire, & l'autre en dedans qui portât sur la piece même, afin que la cannelure fût d'une profondeur égale des deux côtés & dans toute sa longueur, ce qui ne pourroit être sans cette précaution, sur-tout si la cannelure étoit un peu large ; on pourroit même, pour plus de sûreté, faire à l'outil deux conduits qui portassent sur la piece même tant en dedans qu'en dehors, ce qui ne changeroit rien à la maniere d'opérer, si ce n'est qu'on seroit obligé de reculer la regle de l'épaisseur de ce dernier conduit, comme je l'ai observé à la figure 1.

Quand on a fait les filets, & commencé la gorge d'un des côtés des cannelures, comme je viens de l'enseigner, & que je l'ai représenté *fig.* 2, on change la platine de place, & on fait correspondre la premiere ligne de ces divisions à l'arête de la cannelure opposée à celle qui est faite ; ensuite on change la regle de support de côté, & on recommence l'opération à gauche comme on l'a faite à droite; & quand on opere jufte, on peut être affuré d'avoir des cannelures très-bien faites & en peu de temps, ce qui eft un double avantage. *Voyez la Fig.* 3, qui repréfente cette feconde opération, & les filets fouillés d'un des côtés de la figure.

Quand les pieces à canneler font d'un diametre inégal, comme celles des figures 3, 4, 5 & 9, de la Planche 312, en fuivant la méthode que je viens de donner, on eft fûr de faire les cannelures, leurs filets & les lifteaux qui les féparent, non-feulement parfaitement égaux entr'eux, mais encore d'une diminution de largeur proportionnelle aux différents diametres de la piece; cependant il faut faire attention que cette diminution ne fe fait que fur la largeur, & qu'en faifant toucher le deffous de la piece au-deffous de la regle, le bouvet ne peut pas manquer de faire des filets d'une profondeur égale d'un bout à l'autre, ce qui ne peut pas être dans le cas où la piece à canneler eft d'un diametre inégal; c'eft pourquoi au lieu de mettre le deffus de la piece à canneler parallele avec le deffous de la regle, il faut au contraire faire redefcendre le petit bout de cette derniere de ce que le filet doit avoir moins de profondeur de ce bout que de l'autre, comme je l'ai obfervé *fig.* 5, ce qui ne fouffre aucune difficulté, finon que quand les pieces font un peu longues, la regle qui fert de conduite à l'outil, eft fujette à ployer un peu fur fa longueur, à quoi on peut remédier en partie, en la faifant affez large pour qu'elle porte d'un côté fur une des jumelles, & en plaçant de diftance en diftance entre ces dernieres, des efpeces de gouffets qui la foutiennent & l'empêchent de ployer fous l'outil, fur lequel on ne doit pas appuyer beaucoup lorfqu'il eft près de porter fur la regle, qui d'ailleurs doit être faite de bois bien liant, très-droite & d'égale épaiffeur dans toute fa longueur, & d'une épaiffeur capable de réfifter à une preffion médiocre.

Si la piece qu'on veut canneler étoit non-feulement d'un diametre inégal d'un bout à l'autre, mais encore bombée fur fa longueur, comme, par exemple, le fût d'une colonne diminuée par le bas, on fe ferviroit toujours de la même méthode pour la canneler, à l'exception qu'on feroit porter la regle, fervant à conduire l'outil, fur le nud de la colonne dans toute fa longueur, & qu'au lieu de faire cette regle d'égale épaiffeur dans toute fa longueur, on l'augmenteroit par les bouts en raifon de ce que les filets des cannelures doivent diminuer à mefure que le diametre de la colonne feroit moins gros, & par conféquent les cannelures moins larges (*).

Quant à la maniere de terminer la différence de la profondeur des filets des cannelures, elle eft très-facile: il ne s'agit que de tracer un triangle-rectangle

(*) On pourroit fe fervir de la machine dont je fais ici la defcription, ou du moins d'une à peu-près femblable, pour tracer les cannelures des colonnes d'un très-gros diametre, ce qui feroit plus jufte & plutôt fait que de les comparer & de les tracer comme on fait ordinairement. J'en ai fait exécuter en plâtre dont les cannelures ont été tracées de cette maniere, lefquelles ont fort bien réuffi, & qui ont été très-promptement faites.

A B C,

A B C, *fig.* 4, dont l'hypoténuse *B C* ſoit le côté de la piece prolongé juſqu'à ce qu'il rencontre l'axe de cette même piece auſſi prolongé, ce qui donne un point *C* hors la Planche, auquel on fait tendre une ligne, qui eſt le fond du filet, dans toute la longueur de la piece, laquelle ligne part d'un point *a*, donné par la partie du plan de la piece, tracé à ſon extrémité ſupérieure.

Ce qu'on fait pour avoir la profondeur du filet, peut également s'appliquer pour avoir la profondeur de la cannelure, qui, de plus, eſt donnée par ſa largeur, laquelle eſt, pour l'ordinaire, le double de ſa profondeur.

Quand les gorges des cannelures ſont d'un diametre & par conſéquent d'une profondeur inégale, on ne peut pas les évuider entiérement avec le rabot rond à joue dont j'ai parlé ci-deſſus, vu qu'en changeant de diametre, elles changent de courbure; c'eſt pourquoi on donnera au fer du rabot rond à joue, une forme ſemblable à l'arc de cercle du plus grand diametre de la cannelure, & on ne le fera deſcendre qu'autant que le permettra la profondeur du plus petit arc, eu égard cependant à ce que le bout inférieur de la piece deſcende en contre-bas de la regle, comme je l'ai dit ci-deſſus; enſuite de quoi on achevera de donner à la cannelure la forme convenable avec un rabot rond ordinaire. *Voyez la Fig.* 2, où le fer du rabot rond eſt diſpoſé comme je viens de l'indiquer.

Quand il n'y a pas grande différence entre les deux diametres d'une piece, les difficultés dont je viens de parler ſe réduiſent preſqu'à rien, & je ne me ſuis attaché à les faire connoître, que pour accoutumer ceux qui voudront donner à leurs ouvrages toute la perfection poſſible, à ne rien négliger de ce qui pourra concourir à cette même perfection, & à s'accoutumer de bonne heure à ne rien regarder comme ſuperflu dans la théorie, lorſqu'elle ſervira à perfectionner la pratique.

Quand les cannelures des pieces ne ſont pas terminées par le bout comme celui *E*, de la figure 6, on les finit à l'ordinaire, c'eſt-à-dire, avec le bouvet & le rabot rond, comme je l'ai enſeigné ci-deſſus; & quand elles ſont terminées comme le bout *D*, on commence d'abord par ébaucher le bout de la cannelure au ciſeau & à la gouge, enſuite de quoi on ſe ſert du bouvet & du rabot rond, qu'on pouſſe à la profondeur convenable; puis quand la piece eſt hors de la machine, on finit le bout des cannelures avec la gouge, les ciſeaux, & autres outils à manche qui peuvent être utiles, comme les burins, les grêles, les écouenes, &c.

Cette maniere de terminer le bout des cannelures, eſt la plus uſitée, mais elle n'eſt pas la plus parfaite; parce que, quelque ſoin qu'on prenne, il n'eſt guere poſſible de le faire ſans quelques inégalités, ſoit dans la profondeur des filets, ſoit dans leurs contours qui ſont quelquefois jarréteux; de plus, en creuſant le bout de la cannelure avec la gouge, il arrive auſſi, quelque ſoin qu'on prenne, qu'on gâte les arêtes, ſoit de la cannelure ou des filets, ce qu'on ne peut éviter qu'en prenant beaucoup de précautions, ce qui demande un temps conſidérable.

Cette difficulté a fait chercher des moyens plus sûrs & plus courts pour terminer le bout des cannelures, & cela sans les ôter de dessus la machine, ce qui se fait de la maniere suivante.

On prend une plaque soit de fer ou de cuivre (ce qui est égal) *F G*, *fig.* 7 & 8, d'environ 2 lignes d'épaisseur, sur 2 pouces & demi à 3 pouces de largeur, & d'une longueur capable de recouvrir d'environ un pouce sur chaque jumelle de la machine, avec lesquelles on la retient en place par le moyen de deux vis *H*, *I*, dont la tige est recourbée pour entrer dans les rainures des jumelles, ainsi qu'on peut le voir à la *fig.* 7 ; & on doit réserver deux épaulements *b*, *c*, saillants en dessous de cette plaque, afin qu'elle entre juste entre les jumelles, & qu'elle ne puisse pas s'écarter à droite ni à gauche.

La plaque ainsi disposée & arrêtée sur la machine, on y trace un trait au milieu des deux sens, & on a grand soin que celui *d e*, *fig.* 8, corresponde bien juste au milieu de la machine. Ce qui étant fait, à la rencontre des lignes *d*, *e*, *fig.* 8, on perce un trou rond d'un diametre égal à celui de la cannelure, afin de placer la fraise avec laquelle on termine la cannelure, comme je vais l'expliquer ci-après.

Comme on fait des cannelures de différents diametres, & que les unes ont des filets, & que les autres n'en ont point, il arrive que le trou du milieu de la plaque ne sauroit toujours être le même, ce qui fait une espece d'inconvénient auquel on remédie en perçant un trou quarré au milieu de la plaque, dans lequel on ajuste d'autres petits morceaux de fer ou de cuivre *h*, *i*, *l*, *m*, *fig.* 8, percés chacun d'un trou rond, de différents diametres, selon qu'il est nécessaire, en raison des cannelures qu'on a à faire, en observant toujours que le centre de ces trous réponde bien exactement au milieu de la machine.

Ce qui étant fait, on place la piece à canneler comme je l'ai enseigné ci-dessus, & on l'ajuste de maniere que le milieu de la cannelure réponde bien au milieu de la ligne *d e*, *fig.* 8, & que celle *f g*, soit bien ajustée avec celle *n o*, *fig.* 6, qui est le centre de l'extrémité des cannelures, laquelle ligne doit être également tracée sur les jumelles pour centrer la plaque, ainsi que je l'ai observé *fig.* 8 ; ensuite de quoi on se sert de la fraise comme d'une meche de vilebrequin, pour creuser le bout de la cannelure, comme on peut le voir *fig.* 7.

Les fraises propres à faire ces sortes d'ouvrages, sont de deux especes ; savoir, celles dont l'extrémité est d'une forme cylindrique, comme la *fig.* 9, & celles qui sont terminées en forme de boule, comme la *fig.* 10 ; toutes les deux s'ajustent dans un fût de vilebrequin, & doivent être faites d'acier taillées en forme de scies, ou, pour mieux dire, dentelées ; & on doit toujours y faire un repos, afin qu'elles n'entrent pas plus profondément qu'il ne faut, & que les filets & les cannelures soient tous d'une égale profondeur.

Quand les cannelures ont des filets, on se sert d'abord de la fraise cylindrique, *fig.* 9, & on fait tout de suite tous les filets des bouts des cannelures;

enfuite, fans changer la principale plaque de fer *F G*, on change celle du milieu, & on en met une autre percée d'un trou, dont le diametre doit être égal à celui de la cannelure, pris du dedans des filets; enfuite de quoi on fe fert de la fraife *fig.* 10, pour évuider le bout de la cannelure, ce qui ne fouffre aucune difficulté.

Quand on fait ufage des fraifes pour finir les cannelures, il faut avoir grand foin de tenir le vilebrequin bien d'à-plomb, pour que la cannelure foit bien jufte au milieu de la ligne *d e*, *fig.* 8 ; & quand on fera ufage de la fraife cylindrique, *fig.* 9, il faudra, après l'avoir fait entrer perpendiculairement, la pencher un peu de droite & de gauche, pour fuivre, autant qu'il eft poffible, le parallélifme du cercle de la piece à canneler, ce qui oblige à bomber un peu le deffus de la plaque de fer *h i l m*, ainfi que je l'ai indiqué à la *fig.* 9, où cette plaque eft non-feulement bombée, mais dont le trou eft évuidé en dehors, afin qu'en penchant la fraife elle ne s'écarte pas de fa place.

J'ai dit plus haut qu'on pouvoit faire la plaque *h i l m*, de fer ou de cuivre ; cependant comme les fraifes font dentelées fur le côté, il y auroit à craindre qu'elles n'élargiffent le trou de la plaque en frottant contre; c'eft pourquoi je crois qu'il feroit bon de faire la plaque d'acier trempé, & de faire les fraifes auffi d'acier, mais non trempé, ce qui eft fuffifant pour travailler les bois.

Quant à la forme & à la conftruction des fraifes, je n'en parlerai pas ici davantage, parce que je traiterai cet Article plus bas, en parlant des outils propres à percer les métaux.

La machine propre à faire les cannelures dont je viens de faire la defcription, pourroit être fufceptible de beaucoup d'augmentation & même de perfection ; mais on ne pourroit le faire fans beaucoup la compliquer, & par conféquent la rendre plus coûteufe, ce qu'il faut abfolument éviter dans le cas dont il eft ici queftion, vu que les Ouvriers ne font pas en état de faire de grandes dépenfes en outils tels que celui-ci, qui, tout fimple qu'il eft, ne laiffe pas de devenir encore coûteux, proportion gardée avec les moyens du plus grand nombre, & le peu d'ufage qu'ils en font.

§. III. *Defcription de la Machine appellée communément* Outil à ondes, *& la maniere d'en faire ufage de différentes façons.*

La Machine dont je vais faire la defcription, eft le plus grand & le plus compliqué de tous les outils des Ebéniftes, lefquels en faifoient beaucoup d'ufage autrefois ; maintenant ils ne s'en fervent plus, depuis qu'ils ne font que des ouvrages de bois de rapport, & qu'ils ont, pour ainfi dire, fait confifter toute leur fcience à bien plaquer les bois. Cependant comme cet outil eft très-ingénieux, & qu'on ne le trouve nulle part, j'ai cru ne pas pouvoir me difpenfer

Planche 313.

Planche 314.

de le donner ici, afin de le conserver à la postérité, supposé que cet Ouvrage y parvienne (*).

L'usage de l'Outil à ondes, représenté *fig.* 1, est de pousser sur le bois des moulures ondées ou guillochées, soit sur le plat, soit sur le champ, ou même de ces deux sens à la fois.

Il est composé d'une caisse ou boîte de 7 à 8 pieds de long, sur un pied de largeur, & 9 à 10 pouces de hauteur, le tout de dehors en dehors; cette caisse est ouverte en dessus & par les bouts, de maniere que l'écart des deux côtés n'est retenu que par des traverses *A*, *B*, *fig.* 1 & 2, placées aux deux bouts de la boîte, où elles sont assemblées à tenon & mortaise. A environ la moitié de la hauteur de la boîte, est placée une planche *C D*, *fig.* 2, d'environ 2 pouces d'épaisseur, nommée *sommier*, laquelle, pour plus de solidité, doit être emboîtée par les bouts, & barrée en dessous. Cette planche ou sommier entre à coulisse dans les deux côtés de la boîte, (qui ne doivent pas avoir moins d'un pouce & demi d'épaisseur) & sert à porter les moulures à onder, comme je l'expliquerai ci-après, & qu'on peut le voir *fig.* 2, qui représente la machine vue en dessus.

Au milieu de la boîte est placé un chassis quarré d'environ un pied de largeur, vu de côté, & qui excede de 9 à 10 pouces le dessus de la boîte, aux côtés de laquelle il est attaché avec des vis, & dans lesquels il entre à tenon & en entaille, comme on peut le voir dans les développemens de cette machine, représentée dans la Planche suivante, *fig.* 5 & 6.

La largeur de face de ce chassis est terminée par celle de la boîte, aux côtés de laquelle il faut que les montans de ce dernier affleurent intérieurement: c'est dans ce chassis qu'est placé le ressort qui presse sur le porte-outil *E*, *fig.* 1, lequel ressort s'abaisse & se hausse à volonté par le moyen de la vis *F*, *fig.* 1 *&* 2.

Toute la machine est portée sur un pied d'une construction solide, & évasé en forme de treteau, pour lui donner plus d'empattement; la hauteur de ce pied doit être de 2 pieds 8 à 10 pouces, afin qu'il y ait environ 3 pieds de hauteur depuis l'axe de la manivelle *G*, jusqu'à terre, ce qui est la hauteur la plus convenable pour que la personne qui tourne cette manivelle ait toute sa force, soit qu'elle soit élevée ou abaissée.

Il y a dans cette machine deux mouvemens; l'un horisontal, qui se fait par

(*) Il ne m'a pas été possible de trouver un Outil à ondes existant, pour en faire une bonne description; je n'ai eu que deux fers, vendus avec d'autres férailles, qui m'ont cependant été très-utiles pour me fixer certaines grandeurs que je n'ai pu connoître dans la description que M. Félibien a faite de cet outil, laquelle description est d'ailleurs très-succincte, & même peu exacte, de maniere qu'elle n'a pu servir qu'à me donner une idée de cette Machine, que j'ai ensuite arrangée de la maniere qui m'a paru la plus convenable. Il eût été fort à souhaiter que ceux qui ont décrit cette Machine dans l'Encyclopédie, eussent fait quelque chose de plus que de copier M. Félibien, au lieu d'en augmenter l'obscurité & l'inexactitude, ainsi qu'ils ont fait; ils eussent été utiles au Public, & en particulier aux Ebénistes, auxquels ils auroient conservé, ou, pour mieux dire, rendu un de leurs principaux outils.

la

le moyen de la manivelle *G*, *fig.* 1, qui, en faifant tourner un pignon placé
dans l'intérieur de la boîte, entraîne le fommier *A B*, *fig.* 2, & par conféquent
l'ouvrage qui eft arrêté deffus.

Planche 314.

L'autre mouvement fe fait verticalement de haut-en-bas, & dépend du premier; parce que la tringle ou conduite ondée *H H*, *fig.* 1 & 2, qui eft arrêtée
fur le fommier, fe mouvant par conféquent avec ce dernier, fait hauffer le
porte-outil *F*, *Fig.* 1, qui redefcend auffi-tôt de lui-même, tant par fon propre
poids, que par la preffion du reffort placé au-deffus. *Voyez la Fig.* 4, qui repréfente une conduite ondée grande comme l'exécution; & la *Fig.* 5, une moulure toute ondée felon les finuofités de la conduite *Fig.* 4. Voyez pareillement
la *Fig.* 3, qui repréfente la coupe du porte-outil, dont je ferai la defcription
ci-après; & la *Fig.* 6, qui repréfente un fer vu de face avec différents profils,
le tout grand comme l'exécution.

Les Figure 1 & 2 de cette Planche, repréfentent l'une la coupe tranfverfale
de la machine, prife à l'endroit des pignons, & l'autre la coupe longitudinale
de cette même machine, afin de faire mieux connoître le détail de fa conftruction, & le méchanifme de fes opérations.

Planche 315.

L'axe *A B*, *Fig.* 1, doit être placé dans des collets de cuivre *a*, *b*, afin qu'il
tourne plus doucement; & on doit obferver à un des côtés de la boîte, une
ouverture quarrée capable de laiffer paffer les pignons *C*, *D*, fuppofé qu'il fût
néceffaire de retirer l'axe dehors; les pignons *C*, *D*, engrainent dans des crémailleres *c*, *d*, *Fig.* 1, & *E*, *F*, *Fig.* 2, lefquelles font incruftées dans le deffous
du fommier *G G*, *mêmes Fig.* d'environ 9 lignes de profondeur, & on les y arrête
avec des goupilles placées de diftance en diftance dans les côtés de ce dernier, en
obfervant que les crémailleres foient bien vis-à-vis l'une de l'autre, pour
que les deux pignons *C*, *D*, *Fig.* 1, faffent effort également deffus; cependant
comme il pourroit arriver que les dents des pignons ne fuffent pas bien
directement vis-à-vis l'une de l'autre, on feroit très-bien, après avoir arrêté
une des crémailleres, de ne pas arrêter l'autre qu'après avoir vérifié fi elle
va bien avec fon pignon, afin de pouvoir la reculer ou l'avancer s'il étoit
néceffaire.

Ces crémailleres peuvent être faites de fer ou de cuivre, ce qui eft indifférent, quant à la machine, quoiqu'il feroit bon qu'elles fuffent de cuivre, vû
que le frottement des deux métaux différents eft plus doux & ufe moins que fi
les deux parties, c'eft-à-dire, les pignons & les crémailleres étoient de même
métal.

Les tringles ou conduites ondées *e*, *f*, *Fig.* 1, & *H*, *H*, *Fig.* 2 & 6, doivent pareillement être faites en cuivre, & elles doivent être reployées en
retour d'équerre, pour avoir la liberté de les attacher avec des vis fur le fommier dans lequel elles font entaillées de toute leur épaiffeur, comme on peut
le voir aux *Fig.* 1 & 6.

Menuisier, *III. Part. III. Sect.*   D I I

PLANCHE
315.

Quand on pose ces tringles sur le sommier, il faut avoir la plus grande attention pour que leurs guillochis soient non-seulement bien vis-à-vis l'un de l'autre,
mais encore qu'ils correspondent au même point de leur contour avec la touche
du porte-outil qui vient porter dessus, comme on peut le voir à la *Fig.* 4, qui
représente la machine vue par le bout ; & encore mieux à la *Fig.*7, qui représente le porte-outil auquel on a ôté la joue qui retient le fer en place, comme
je l'expliquerai ci-après.

Le porte-outil est un chassis *I L, M N, Fig.* 2 & 5, d'environ 2 pieds de
longueur, sur une largeur égale à l'intérieur de la boîte, moins le jeu nécessaire
pour empêcher le frottement, qu'on évite en diminuant de l'épaisseur des battants dans toute leur longueur, & en y réservant des talons par les bouts, pour
que le chassis porte contre les côtés de la boîte, & ne puisse pas se déranger
lorsqu'on le fait mouvoir.

Le chassis du porte-outil est attaché aux côtés de la boîte par le moyen de
deux vis à tourillon, représenté *Fig.* 3, grand comme moitié d'exécution, dont
l'extrémité *o*, est terminée en cône, & porte dans un collet de cuivre incrusté
dans le côté de la boîte.

Cette vis est arrêtée en place dans le chassis par un écrou placé dans le milieu
de son épaisseur à l'ordinaire ; & pour empêcher que le mouvement du chassis
ne fasse tourner la vis, on y met un contre-écrou *P* en dehors, qu'on serre
contre le chassis, ce qui empêche la vis de faire aucun mouvement. *Voyez les
Fig.* 3 & 5.

Comme il se trouve des occasions où il est nécessaire d'élever le point de
mouvement du porte-outil, on perce plusieurs trous dans le collet de cuivre
attaché au côté de la boîte, comme je l'ai fait à la *Fig.* 2.

A l'autre bout du porte-outil, c'est-à-dire, celui où est adapté le fer, la traverse *I, Fig.* 2, doit être très-forte, & assemblée en chapeau, afin de présenter
une surface unie dans toute sa longueur, qui est la largeur du porte-outil ;
ensuite on applique dessus une piece de fer attachée avec des vis à tête fraisée,
d'une longueur égale à la largeur de ce dernier, & on la fait déborder d'environ
5 à 6 lignes par les deux bouts, pour faire deux touches qui portent sur les
conduits ondés, & on fait une entaille dans le milieu de cette piece de fer
pour placer le fer de l'outil, comme on peut le voir à la *Fig.* 7.

Ce fer est retenu en place par une joue (soit de fer ou de cuivre, ce qui est
égal,) qu'on arrête en place par le moyen de deux vis à tête quarrée *g, g, Fig.*
2, 4 & 5, dont l'écrou est placé dans l'épaisseur de la traverse du chassis. *Voy. la
Fig.* 3 de la Planche 314, où j'ai représenté la coupe du porte-outil, avec la
touche *I*, le fer *L*, & la joue extérieure *M*, laquelle descend le plus bas possible, c'est-à-dire, jusqu'au-dessus de la partie la plus creuse de ce dernier.

Le dessous de la touche *I*, doit être le plus aigu possible, (sans cependant
être à vive-arête) pour qu'elle suive mieux tous les contours de la conduite

ondée *NO* ; & il faut avoir grand soin que le point d'attouchement de la touche soit dans la même direction que le taillant du fer, comme je l'ai observé dans cette figure, afin que le mouvement de l'outil (qui se fait en décrivant un arc de cercle, dont le centre se trouve à l'extrémité du chassis) soit moins sensible ; à quoi j'ai en partie remédié, en éloignant ce point de centre ou de mouvement le plus qu'il m'a été possible.

Le poids du porte-outil seroit presque suffisant pour faire mordre le fer sur le bois ; mais cependant il faut toujours y mettre un ressort, tant pour augmenter le poids de l'outil, supposé que cela soit nécessaire, que pour l'empêcher de sursauter.

Ce ressort *h i*, *Fig. 2*, ne porte pas immédiatement sur le porte-outil, mais sur un levier dont les branches sont attachées librement aux montants du chassis mobile de la boîte en *m*, *Fig. 2 & 5*, & dont l'autre bout porte sur la traverse du porte-outil en *n*, ce qui augmente en même temps la force & l'élasticité du ressort, dont la partie supérieure est arrêtée en dessous de la tablette *O*, *Fig.* 2, avec la vis *P*, dont l'écrou est placé dans le dessus du chassis *Q* ; cette vis sert, comme je l'ai déja dit, à augmenter ou à diminuer la pression du ressort ; & la tablette *O*, dans laquelle passe l'extrémité inférieure de la vis, ne sert à autre chose qu'à la retenir en place, & à appuyer le talon *o* du ressort. Comme cette tablette est mobile, on l'arrête du côté opposé à la vis avec deux goupilles, qu'on place au travers des montants du chassis, comme l'indiquent les points *p, p*.

J'ai fait la tête de la vis *P* en forme de piton, pour qu'on ne puisse pas la serrer ou la desserrer en touchant dessus, & qu'on aye besoin d'un petit levier ou manivelle pour le faire, afin que ceux qui approchent de la machine lorsqu'elle est ajustée, ne puissent pas y rien déranger en y touchant.

C'est cette même raison qui m'a fait préférer les vis à tête quarrée pour serrer la joue du porte-outil, parce qu'il faut une clef pour faire mouvoir ces sortes de vis, & qu'on peut l'ôter de dessous les mains de tout le monde, & par conséquent empêcher qu'on ne change rien à l'outil.

Quant à la maniere de se servir de cette machine, elle est très-simple : on commence par corroyer des tringles de bois à la largeur du profil dont on a fait choix, & on les met de même d'épaisseur, en raison de la saillie de ce même profil, & de la saillie des ondes ; ce qui étant fait, on met dans le porte-outil un fer uni, qu'on ajuste à la hauteur que doit occuper la saillie de la moulure, puis on arrête la tringle corroyée sur le sommier, par le moyen de petites pointes de fer placées sur le dernier de distance en distance, & on fait mouvoir la machine en tournant la manivelle, ce qui fait avancer le sommier en avant, & par conséquent la tringle qui est attachée dessus, laquelle, après avoir passé à plusieurs reprises sous le fer uni, se trouve ondée à sa surface.

Quand la tringle est ainsi disposée, on ôte le fer uni, & on y substitue celui qui est profilé, & on recommence l'opération jusqu'à ce que le fer ne trouve plus de bois à mordre, & que par conséquent la moulure soit parfaitement finie.

PLANCHE 315.

Il faut avoir grand soin, avant de pousser la moulure, de vérifier si la tringle de bois est placée bien parallélement, ce qu'on connoît en la faisant passer de toute sa longueur sous le fer qu'on tient élevé au-dessus, & on ne doit l'arrêter à demeure sur le sommier, qu'après avoir pris cette précaution. Il faut aussi observer que les pointes qu'on place dans le sommier pour arrêter les moulures, se trouvent au milieu de leur largeur, & qu'elles ne saillissent pas assez pour rencontrer le fer & y faire des breches, ce qu'il faut avoir grand soin d'éviter.

Le fer de l'Outil à ondes se place toujours perpendiculairement, ce qui fait qu'il gratte plutôt qu'il ne coupe, ce qui ne peut être autrement, vu que si on l'inclinoit à la maniere ordinaire des outils de moulures, il écorcheroit le bois lorsqu'il vient à remonter, ce qui arrive à chaque ondulation ; de plus, le fer ainsi incliné ne se trouveroit plus dans la même direction dans toutes ses parties, ce qu'il faut éviter autant qu'il est possible.

Comme on peut faire plusieurs fers différents, il faut faire attention qu'ils soient tous de même largeur, afin qu'ils remplissent tous également l'entaille faite dans la piece qui porte les touches ; il faut aussi avoir attention qu'ils soient tous de même épaisseur, & que cette épaisseur soit un peu forte, pour mieux résister à l'effort que fait le bois en passant dessous.

La manivelle avec laquelle on fait mouvoir l'Outil à ondes, peut se placer soit à droite de la machine, comme à la *Fig. 6*, ou bien à gauche, comme aux *Fig. 1 & 4*, ce qui est assez indifférent, chacune de ces manieres ayant leurs inconvénients & leurs avantages ; parce que si on la place à droite, ce qui est la maniere la plus naturelle, puisqu'on fait effort en poussant, on ne voit pas bien l'ouvrage, derriere lequel on se trouve placé ; si au contraire on la place à gauche, on voit très-bien l'ouvrage, mais on est obligé de faire tourner la manivelle à rebours ; c'est pourquoi, pour obvier à ces deux inconvénients, j'ai cru qu'il valoit mieux disposer les deux bouts de l'axe pour recevoir chacun une manivelle, comme à la *Fig. 5*, de maniere qu'on puisse s'en servir comme on le jugera à propos, soit à droite, soit à gauche, ou même des deux côtés à la fois.

L'Outil ou Machine à ondes, tel que je viens de le décrire, & que l'a représenté M. Félibien, n'est disposé que pour faire des ondes sur le plat ; cependant comme il seroit quelquefois à souhaiter qu'il en fît sur un autre sens, c'est-à-dire, sur le champ, j'ai cru devoir chercher les moyens de le faire sans rien déranger à la machine, du moins quant à son ensemble, n'y ayant que le chassis du porte-outil de changé, comme je vais l'expliquer.

Le chassis du porte-outil propre à faire des moulures ondées sur le champ, s'attache aux côtés de la boîte de la même maniere que le chassis dont j'ai fait la description ci-dessus : il ne differe de ce dernier que par la partie antérieure, laquelle est composée de deux traverses *A & B*, *Fig. 3 & 5*, distantes de 3 pouces l'une de l'autre, pour pouvoir placer le porte-outil *C*, qui y est arrêté

par

par deux languettes, de maniere cependant qu'il puisse couler librement entre les deux traverses, dont une, c'est-à-dire, celle *B*, est faite de deux pieces attachées ensemble par le moyen de deux vis; de sorte que lorsqu'on veut ôter le porte-outil, on enleve la piece de dessus *B*, qui n'est aucunement adhérente au chassis, au lieu que celle *D* y est assemblée à tenon & mortaise. *Voyez la Fig.* 1, qui représente le chassis vu en perspective, & coupé dans sa partie antérieure pour en faire mieux connoître l'ensemble.

Les touches de ce chassis sont arrêtées dans les deux battants sur la ligne du milieu du porte-outil, aux points *E, F, Fig.* 5, afin d'être toujours dans la même direction du fer de l'outil, & elles descendent en contre-bas du chassis de ce qu'il est nécessaire pour qu'elles portent sur les conduites ondées, & qu'elles fassent faire au chassis son mouvement ordinaire. *Voyez la Fig.* 2, qui représente la coupe de la machine, prise au milieu du porte-outil, & par conséquent à l'endroit des touches. Le fer *G, Fig.* 2, 3 & 5, du porte-outil, est placé perpendiculairement dans ce dernier, & y est arrêté par une vis de pression noyée dans l'épaisseur du bois, comme on peut le voir à la *Fig.* 7, & son profil est taillé par le côté, de maniere qu'il faut autant de fers qu'on veut avoir de différents profils.

L'action de ce fer se fait ainsi qu'on peut le voir par le côté, & elle est excitée par la pression du ressort *I H, Fig.* 2 & 5, lequel est attaché par le haut au chassis en *H*, & vient faire effort contre le porte-outil en *I*, vis-à-vis l'endroit du profil du fer, de maniere que ce chassis a deux mouvements à la fois; savoir, celui d'ondulation, qui est vertical, & qui est commun au chassis & au porte-outil; & celui de ce dernier, qui, en suivant le mouvement d'ondulation, a un autre mouvement horisontal de droite à gauche, qui est causé par l'action du ressort qui fait mordre l'outil sur le bois, lequel n'est pas attaché à plat sur le sommier comme ci-devant, mais au contraire sur le champ, & contre une joue ou conduite *L L, Fig.* 2 & 5, qu'on attache avec des vis sur le sommier, comme on peut le voir dans cette derniere figure & dans la *Fig.* 4, qui représente le porte-outil & le chassis vus par le bout.

Si on vouloit que les moulures fussent ondées sur le plat & sur le champ, on se serviroit toujours du même chassis, dans lequel on met un autre porte-outil *M N, Fig.* 6, 7 & 9, différent du premier en ce qu'il est beaucoup plus court que l'autre, & qu'au milieu de son épaisseur, & sur le bout opposé au ressort, il y a une touche de fer *M*, laquelle descend perpendiculairement, & vient porter contre une conduite ondulée *O O, Fig.* 6, 7 & 9, qui donne au porte-outil un mouvement d'ondulation horisontal, qui, joint au mouvement d'ondulation vertical du chassis, remplit les conditions demandées, c'est-à-dire, produit des moulures ondées sur le plat & sur le champ. *Voyez la Fig.* 8, qui représente le chassis & le porte-outil vus par le bout.

La conduite ondée *O O*, est reployée deux fois en retour d'équerre, comme

PLANCHE
316.

on peut le voir dans la *Fig. 6*, afin que la partie ondulée soit élevée au-dessus du sommier, & qu'on ait de quoi l'attacher sur ce dernier, ce qui se fait avec des vis qui passent au travers de la premiere conduite pour se tarauder dans le bois, ou bien on fait ces vis à petit filet, & on les fait prendre dans la premiere conduite qui alors leur sert d'écrou.

De quelque maniere que ces vis soient disposées, il faut toujours faire dans la partie inférieure de la conduite *O O*, *Fig. 9*, au travers de laquelle ces vis passent, des mortaises de la largeur du collet des vis, & d'une longueur assez considérable pour qu'on puisse avancer ou reculer cette conduite autant qu'il sera nécessaire, pour que les parties saillantes de ces ondulations répondent avec celles des autres conduites du sommier, ou bien la saillie des premieres avec les parties creuses de ces dernieres, ce qui dépend du goût ou de la volonté de celui qui fait usage de cet outil, dont je ne ferai pas une plus ample description, vu que je l'ai détaillé avec beaucoup de soin dans les trois Planches 314, 315 & 316, dont l'inspection seule des figures doit donner une idée assez juste de ce qui concerne la théorie de cette machine; quant à la pratique, je ne saurois en dire davantage, vu que je n'ai jamais fait usage de cette machine, ni même été à portée de le faire, puisque je n'en ai point vu en nature, & que celle-ci, à la forme générale près, que j'ai tirée de l'œuvre de M. Félibien, est toute entiérement de ma composition ; ce qui fait que loin d'être aussi parfaite qu'elle pourroit l'être, elle a peut-être encore bien des imperfections qui n'auroient sûrement pas échappé à quelqu'un plus versé que moi dans la composition de ces sortes de machines, qui n'ont de vrai mérite qu'autant qu'elles sont d'une composition simple, d'un usage facile, & sur-tout peu coûteuses, vu qu'elles sont plutôt faites pour les Ouvriers que pour les Curieux, qui, souvent, n'en font jamais usage.

Section Troisieme.

Description des Outils de Serrurerie dont l'usage est nécessaire aux Ebénistes.

Les Outils de Serrurerie à l'usage des Ebénistes, font les Etaux de toutes sortes, les Limes, les Outils propres à percer le fer ou le cuivre, tels que les Forets, les Tourets, les Drilles ou Trépans, &c. enfin les Outils propres à ferrer l'ouvrage, comme les Vilebrequins de fer, avec toutes les pieces qui s'y adaptent, comme les Meches de différentes façons, les Fraises & les Equarrissoirs ; enfin les Ciseaux à ferrer, les Becs-d'âne crochus ou Dégorgeoirs, les Chasse-pointes.

Les Etaux, *Fig. 1 & 2*, font des outils de fer dont l'usage est d'arrêter ferme en place une piece qu'on veut travailler, & de la présenter à plat soit parallélement, soit inclinée à l'horison. Ils font composés de deux principales pieces nommées *mords* ou *mâchoires*, dont une *A*, est attachée contre un établi, &

l'autre *B*, se meut par le moyen d'une vis *C D*, laquelle la fait serrer du haut autant qu'on le juge à propos ; en relâchant la vis, la mâchoire *B* s'écarte, (du moins autant que la longueur de la vis peut le permettre,) & cela par le moyen d'un ressort *F* attaché contre l'autre mâchoire *A*, lequel fait effort contre la mâchoire mobile. La vis se serre & desserre par le moyen d'une manivelle *E*, qui passe au travers de sa tête, de maniere qu'on serre l'ouvrage entre les deux mâchoires autant qu'il est nécessaire.

L'intérieur de la partie supérieure des mâchoires, est dentelé, ou pour mieux dire taillée comme une lime, afin que les pieces qu'on serre entre, y tiennent plus solidement, ce qui est bon pour celles qui sont brutes, & qu'on ne craint pas de gâter ; mais il n'en est pas de même pour celles qui sont finies, ou pour les pieces de bois que ces dents peuvent gâter en s'imprimant dessus, ce qui a fait imaginer de garnir les deux mords de l'Etau avec des morceaux de plomb *Fig.* 6, qu'on nomme *mordaches*, lesquels serrent la piece sans la gâter, le plomb étant un métal beaucoup plus mou que le fer & le cuivre.

Quand les pieces qu'on veut serrer dans l'Etau, sont bien polies, ou qu'elles sont assez tendres pour qu'on craigne que les mordaches de plomb ne les meurtrissent, on se sert d'une mordache de bois, *Fig.* 3, dont l'intérieur *a b*, est garni de buffle collé dessus ; quelquefois au lieu de buffle, on y met deux morceaux de liege de 5 à 6 lignes d'épaisseur, lesquels reçoivent toutes les parties saillantes de la piece qu'on serre dans l'Etau, sans en gâter aucune.

Les mordaches de bois, pour être bonnes, se font en noyer ou tout autre bois liant ; ce n'est autre chose qu'un morceau de bois d'environ un pouce & demi d'épaisseur, sur 3 à 4 pouces de largeur, lequel est refendu au milieu de son épaisseur jusqu'à environ un pied de son extrémité inférieure. La longueur des mordaches en bois, doit être égale à la hauteur de l'Etau, plus 3 à 4 pouces dont elles doivent le surpasser, afin que lorsqu'on l'incline pour en faire usage, il porte toujours à terre.

Il y a trois sortes d'Etaux ; savoir, les *Etaux à pied*, comme les *Fig.* 1 & 2 les *Etaux à patte*, *fig.* 9, qui different de ces derniers non-seulement par la force, mais encore par la maniere de les arrêter, & les *Etaux à main*, *Fig.* 10 & 11.

Les Etaux à pied s'arrêtent à l'établi par le moyen de deux tirants de fer *G*, *H*, *Fig.* 7, lesquels sont attachés sur l'établi avec de bonnes vis en bois. Le bout de ces tirants qui est taraudé, passe au travers d'une bride de fer *I*, laquelle est retenue par deux écrous qu'on serre autant qu'il est nécessaire pour que la mâchoire de l'Etau tienne solidement. Quelquefois les deux tirants se font d'une seule piece, comme dans cette figure, ce qui est très bon ; mais ces sortes de tirants ont le défaut de ne pouvoir servir qu'au même Etau, & deviennent plus coûteux que de deux pieces : c'est pourquoi on leur préfere ces derniers, auxquels on fait un petit talon pour appuyer le derriere de la mâchoire de l'étau.

Les brides ainsi attachées sur l'établi, saillissent de toute leur épaisseur. Je

crois qu'il feroit mieux de les entailler dedans, ce qui feroit plus propre & beaucoup plus folide. On feroit auffi très-bien de faire une entaille fur le devant de
l'établi, pour recevoir la mâchoire de l'étau, comme je l'ai obfervé aux *Fig.*
7 & 8, à condition toutefois qu'on fe fervira toujours du même Etau, & qu'on
ne le changera pas de place.

Le bas des Etaux à pied porte immédiatement par terre, & on fait entrer la
pointe dans un morceau de bois fcélé dans le plancher, afin qu'ils tiennent
mieux le coup lorfqu'on frappe deffus, ce qui arrive quelquefois.

Les Etaux à patte, *Fig.* 9, s'attachent fur l'établi, & y font arrêtés en
deffous par le moyen d'une vis, à l'extrémité de laquelle il y a une petite platine armée de pointes, lefquelles entrent dans l'établi lorfqu'on ferre la vis O.

Il y a de petits Etaux à patte qu'on attache fur un morceau de bois d'environ
un pied de long, de forte qu'on les tranfporte où on veut, foit fur l'établi, où
on les arrête avec le valet, ou par-tout ailleurs.

Les Etaux à main, *Fig.* 10 & 11, fervent à tenir de petites pieces qu'on
veut limer. Il y en a de différentes grandeurs; celui qui eft repréfenté ici à
moitié de l'exécution, eft de la moyenne grandeur.

Comme les Etaux à pied ne laiffent pas de coûter cher quand ils font bons
& bien faits, & que les Ouvriers n'ont pas toujours le moyen d'en faire la
dépenfe, ils en font de bois, comme celui repréfenté *Fig.* 4 & 5, lefquels,
fans être fort chers, ne laiffent pas de leur bien fervir; de plus, ces Etaux ont
l'avantage de s'ouvrir parallélement par le moyen d'une entre-toife *M N*, percée de plufieurs trous, laquelle eft affemblée dans la mâchoire mobile, & paffe
au travers de l'autre mâchoire, contre laquelle on l'arrête par le moyen d'une
broche de fer à la diftance qu'on le juge à propos, ainfi qu'aux preffes d'établi,
auxquelles ils font prefque femblables.

Pour rendre ces Etaux plus folides, on garnit de fer leur extrémité fupérieure,
de forte qu'on peut également s'en fervir pour les métaux comme pour le bois.

Cet Etau s'arrête à l'établi comme celui de fer dont j'ai parlé plus haut, ou
bien fimplement avec un lien de fer reployé autour & attaché fur l'établi avec
des vis, comme on peut le voir aux *Fig.* 5 & 8. Le bout inférieur de la mâchoire
dormante fe fcele en terre, ou bien eft attaché avec une forte vis *L*, contre la
traverfe de l'établi, à l'endroit de laquelle il eft entaillé.

Les Etaux doivent être difpofés de maniere qu'on puiffe s'en fervir aifément,
c'eft-à-dire, que leur hauteur, prife du deffus des mâchoires, foit en raifon de
la hauteur de celui qui en fait ufage, lequel étant droit devant l'Etau, doit trouver entre le deffus de ce dernier jufqu'à fon menton, une diftance égale à la
longueur de fon avant-bras, pris depuis la paume de la main jufqu'au coude,
de maniere qu'en s'appuyant le menton fur la main, le coude pofé fur l'Etau,
ce qui donne de hauteur à ce dernier depuis 3 pieds 3 pouces, jufqu'à 3 pieds &
demi du deffus des mâchoires.

Les

Les Etaux ne se posent pas contre les établis ordinaires, lesquels seroient trop bas; mais on les attache à des établis faits exprès, lesquels sont ordinairement posés contre l'appui de la boutique, & exposés au meilleur jour possible.

La hauteur de ces établis est d'environ 2 pieds 9 pouces, sur 15 à 18 pouces de largeur; & il est bon d'y faire un rebord en devant de 6 à 8 lignes de hauteur, pour retenir les pieces qu'on pose dessus.

Le dessous de ces établis se fait souvent en forme d'armoire fermée, ou on y pose seulement une ou deux tablettes, avec un rang de tiroirs en dessous de la table, pour pouvoir placer & serrer les ouvrages & les outils de Serrurerie dépendants de cet établi.

La Figure 12 représente une Pince; la Figure 13, une Tenaille à boucle, propre à saisir de petites parties; & la Figure 14, un Etau à main fait en bois, lequel peut servir au défaut de celui de fer, *Fig.* 10 & 11. On observera que ces trois figures, ainsi que cette derniere, sont dessinées à moitié de grandeur d'exécution.

Les Figures 1, 2, 3, 4 & 5, représentent deux Limes de différentes especes, savoir, les Figures 1 & 2, une Lime d'Allemagne; & celles 3, 4 & 5, une Lime d'Angleterre. Ces Limes different entr'elles par la forme & par la taille, c'est-à-dire, par la maniere dont elles sont dentelées. Les Limes d'Allemagne sont d'une forme longue, laquelle vient en diminuant par les deux bouts, tant sur la largeur que sur l'épaisseur, non pas en ligne droite, mais par des courbes presqu'insensibles. Les Limes d'Angleterre sont plus courtes en proportion de leur largeur, laquelle est presqu'égale d'un bout à l'autre: elles sont plus minces que les Limes d'Allemagne, viennent en diminuant par le bout, qui est très-mince, & ont les faces un peu bombées, comme on peut le voir aux *Fig.* 3 & 5.

La taille des Limes d'Allemagne a deux inclinaisons différentes; la premiere, qui monte de droite à gauche, est fort inclinée; & la seconde, qui monte de gauche à droite, est presqu'horisontale; au contraire, la taille des Limes d'Angleterre est égale, de sorte que ses grains représentent des losanges couchés, produits par des triangles équilatéraux, & est faite à rebours de celle des Limes d'Allemagne, c'est-à-dire, que la seconde taille est faite en montant de droite à gauche, ce qui ne fait rien à la chose, parce que l'inclinaison & la distance des tailles étant parfaitement égales, il importe fort peu laquelle est la premiere. Il n'en est pas de même des Limes d'Allemagne, où il faut absolument que la seconde taille soit disposée comme je l'ai dit ci-dessus, & toujours de gauche à droite, ce qui est nécessaire pour qu'en faisant usage de ces Limes, le sens où elles mordent soit toujours opposé à la force qui les fait mouvoir, & qu'elles ne remontent pas sur l'ouvrage malgré l'Ouvrier, ce qui arriveroit nécessairement si cette taille étoit disposée de droite à gauche.

Il y a des Limes de toutes formes & de toutes grandeurs, depuis un pouce jusqu'à une ligne de diametre; mais on les distingue ordinairement par la grosseur de leurs grains, qui, étant plus ou moins serrés, les rendent plus douces

PLANCHE 317.

PLANCHE 318.

ou plus rudes ; c'est pourquoi on divise les Limes en trois especes ; savoir, les grosses, qui servent pour ébaucher l'ouvrage sortant de la forge, (& qui ne sont guere utiles aux Menuisiers) les bâtardes, qui servent à lui donner la forme convenable, & les fines, qui servent à le finir. Dans chaque espece de Limes il y en a de plus ou moins grosses pour le grain, dont on fait usage selon les différents besoins.

Quant à la forme des Limes, il y en a de parallélogrammes par leur coupe, d'autres triangulaires, qu'on nomme *Tiers-points*, de tout-à-fait rondes, qu'on nomme *Queues de rat*; de demi-rondes, qui sont plates d'un côté & rondes de l'autre; d'autres enfin qui sont bombées des deux côtés. Il y a des Limes plates dont un des côtés n'est pas taillé comme le représente la *Fig.* 3 ; ce qui est très-commode pour limer dans les angles rentrants dont il y a un côté auquel on ne veut pas toucher.

Chaque Lime est ordinairement garnie d'un manche de bois avec une virole de fer ou de cuivre au bout supérieur, pour empêcher qu'il ne se fende lorsqu'on enfonce la soie ou queue de la lime dedans. La grosseur du manche doit être à peu-près en rapport avec celle des Limes ; cependant on ne doit pas leur donner moins de 3 pouces de long, ni plus de 5 pouces, sur un diametre proportionné. Voyez celui de la Figure 9, qui est de la moyenne grosseur.

Lorsqu'on veut limer une piece quelconque, on la met dans l'étau, en observant qu'elle l'excede assez pour que la Lime ne porte pas dessus ce dernier ; ensuite on prend le manche de la Lime de la main droite, avec laquelle on l'empoigne tout uniment, sans poser le pouce ni le doigt index dessus, comme le font plusieurs Limeurs, à qui cette attitude roidit les nerfs des doigts, & leur rend le tact obtus, de maniere qu'ils ne peuvent plus saisir de petites pieces. On prend de même le bout supérieur de la Lime de la main gauche, qu'on fait porter au fond de la paume de la main, puis on fait aller la Lime sur l'ouvrage en appuyant dessus autant qu'on le juge à propos, & en observant de mener la Lime bien de niveau, afin de ne pas limer rond.

Il y a trois manieres de mener la Lime, ou, pour mieux dire, de limer; savoir, en long, en travers & à la main. Lorsqu'on lime en long, on pose la Lime diagonalement sur l'ouvrage la plus inclinée qu'il est possible, afin de mieux dresser la piece ; lorsqu'on lime en travers, on la tient perpendiculaire à la piece, ce qu'on fait également pour les pieces de plat ou de champ. Lorsqu'on lime à la main, ce qui n'est que pour les petites pieces, on saisit la piece à limer avec l'étau à main, qu'on tient de la main gauche, en appuyant la piece qu'on veut limer sur un morceau de bois placé dans l'étau ; alors on prend la Lime de la main droite, dont on se sert à l'ordinaire.

Quand on veut limer diagonalement ou en *chanfrein*, comme disent les Ouvriers, on met la piece dans un petit étau nommé *tenailles à chanfrein*, dont les mâchoires inclinées à 45 degrés, disposent la piece de maniere qu'on y fait le chanfrein fans hauffer ni baiffer la Lime. Je n'ai pas donné de figure de cet étau, qu'on pofe dans l'étau ordinaire, parce qu'il eft très-rare que les Menuifiers en faffent ufage. Celui qui lime doit fe tenir le plus droit poffible, le pied gauche en avant contre le pied de l'étau, & le droit en arriere, la pointe en dehors, afin d'avoir un point d'appui plus confidérable, & par conféquent plus de force: il faut auffi éviter de fe balancer le corps, tout le mouvement devant être dans les bras.

On lime non-feulement le fer & le cuivre, mais encore les bois durs, qu'on met dans l'étau à l'ordinaire, & qu'on finit de même avec des Limes douces; cependant comme il fe trouve quelquefois beaucoup de bois à ôter, on ébauche avec la Rape à bois, *Fig. 6*, laquelle differe des Limes par la forme de fa taille, qui, au lieu d'être formée par des fentes, eft enlevée à coups de poinçon, ce qui fait une quantité de trous dont la bavure relevée donne autant de crochets fur la furface de la Rape, lefquels prennent beaucoup plus de bois que les Limes.

Il y a des Rapes de différents grains, ce qui les rend par conféquent plus ou moins rudes. Leur forme ordinaire eft demi-ronde; cependant il y en a de plates, & qui ont un côté de liffe comme les Limes dont j'ai parlé ci-deffus. Les Rapes fe menent comme les Limes; c'eft pourquoi je n'en parlerai pas davantage.

Avant de terminer ce qui concerne les Limes, je vais faire la defcription des Ecouenes & des Grêles de différentes fortes, comme étant toutes des outils à manche, dont l'ufage eft d'unir foit le bois ou les métaux.

Les Ecouenes *Fig. 7 & 8*, font des efpeces de limes dentelées fur leur largeur en forme de fcie, de maniere qu'elles préfentent une continuité de tranchants à peu-près femblables à celui d'un rabot de bout, lefquels dreffent & uniffent bien mieux une partie d'ouvrage quelconque, que ne feroient la rape & la lime, qui, quelque douces qu'elles foient, font toujours des rayures, furtout dans les angles rentrants ou dans les filets creux dans lefquels elles paffent toujours à la même place.

Il y a deux fortes d'Ecouenes, celles en forme de lime, comme les *Fig. 7, 8, 9, 10, 11, 12, 13 & 14*, qui, à proprement parler, ne font que des Grêles; & celles *Fig. 17, 18 & 19*, qui font de vraies *Ecouanes* ou *Ecouenes*.

Les Grêles font de différentes formes & grandeurs: il y en a de larges & plates à manche droit, comme la *Fig. 7*, & d'autres dont le manche, ou, pour mieux dire, la foie eft coudée pour que la main ne porte pas fur l'ouvrage; d'autres qui font étroites, & qui diminuent par le bout fupérieur, comme les *Fig. 10 & 11*; d'autres au contraire dont ce bout eft le plus large, pour entrer dans des cavités, comme des mortaifes & autres parties creufes dont on veut parfaitement évuider l'intérieur; d'autres dont la partie dentelée eft arrondie; d'autres triangulaires; enfin de petites, comme les *Fig. 13 & 14*, dont l'ufage eft de nétoyer les filets & les angles rentrants.

Quand les Grêles font d'une certaine largeur, comme la *Fig. 7*, on incline un peu leur dentelure, pour les raisons que j'ai données en parlant de la taille des Limes d'Allemagne. Aux grandes Ecouenes, comme à la *Fig.* 19, non-seulement la dentelure est inclinée, mais on la fait un peu bombée sur sa longueur, afin que chaque dent prenne moins de matiere à la fois, & ne la heurte pas de front.

Les grandes Ecouenes sont de deux sortes; savoir, celles qui sont plates & d'un seul morceau d'acier, comme les *Fig.* 17 & 19; & celles qui, comme la *Fig.* 18, sont beaucoup plus hautes, & sont composées d'autant de morceaux ou lames d'acier qu'elles ont de dents, entre lesquels sont placés à force des morceaux de bois qui les soutiennent, & qui, par conséquent, empêchent l'Ecouene de brouter. Cette espece d'Ecouene a l'avantage de servir beaucoup plus long-temps que l'autre, parce qu'à mesure qu'elle s'use, on peut affûter les dents & en ôter jusqu'à ce qu'elles n'ayent que 3 à 4 lignes de hauteur.

Les Ecouenes sont d'acier non trempé : on les affûte avec des limes; & on redresse leur fil avec un affiloir d'acier trempé, représenté *Fig.* 15 & 16: cet affiloir est monté dans un manche de bois, pour qu'on s'en serve plus aisément.

En général, les Ecouenes ne servent guere que pour les bois durs, la corne, l'os & l'ivoire; cependant lorsque les petites Ecouenes sont trempées, on peut s'en servir pour les ouvrages de cuivre.

Je n'entrerai pas dans un plus grand détail touchant l'usage des Ecouenes; parce que cela regarde la troisieme espece d'Ebénisterie dont je traiterai ci-après.

Après les Limes, sont les Outils propres à percer le fer, le cuivre, & même les bois difficiles & autres matieres, comme l'écaille, l'ivoire, &c.

Ces outils sont les Forets & les pieces qui en dépendent, comme l'Archet & la Palette, les Tourets, & le Drille ou Trépan.

Les Forets, *Fig.* 9 & 10, sont des outils d'acier dont un des bouts *A, Fig.* 9, est affilé pour entamer la piece qu'on veut percer; & l'autre *B*, est arrondi en forme de goutte, pour entrer dans les trous de la Palette, *Fig.* 13. Le corps du Foret est quarré jusqu'à environ le tiers de sa longueur, & est d'une forme un peu pyramidale, pour que la boîte ou bobine *C*, au travers de laquelle il passe, y tienne d'une maniere fixe, & qu'elle le fasse mouvoir avec elle, malgré la résistance qu'il éprouve en perçant la piece, soit de bois ou de métal.

Les Forets different entr'eux par leur grandeur & par la forme de leurs biseaux : ceux propres à percer le fer sont quarrés par le bout, & ont deux biseaux comme les *Fig.* 9 & 10; ceux propres à percer le bois, ont le bout triangulaire, & n'ont de biseau que d'un seul côté; & ceux à percer l'or, l'argent & le cuivre, sont de la même forme que ces derniers, à l'exception qu'ils ont quatre biseaux, deux de chaque côté, comme aux *Fig.* 7 & 8, & qu'ils doivent être trempés; au lieu que ceux propres à percer le bois, l'ivoire, &c. n'ont pas besoin de l'être.

Il y a des Forets de différentes groffeurs, felon que l'exige la groffeur des trous qu'on veut percer ; cela oblige à avoir autant de boîtes qu'on a de Forets, ce qui ne laiffe pas que de gêner ; pour remédier à cet inconvénient, on a imaginé de faire une boîte à Foret *D E*, *Fig.* 8, dans laquelle on adapte autant de Forets qu'on le juge à propos, ce qui eft très-commode, parce que la dépenfe de cette boîte une fois faite, on n'a plus befoin que de Forets, ce qui eft une chofe peu chere & bientôt faite, puifque ce n'eft que des petits morceaux d'acier qu'on a feulement foin de limer & ajufter d'un bout à la groffeur du canon conique de la boîte à Foret, & qu'on affûte & ajufte de l'autre, felon qu'on le juge à propos.

L'Archet, *Fig.* 11, eft un morceau d'acier, ou le plus fouvent un bout de fleuret monté dans un manche de bois, & on fait une entaille au bout du fleuret, dans laquelle on attache le bout d'une corde de boyau, dont l'extrémité vient rejoindre le manche auquel elle eft arrêtée, comme on peut le voir dans cette figure. Il y a des Archets qui font de différentes grandeurs ; celui qui eft repréfenté ici eft des plus grands.

La Palette, repréfentée *Fig.* 13, n'eft autre chofe qu'un morceau de bois d'environ un pied de long, (y compris le manche,) fur lequel eft attaché un morceau d'acier où font percés plufieurs trous, dans lefquels on fait entrer l'extrémité *B* du Foret, *Fig.* 9, lorfqu'on veut en faire ufage. Le deffous de la Palette doit être un peu creux fur la longueur, afin de ne point bleffer celui qui perce au Foret, ce qui fe fait de la maniere fuivante.

On commence par placer dans l'étau la piece qu'on veut percer au Foret ; enfuite, après avoir fait choix du Foret dont on a befoin, on prend l'Archet, dont on fait tourner la corde un tour fur la boîte du Foret, en obfervant qu'elle foit affez tendue pour qu'elle la faffe mouvoir en frottant deffus ; puis on prend la Palette de la main gauche, & on la pofe fur fa poitrine, afin de recevoir le bout du Foret, dont la pointe pofe contre la piece à percer, de maniere qu'il fe trouve pris entre celui qui perce & cette derniere ; enfuite de quoi on prend le manche de l'Archet de la main droite, & on le fait aller & venir de maniere qu'il fait tourner le Foret, qui, par ce moyen, entre dans la piece qu'on veut percer.

Lorfqu'on perce au Foret, il faut avoir grand foin qu'il foit pofé bien perpendiculairement de tous les fens avec la piece qu'on veut percer ; & lorfqu'elle eft d'une certaine épaiffeur, on fait très-bien de la retourner plufieurs fois dans l'étau pour redreffer le trou, fi par hafard il n'étoit pas bien perpendiculaire avec la piece.

Comme il y a des Forets d'un très-petit diametre, & qui, par conféquent, ont befoin de moins de force pour les faire mouvoir, on y met de petites boîtes de cuivre, comme à la *Fig.* 7, ce qui devient moins lourd & moins embarraffant que les boîtes de bois.

Menuisier, *III. Part. III. Sect.* G 11

PLANCHE
319.

Quand les Forets font fi petits, qu'on craint qu'ils ne puissent pas supporter l'effort de l'Archet, on les met dans des boîtes à Forets, dont l'extrémité
de la tige est fendue comme un porte-crayon, pour pouvoir y placer le Foret,
qui y est retenu avec une boucle. *Voyez la Fig.* 6, qui est dessinée grande
comme l'exécution, ainsi que la *Fig.* 7.

On perce à l'Archet non-seulement avec des Forets tels que je les ai représentés ci-dessus, mais encore avec des Fraises, lesquelles font de différentes
fortes; les unes, comme la *Fig.* 5, servent à évaser les trous pour faire les
noyures des têtes de vis; d'autres, comme la *Fig.* 4, qui servent à évuider des
trous le plus réguliérement possible, après avoir percé un trou avec le Foret à
l'ordinaire, pour placer le petit goujon qui est placé à l'extrémité de cette
Fraise pour la tenir en place; & d'autres qui ne descendent qu'à une certaine
profondeur, comme la *Fig.* 3, sans parler de beaucoup d'autres plus ingénieuses
les unes que les autres, & dont la description n'est pas du ressort de cet
Ouvrage.

Les Tourets, *Fig.* 1 & 2, servent aussi à percer au Foret, qu'on fait mouvoir de même avec l'Archet; toute la différence de cette maniere de percer à
celle dont j'ai parlé ci-dessus, consiste en ce que c'est le Touret qui demeure en
place, & qu'on tient l'ouvrage de la main gauche avec laquelle on l'appuie
contre le Foret, qu'on fait toujours mouvoir avec l'Archet à l'ordinaire.

Il y a des Tourets de fer, comme la *Fig.* 1; d'autres de bois, comme la
Fig. 2, qui font moins coûteux, & ne laissent pas de servir tout aussi bien.

Les Drilles ou Trépans servent à percer des pieces dont la surface est disposée
horisontalement, comme celle *F G, Fig.* 12 : ils font composés d'une tige ou
tringle de fer, dont l'extrémité inférieure est disposée pour recevoir des Forets
ou autres instruments de cette espece, qu'on change comme on le juge à propos.
Un peu au-dessus de la mortaise faite pour faire sortir le Foret, est adaptée une
masse de cuivre ou de plomb *I L, Fig.* 12 & 14, pour augmenter le poids du
Trépan, & pour lui donner un mouvement de vibration assez fort pour faire
tourner le Foret, & par conséquent tout le Trépan sur lui-même, malgré la
résistance de la matiere qu'on perce.

Le haut de la tige du Trépan est percé d'un trou dans lequel passe une corde,
laquelle est attachée par les deux bouts à une traverse de bois *M N*, au travers
de laquelle passe la tige du Trépan. La longueur de la corde doit être bornée de
maniere que la traverse descende le plus près de la masse *I L*, qu'il est possible.

Quand on veut faire usage du Trépan, on pose la pointe du Foret à l'endroit
qu'on veut percer, & on la retient en place avec les doigts de la main gauche,
en lui laissant cependant la liberté de tourner quand il est nécessaire; puis on fait
tourner la traverse *M N* sur elle-même, de maniere que la corde s'entortille
autour de la tige du Trépan, ce qui la raccourcit, & fait par conséquent remonter
la traverse en contre-haut, comme de *M* à *O* & de *N* à *P*; ce qui étant fait, on prend

la traverse avec la main droite, & on appuie dessus pour la faire promptement descendre, en observant de soulager la main lorsqu'elle est en train de descendre, afin que le Drille ne trouvant point d'opposition dans le mouvement qui lui est imprimé par le développement de la corde, puisse tourner encore assez vîte & avec assez de force pour entortiller la corde de l'autre sens, & par conséquent faire remonter la traverse; après quoi on recommence la même opération jusqu'à ce que le trou soit percé.

Quand on veut changer les Forets du Trépan, on fait passer une lame de fer, *Fig.* 15, dans la mortaise, & on fait une pesée qui les fait sortir, ce qui est fort facile, puisque la mortaise qui reçoit le Foret est d'une forme conique, ainsi que celle de la boîte à Foret, *Fig.* 8, à laquelle le bas du Trépan est parfaitement semblable.

Je n'entrerai pas ici dans le détail de la construction de cet instrument, ainsi que des autres outils dont je parle ici, qui se trouveront amplement décrits ailleurs, ce qui, de plus, est étranger à mon sujet. Les Menuisiers-Ebénistes achetent ces outils tout faits, & ne s'amusent pas à les faire eux-mêmes, supposé qu'ils en fussent capables.

Les Outils de Serrurerie dont il me reste à faire la description, sont ceux qui servent le plus particuliérement à la ferrure de l'ouvrage, comme les Vilebrequins & les Meches de toutes sortes, les Ciseaux à ferrer, &c.

Le Vilebrequin, *Fig.* 1, est ordinairement tout de fer, excepté la poignée *A*, qui est de bois, & une noix *B*, dans laquelle la branche du Vilebrequin tourne, ce qui est très-commode, parce qu'en empoignant cette noix, elle reste fixe dans la main, & ne la fatigue pas tant que le frottement des Vilebrequins de bois, qu'il faut en même temps tenir ferme & laisser tourner dans la main.

Ces Vilebrequins sont très-commodes, & n'ont d'autre inconvénient que de gêner pour les Meches, qu'il faut faire exprès pour qu'elles puissent aller dans la boîte *C*, & y être arrêtées avec une vis *D*; ces Meches servent pour percer le bois; savoir, celle qui est dans le Vilebrequin, qui est une Meche de Menuisier ordinaire; celles *Fig.* 8 & 9, qui ne sont propres que pour les bois tendres; & celles *Fig.* 10 & 11, qui servent aux bois durs, ainsi que la premiere, & qu'on appelle ordinairement *Meches de Ferreurs*.

Les Meches different entr'elles pour la forme, comme on peut le voir aux figures ci-dessus, mais encore pour la grosseur; car on en fait depuis une ligne jusqu'à six de diametre, dont on fait usage selon les différents besoins, en observant toujours de faire tourner le Vilebrequin de gauche à droite en poussant la main en dehors, les Meches étant disposées de maniere qu'elles ne prendroient pas si on le tournoit de l'autre sens.

Les Figures 12 & 13, représentent une Meche à l'Angloise, laquelle a la propriété de ne jamais faire d'éclats, & de ne point s'écarter de l'endroit où on l'a placée, dans lequel elle est retenue par la pointe *a*, *Fig.* 12 & 13, tandis que l'autre pointe *b*, qui est moins longue que la premiere, trace ou, pour mieux dire, découpe le cercle que la Meche doit occuper; ensuite de quoi l'autre côté de la Meche qui est recourbé en *c*, *Fig.* 13, coupe & enleve le bois de la piece qu'on perce.

On peut encore mettre d'autres outils que des Meches dans les Vilebrequins, comme, par exemple, des Fraises, ainsi qu'à la *Fig.* 14, (ou d'autres de différentes formes dont j'ai parlé ci-dessus, *page 924*, en donnant la description d'une Machine propre à faire des cannelures), des Equarrissoirs & des Tournevis.

Les Equarrissoirs *Fig.* 15, sont des morceaux d'acier trempé, à six ou huit pans, affûtés bien à vif, lesquels servent à grandir & à évaser les trous déja percés.

Le Tourne-vis, *Fig.* 16, est fort commode pour serrer facilement les vis de telle grosseur qu'elles puissent être, le Vilebrequin donnant beaucoup plus de puissance que les Tourne-vis ordinaires.

Les Figures 2 & 3 représentent un Ciseau à ferrer, lequel est tout de fer, ou, pour mieux dire, n'a pas de manche. Ce Ciseau est plus à l'usage des Serruriers-Ferreurs que des Menuisiers, lesquels préferent de se servir de leurs Ciseaux ordinaires; en quoi ils font mal, celui dont je parle ici étant très-commode pour faire des entailles propres à placer les ferrures & autres ouvrages de cette espece.

Les Figures 4 & 5, représentent un outil nommé *Empenoir*, dont l'usage est particulier aux Ebénistes, lesquels s'en servent pour ferrer leurs ouvrages; c'est une espece de Ciseau, ou, pour mieux dire, de Fermoir reployé par les deux bouts, de maniere qu'en frappant dessus avec le marteau, il coupe parallélement à sa tige en *E*, & perpendiculairement à cette même tige en *F*. Cet outil est très-commode pour faire des entailles dans les dessous & autres endroits où on ne peut pas se servir des Ciseaux ordinaires; c'est pourquoi on fait très-bien d'en avoir de plusieurs grosseurs : celui qui est représenté ici est dessiné à moitié de grandeur d'exécution, ainsi que le Ciseau à ferrer, & le Bec-d'âne crochu, *Fig.* 6 & 7, lequel differe des Becs-d'ânes ordinaires en ce qu'il n'a pas de manche, & qu'il est très-mince, son usage étant d'évuider de petites mortaises; c'est pourquoi chaque Bec-d'âne a un bout plus mince & moins saillant que l'autre, du moins pour l'ordinaire.

La Figure 17 représente un outil nommé *Chasse-pointe*, qui sert à fonder les trous des aîlerons des fiches avec la pointe *G*, & à en repousser les pointes avec le retour *H*, qui sert également à cet usage, comme à retirer le Chasse-pointe lorsqu'il est trop engagé dans un trou.

Voilà, en général, le détail des Outils tant de Tour que de Serrurerie, dont l'usage est nécessaire aux Menuisiers-Ebénistes, lesquels j'ai traité le plus succinctement possible, ne m'étant attaché qu'à ceux qui étoient les plus nécessaires, desquels même je n'ai fait que donner une idée tant de leurs formes que de leurs

usages,

usages, sans entrer dans un détail particulier de leurs constructions, ni des augmen- tations ou changements qu'on a faits & qu'on pourroit faire à chacun d'eux, lesquels doivent être décrits dans les Arts où ils appartiennent en propre, & sûrement beaucoup mieux que je ne puis & ne me suis proposé de le faire ici; la description que j'en ai faite, quoique très-abrégée, paroîtra encore trop étendue & même inutile à ceux qui ne connoissent les Arts que par leur nom, & qui les lisent plutôt pour s'amuser que pour s'instruire; c'est pourquoi on pourra avoir recours aux différents Arts qui tiennent au mien, dans lesquels on trouvera le détail d'une infinité d'Outils & d'Instruments de toutes les especes, dont on pourra se servir avec beaucoup d'avantage.

§. I. *Maniere de ferrer l'Ébénisterie.*

LEs ferrures qu'on adapte à la Menuiserie, sont de deux especes; savoir, celles qui servent à la solidifier & à en joindre les parties les unes avec les autres, comme les équerres & autres ferrures plates, & les fiches de toutes les especes; & celles qui servent à tenir les portes & les tiroirs fermés, ce qui comprend les serrures de toutes les façons. La construction de ces deux especes de ferrures, est absolument du ressort du Serrurier; elles se trouvent pour l'ordinaire toutes faites chez les Marchands. Cependant dans les ouvrages d'Ebénisterie de quelque conséquence, il est quelquefois nécessaire de les faire exprès, du moins en partie; c'est pourquoi il faut que les Menuisiers-Ebénistes connoissent bien cette partie de la Serrurerie, non pas pour la faire, mais pour la bien conduire, & donner au Serrurier toutes les mesures & les renseignements nécessaires pour que la ferrure remplisse bien l'objet qu'on s'en étoit proposé: il y a même certaines ferrures qui exigent, pour être parfaitement bien faites, que les Menuisiers en ajustent une partie des pieces que les Serruriers ne pourroient pas faire, à moins qu'ils ne fussent Menuisiers eux-mêmes, (ce qui est toujours la même chose) tant la partie de la Serrurerie dont je parle, est intimement liée à la construction de la Menuiserie, dont elle est quelquefois en partie ou totalement recouverte. Ce que je dis est si vrai, que malgré les Réglements des Serruriers, qui défendent aux Menuisiers de ferrer leurs ouvrages eux-mêmes, les Menuisiers-Ebénistes sont en possession de le faire, non par un accord fait entr'eux & les Serruriers, mais parce que c'est la raison qui l'exige, & qu'elle est toujours écoutée lorsqu'elle est favorable aux intérêts de ceux qui auroient droit de la méconnoître (*).

(*) Ce seroit une chose également curieuse & utile, que le détail de l'espece de Serrurerie dont je parle ici. Combien de ferrures ingénieuses sont ignorées des Ouvriers mêmes, auxquels ce détail deviendroit d'un très-grand secours! Tel, par exemple, emploie tout ce qu'il a de génie pour composer une sorte d'ouvrage qu'un autre a fait avant lui, & peut-être mieux, ce qu'il ignore absolument; au lieu que s'il le savoit, le temps & l'industrie qu'il a mis à composer une piece qu'il a cru neuve, il les emploieroit à la perfectionner, & les Arts avanceroient par conséquent plus vîte vers le point de perfection dont ils peuvent être susceptibles; ce qui ne pourra être qu'autant qu'on multipliera les connoissances, en les mettant à la portée de tout le monde, & sur-tout des Ouvriers.

Les ferrures plates, telles que les plates-bandes, les équerres, &c, s'incruftent ordinairement dans le bois, tant pour qu'elles y tiennent plus folidement, que pour plus de propreté; & on les y arrête avec des vis à tête fraifée, comme aux *Fig.* 19, 20, 22 & 23.

Ces incruftations fe font à l'ordinaire avec le Couteau de taille, les Cifeaux, les Trufquins & les Scies à découper, & même les Guimbardes, felon que l'exigent les différentes pieces à incrufter, lefquélles doivent être les plus égales d'épaiffeur & de largeur qu'il eft poffible, & fur-tout bien dreffées à la lime fur le champ, & un peu dégraiffées ou en chanfrein ou en deffous, (ce qui eft la même chofe) afin qu'elles joignent mieux avec le bois qu'elles ferrent lorfqu'on les fait entrer dedans, & qu'elles n'en arrachent point les vives-arêtes lorfqu'on veut les ôter de place, ce qui arrive quelquefois, foit en les ajuftant, ou lorfqu'elles font tout-à-fait placées, & qu'on eft obligé de les retirer pour quelque raifon que ce foit. *Voyez la Fig.* 19, qui repréfente la coupe de l'équerre, *Fig.* 22, laquelle eft difpofée comme je viens de l'expliquer ci-deffus.

Les têtes des vis qui attachent ces fortes de ferrures, doivent être fraifées, c'eft-à-dire, qu'il faut qu'elles affleurent le deffus de la piece, & qu'elles foient difpofées en goutte de fuif, comme celle *I, Fig.* 19, afin qu'elles retiennent l'équerre en place. On vend ces vis toutes faites, & on les ajufte dans les trous des équerres, en grandiffant ces derniers avec la Fraife, *Fig.* 14; & pour que les têtes des vis joignent mieux en place, on les frappe dans un tas ou eftampe d'acier, *Fig.* 21, dont la cavité *M*, eft d'une même pente que celle de la fraife, pour que la tête de la vis porte dans toute fon épaiffeur, ainfi que la *Fig.* 19, de maniere qu'elle joigne toujours quand même on en ôteroit fur l'épaiffeur, ce qui peut arriver quelquefois. Au lieu de frapper ainfi la tête des vis, je crois qu'il vaudroit mieux faire une fraife creufe comme celle *N, Fig.* 21, dans laquelle on feroit tourner la tête de la vis par le moyen du Tourne-vis, *Fig.* 16, monté dans le fût du Vilebrequin, comme je l'ai repréfenté *Fig.* 18, de maniere que l'on pourroit y ajufter des têtes de vis de différentes groffeurs, ce qui ne peut être de la premiere maniere dont j'ai parlé ci-deffus, où il faudroit autant d'eftampes qu'on auroit de différentes groffeurs de vis.

En ajuftant les têtes des vis, il faut avoir grand foin qu'elles défaffleurent un peu le deffus de la piece qu'elles arrêtent, afin qu'on puiffe les affleurer après qu'elles font en place, en donnant un coup de lime deffus, ce qui eft beaucoup plus aifé à faire que de diminuer de l'épaiffeur de la piece qu'on arrête, ce qui ne doit même pas être, parce qu'on ne fauroit le faire fans les dépolir, (fuppofé qu'elles le foient) & fans les creufer, ainfi que le bois avec lequel elles affleurent.

Ce que je recommande par rapport aux têtes des vis, doit, à plus forte raifon, s'obferver pour les équerres ou autres pieces qu'on incrufte, lefquelles doivent bien porter au fond de leurs entailles, & défaffleurer un peu le deffus du bois,

afin qu'on soit toujours à même de donner un coup de lime dessus pour les
affleurer & les polir ensuite, ce qu'on ne doit jamais faire qu'après avoir posé
toutes les vis, sans cependant les serrer tout-à-fait, de crainte qu'elles ne tiennent pas assez solidement dans le bois lorsqu'on vient à les mettre à demeure.

Les vis à tête fraisée sont très-propres; & lorsqu'elles sont bien ajustées, elles
semblent être du même morceau de la piece qu'elles arrêtent, à l'exception de
l'entaille faite pour placer le Tourne-vis, à quoi on pourroit remédier en faisant
les têtes des vis plus épaisses qu'elles ne doivent être, de l'épaisseur de cette
entaille, comme à la *Fig.* 20; de sorte qu'après avoir serré la vis, on puisse
ôter cette épaisseur avec la lime, & par conséquent affleurer la tête de la vis
avec la piece qu'elle arrête. *Voyez la Fig.* 23, où est représentée une vis O avec
une tête en saillie, & une autre vis P, laquelle affleure l'ouvrage, & où il n'y a
d'apparent que le joint, qui n'est pas sensible dans l'exécution.

Cette maniere de faire les têtes des vis, est très-propre; mais elle a le défaut
d'être peu commode; car une fois leur tête affleurée, on ne peut plus les ôter
sans rompre le bois, ce qui ne laisse pas d'être fort incommode. Quand le derriere de l'ouvrage n'est pas apparent, & qu'on peut y mettre des vis à écrou, il
n'y a pas de difficulté pour noyer les têtes de ces dernieres, de maniere qu'elles
ne soient en aucune façon apparentes, soit que la place où elles sont posées
soit une partie lisse, ou qu'elle soit susceptible de quelque forme contournée,
comme il arrive quelquefois dans des parties de rapport servant à orner l'ouvrage.

En général, il faut bien prendre garde, lorsqu'on incruste soit du fer ou du
cuivre dans des parties d'assemblage, que les pieces de bois qui les composent,
soient parfaitement bien seches, afin qu'elles ne fassent aucun effet lorsqu'elles
sont ferrées; car autrement le bois qui veut se retirer & qui se trouve arrêté par
les ferrures; se fend & se déjoint par-tout, ce qu'il faut avoir grand soin
d'éviter.

Les ferrures servant à lier ensemble les parties de Menuiserie ouvrantes,
comme les portes & autres, avec les parties dormantes sur lesquelles elles sont
ferrées, sont les fiches à vases & à nœuds, *Fig.* 1 & 2; les couplets & les charnieres, *Fig.* 3 & 4; les charnieres plates ou à briquets, *Fig.* 16; & les pivots
de toutes sortes, *Fig.* 14 & 15.

Les fiches à vases sont de deux pieces sur la hauteur, dont celle A, qui
porte le gond, se pose dans le bâtis, perpendiculairement à sa face; &
l'autre partie de la fiche se pose dans le battant de la porte, parallélement à
sa face, comme on peut le voir à la *Fig.* 5.

Quand on veut poser ces sortes de fiches, on commence par prendre avec un
compas la moitié de leur diametre, afin de tracer sur le battant de la porte & du
bâtis, le milieu de l'épaisseur des mortaises destinées à recevoir les aîlerons de
la fiche; au battant de la porte, on porte ce demi-diametre du devant de la
feuillure & sur le bâtis, d'après le nud du recouvrement de la porte, comme je
l'ai observé à la *Fig.* 5.

PLANCHE 320.

PLANCHE 321.

Quand les mortaises font tracées, on commence d'abord par percer celles qui fe font dans le battant de la porte, dans lequel on pofe & arrête la partie fupérieure de la fiche à demeure ; puis on met la porte à fa place, & on trace fur le bâtis le deffous de la fiche, ce qui donne le deffus de la mortaife qu'on doit faire dans le bâtis. Cette méthode eft celle des Serruriers ; cependant quand on travaille jufte, il importe fort peu par laquelle des deux parties de la fiche il faille commencer.

Les mortaifes dans lefquelles on place les ailerons des fiches, s'ébauchent d'abord à l'entrée avec le cifeau ; puis on y fait plufieurs trous de mèche perpendiculairement, fort près les uns des autres, puis d'autres en pente qui traverfent les premiers. Ce qui étant fait, on donne plufieurs coups de cifeaux pour couper le bois qui refte entre les trous de meche, & on acheve de les évuider avec le Bec-d'âne crochu, fur la tige duquel on frappe pour le faire entrer de force dans la mortaife.

Cette maniere de faire les mortaifes pour recevoir les différentes parties de ferrures, eft la plus ufitée, & celle dont fe fervent les Serruriers ; cependant elle eft fujette à beaucoup d'inconvénients, parce qu'il n'eft guere poffible de percer tous les trous de meche dans le même plan & d'une égale profondeur, & qu'il eft fort à craindre qu'en évuidant les mortaifes, on ne faffe éclatter les joues en refoulant le bois fur lui-même ; c'eft pourquoi je crois qu'il vaut mieux faire ces mortaifes avec un Bec-d'âne très-mince, à la maniere des Menuifiers, & de les recaler enfuite au Cifeau, fi cela eft néceffaire, ce qui eft beaucoup mieux que de l'autre façon, dont on ne doit faire ufage que quand l'ouvrage fera de nature à ne pouvoir pas porter fur quelque chofe qui foutienne le coup du Bec-d'âne, & ne le faire même qu'avec beaucoup de précaution.

De quelque maniere qu'on faffe ces mortaifes, il faut toujours avoir foin qu'elles foient très-juftes, fur-tout fur la longueur, où il eft bon que l'aileron de la fiche force un peu, afin qu'elle tienne plus folidement dans la mortaife ; c'eft pourquoi il faut que l'aileron foit un peu diminué du devant, afin qu'il ferre davantage en l'enfonçant tout-à-fait, ce qu'on ne doit faire qu'autant que l'on eft bien fûr qu'il ne la faudra pas retirer.

Les ailerons des fiches font ordinairement percés de deux trous, ainfi que celui *B, Fig.* 1, dans lefquels paffent les pointes qui fervent à les arrêter dans le bois ; & avant de mettre les ailerons dans les mortaifes, on les place fur la partie de la porte ou du bâtis qu'ils doivent occuper, & on marque ces trous avec une pointe : on y perce enfuite un trou de meche de la groffeur de la pointe, qu'on a foin de ne pas faire paffer plus avant que la joue de la mortaife dans laquelle la pointe doit entrer, afin qu'elle tienne mieux dans l'autre joue ; où de plus on n'eft pas bien fûr de la place qu'elle doit occuper.

Quand les fiches font en place, & que les deux parties fe dreffent bien enfemble, comme la *Fig.* 9, on les pointe pour les arrêter en place, ce qui fe fait de la maniere fuivante.

On

On prend le Chasse-pointe & on l'enfonce dans le trou *b*, *Fig.* 9, du bas de l'aileron, & on sonde en frappant tout doucement dessus avec le marteau, pour connoître si le trou de l'aileron se rencontre bien juste avec celui qu'on a percé dans le bois ; s'il arrive qu'il rencontre bien (comme cela doit être), on enfonce davantage le Chasse-pointe, en observant de le faire fuir du côté opposé au corps de la fiche, afin qu'en mettant la pointe du même sens, elle tende à la faire approcher. Quand on a ainsi sondé & fait la place de la pointe, on enfonce cette derniere avec le marteau, jusqu'à ce qu'elle affleure le dessus de l'ouvrage, moins ce qu'il est nécessaire pour qu'on puisse dresser le dessus de cette pointe avec une lime, pour la faire affleurer plus proprement : on pointe de même l'autre trou *a* ; puis on fait la même opération à la partie inférieure de la fiche, qui se pointe sur le champ du battant, comme à la *Fig.* 5.

Cette maniere d'arrêter les fiches sur l'ouvrage, est la plus usitée ; mais elle a le défaut d'être peu propre, vu que les têtes des pointes sont toujours apparentes, quelque soin qu'on prenne pour les bien affleurer ; de plus, ces pointes ainsi enfoncées, ne laissent plus de moyens pour pouvoir retirer les fiches, supposé que cela fût nécessaire, comme il arrive quelquefois, à moins que de faire des trous à la surface de l'ouvrage, pour avoir de la prise pour saisir la tête des pointes, soit avec des Tenailles ou avec un Pied-de-biche de fer ; ce qui est fort désagréable, & ne peut même pas être dans un ouvrage propre.

On peut obvier à cet inconvénient, en arrêtant les fiches avec des pointes à têtes saillantes, comme celle *c*, *Fig.* 5, ce qui donne, à la vérité, la liberté de les retirer lorsqu'on le juge à propos, mais ce qui augmente le mauvais effet des pointes apparentes ; c'est pourquoi je crois qu'il vaut mieux, pour éviter toute difficulté, ne point percer les ailerons des fiches qu'ils ne soient posés en place, ce qu'on peut aisément faire avec un Foret, & les arrêter ensuite avec des vis., soit à tête ronde, comme celle *d*, *même Figure*, ou à tête fraisée noyée dans l'ouvrage, & qu'on poseroit par derriere au lieu de les mettre en parement, comme on fait aux pointes.

L'expédient que je propose ici pour arrêter les fiches, est très-commode, peu difficultueux, & même guere plus cher que la maniere ordinaire ; l'ouvrage en est beaucoup plus propre, & peut se démonter comme & quand on le juge à propos. Je sai bien que ce n'est pas la coutume de le faire ainsi ; mais il ne faut jamais s'attacher aux anciennes coutumes quand on trouve des moyens de faire mieux.

Quand il y a plusieurs fiches à vases au-dessus les unes des autres, il faut avoir grand soin qu'elles portent toutes également : c'est une erreur de croire qu'il faut laisser du jeu à celles du haut, comme le pensent quelques Ferreurs, parce qu'en mettant tout le poids sur une seule fiche, on la fatigue davantage ; & pour peu qu'elle soit lâche dans sa mortaise, on la fait sortir dehors, ce qui n'arrive pas lorsqu'elles portent toutes également.

Les fiches à nœuds ou à broches, *Fig.* 2, 6 & 10, se ferrent de la même maniere que celles dont je viens de parler, du moins quant aux précautions qu'il faut prendre tant pour faire les mortaifes, que pour les pointer; il n'y a que la difposition de leurs mortaifes qui n'eft pas la même, parce que ces fortes de fiches fe ferrent toujours fur l'arête des joints, où elles entrent du quart de leur diametre de chaque côté, ce qui oblige de faire leurs mortaifes en biais dans l'épaiffeur du bois, inclinées à peu-près à 45 degrés, ou d'onglet, ce qui eft la même chofe; de forte que le milieu de ces mortaifes vient rencontrer l'angle du bois, qu'on creufe ordinairement en forme d'un quart de cercle, pour contenir le nœud de la fiche, dont le centre doit être au milieu du joint & au nud de l'ouvrage, qu'elle défaffleure de la moitié de fon diametre, comme on peut le voir à la *Fig.* 6.

Ces fortes de fiches fe féparent en deux parties entaillées l'une dans l'autre, & on les réunit par le moyen d'une broche de fer qu'on ôte quand on le juge à propos; quelquefois cette broche n'excede pas la longueur de la fiche, où elle eft rivée à demeure, de forte que les deux parties de la fiche ne peuvent être féparées. Ces fortes de fiches fe nomment *fiches de brifures*; & lorfqu'on en fait ufage, on ne pouffe pas de quart de cercle (ou congé, ce qui eft la même chofe) fur l'arête du joint; mais on y fait fimplement une entaille, pour qu'elle entre dans chaque arête du quart de fon diametre, comme à la *Fig.* 6.

Que les fiches fe féparent ou non, il faut toujours que la partie de la fiche où il y a plus de nœuds, ainfi que celle *C*, *Fig.* 2, foit ferrée dans la partie dormante, afin d'oppofer plus de réfiftance au poids de la partie ouvrante, dans laquelle on place l'autre partie de fiche *D*, qu'on pointe ordinairement la derniere, ainfi qu'aux fiches à vafes.

Les Figures 7 & 11, repréfentent une autre efpece de ferrure nommée *Couplets*, laquelle differe des fiches à nœuds, en ce qu'elle n'entre pas à mortaife dans le bois, mais au contraire elle s'applique deffus, & y eft attachée avec des vis, ou, ce qui eft mieux, elle eft entaillée comme à la *Fig.* 11, de maniere qu'elle affleure avec le nud de l'ouvrage.

Ces couplets different encore des fiches à nœuds, en ce que le nœud des premieres eft tout en faillie en deffus, comme on peut le voir à la *Fig.* 7, qui repréfente le couplet tout ouvert de *E* en *F*, & reployé fur lui-même de *F* en *G*, où on peut remarquer un petit efpace entre fes deux branches, lequel eft donné par ce dont le diametre du nœud du couplet furpaffe l'épaiffeur de ces deux branches, qui, pour joindre l'une contre l'autre, devroient être d'une épaiffeur égale au demi-diametre du nœud, comme il arrive quelquefois aux charnieres, ainfi que je le dirai ci-après.

Quand on emploie des couplets à de l'ouvrage couvert de bois de placage, comme à la *Fig.* 3, il faut toujours que le centre du nœud de ces couplets foit

au nud du dessus de l'ouvrage, & même l'excede un peu, afin que quand on
le fait mouvoir, les deux parties plaquent facilement l'une sur l'autre, ce qui
oblige quelquefois ou à grossir le nœud, ou à le reployer en retour d'équerre,
ce qui vaut encore mieux que de grossir le nœud, qui ne sauroit jamais être
trop petit.

On pourroit encore, pour plus de solidité, dans le cas où on ne pourroit ou
on ne voudroit pas mettre de fiches à nœuds, reployer les couplets en retour
d'équerre, comme ceux *g*, *h*, *Fig*. 3, qu'on ferreroit & pointeroit à l'ordinaire.

Les charnieres, *Fig*. 4, 8 & 12, ne different des couplets, qu'en ce qu'on
les pose sur le champ, & non sur le plat de l'ouvrage; & que lorsqu'elles sont
fermées, leurs deux ailerons se touchent presque, ce qui est nécessaire pour que
les deux parties qu'elles unissent étant ouvertes, leurs ailerons affleurent le nud
du bois, à moins qu'ils ne soient recouverts de bois de placage, ou bien d'une
petite feuille du même bois, comme je l'ai indiqué dans la *Fig*. 8.

Toutes les ferrures dont je viens de parler sont excédentes au nud de l'ouvrage, ce qui, dans certaines occasions, devient nuisible; c'est pourquoi on
se sert quelquefois d'une autre espece de ferrure nommée *Couplet* ou *Charniere
à briquet*, représentée *Fig*. 13 & 16.

Les briquets ont deux centres de mouvement, l'un en *i*, & l'autre en *l*, *Fig*.
13, ce qui facilite leur ouverture, & forme deux nœuds en dessous, le dessus
étant uni comme je l'ai déja dit.

Les deux parties qui composent les couplets ou charnieres à briquets, s'incrustent dans l'ouvrage sur lequel elles sont attachées avec des vis, comme celle cotée
H, *Fig*. 13 & 16, ou bien sont reployées en retour d'équerre pour être ferrées à la maniere des fiches à vases, comme celle cotée *I*, *même Figure*. De
quelque maniere qu'elles soient disposées, il faut toujours que les briquets *L*,
L, qui les lient ensemble, soient les plus courts qu'il est possible, afin qu'ils
soient moins apparents. Cependant il est bon d'observer que quand les briquets
sont fort courts, & que par conséquent les centres de mouvement sont fort
proches l'un de l'autre, on est obligé de dégraisser un peu les arêtes des joints
selon que l'indiquent les arcs *m*, *n*, *Fig*. 13, afin qu'ils puissent ouvrir, ce qui
ne pourroit être autrement, puisque les centres de mouvement *i*, *l*, sont en
dessous du nud de l'ouvrage.

On remédie en partie à cet inconvénient, en plaçant les centres de mouvement le plus haut possible, ainsi que je l'ai fait ici; mais quelque chose qu'on
fasse, il n'est pas possible d'éviter d'abattre un peu l'arête des joints, qui s'écorcheroient d'eux-mêmes si on ne le faisoit pas, & arracheroient les ferrures, ce
qu'il faut éviter; cependant comme le joint ainsi dégraissé fait toujours mal, on
pourroit, dans le cas seulement où il n'y auroit qu'une partie de mobile,

comme celle cotée *M, Fig.* 13, on pourroit, dis-je, faire le joint de cette
partie mobile en faillie jufqu'en *o*, & cela felon que l'exigeroit l'arc donné par
le centre de mouvement oppofé, & même un peu plus, pour que le joint fe
dévêtiffe plus facilement. Cet expédient eft le feul dont on puiffe fe fervir pour
que les joints des parties ferrées avec des briquets, foient très-fins, & on pourroit s'en fervir très-avantageufement dans le cas où les deux parties des charnieres *H & I, Fig.* 16, feroient recouvertes de placage, & qu'il n'y auroit
d'apparent que les briquets *L, L,* qu'on pourroit même, à toute rigueur, couvrir de bois de placage, quoique cela foit peu folide.

Les Figures 14, 17, 15 & 18, repréfentent, tant en plan qu'en élévation,
des ferrures nommées *Pivots perdus* ou *à tête de compas.* Ces fortes de ferrures
font faites pour lier enfemble des parties faifant avant ou arriere-corps les unes
fur les autres, & auxquelles on ne veut pas que la ferrure foit apparente, du
moins autant qu'il eft poffible.

Quand la partie ouvrante *N, Fig.* 14, eft dans un angle rentrant, il faut
que la branche du pivot foit coudée en retour d'équerre jufqu'à l'angle du corps
faillant, au point *p*, & on y fait la rivure ou centre de mouvement *q*, le plus
près de la rive de l'avant-corps qu'il eft poffible, afin que quand la porte eft
ouverte, comme dans cette figure, cote *O*, l'ouverture que la branche du
pivot occupe fur la face de l'ouvrage, de *p* à *r*, foit moins confidérable, ce qui
fait reffortir un peu la branche du pivot quand la porte eft ouverte, mais cela ne
fait rien à la chofe, puifqu'elle eft faite pour être vue étant fermée.

La crapaudine, ou, pour mieux dire, la gâche du pivot, eft attachée fur le
champ du battant du bâtis *P*, dans le fond de la feuillure de *s* à *t*, d'où elle fe
recourbe en retour d'équerre pour former un enfourchement, lequel vient jufqu'à l'angle de l'avant-corps *p*, auquel elle affleure des deux fens. *Voyez la Fig.*
17, où la crapaudine ou gâche du pivot eft apparente, & ce dernier recourbé
pour entrer dedans.

Il faut faire attention que la branche du pivot attachée fur la porte *N, Fig.*
14, ne peut être apparente fur la face, vu qu'elle eft incruftée dedans depuis
le devant de la feuillure, & que fi je l'ai faite apparente dans la figure 17, ce
n'a été que pour mieux faire connoître fa conftruction; car non-feulement
cette branche de pivot eft recouverte de bois fur le champ; mais elle pourroit
l'être auffi fur le plat, en la recouvrant de bois après qu'elle auroit été arrêtée,
ce qui difpenferoit d'y faire un retour d'équerre. On pourroit faire la même
chofe à la crapaudine, tant fur la face de fa branche que fur la face, qui doit
affleurer l'angle de l'avant-corps, qu'on pourroit diminuer de l'épaiffeur du bois
de placage, ou de ce qu'on voudroit laiffer fi l'ouvrage étoit fait en plein bois,
de maniere que de tout le pivot & de fa crapaudine, il n'y auroit d'apparents
que le côté & le bout de la partie faillante du premier, c'eft-à-dire, depuis

l'angle

l'angle rentrant jusqu'au point *p*, & de ce point jusqu'à celui *r*, ce qui est fort peu de chose (*).

Quand ce sont les parties ouvrantes qui font avant-corps, comme celle *Q*, *Fig.* 15, laquelle est représentée ouverte en *R*, leurs pivots se font à peu-près de la même maniere que les précédents, à l'exception que c'est la crapaudine arrêtée sur la partie dormante *S*, qui est en saillie, & non le pivot, & que c'est la branche du pivot adhérente à la partie ouvrante, qui porte l'enfourchement, afin que quand on ouvre cette derniere, il n'y ait qu'un jour dans les ferrures, ou du moins qu'une partie de fer apparente. *Voyez la Fig.* 18, qui représente l'élévation du plan, *Fig.* 15, & où la branche du pivot est apparente, quoi- qu'elle soit construite de maniere à être incrustée dans l'épaisseur de la porte, ainsi qu'aux figures 14 & 17.

Les especes de pivots dont je viens de faire la description, peuvent non- seulement s'appliquer aux extrémités des parties ouvrantes, mais encore dans leur longueur, afin de les empêcher de voiler, ce qui n'apporte aucun change- ment à leur construction, excepté que leurs branches, au lieu d'être horizon- tales, sont disposées perpendiculairement pour être attachées sur le champ des battants, ce qui oblige à les reployer au milieu de leur longueur, pour avoir une partie saillante, comme dans le cas de la figure 14, ou bien pour former un enfourchement ou gâche, comme à la figure 15.

Voilà, à peu de chose près, le détail de toutes les ferrures servant à lier en- semble les parties ouvrantes de la Menuiserie dont il est ici question, & que les Menuisiers sont en possession de poser eux-mêmes. Ce n'est pas qu'on n'en puisse faire d'autres que celles que j'ai présentées ici ; mais telles qu'on les ima- gine, elles tiennent toujours de ces dernieres, soit en tout ou en partie ; de plus, ces ferrures extraordinaires ne se font ordinairement qu'en raison des difficultés qui se présentent dans la construction des différents ouvrages, qui, par leurs formes ou leurs usages, demandent des ferrures d'une forme différente de l'or- dinaire, ce qui ne peut être prévu ici, où je ne dois donner que des regles générales applicables à des cas particuliers.

En général, les ferrures dont je viens de parler, font faites de fer ou de cuivre, & par des Ouvriers qui ne s'occupent que de cette partie ; cependant dans le cas de ferrures extraordinaires, ou destinées à des ouvrages de consé- quence, il seroit bon que ce fût les Menuisiers qui les construisissent, ou du moins qui en fissent des modeles en bois, & qu'ils présidassent à la construction de ces sortes de ferrures, qui doivent être faites pour la Menuiserie, & non

---

(*) Lorsque je donne des moyens de cacher les ferrures, ce n'est pas que je prétende qu'il y ait beaucoup de mérite à cacher celles qui doi- vent être apparentes ; au contraire, je souhaite- rois que toutes les ferrures des parties qui doivent ouvrir, fussent apparentes, & entrassent même pour quelque chose dans leur décoration, & qu'on ne cachât que celles qui sont placées à des parties qui, quoiqu'ouvrantes, ne semblent pas faites pour l'être, comme celles dont il est ici question, qui sont des avants & arrieres-corps de Menuiserie quelconque, dont la décoration n'annonce pas une porte ou toute autre partie ouvrante.

pas cette derniere pour les ferrures, comme il n'arrive que trop souvent.

Les Ebéniftes doivent auffi avoir grand foin, avant de conftruire leurs ouvrages, de fe rendre compte de l'efpece de ferrure qui y fera employée, afin de déterminer au jufte les parties de leurs ouvrages où les ferrures feront appliquées, & cela en raifon de la forme que ces dernieres doivent avoir, ce qui exige d'eux beaucoup de connoiffance en cette partie de la Serrurerie, laquelle eft intimement liée à la Menuiferie dont je parle.

En pofant les ferrures de l'Ebénifterie, il faut avoir grand foin de le faire avec toute la précaution & la précifion poffibles, afin de ménager également l'une & l'autre, fur-tout quand l'ouvrage eft fait en bois précieux, & que la ferrure eft polie; c'eft pourquoi il faut éviter de frapper fur l'une ni fur l'autre avec le marteau, mais au contraire fe fervir d'une cale de bois doux, fur laquelle on frappe pour faire entrer les ferrures à leur place, ou pour faire hauffer ou baiffer les parties qu'on ferre, qu'il faut beaucoup ménager, furtout lorfque c'eft de l'ouvrage de placage, qu'on ne ferre fouvent que lorfqu'il eft fini, quoiqu'il y ait des occafions où on le ferre avant de le plaquer, ce qui demande moins de précaution pour la propreté, fans pour cela difpenfer de toutes celles que j'ai recommandées ci-deffus, dont on ne doit jamais s'écarter, fous quelque prétexte que ce puiffe être.

§. II. *De la maniere de polir le fer & le cuivre relativement à l'Ebenifterie.*

DANS les ouvrages d'Ebénifterie de conféquence, la ferrure, foit en fer ou en cuivre, doit être d'une richeffe & d'un plus beau fini qu'aux ouvrages ordinaires, ce qui oblige à la polir; or, comme ce font les Ebéniftes qui font une partie de ces ferrures, (ou du moins qui doivent préfider à leur conftruction) & qui les pofent en place, il eft néceffaire qu'ils connoiffent les différentes manieres de polir le fer & le cuivre, & cela relativement à leurs ouvrages.

Le fer fe polit ordinairement à l'huile avec de l'émeri & des bois à polir, foit de noyer ou tout autre bois tendre, & d'un grain fin & égal, qu'on taille & difpofée de la même maniere que pour le poli au bois dont j'ai parlé, *page* 860.

L'émeri ou émeril eft une pierre métallique qui fe trouve dans les mines d'or, de cuivre & de fer, à la mine duquel elle eft à peu-près femblable; mais elle eft beaucoup plus dure que ce dernier métal, ce qui la fait mettre au nombre des mines réfractaires. Il y a de l'émeri de différentes couleurs; il y en a de rougeâtre, & de gris-noirâtre, qui eft le plus commun & celui qui eft le plus dur, & par conféquent le plus propre à polir le fer & l'acier.

L'émeri propre au poli, eft réduit en poudre très-fine qu'on broie, ou, pour mieux dire, qu'on délaye avec de l'huile d'olive; & pour avancer l'ouvrage, & rendre en même temps le poli plus parfait, on a de l'émeri pulvérifé à trois degrés de fineffe, dont on fe fert l'un après l'autre, en commençant, comme de raison, par le plus gros, qui commence à ôter tous les traits de la lime douce, & en finissant par le plus fin, qui, à son tour, efface les traits que le premier & le second émeri peuvent avoir faits eux-mêmes, quoiqu'ils soient déja très-fins.

Avant de polir une piece quelconque avec l'émeri, (ou, comme on dit communément, avec la potée d'émeri) il faut d'abord commencer par la finir à la lime douce aussi parfaitement qu'il est possible, de maniere qu'il ne paroisse à sa surface aucune inégalité, ni même aucun trait des limes dont on s'est servi précédemment ; ce qui étant fait, on met la piece à polir dans l'étau, puis on prend du gros émeri délayé avec de l'huile à la consistance d'une bouillie un peu claire, sans cependant l'être trop ; puis on prend un bois à polir qu'on tient des deux mains, comme une lime, avec lequel on étend l'émeri sur l'ouvrage, en appuyant dessus autant qu'il est nécessaire pour faire mordre l'émeri.

Les bois à polir doivent être menés le plus droit possible, c'est-à-dire, de niveau, afin de ne pas frotter plus sur les bords que sur le milieu de l'ouvrage ; c'est pourquoi je crois qu'on feroit très-bien de les faire un peu bouges en dessous, ce qui feroit beaucoup plus commode que s'ils étoient parfaitement droits. Il faut aussi avoir soin de les mener en croisant d'abord en contre-sens des limes, puis en sens contraire de la premiere opération, afin d'effacer les traits des limes, qui doivent absolument disparoître au premier émeri, dont on doit faire usage jusqu'à ce qu'il n'en paroisse plus du tout ; ensuite on prend de l'émeri plus fin, avec lequel on efface les traits du premier, ainsi de suite, jusqu'à ce que l'ouvrage soit parfaitement poli ; après quoi on l'essuie avec un linge, & on le frotte ensuite, si on le juge à propos, avec du tripoli pulvérisé, & un morceau de buffle ou de chamois, ou même de chapeau, cette derniere opération n'étant guere en usage.

Quand on veut donner aux ouvrages de fer ou d'acier, un poli plus parfait que celui de l'émeri, après avoir fini ce dernier comme je viens de le dire ci-dessus, on prend de la potée d'étain & de la potée d'acier, (cette derniere au double de la premiere,) broyées ensemble avec de l'huile, & qu'on étend avec des frottoirs de buffle ou de chamois attachés sur des bois à polir. Ce dernier poli est très-beau ; mais on en fait peu d'usage pour les ouvrages dont il est ici question.

Lorsque la surface de l'ouvrage qu'on polit, n'est pas exactement plane & à vive-arête, & que ce même ouvrage doit être poli des deux côtés, on le met toujours dans l'étau, du moins par un bout ; & pour accélérer l'ouvrage, on prend deux bois à polir qu'on met l'un dessus & l'autre dessous, & qu'on saisit par les bouts à l'ordinaire. Cette maniere de polir est très-commode, non-seulement parce qu'on va plus vîte, mais encore parce qu'on a moins besoin d'appuyer, vu que la pression des deux mains est plus que suffisante.

On se sert de différents bois pour polir, selon les formes & les sinuosités de l'ouvrage, ainsi que je l'ai dit plus haut ; & dans le cas d'une piece parfaitement ronde, comme, par exemple, une tringle, on pourroit se servir de deux morceaux de bois de noyer, creusés comme des mouffles à tenir les fers à chauffer, lesquels envelopperoient la piece dans toute sa surface, soit qu'on polisse les pieces sur le tour ou à la main.

Le cuivre se polit de deux manieres; savoir, à l'eau & à l'huile, ou autrement dit au gras. Ce dernier poli est le plus usité, & se fait de la maniere suivante.

On commence d'abord par finir l'ouvrage à la lime à l'ordinaire, ensuite, quand ce sont des pieces plates & unies, on prend une pierre de ponce bien unie en dessous, on la trempe dans de l'huile, & on en frotte la piece à polir de tous les sens possibles, afin d'ôter tous les traits de lime; après quoi on prend de cette même pierre de ponce pulvérisée, dont on fait usage de la même maniere que de l'émeri dont j'ai parlé ci-dessus : après la pierre de ponce, on peut se servir de charbon, puis de tripoli réduit en poudre impalpable, délayé avec de l'huile, & appliqué sur l'ouvrage avec la peau de buffle ou de chamois.

Quand la surface des pieces n'est pas plate, & qu'on ne peut pas faire usage de la ponce en masse, on se sert de celle qu'on a réduite en poudre & passée au tamis de différentes grosseurs, & on l'applique sur l'ouvrage de la même maniere que l'émeri sur le fer. Quand les pieces qu'on polit peuvent se placer sur le tour, on prend un morceau d'étoffe de laine sur lequel on met de la potée de ponce, & on appuie fortement contre la piece en faisant mouvoir la main de différents sens pendant que la piece tourne.

Ce poli est plus en usage que celui à l'eau, parce qu'il est plus prompt & plus aisé à faire que ce dernier, & qu'il préserve, en quelque façon, les pieces du verd-de-gris, l'huile dont on fait usage s'introduisant dans les pores du cuivre ; toute la difficulté qu'il y a, c'est que les pieces de cuivre ainsi polies ne peuvent pas être vernies, vu que l'huile s'oppose au mordant du vernis. On pourroit cependant parvenir à ôter toute l'huile d'une piece, en la finissant avec du tripoli employé à sec ; mais cela demanderoit trop de temps & de peine : il vaut mieux les polir tout de suite à l'eau, ce qui se fait de la maniere suivante.

On commence par se munir d'un petit baquet rempli d'eau à environ la moitié de sa hauteur, au-dessus duquel est placée une planche un peu inclinée en dedans, pour faciliter l'écoulement de l'eau qu'on jette dessus ; ensuite la piece étant finie à la lime, on la place sur la planche, où on l'arrête par le moyen de quelques clous, ou d'un tasseau attaché sur la planche au bout opposé au côté où se place la personne qui polit ; ce qui étant fait, on prend une pierre de ponce très-unie, avec laquelle on frotte la piece à l'ordinaire, en observant de la mouiller de temps en temps, ainsi que la pierre de ponce, qu'on trempe dans l'eau tout uniment. Après la pierre de ponce, on se sert du charbon de hêtre ou de bois

blanc,

blanc, (celui de fusain est le meilleur) dont on a grand soin d'ôter l'écorce & les nœuds, qui pourroient rayer l'ouvrage, & on affûte ce charbon en biseau par le bout, puis on s'en sert avec de l'eau, ainsi que de la pierre de ponce, afin d'ôter les traits faits par cette derniere. Quand la piece est parfaitement polie au charbon, on la lave bien avec de l'eau claire, & on l'essuie bien par-tout, pour qu'il n'y reste point d'humidité, & on acheve de la polir à secavec le tripoli & les bois à polir garnis de peau de buffle ou de chamois, ce qui donne un très-beau poli, après lequel on peut vernir les pieces avec un vernis connu sous le nom de *vernis d'Angleterre*, dont je donnerai la composition dans la suite. Ce vernis a non-seulement l'avantage de préserver les pieces de cuivre du verd-de-gris ; mais il leur donne encore une belle couleur luisante, approchante de celle de l'or.

Je ne m'étendrai pas davantage sur le poli des métaux, vu que cette partie n'est qu'accessoire à celle dont je traite ici, & qu'elle est traitée plus amplement dans d'autres Arts, ou du moins elle doit l'être ; c'est pour cette raison que j'ai traité cette matiere très-succinctement & sans aucunes figures, quoiqu'elles soient très-nécessaires dans d'autres Arts que le mien.

SECTION QUATRIEME.

Description de différents ouvrages d'Ebénisterie pleine ou d'assemblage, en général.

J'A I déja dit dans le cours de cette Partie de mon Ouvrage, que sous le nom d'*Ebénisterie pleine*, on comprenoit tous les ouvrages de cet Art faits d'assemblage, & dont la surface extérieure étoit de même bois que le reste de l'ouvrage. Cette espece de Menuiserie ne differe donc de celles dont j'ai fait la description précédemment, que par le choix de la matiere, & la précision avec laquelle sont traités les différents ouvrages, dans le détail desquels je n'entrerai ici qu'autant que ces mêmes ouvrages appartiendront précisément à l'Ebénis-terie, & qu'ils n'auront pas été décrits dans la Partie de mon Ouvrage qui traite des Meubles de toutes les especes ; & cela est d'autant plus naturel, qu'une partie des Meubles dont j'ai fait la description ci-devant, comme les Tables de nuit & de toilette, les Bureaux & les Secrétaires de toutes les especes, sont faits par les Ebénistes, du moins pour l'ordinaire ; c'est pourquoi on pourra avoir recours à la seconde Section de la troisieme Partie de mon Ouvrage, où ces différents Meubles sont très-exactement décrits, du moins autant qu'il m'a été possible. Les ouvrages qui me restent à décrire présentement, sont les Métiers de différentes sortes, les Tables en guéridons & autres, les Pupitres, tant à pieds que de table, & les Boîtes ou Cassettes, connues sous le nom de *Néces-saires* ou *Boîtes de toilette*, ce qui terminera ce Chapitre, ne voulant pas

MENUISIER, *III. Part. III. Sect.* L l l

m'étendre davantage fur le détail des ouvrages de l'Ebénifterie pleine, vu que ce ne feroit qu'une répétition de ce que j'ai dit ailleurs ; ou bien fuppofé même que quelques ouvrages n'ayent pas été décrits dans la partie du Meuble, ou dans le préfent Chapitre, comme ce ne pourroit être que des ouvrages de fantaifie, ou faits à l'inftar des premiers, j'ai cru pouvoir me difpenfer d'en parler ici, afin de ne point augmenter inutilement cette partie de mon Ouvrage.

§. I. *Defcription de différentes fortes de Métiers à broder.*

LA Figure 1 de cette Planche repréfente un Métier à broder mobile, tout monté fur fon pied, lequel eft compofé de deux montants *A, B, fig.* 1 & 4, & d'une entre-toife *C D, fig.* 1. Le Métier proprement dit, eft compofé de quatre pieces principales ; favoir, les deux enfubles *E F & G H*, & deux traverfes ou jumelles *I & L*, lefquelles reçoivent le bout des enfubles.

La longueur de ces fortes de Métiers eft d'environ 4 à 5 pieds de dehors en dehors, fur 18 à 22 & même 24 pouces de largeur, pris de l'extrémité des tra-verfes, lefquelles ont 14 à 15 lignes d'épaiffeur, fur 2 pouces & demi à 3 pouces de largeur au milieu de leur longueur, laquelle eft chantournée, comme on peut le voir *fig.* 4.

Les enfubles doivent être cylindriques dans toute leur longueur, (du moins pour l'ordinaire) & avoir 2 pouces de diametre au plus, & être garnies, par cha-que bout, d'un cylindre ou frette de fer *M, fig.* 2, dont l'extrémité fupérieure *N*, eft taillée en forme de crémaillere, par le moyen de laquelle, & du crochet ou cliquet *O, fig.* 3, on arrête & tend l'enfuble autant qu'on le juge à propos.

Au milieu de la crémaillere, & par conféquent du bout de l'enfuble, eft placé un tourillon *P*, qui paffe au travers de l'épaiffeur de la traverfe, & qui eft taraudé pour recevoir une vis qui l'arrête avec cette derniere. La partie du tou-rillon qui entre dans la crémaillere, doit être quarrée, pour qu'elle ne tourne pas dedans, & on l'arrête avec l'enfuble par le moyen d'une goupille qui paffe au travers de la frette *M*, & du tourillon. Il y a un autre trou *a, fig.* 2, percé dans la frette, & qui paffe au travers du tourillon, lequel trou fert à placer une broche de fer avec laquelle on tend & détend l'enfuble.

Aux deux extrémités intérieures du Métier, font placées deux tringles de fer *c d & e f, fig.* 1, vers les extrémités defquelles font foudées, en retour d'équerre à chacune, deux autres tringles taraudées dans une partie de leur longueur, & qui paffent au travers des traverfes, où elles font arrêtées avec des écrous à ailerons, de maniere qu'on les allonge ou les raccourcit autant qu'on le juge à propos, ou du moins autant que leur longueur peut le permettre, ce qui eft néceffaire pour pouvoir tendre l'étoffe, qui eft arrêtée fur fa longueur, par le moyen des cro-chets, au travers de la tête defquels paffent les tringles *c d & e f.*

Il faut obferver que les tringles qui font foudées en retour d'équerre de ces

dernieres, font un peu trop proches de leur extrémité, & qu'il eft bon de les
rapprocher un peu plus en dedans de chaque côté, afin que les tringles *c d* &
e f, ploient moins fur leur longueur, lorfque l'étoffe fait effort pour entraîner
les crochets. Quant à ces derniers, on les fait tels qu'on les voit repréfentés
dans cette figure, ou bien on fait entrer leur tête dans un anneau double, dans
une des mailles duquel paffe la tringle, ce qui ne fait rien à la chofe, puifque
dans l'un ou l'autre cas les crochets peuvent aller & venir le long de cette derniere comme on le juge à propos.

Les traverfes du Métier font jointes avec l'extrémité fupérieure des pieds, par
le moyen d'une ferrure repréfentée *fig.* 4, 5 & 6, laquelle laiffe au Métier la
liberté de fe mouvoir verticalement, comme on peut le voir *fig.* 4.

Cette ferrure eft ordinairement de cuivre, & elle eft compofée d'une principale piece *Q R S*, *fig.* 5, dont l'extrémité fupérieure eft reployée en retour d'é-
querre, pour pouvoir être attachée en deffous de la traverfe dans laquelle on
l'incrufte, & avec laquelle on l'arrête par le moyen de deux vis dont la tige &
la tête font quarrées, du moins la premiere ; car il eft bon que la derniere foit
un peu barlongue. *Voyez les fig.* 5 & 6.

Le milieu de la piece *Q R S*, *fig.* 5, eft percé pour recevoir une vis avec
laquelle on l'arrête avec l'extrémité fupérieure du pied ; & à environ 18 à 20
lignes du centre de ce trou, eft pratiquée une rainure circulaire tracée de ce
même centre, laquelle donne paffage à une autre vis, dont l'écrou faifant preffion
fur les bords de la rainure, arrête le Métier à telle inclinaifon qu'on le juge à
propos, comme le repréfente la figure 4. *Voyez la fig.* 6, qui repréfente la coupe
de la figure 5, dans laquelle on peut voir la forme & la difpofition des vis tant
du centre que de la rainure, ainfi que la coupe de deux platines de fer ou de
cuivre (ce qui eft égal), incruftée des deux côtés du pied, pour empêcher que
la preffion des vis ne le faffe fendre.

Les Figures 2, 3, 5 & 6, font deffinées à moitié de grandeur d'exécution,
pour qu'on puiffe mieux juger de la forme & de la grandeur des ferrures, dont
je ne fais pas une plus ample defcription, vu que leur conftruction appartient à
d'autres Ouvriers, n'y ayant que leur pofe qui foit du reffort des Ebéniftes, à
qui, par conféquent, ce que je viens de dire peut être fuffifant.

Les pieds des Métiers dont je parle, peuvent être pleins ou évuidés, comme
celui repréfenté *fig.* 4, ce qui eft indifférent. Quelle que foit leur forme, il faut
toujours que leur hauteur ne furpaffe pas 2 pieds & demi du deffous des traverfes
du métier, & que leur extrémité inférieure foit affemblée dans un patin d'environ 18 pouces de longueur, afin de donner à ce dernier une affiette fuffifante.

C'eft au travers de ce patin que paffe la vis de l'entre-toife, qu'il eft bon
d'incrufter dedans le patin de 2 lignes au moins, pour l'empêcher de tourner.
Cette incruftation eft fuffifante, & affoiblit moins le patin que ne feroit un ou
deux tenons, qui, d'ailleurs, deviennent inutiles lorfqu'il y a une vis, comme
dans cette figure.

Les enfubles font garnies dans toute leur longueur d'une fangle faite exprès, qu'on attache deffus avec des clous à tête plate ; quelquefois on y met des clous à tête dorée ou argentée, ce qui dépend de la volonté ; mais quels qu'ils foient, il faut toujours qu'ils foient placés très-droits & fort proches les uns des autres, afin que l'étoffe qu'on coud avec les fangles foit également tendue dans toute la longueur des enfubles, les autres côtés étant retenus par les crochets des deux bouts du Métier, auxquels on fubftitue quelquefois des rouleaux. ou enfubles de côté, femblables à celui *A B*, *fig.* 4, lequel eft terminé à fes extrémités par une ferrure femblable à celle des grandes enfubles: ce rouleau ou enfuble de côté eft arrêté avec la traverfe du Métier, par le moyen de deux platines de fer ou de cuivre, repréfentées *fig.* 6 & 7, lefquelles reçoivent le tourillon du rouleau, & viennent s'affembler à tenon quarré dans la traverfe du Métier, par derriere laquelle on les arrête avec un écrou, comme on peut le voir à la *fig.* 7. Sur cette platine eft attaché un cliquet cintré, qui fuit le contour de la platine, & par conféquent de la crémaillere, qu'il arrête avec le redent *a*, *fig.* 7 ; de forte qu'à mefure qu'on tourne le rouleau pour tendre l'étoffe, il fe trouve arrêté en place. *Voy. la fig.* 5, qui repréfente le cliquet vu par derriere, avec la crémaillere vue par le bout.

Les Métiers à pied, tels que je viens de les décrire; coûtent très-cher, fur-tout par rapport à leurs ferrures ; c'eft ce qui a fait imaginer de la fupprimer, & d'y fubftituer un affemblage de bois mobile, qui équivaut en quelque façon à la ferrure dont j'ai fait la defcription ci-deffus.

L'affemblage mouvant des Métiers avec leurs pieds, fe fait de la maniere fuivante.

On fait un montant d'environ 8 pouces de largeur, & environ 4 pouces de hauteur, (pris du deffous de la traverfe indiquée par les lignes ponctuées *a*, *b*, *fig.* 1 & 3), qu'on affemble dans la traverfe à double tenon & mortaife ; enfuite on ravale la partie inférieure de ce montant, ou, pour mieux dire, on y fait un tenon dont l'extrémité eft arrondie en demi-cercle, & le centre eft en *C*, *fig.* 3, qui eft le centre de la vis *A*, *fig.* 2, & par conféquent celui du mouvement ; l'arrafement de ce tenon eft auffi circulaire, & cela pour porter & en même temps embraffer le bout du pied qui entre deffous à rainure & languette, ou, pour mieux dire, en enfourchement ; de forte que quelqu'inclinaifon qu'on donne au Métier, il foit toujours folidement arrêté ; ainfi qu'on peut le voir à la figure 1, où j'ai indiqué, par des lignes ponctuées, l'inclinaifon que peut avoir la traverfe du Métier, qu'on tient autant incliné qu'on le juge à propos par le moyen de la vis *B*, *fig.* 3.

La languette que forme le bout des pieds, n'eft pas à vive-arête, mais en doucine, afin qu'elle faffe un meilleur effet par le côté, ce qu'on peut obferver à la *fig.* 1 & à la *fig.* 2, qui repréfente la coupe tant de la traverfe & de fon montant, que du pied pris au milieu de fa largeur, ce qui fait qu'on ne voit que la languette du montant, & non pas le tenon qui eft plus loin.   Cette

Cette maniere de construire l'assemblage des Métiers avec leurs pieds, est peu coûteuse & très-solide, & en même temps très-propre, sans pour cela être embarrassante, comme on peut le voir dans les trois figures ci-dessus, sur le détail desquelles je ne m'étendrai pas davantage, vu que l'inspection seule des figures doit être suffisante.

Il se fait d'autres petits Métiers mobiles représentés *fig.* 8 & 9, lesquels different de ceux dont je viens de parler, non-seulement par la grandeur, qui est réduite environ au tiers, mais encore par la forme, qui est différente.

Les petits Métiers dont je parle, se placent ordinairement sur les genoux ou sur une petite table placée devant la personne qui en fait usage ; ils sont composés de deux ensubles d'environ 18 pouces de longueur, & 12 à 15 lignes de diametre. Ces ensubles sont arrondies dans toute leur longueur, excepté vers les bouts, qu'elles restent quarrées, afin d'y faire deux mortaises perpendiculaires l'une à l'autre, dans lesquelles entrent les traverses ou lattes *C D & E F, fig.* 8, lesquelles ont environ 15 à 18 lignes de largeur, sur 3 d'épaisseur au moins, & 12 à 15 pouces de longueur. Ces lattes sont percées de deux ou trois rangs de trous sur la largeur, disposés diagonalement, afin d'y placer des chevilles de fer qui retiennent les ensubles écartées autant qu'on le juge à propos.

Au milieu de la largeur & de la longueur des lattes, est assemblé un morceau de bois *d e, fig.* 9, de 3 à 4 lignes d'épaisseur, & d'environ 3 pouces quarrés, dont l'extrémité inférieure est terminée en demi-cercle. La partie supérieure de cette piece est taraudée du dessus de la latte, pour recevoir un écrou ou osselet qui l'arrête avec cette derniere, comme on peut le voir *fig.* 8 & 9.

Chaque bout du Métier est porté par un pied de 8 à 9 pouces de hauteur, dont le haut est ouvert en enfourchement pour recevoir la piece *d e*, qui y est arrêtée au point *f*, par le moyen d'un petit tourillon de fer ou de cuivre. Vers le bas de l'enfourchement est placée une vis *g*, laquelle fait pression sur la piece *d e*, & par son moyen arrête le Métier comme on le juge à propos, soit qu'on veuille qu'il soit horizontal, comme dans la *fig.* 9, incliné ou perpendiculaire, comme je l'ai indiqué dans cette figure par des lignes ponctuées.

Les deux pieds sont ordinairement tournés & se montent sur une petite table ou plateau, en dessous de laquelle on les arrête avec des écrous en osselets. Cette table est supportée par quatre petites poires, dont la hauteur doit être assez considérable pour empêcher que les écrous & le bout des vis ne frottent en dessous de la table lorsqu'on la place en quelque lieu droit & uni, comme une table, une commode, &c.

Il y a des Métiers à mettre sur les genoux, de différentes grandeurs ; celui dont je viens de faire la description, est de la grandeur la plus ordinaire, quoiqu'il y en ait de plus grands & de plus petits.

Les grands Métiers dont se servent les Tapissiers, les Couturieres & les Brodeurs, sont à-peu-près de la même forme que ceux à mettre sur les genoux, à

Menuisier, III. Part. III. Sect.   M I I

l'exception qu'ils n'ont point de pieds, qu'ils font portés fur des tretaux, & qu'ils font beaucoup plus grands, y ayant de ces Métiers dont les enfubles ont depuis 6 pieds jufqu'à 12, & même 15 pieds de longueur, fur 2 à 3 & même 4 pouces de diametre, & les lattes à proportion.

La conftruction de ces Métiers, ainfi que ceux à mettre fur les genoux, n'a rien de particulier, fi ce n'eft que les mortaifes des bouts des enfubles doivent être faites avec beaucoup de jufteffe & de précautions, afin d'éviter les éclats; c'eft pourquoi après qu'on a percé la premiere mortaife, il faut la remplir par un faux tenon qui entre très-jufte fur l'épaiffeur, afin de foutenir le bois lorf-qu'on fait la feconde mortaife, laquelle eft perpendiculaire avec la premiere.

Après les Métiers à broder mobiles, foit à pieds, foit à mettre fur les genoux, font ceux qu'on nomme communément *Métiers à tambour*, repréfentés dans cette Planche, *fig.* 1, 2 & 4, lefquels font ainfi nommés à caufe de la forme du Métier proprement dit, laquelle eft ronde & difpofée à peu-près comme la caiffe d'un tambour.

Le Métier à tambour eft compofé d'un pied & de fon tambour, lequel eft le métier fur quoi on monte l'étoffe, comme je le dirai ci-après.

Le pied eft compofé d'une table d'environ 20 pouces de longueur, fur 8 à 9 de largeur, & 6 à 8 lignes d'épaiffeur, au pourtour de laquelle eft rapporté un rebord faillant en deffus de 3 à 4 lignes. Ce rebord doit être joint en onglet par les quatre angles de la table; & pour que cette derniere foit affez folide, il eft bon d'y mettre des emboîtures par les bouts, jointes à rainures & languettes au moins, & collées ainfi que les rebords, qu'on feroit très-bien de faire à même les emboîtures, du moins ceux des bouts, d'après lefquels font placées des boîtes *A D*, *fig.* 2 & 4, d'environ 2 pouces de hauteur, fur 2 pouces & demi à 3 pouces de largeur, & d'une longueur égale à la largeur de la table, prife du dedans des rebords.

Chaque boîte eft féparée en deux par une petite cloifon, comme le repré-fente la figure 3, & eft fermée en deffus par des couvercles ouvrants à couliffes, comme aux *fig.* 3 & 4, ou à cylindre, comme je l'expliquerai ci-après.

Le corps des boîtes ne doit pas être pofé à plat fur la table; mais il faut qu'il y foit affemblé à rainure & languette, tant les pieces du pourtour, que la cloi-fon de féparation intérieure, comme on peut le voir *fig.* 3, & encore mieux dans la figure 5, qui eft deffinée au double de cette derniere.

Au milieu de la largeur de la table, & d'après la largeur des boîtes, font placés les deux pieds ou montants *B C*, *fig.* 2, qui font, pour l'ordinaire, tournés en forme de baluftres, & qui fervent à porter le tambour ou métier; ces pieds fe montent à vis dans l'épaiffeur de la table, comme on peut le voir à la *fig.* 6, ce qui eft fujet à une petite difficulté, parce que comme le haut des pieds doit être quarré, & une de leurs faces parallele avec le devant de la table, il n'eft pas poffible, en faifant la vis, de s'affurer fi, quand le pied fera monté, il fe trouvera à la

place qui lui convient, du moins quant à sa direction ; c'eſt pourquoi on commence par faire la vis de la partie inférieure du pied, & on le monte en place : on
retouche ſur ſon arraſement que juſqu'à ce que ſes faces ſoient dans la direction
qui leur convient ; après quoi on l'établit & le trace de hauteur, pour le tourner
enſuite & y faire les entailles néceſſaires pour recevoir le mantonnet qui porte la
partie intérieure du tambour, lequel eſt compoſé de deux parties, ou, pour
mieux dire, de deux cerces concentriques qui ſe conſtruiſent de la maniere
ſuivante.

On prend deux cerces de boiſſelerie, ſoit de chêne ou de hêtre, ou, ce qui
eſt encore mieux, de noyer, qu'on met d'abord de largeur ; ſavoir, celle du
dedans à environ 20 lignes, & l'autre un peu plus, comme on peut le remarquer à la *fig.* 6, où la coupe de la cerce *E*, eſt plus étroite que celle *F*; enſuite
on les met toutes deux d'épaiſſeur à une ligne & demie au plus, en obſervant
que cette épaiſſeur ſoit bien égale dans toute leur longueur, afin qu'elles ploient
également. Ce qui étant fait, on coupe de longueur la premiere cerce, en
obſervant qu'elle ſuive bien à ſon intérieur un cercle dont le diametre ſoit égal
à la diſtance qui ſe trouve du dehors en dehors des deux montants *B C*, *fig.* 2 ;
& pour mieux y réuſſir, il eſt bon de faire un plateau de bois bien rond, ſur
lequel on fait ployer la cerce, & qui ſert à la tracer juſte, & à l'attacher ſur le
mantonnet *a b c d*, *fig.* 7 & 6, où ce dernier eſt repréſenté en coupe.

Le mantonnet a environ 2 pouces de largeur, ſur 6 lignes d'épaiſſeur ; il eſt
ravalé dans ſa partie ſupérieure pour porter la cerce avec laquelle il affleure, &
dans ſa partie inférieure pour affleurer avec le nud du pied qui eſt entaillé pour
le recevoir. La longueur du mantonnet eſt d'environ 3 pouces & demi, & ſa
partie inférieure eſt arrondie en demi-cercle pour pouvoir tourner facilement ſur
l'entaille du pied, avec lequel il eſt arrêté par le moyen d'une vis de cuivre (ou
de fer, ce qui eſt égal,) à tête plate, dont l'écrou eſt placé dans l'épaiſſeur du
pied, comme je l'ai repréſenté *fig.* 6. *Voyez la fig.* 10, qui repréſente le mantonnet vu en deſſus avec les deux bouts de la cerce qui viennent ſe joindre au
point *f* ; & la figure 8, qui repréſente le bout du pied vu du côté de ſon entaille.

La ſeconde cerce ſe diſpoſe comme la premiere, à l'exception que le joint ſe
fait à recouvrement de *g* à *h*, *fig.* 11, qui repréſente cette cerce vue en deſſous,
de maniere qu'il ſuffit de bien coller le joint, qui d'ailleurs eſt retenu par le
cercle *G*, *fig.* 6, du deſſus, lequel retient la cerce dans la forme qui lui eſt
convenable.

Le cercle *G* ſert non-ſeulement à retenir la cerce, mais encore à porter un
petit bourrelet d'étoffe qu'on attache deſſus. Pour que ce cercle ſoit ſolide, il faut
le faire de quatre morceaux au moins, collés à recouvrement, comme je l'ai
obſervé *fig.* 4. Au-deſſous de la cerce extérieure, il y a un autre cercle *H*, *fig.*
6, qui reçoit à feuillure le bas de cette derniere, ce qui vaut mieux que de
rapporter un ſimple recouvrement, comme on le fait quelquefois ; ce cercle

PLANCHE
324.

s'arrondit sur l'arête, & on doit avoir grand soin qu'il affleure l'intérieur de la cerce, avec laquelle il ne doit paroître faire qu'un quand ils sont bien collés ensemble. *Voyez la fig. 9*, qui représente la cerce extérieure avec le mantonnet, sa vis & l'extrémité supérieure du pied, le tout grand comme moitié de l'exécution, ainsi que les *fig. 6, 7, 8, 10 & 11.*

Lorsqu'on ajuste la seconde cerce, il faut qu'il y ait peu de jeu entre elle & la premiere, parce qu'il est nécessaire qu'elles tiennent assez l'une avec l'autre pour que le second cercle ne sorte pas de lui-même, mais qu'il ait seulement la liberté de tourner horizontalement, afin qu'on puisse travailler l'étoffe qui est attachée sur le cercle extérieur, de tel côté qu'on le juge à propos, sans pour cela mouvoir le pied du Métier, auquel tient le premier cercle qui n'a qu'un mouvement vertical, pendant que le cercle extérieur en a deux ; savoir, un vertical, qui lui est commun avec le premier sur lequel il est placé, & un autre mouvement horizontal en tournant sur ce dernier, ainsi que je viens de le dire plus haut. La piece ou petit montant *I*, *fig. 2*, n'a pas plus de 2 pouces de haut, & sert à passer une brochette de fer qui a un petit bouton ou manche de bois à un bout, & qui de l'autre entre dans le bas d'un des pieds ou montants du Métier ; cette brochette a environ 5 à 6 pouces de longueur, & est utile à ceux qui font usage de ce Métier.

J'ai dit plus haut que les boîtes du Métier à tambour étoient quelquefois fermées à cylindre, cette fermeture n'est autre chose que plusieurs petits morceaux de bois minces collés sur une toile, de maniere qu'ils se ploient assez pour passer dans une rainure pratiquée dans les deux côtés de la boîte, tant en dessus qu'en dessous, ce qui oblige d'y mettre un double fond, pour laisser le passage de cette fermeture, comme on peut le voir aux *fig. 1 & 2*, qui représentent les coupes transversales & longitudinales d'une boîte ainsi disposée, sur la construction de laquelle je ne m'étendrai pas davantage, vu que j'ai traité très au long cette partie dans la description des Bureaux à cylindres, *page 729 & suiv.* seconde Partie de la troisieme Section de mon Ouvrage.

Les Figures 3 & 4 représentent la coupe & l'élévation d'un Porte-aiguille propre à broder au tambour, dessiné dans sa grandeur naturelle. Ce n'est autre chose qu'une espece d'étui dont la partie supérieure est creusée, & sert à placer les aiguilles à broder ; & l'autre, c'est-à-dire, l'inférieure, se démonte & sert à placer l'aiguille qui est toute montée & retenue en place par une vis qui fait pression contre. Cette vis est taraudée dans l'épaisseur du Porte-aiguille, qui est fait soit d'ivoire ou d'os, ou même de bois ; & comme ces matieres ne pourroient pas avoir beaucoup de solidité, vu la petitesse de l'objet, on y met une virole, soit d'argent ou de cuivre, dans laquelle la vis tient beaucoup mieux que dans l'ivoire ou le bois, ce qui en même temps solidifie beaucoup le bas du Porte-aiguille, que je n'ai représenté ici, ainsi que cette derniere, que pour en donner une idée, vu que leur construction n'est pas du ressort des Menuisiers-Ebénistes, qui pourroient cependant bien les faire, supposé qu'ils eussent les outils nécessaires pour cela.   Les

Les Figures 5 & 7 repréſentent un Métier nommé *Métier à filet* : il eſt compoſé d'une table, ſur le derriere de laquelle eſt une boîte à peu-près ſemblable
à celles du Métier à tambour ; à la droite de cette table, eſt une pelote ou
couſſin rembourré, pour pouvoir y placer des épingles.

Au milieu de la longueur de la table, & un peu ſur le derriere, eſt placé un
pied en forme de baluſtre, d'environ 2 pouces de hauteur, & qui eſt percé dans
toute ſa longueur, pour donner paſſage à une vis *A B*, *fig.* 9, à tige & à tête
quarrée, laquelle s'arrête en deſſous de la table.

Au-deſſus du pied eſt placé un cerceau, au travers duquel paſſe la partie ſupérieure de la vis, dont l'écrou porte ſur ce dernier, & l'arrête ſur le pied d'une
maniere fixe, du moins autant que la délicateſſe de l'ouvrage peut le permettre.
Le cerceau a la forme un peu plus alongée qu'un demi-cercle, & il eſt percé par
les deux extrémités pour recevoir des vis placées aux deux bouts d'un rouleau
ou cylindre, par le moyen deſquelles & de leurs écrous, on arrête ce dernier
avec le cerceau, de maniere qu'il ne tourne qu'autant qu'on le juge à propos.
Ce cylindre doit avoir environ 6 lignes de diametre, & être percé vers ſes deux
extrémités pour placer de petites chevilles, avec leſquelles on arrête le fil des
filets.

Les Figures 6 & 8 repréſentent un autre Métier à filet, dont la boîte eſt ſur
le côté, comme aux Métiers à tambour : celui-ci a deux montants & deux rouleaux ou cylindres, qui ſont arrêtés avec les montants par le moyen d'un écrou
en oſſelet, ce qui eſt moins coûteux que d'y mettre des écrous, & par conſéquent des vis de cuivre, comme on le pratique ordinairement ; quand on fait les
vis des cylindres en bois, comme elles ne peuvent être que très-foibles, on fait
très-bien de noyer l'extrémité des cylindres dans l'épaiſſeur du montant, afin
que la vis ne portant rien, ſoit moins expoſée à ſe rompre. *Voyez la Fig.* 10,
où j'ai repréſenté un bout de cylindre ainſi diſpoſé, & deſſiné grand comme
l'exécution.

On fait encore des Métiers à filet dont le cylindre ſe trouve enfermé dans
une eſpece de boîte en plein bois, ouvrante à charniere, de maniere que quand
on n'en fait pas uſage, on ferme la boîte, & l'ouvrage qui eſt commencé ſe
trouve renfermé avec le cylindre. Je n'ai pas fait de deſſin de cette eſpece de
Métier, vu qu'il n'y a pas grande différence de ceux dont je viens de faire la
deſcription, & qu'on ne finiroit jamais s'il falloit donner des exemples des divers
ouvrages de ce genre, qui varient plus ou moins, ſelon le goût & le génie des
différents Artiſtes.

§. II. *Description d'une Imprimerie de Cabinet.*

Avant de paſſer à la deſcription des Guéridons de différentes eſpeces, j'ai cru ne pouvoir pas me diſpenſer de donner ici un exemple de Preſſes de cabinet, tant pour l'impreſſion des caractères de fonte, que pour celle des planches gravées en taille-douce, parce que non-ſeulement la conſtruction de ces différentes Preſſes appartient à l'eſpece de Menuiſerie dont je parle, mais encore c'eſt que quoique très-utiles, elles ſont très-rares, & que lorſqu'un Menuiſier eſt appellé pour en conſtruire une (ſur-tout celle d'impreſſion,) il eſt très-embarraſſé de la forme & des proportions qu'il doit lui donner, & cela faute d'en avoir vu d'autres déja exécutées.

Des deux ſortes de Preſſes dont je vais faire la deſcription, celle d'impreſſion en lettres, repréſentée *fig.* 1, eſt la plus compliquée, & demande beaucoup de ſoin de la part de l'Ouvrier, pour que toutes les parties qui la compoſent concourent à en rendre l'uſage facile & commode, comme je l'expliquerai ci-après, lorſque j'aurai fait le détail des Caſſes deſtinées à contenir les lettres ou caractères de fonte ſervant à l'impreſſion.

Ces Caſſes repréſentées *fig.* 2, 4 & 9, ſont des eſpeces de caiſſes découvertes, diviſées en un nombre de caſſetins, dans chacun deſquels on place des caractères de même eſpece. Il en faut toujours deux, comme les *fig.* 4 & 9; la premiere, qui eſt diviſée en deux parties ſur la largeur (ainſi que la ſeconde,) ſe nomme *le haut de la Caſſe* ou *Caſſeau du haut*, & contient 49 caſſetins de chaque côté, leſquels caſſetins ſont tous d'égale grandeur. Le bas de la Caſſe ou Caſſeau du bas, contient 54 caſſetins de différentes grandeurs, diſpoſés dans l'ordre & la proportion de la figure 9, ſoit que la Caſſe ſoit grande ou petite, comme dans cette figure.

La Caſſe, ou, pour mieux dire, les deux Caſſeaux ſe placent ſur des eſpeces de pupitres inclinés à peu-près ſelon un angle de 45 degrés, & élevés d'environ 3 pieds à 3 pieds 6 pouces depuis le plancher juſqu'au deſſous du premier Caſſeau. Ces pupitres ſont de ſimples bâtis aux Caſſes ordinaires, qu'on nomme *Rangs de Caſſes*; mais pour celle dont il eſt ici queſtion, repréſentée *fig.* 2 & 3, ce pupitre eſt de Menuiſerie d'aſſemblage, & n'a qu'environ 8 à 9 pouces de hauteur du devant, afin qu'étant poſé ſur le Bureau vu en coupe *fig.* 3, il ſe trouve à la hauteur convenable pour qu'on puiſſe travailler à la Caſſe. L'intérieur de ce pupitre doit être vuide du plus grand côté, afin de pouvoir y placer ſoit l'ouvrage déja compoſé, ou les différents uſtenſiles dont on peut avoir beſoin, comme le *Viſorium*, *les Mordants*, *les Galées*, & les différentes pieces de Garniture faites en bois.

Le Viſorium, *fig.* 5 & 6, eſt un petit montant d'environ un pied de longueur, ſur 2 à 3 pouces de largeur, & un pouce d'épaiſſeur par le bas, ſa partie ſupérieure

étant ravalée à l'épaisseur de 3 à 4 lignes, & au bas de ce ravalement on
observe un petit enfourchement, lequel sert à retenir le bas de la copie qu'on
place sur le Visorium, & qu'on y arrête par le haut avec un ou deux Mordants
représentés *fig.* 7, qu'on fait en bois tout uniment, quoiqu'on pourroit très-
bien, sur-tout dans le cas dont il est ici question, les faire en cuivre, ainsi que
le Visorium, qui alors pourroit être moins gros que celui représenté ici, *fig.* 5
& 6. Le bas du Visorium est terminé en pointe, ce qui est nécessaire pour
pouvoir le placer dans un trou fait dans un des côtés de la Casse, sur laquelle il
doit s'élever perpendiculairement, & toujours à la gauche de celui qui travaille.

Les Galées sont de petites planches disposées en quarré-long, & garnies
de rebords par trois côtés, de 3 à 4 lignes de haut tout au plus, afin de pouvoir
lier les pages qui sont composées, & que la ficelle prenne les lettres à environ
la moitié de leur hauteur, qui est de 10 lignes & demie. Il y a des Galées qui
sont composées de deux planches sur l'épaisseur, dont une, qui est celle de
dessus, entre juste entre les rebords de la premiere, &, ce qui est encore mieux,
à coulisse dans ces derniers; cette seconde planche de Galée est terminée par
un manche, pour pouvoir la retirer toute chargée de la composition. Cette
seconde espece de Galée n'est guere d'usage que pour les grands ouvrages,
comme les *in-folio* ou les *in-quarto*; c'est pourquoi je n'en donne pas de figure
ici, non plus que de la premiere, qu'il est très-aisé de construire sans le secours
d'aucune figure.

Les pieces de Garniture, sont les Bois de fonds, comme celui représenté
fig. 10, les Biseaux, les Coins & les Réglettes. Les Bois de fonds sont des pieces
de bois de 2 pieds de longueur, sur différentes largeurs, selon celles des marges
intérieures de l'ouvrage, tant de largeur que de hauteur. Ces bois sont tous
d'une égale hauteur, qui est 7 lignes, & on y pousse sur la face de dessus, une,
deux ou trois petites gorges, selon leurs différentes largeurs, pour qu'au premier
coup d'œil on puisse aisément les reconnoître.

Les Bois de fonds doivent être faits avec de bon bois plein, égal, sans nœuds
ni rebours, & être bien parfaitement d'égale largeur d'un bout à l'autre, &
sur-tout bien d'équerre, parce que pour peu qu'ils déversent en dedans ou en
dehors, ils font rompre la forme, & par conséquent perdre tout l'ouvrage, ce
qui s'appelle, en terme d'Imprimerie, *faire un pâté.*

Les Biseaux different des Bois de fonds, en ce qu'ils ne sont pas d'égale largeur d'un bout à l'autre, ce qui est nécessaire pour pouvoir placer entr'eux & le
chassis de fer, des coins qui serrent & arrêtent l'ouvrage en place. Les Biseaux
& les coins doivent être de même épaisseur que les Bois de fonds, avec lesquels
il faut qu'ils affleurent.

On fait aussi des Feuillets & Réglettes en bois, dont la hauteur doit être
égale à celle des *quadrats* & des Bois de fonds, qui est, comme je l'ai dit, de 7
lignes, & dont l'épaisseur varie selon les différents ouvrages. Il y a de ces
Réglettes qui n'ont qu'une demi-ligne d'épaisseur & même moins; alors on les

nomme *Feuillets* ; & d'autres qui font plus fortes : on obferve dans toutes ces gradations de Réglettes, de leur donner l'épaiffeur de corps des différents caracteres ; mais dans tous les cas il faut qu'elles foient d'une épaiffeur parfaitement égale dans toute leur longueur ; c'eft pourquoi il eft bon de les faire paffer par le tire-filet dont j'ai donné la defcription ci-devant, *page* 833.

Pour peu qu'on faffe d'ouvrage confidérable, il faut toujours plufieurs rangs de Caffes femblables ; c'eft pourquoi il eft toujours bon d'en faire deux ou même trois paires pour les Imprimeries de Cabinets dont il eft ici queftion, afin qu'on puiffe en changer quand il en fera befoin, le pupitre n'étant pas affez large pour pouvoir placer deux Caffes à côté l'une de l'autre, ce qui ne peut être autrement, vu qu'il faut que ce pupitre, & la Preffe toute montée, puiffent être contenus dans l'intérieur du Bureau lorfqu'on n'en fait point ufage. Les Caffes de rechange fe placent fur des tablettes pofées dans les intervalles qui reftent entre le deffus du pupitre, comme je l'ai indiqué par des lignes ponctuées *a b* & *c d*, *fig.* 3, qui repréfente la coupe du Bureau prife un peu au-devant de la cloifon qui fépare la place de la Preffe avec celle de la Caffe, laquelle cloifon eft d'autant plus néceffaire, qu'elle fert en même temps de battement aux portes, & de foutien au deffus du Bureau, dont la forme & la conftruction n'ont d'ailleurs rien de particulier, & qu'on peut faire plus ou moins riche que celui qui eft repréfenté ici, en obfervant toutefois qu'il foit d'une grandeur capable de contenir la Caffe & la Preffe, & qu'il ne foit pas trop haut, pour qu'on puiffe aifément faire ufage de cette derniere, qui n'a que 27 pouces de hauteur, afin de diminuer celle du Bureau autant qu'il eft poffible, & que le deffus de la forme fe trouve à environ 3 pieds & demi de hauteur.

La Preffe d'impreffion, *fig.* 1, eft compofée de trois parties principales ; favoir, le corps de la Preffe, dont la conftruction eft toute du reffort du Menuifier ; celle qui occafionne & qui réfifte à l'effort de la preffion, autrement dit, du foulage, & celle fur laquelle fe fait le foulage, & qu'on nomme le *train de la Preffe.* Ces deux dernieres parties font compofées de Menuiferie & de Serrurerie, lefquelles doivent être bien faites l'une pour l'autre, afin qu'elles tendent également à la perfection de l'ouvrage.

Le corps de la Preffe eft compofé de deux montants *A, B, fig.* 1 & 2, nommées *jumelles*, affemblés par le haut dans une traverfe ou chapiteau *C*, & par le bas dans des patins *D*, qui font prolongés en arriere pour recevoir le derriere de la Preffe, qui eft élevé au-deffus du paffage du train ; & fur lequel on place l'encrier ; le devant des patins eft prolongé en devant pour recevoir le bout du berceau de la Preffe, fur lequel roule le train, comme je le dirai ci-après (*).

(*) Aux grandes Preffes les patins ne vont pas plus loin que le devant des jumelles ; mais comme celle-ci eft beaucoup plus petite, j'ai cru pouvoir m'écarter des regles, ou, pour mieux dire, de l'ufage reçu, vu que cela ne fait rien au méchanifme de la Preffe, qui eft même plus folide & plus agréable à voir étant conftruite comme je l'ai repréfentée ici, que felon la méthode ordinaire.

La

La seconde partie de la Presse est composée de la vis & de ses dépendances, de deux sommiers *E*, *F*, & du berceau *G H*; ces deux sommiers sont assemblés dans les jumelles à tenons libres, qui passent au travers de ces dernieres, & celui du haut *E*, passe en enfourchement sur ces mêmes jumelles, afin de lui donner une épaisseur assez considérable pour pouvoir contenir l'écrou de la vis qui est placé au milieu, & qui y est arrêté par le moyen de deux boulons à vis qui passent au travers de deux oreilles réservées en dessous de l'écrou, & en retour d'équerre de son épaisseur; cet écrou doit être quarré par son plan, d'une forme un peu conique, & entrer dans le sommier jusqu'aux trois quarts de sa hauteur, ou, pour mieux dire, de son épaisseur : il seroit même bon qu'on y réservât un retour en dessous au pourtour, de la même épaisseur que les oreilles, dans lesquels passent les boulons, ce qui, en assurant l'écrou davantage, donneroit la liberté de le faire plus haut, & d'y réserver même une partie saillante, laquelle passeroit toute au travers du sommier, & seroit évuidée en godet pour recevoir l'huile qu'on met ordinairement dans l'écrou pour faciliter le mouvement de la vis.

Les mortaises des jumelles dans lesquelles passent les tenons des sommiers, doivent être plus longues que la largeur de ces derniers, sur-tout en dessus de celui du haut, & en dessous de celui du bas; cette plus grande longueur des mortaises se remplit par des morceaux de feutre ou bien de carton, afin que quand on fait mouvoir la vis, la résistance des sommiers soit moins ferme, & devienne même un peu élastique; ce qui est nécessaire pour faire de belle impression, & que l'œil ou la partie saillante de la lettre ne s'émousse pas ou ne créve pas le papier; ce qui rend en même temps le coup plus doux à l'Ouvrier qui tire le barreau.

La vis est toute du ressort du Serrurier, si ce n'est sa boîte *I*, & sa tablette *L*. La boîte est un morceau de bois d'une forme quarrée, & percé au milieu de sa grosseur d'un trou conique, dans lequel passe la tige de la vis pour aller s'appuyer sur la crapaudine de la platine de la Presse, qui est incrustée dans un morceau de bois droit & très-uni, qui sert à appuyer sur le caractere : ce morceau ou platine de bois a, à la Presse dont je parle, 7 pouces de longueur, sur 5 de largeur.

La tablette *L*, dans laquelle passe la boîte de la vis, est composée de deux morceaux joints ensemble sur leur longueur, & entaillés au milieu de leur longueur selon la grosseur de cette derniere. La tablette entre à tenon dans les deux jumelles, avec lesquelles elle est arrêtée par le moyen de deux coins *a*, *b*, qui doivent avoir de largeur à leur bout le plus étroit, au moins l'épaisseur de la tablette, afin de pouvoir la dévêtir quand on le juge à propos, ce qu'on fait en ôtant les coins, & en la faisant remonter en contre-haut.

Le berceau *G H*, est un chassis dont la largeur extérieure est égale à celle de la Presse, prise entre les deux jumelles, & d'une longueur assez considérable pour qu'il puiſſe porter le corps du train en entier lorſqu'il eſt hors de deſſous la Preſſe, comme on peut le voir à la figure 1, *Pl.* 326. Ce chaſſis paſſe juſqu'au fond du derriere de la Preſſe, avec lequel il eſt arrêté par des vis. Il eſt compoſé de deux battants & de deux traverſes, dans leſquelles ſont aſſemblées deux autres pieces *c, d, fig.* 2, nommées *poutrelles*, dans leſquelles ſont incruſtées des bandes de fer ſur leſquelles gliſſe le train de la Preſſe, comme je le dirai ci-après.

La diſtance des poutrelles entr'elles, doit être en raiſon de la longueur de la platine, dont elles ſoutiennent l'effort, de maniere que le milieu de chaque bande de fer ſoit à peu-près au quart de la longueur de la platine, comme on peut le voir dans la figure 2.

Le deſſous du berceau doit être bien droit, & en général très-juſte d'épaiſſeur, afin qu'il porte également ſur le ſommier du bas, qui le ſoutient à l'endroit de l'effort du foulage. Le bout du berceau eſt porté par un pied en forme de T, & qui eſt mobile à volonté. Ici j'ai mis deux pieds adhérents au patin de la Preſſe, ce qui ne fait rien, du moins quant à celle dont il eſt ici queſtion.

En deſſous du berceau de la Preſſe, & entre les deux poutrelles, eſt placé un cylindre de bois en forme de bobine, dont l'axe eſt arrêté avec les battants du berceau, & eſt terminé par un bout en forme de manivelle, pour y placer une poignée avec laquelle on fait tourner le cylindre, & par conſéquent le train de la Preſſe, & cela par le moyen d'une corde attachée d'un bout à l'extrémité du train, d'où elle vient faire deux tours ſur le cylindre, en deſcendant de gauche à droite; l'autre bout de cette corde paſſe au travers de la table du train, & vient s'attacher ſur un petit treuil, avec lequel on la bande à volonté. Ce treuil eſt placé entre les deux montants du chevalet qui ſert à porter le timpan lorſqu'il eſt ouvert.

La troiſieme partie de la Preſſe eſt le *train*; il eſt compoſé d'une table *e f*, d'une largeur égale à celle du berceau, ſur une longueur à peu-près égale. Sur un des bouts de cette table, eſt placé à demeure un chaſſis ou coffre *M N*, d'une largeur égale à celle de cette derniere, & ſur environ un quart plus de longueur que de largeur. Les bois de ce chaſſis n'ont qu'environ 1 pouce & demi de largeur à cette Preſſe, & entourent un morceau de marbre *O*, quiſert à porter la forme, & par conſéquent à appuyer l'extrémité inférieure de tous les caracteres placés dans le chaſſis de fer qui les entoure, comme on peut le voir à la *fig.* 1.

Les quatre angles du coffre ſont garnis d'équerres de fer nommées *cornieres*, qui ſont ſaillantes en deſſus pour arrêter la forme en place; & deux de ces équerres portent des charnieres avec leſquelles on joint le timpan au coffre.

Dans le cas d'une petite Preſſe comme celle-ci, on fait très-bien de faire ces équerres doubles, c'eſt-à-dire, d'une piece par chaque bout du coffre, & d'y

prendre aussi les charnieres, comme je l'ai observé à la *fig.* 2, ce qui est beau‑
coup mieux que de les rapporter comme on le fait ordinairement.

Le train de la Presse est arrêté avec le corps de cette derniere, par le moyen
de deux cordes ou courroies de cuir nommées *vaches*, lesquelles n'ont de lon‑
gueur que ce qui est nécessaire pour qu'en faisant mouvoir le train, il ne sorte
que d'environ un pouce au-delà du devant de la platine, ce qui est suffisant pour
laisser passer le timpan, qu'on appuie sur le chevalet, dont la traverse du haut
doit être assemblée en chapeau, & avoir de longueur la largeur du timpan au
moins, afin de le supporter à l'endroit de ces battants.

La hauteur du chevalet doit être disposée de maniere que lorsque le timpan est
ouvert, il fasse avec le dessus du coffre un angle d'environ 140 degrés, ce qui
est nécessaire pour que la frisquette étant ouverte, elle soit un peu inclinée en
arriere, comme je l'ai indiqué par des lignes ponctuées, *fig.* 1, où j'ai pareille‑
ment indiqué les révolutions tant du timpan que de la frisquette, entre lesquels
on place le papier à imprimer.

Le derriere de la Presse doit aussi être disposé de maniere que quand on fait
avancer le train jusqu'au fond, il n'avance pas plus qu'il ne faut, pour qu'au
second coup de Presse la platine pose toujours en dedans de la traverse du der‑
riere du timpan, entre laquelle, & cette derniere, c'est-à-dire, la platine, il
est nécessaire qu'il y ait au plus un pouce & demi de jeu, pour que la pression
de la platine ne déchire pas le parchemin dont le timpan est garni, & que les
blanchets ou garniture du timpan se trouvent toujours entre la lettre & la platine.

Aux grandes Presses, on fait les timpans en bois, avec la traverse de devant
en fer, pour donner passage à la platine de la Presse : mais à celle-ci on l'a fait
tout de fer ; c'est pourquoi je n'en parlerai pas davantage (*).

Au-dessus du derriere de la Presse, se place l'encrier, qui est une espece de
caisse de bois, laquelle n'a que trois côtés, comme on peut le voir à la *fig.* 1,
Pl. 326 ; & quand on veut que l'encre se conserve propre, lorsqu'on n'en fait
pas usage, on y met un couvercle dont le rebord de devant descend jusqu'au bas
de l'encrier, & dans le dessus duquel on fait un trou pour passer le manche du
broyon *e*, *fig.* 8, *même Planche*, & une entaille pour donner passage à celui de
la palette *f*.

Je n'entrerai pas dans un plus grand détail pour ce qui regarde les Presses, vu
que ce détail entraîneroit nécessairement un très-grand nombre de figures, que
je n'ai pas voulu faire ici, parce que ce n'étoit pas leur véritable place, d'autant
plus qu'il me suffisoit de donner une idée des petites Presses, qui sont très-rares,
& qu'on pourra très-bien construire d'après ce que j'en ai dit, lorsqu'on voudra
se donner la peine d'en voir de grandes, & les bien examiner, non pas lorsqu'on
n'en fait point usage, mais au contraire lorsque les Imprimeurs travaillent, afin

---

(*) J'ai dit les timpans en parlant de plu‑
sieurs presses, ayant toujours considéré le timpan
comme un, quoique composé de deux chassis, dont

je n'ai pas fait de description, vu qu'à la presse
dont je parle ils sont tout de fer, & que leur
construction regarde uniquement le Serrurier.

d'en bien connoître le méchanifme, & être en état de diftinguer les chofes qui font effentielles à la conftruction des Preffes, d'avec celles qui ne leur font qu'acceffoires, ou qui n'y font faites d'une certaine façon, que parce que c'eft un ancien ufage qu'on ne veut pas ou qu'on ne penfe même pas à changer; cette route n'eft pas la plus commune; mais c'eft la feule qui foit bonne, n'étant pas poffible qu'on puiffe jamais parvenir à bien faire les inftruments, les outils ou les machines fervant à un Art quel qu'il foit, fi l'on n'a de ce même Art des connoiffances au moins théoriques, qui font cependant encore bien loin de celles que donnent la pratique, quoi qu'en puiffent dire ceux qui croient connoître parfaitement un Art, lorfqu'ils font parvenus à en connoître à peu - près le nom & la forme des outils (*).

La Preffe en taille-douce, repréfentée *fig. 3 & 4*, eft beaucoup moins compliquée que celle dont je viens de faire la defcription: elle eft compofée de deux jumelles affemblées par le haut dans un fommier ou chapiteau, & par le bas dans des patins ou dans un bâtis de Menuiferie, comme je l'ai fait ici. Entre ces deux jumelles font placés deux rouleaux ou cylindres de bois, dont les bouts diminués en forme de tourillons, entrent dans les entailles des jumelles, qui n'ont de largeur que le diametre de ces tourillons, excepté la partie fupérieure d'une de ces entailles, qui doit être affez large pour laiffer paffer le quarré *P* du rouleau *fig. 6*, & fon collet.

Les rouleaux ou cylindres portent, favoir, celui de deffous, fur des collets ou boîtes de bois *Q, fig. 3*, qui font garnies de fer poli en dedans, afin que les tourillons des cylindres s'ufent moins, & qu'ils tournent plus aifément; le rouleau de deffus, au contraire, appuie contre une pareille boîte; & l'efpace qui refte entre le deffus des boîtes & le fond des entailles des jumelles, eft rempli par des morceaux de cartons, ce qui eft néceffaire pour augmenter ou diminuer la preffion des rouleaux, & en même temps la rendre plus élaftique.

Aux deux côtés des jumelles, & au niveau du deffus du rouleau du bas, moins 3 à 4 lignes de jeu qui font néceffaires pour éviter le frottement de la table de deffus, font deux autres tables nommées *Portants*, lefquelles fervent à foutenir la table *R S*, fur laquelle on place les planches qu'on veut imprimer. Cette table doit être diminuée par les deux bouts, afin de lui donner de la prife entre les deux rouleaux qui l'entraînent en tournant.

On donne du mouvement à ces rouleaux par le moyen d'une croifée qui entre à quarré dans le bout du rouleau fupérieur, & qui eft retenue en place par le moyen d'une cheville, ou, ce qui eft mieux, d'un écrou, comme je l'ai obfervé ici, *fig. 3, 4 & 6*. Cet écrou, ainfi que fa vis, peuvent être faits en bois; cependant dans une petite Preffe comme celle-ci, je crois qu'on feroit très-bien de rapporter une vis de fer dans le milieu du rouleau, & d'y mettre

(*) Ces fortes de Preffes, ainfi que celles en taille-douce dont je vais parler, ne peuvent être d'ufage que pour les perfonnes de confidération, lefquelles même doivent obtenir une permiffion pour les faire conftruire.

par

par conséquent un écrou de fer ou de cuivre, ce qui vaudroit mieux qu'un de
bois, qui ne peut jamais être bien solide, sur-tout quand il est petit comme à
la Presse dont je parle.

Aux Presses en taille-douce ordinaires, le rouleau du dessous est toujours
d'un diametre plus fort que celui de dessus, d'environ un quart; je n'en ai
pu savoir la raison, ceux mêmes qui en font usage ne m'en ayant pas donné
d'autre, sinon que c'étoit la coutume.

La croisée est composée de deux pieces de bois assemblées en entaille à moitié
de leur épaisseur; & on doit avoir soin que le trou par où passe le quarré du
cylindre soit fait sur la diagonale, afin qu'il tende moins à faire fendre le bois,
que si les côtés de ce trou étoient paralleles avec le fil de la piece. *Voyez la
fig. 5.*

Les Presses en taille-douce ordinaires ne sont pas pleines par le bas comme
celle-ci, leurs portants n'étant soutenus que par de petites colonnes; & je n'ai
fait de cette maniere celle dont je viens de faire la description, que pour qu'elle
soit plus ornée, & que la partie inférieure puisse servir d'armoire pour y serrer
les ustensiles dont on a besoin pour imprimer en taille-douce.

Cette Presse est disposée pour être placée sur un Bureau de pareille hauteur
que celui de la Presse d'impression, & dans lequel on puisse la serrer ainsi que
cette derniere; on peut même ne faire qu'un Bureau pour les deux Presses,
supposé que la place le permette.

En général, les Presses de Cabinet peuvent être très-riches, tant pour le
travail que pour la matiere; cependant il ne faut pas que cette richesse nuise à
la facilité de leur service, ni à leur solidité, sur-tout celle d'impression, laquelle
souffrant beaucoup d'effort, demande beaucoup de solidité, ce qui oblige à y
mettre des armatures de fer pour prévenir toute espece d'ébranlement. Ces armatures, lorsqu'elles sont apparentes, doivent entrer pour quelque chose dans leur
décoration, afin de ne pas paroître rapportées après coup, comme il arrive
quelquefois.

Lorsqu'on veut faire usage des deux Presses, il faut qu'elles soient arrêtées à
demeure sur le Bureau, par le moyen de quelques boulons ou toute autre ferrure, qu'on fera les plus propres possible, & toujours analogues avec leur
décoration, du moins autant que faire se pourra.

Si je n'ai donné aucune mesure particuliere des Presses dont je viens de
faire la description, c'est que comme elles sont toutes deux hors de la grandeur
ordinaire, il importe peu que les parties de détail qui les composent soient plus
ou moins grandes, pourvu qu'elles concourent toutes à l'effet général. Celles
qui sont dessinées dans cette Planche étant d'une assez bonne proportion, on
pourra en connoître toutes les dimensions, par le moyen de l'échelle qui est au
bas de la Planche, sur laquelle ces Presses ont été construites au sixieme de
grandeur de l'exécution, ainsi que les figures du bas de la Planche 326.

§. III. *Description de différentes especes de Guéridons & de Tables.*

Les Guéridons, *fig.* 1, 2 & 3, font des especes de petites tables d'une forme ronde, montées fur un feul pied, dont on faifoit beaucoup d'ufage dans le dernier fiecle, où on leur donnoit jufqu'à 2 pieds & demi & même 3 pieds de hauteur, leur ufage étant de porter la lumiere & autre chofe dont on peut avoir befoin pendant la nuit. Maintenant qu'aux Guéridons on a fubftitué les Tables de nuit, la hauteur des Guéridons eft réduite à 26 ou 28 pouces, & ils ne fervent qu'à placer la lumiere foit proche le feu ou ailleurs : dans ce premier cas, on y ajoute une traverfe ou main en faillie, ainfi que celle *a b*, *fig.* 2, dans laquelle on place un écran, qu'on arrête avec une vis à la hauteur qu'on le juge à propos : cette main fe monte à vis dans le pied du Guéridon, afin de pouvoir l'ôter quand on le juge néceffaire.

Le deffus ou la table d'un Guéridon, eft ravalé en deffus pour qu'il y ait un rebord au pourtour, qui ordinairement eft orné de moulures, ainfi que le deffous de la table ; il fe monte à vis, comme le repréfente la figure 3.

Le pied ou plateau du Guéridon, eft auffi rond & orné de moulures, & il reçoit pareillement le bas de la tige ou montant repréfenté *fig.* 1 & 2.

Le deffous du plateau eft fupporté par trois ou quatre boules ou poires pour l'élever au-deffus du carreau, afin que les inégalités de ce dernier ne le faffent pas vaciller ; c'eft pourquoi il vaut mieux ne mettre que trois points d'appui que quatre.

Les Guéridons dont on fait ufage à préfent, font beaucoup plus bas que celui repréfenté *fig.* 2, dont ils different encore par la forme de leurs pieds, qui au lieu d'être pleins, font compofés de trois pieds ou patins qui s'affemblent dans le montant qui porte la table, lequel eft corroyé à fix faces (du moins par le bas), defquelles fix faces trois font occupées par les patins, qui y font affemblés à queue d'aronde, comme je l'expliquerai ci-après. *Voyez la fig.* 6, qui repréfente une petite Table ou Guéridon moderne ; & la *fig.* 10, qui repréfente fon pied vu en plan.

Le deffus des Guéridons dont je parle, fe fait le plus léger poffible ; c'eft pourquoi quand on veut qu'avec cette légéreté il ait toute la folidité néceffaire, on fait très-bien de le conftruire d'affemblage, afin qu'il ne fe tourmente pas, ainfi que je l'ai repréfenté *fig.* 9. Ces deffus fe montent toujours à vis avec la tige du pied, & cela par le moyen d'une maffe ornée de moulures qu'on rapporte en deffous, dans laquelle eft percé le taraud, ou, pour mieux dire, l'écrou de la vis.

Il y a de petites Tables en Guéridons, dont le deffus eft d'une forme quarrée, ainfi que le repréfentent les *fig.* 7, 8 & 11, & dont le même deffus a un mouvement vertical, de maniere qu'on peut l'incliner autant qu'on le juge à propos, ce qui fe fait de la maniere fuivante.

On rapporte en deſſous de la Table une traverſe *c d*, *fig.* 7, dont le milieu a environ 4 pouces de largeur ; ce milieu eſt aminci, ou , pour mieux dire , ravalé des deux côtés à l'épaiſſeur de 7 à 8 lignes , afin de pouvoir entrer dans un enfourchement pratiqué dans la partie ſupérieure du pied , avec lequel il eſt arrêté par le moyen d'une goupille *e* , qui ſert de centre de mouvement à la Table , qu'on retient de niveau ou inclinée , comme on le juge néceſſaire , par le moyen du demi-cercle *f g* , qui eſt arrêté d'un bout avec la traverſe *e d* , & par conſéquent avec la Table , & le demi-cercle paſſe dans une mortaiſe faite dans l'épaiſſeur du pied , où on l'arrête en place par le moyen d'une vis de preſ-ſion placée dans l'épaiſſeur de la joue de la mortaiſe. *Voyez les fig.* 7 *&* 8 , qui repréſentent la Table vue de face & inclinée , ſelon que je l'ai indiqué *fig.* 7 , par une coupe ſuppoſée de la Table.

Le deſſus de ces Tables ou Guéridons , s'incline ainſi pour avoir la liberté d'y écrire & d'y lire plus commodément , ſur-tout des *in-folio* , ſur leſquels il faut être couché pour pouvoir les lire étant placés ſur des Tables ordinaires , c'eſt-à-dire , dans une ſituation horizontale.

Comme on peut faire uſage de ces ſortes de Tables pendant la nuit , & qu'é-tant inclinées , il n'eſt pas poſſible d'y placer une lumiere , on a imaginé de faire des portes-bougie *fig.* 4 *&* 5 , leſquels ne ſont autre choſe que de petits mor-ceaux de bois de 2 à 3 pouces de longueur , ſur 7 à 8 lignes de largeur , & 2 d'épaiſſeur au plus ; chacun de ces morceaux ſont joints enſemble à leur extré-mité , par une goupille de fer ou de cuivre rivée des deux côtés , & on a ſoin que ces rivures ſoient peu ou même point excédentes ; & pour qu'elles ne détruiſent point le bois , on garnit chaque piece d'une petite platine de fer incruſtée dedans , comme on peut le voir à la *fig.* 5.

Les pieces du porte-bougie ſont ordinairement au nombre de 6 ou 8 , dont une eſt arrêtée avec le pied de la Table ou Guéridon ; & la derniere , qui eſt celle de deſſus , porte une bobeche avec ſa platine , comme on peut le voir à la *fig.* 4.

On fait encore d'autres Tables ou Guéridons nommées *à l'Angloiſe* , appa-remment parce qu'elles ont été inventées en Angleterre. Ces Tables , repré-ſentées *fig.* 2 *&* 5 , ont deux mouvements , l'un horizontal , & l'autre vertical , comme le repréſente la figure 2.

Le mouvement horizontal ſe fait de la maniere ſuivante. Au haut du pied qui eſt terminé par une tige menue en forme de pivot , eſt placée une cage ou lan-terne compoſée de deux fonds , & de quatre petits piliers en baluſtres qui les ſoutiennent , ou , pour mieux dire , qui les lient enſemble ; la hauteur de cette lanterne eſt de 4 pouces au moins de dehors en dehors , ſur 7 à 8 pouces quarrés. Le fond du deſſous eſt percé au milieu de tous les ſens , pour laiſſer paſſer la tige du pied , qui vient entrer dans le fond du deſſus juſqu'à la moitié , ou tout au plus juſqu'aux deux tiers de ſon épaiſſeur , comme on peut le voir à la *fig.* 2 , &

PLANCHE 328.

PLANCHE 329.

encore mieux à la *fig.* 7, qui repréfente une partie de la coupe de la lanterne, avec la tige du pied de Table, qu'on arrête avec la lanterne par le moyen d'une clef paffée au travers de la mortaife *A, même figure.*

A un des côtés du fond fupérieur de la lanterne, font réfervés deux goujons qui entrent dans des taffeaux *a b* & *c d, fig.* 2 , lefquels fervent en même temps à arrêter la lanterne avec la Table, & à la diriger de maniere qu'elle ne puiffe pas s'écarter de côté ni d'autre lorfqu'on la fait mouvoir horizontalement.

Quand la Table eft abaiffée fur la lanterne, elle eft arrêtée avec cette derniere par le moyen d'une petite ferrure *e*, dont le pêne prend dans le deffus de la lanterne. *Voyez les fig.* 1 , 3 & 4, où cette ferrure eft repréfentée tant en coupe que vue en deffus & en dedans, le tout deffiné, ainfi que la figure 7, à moitié de l'exécution.

Les patins du pied de la Table dont je fais la defcription, font au nombre de trois, difpofés triangulairement, comme les repréfente la figure 3. On les affemble à queue d'aronde dans le montant, en obfervant que leur arrafement porte également de chaque côté, afin qu'ils fuivent bien leur direction, & qu'ils joignent en même temps par-tout, ce qui eft très-effentiel pour la folidité de l'ouvrage.

Quand les patins font bien ajuftés, on les colle; & pour qu'ils retiennent mieux en place, on ajoute en deffous de la tige du pied un bouton ou cul-de-lampe *ff, fig.* 2 & 4, lequel entre à goujon dans la tige, & recouvre en même temps les affemblages des patins, qu'il retient en place. *Voyez la fig.* 8, qui repréfente le deffous de la tige du pied avec fes patins, indiqués par des lignes ponctuées; & la *fig.* 9, qui repréfente la partie fupérieure de cette même tige vue en deffus.

Il fe fait encore d'autres efpeces de Guéridons, qui ne fervent que dans les grands appartements; ce n'eft, à proprement parler, que des candelabres deftinés à porter des girandoles & des arbres de lumieres.

Ces fortes de Guéridons font ordinairement très-hauts, & font foutenus foit par des gaînes ornées de trophées ou de guirlandes, des grouppes d'enfants, ou toute autre partie de fculpture, qui dépendent du goût de celui qui préfide à la décoration des appartements dans lefquels ces Guéridons font placés. Comme la Sculpture fait prefque tous les frais de ces fortes d'ouvrages, & que les Menuifiers ne font qu'en préparer les maffes, je n'en parlerai pas davantage, d'autant mieux que cette préparation regarde les Menuifiers de bâtiment, & non pas les Ebéniftes pour lefquels je parle préfentement.

§. IV.

§. IV. *Description de différentes sortes de Pupitres.*

J'ai déja fait mention des Pupitres dans la seconde Section de la troisieme Partie de mon Ouvrage, en parlant des Tables à écrire ; ceux dont il est ici question, servent à placer des livres, soit pour lire ou pour chanter, ou, pour mieux dire, y lire de la musique.

Les Figures 1, 2 & 4 de cette Planche, représentent un Pupitre à pied & à crémaillere, par le moyen de laquelle on hausse ou baisse le Pupitre selon qu'on le juge nécessaire, soit qu'on veuille s'en servir debout ou assis.

Le Pupitre, proprement dit, est composé de deux tables inclinées à l'horison d'environ 30 degrés, ou qui forment avec ce dernier un angle de 60 degrés, ce qui est la même chose. Ces tables se font en bois plein découpé à jour, ou bien d'assemblage, ce qui est égal, vu que dans l'un ou l'autre cas il faut toujours qu'ils soient liés ensemble par une piece *A*, *fig.* 2, nommée *sommier*, avec laquelle on les assemble à rainures & languettes, en observant que les languettes soient faites dans le sommier, afin que le pied du Pupitre qui porte sur ce dernier, ne tende pas à faire ouvrir le joint, ce qui arriveroit nécessairement si le sommier portoit les rainures.

Au bas de chaque table du Pupitre est assemblé, en retour d'équerre, un rebord ou bande *B*, laquelle saillit d'environ un pouce & demi, & dont l'usage est de porter le livre & de l'empêcher de glisser ; c'est pourquoi il est bon qu'elle releve un peu du devant, comme je l'ai observé à la figure 2.

L'écart des deux tables du Pupitre est retenu par une traverse ou entre-toise *C D*, placée au milieu de la longueur des tables ; cette entre-toise sert non-seulement à entretenir l'écart des tables du Pupitre, mais encore à donner passage à la tige *E F* du pied, & par conséquent à empêcher le Pupitre de vaciller en aucune façon.

La tige du pied de ce Pupitre, est composée de deux parties, l'une *E F*, qui est mobile, & dont l'extrémité supérieure sert à porter le Pupitre ; & l'autre *G H*, qui est adhérente au pied représenté en plan *fig.* 4.

Ces deux parties sont parfaitement semblables, du moins dans leurs parties inférieures, comme on peut le voir à la *fig.* 2 & à la *fig.* 6, qui en représentent la coupe, ou, pour mieux dire, le plan ; & elles sont retenues ensemble par la tablette *I L*, *fig.* 1 & 2, & par le lien *M N*, *même figure*.

La tablette *I L*, représentée en plan, *fig.* 5, est arrêtée à demeure dans la partie supérieure du montant *G H*, *fig.* 2, dans laquelle elle entre en entaille, afin d'y être arrêtée d'une maniere fixe, pendant qu'elle laisse couler librement l'autre montant *E F* ; le lien *M N*, au contraire, est assemblé à queue avec ce dernier, & laisse le passage du montant *G H*. *Voyez la fig.* 8, qui représente le lien vu en plan.

Menuisier, *III. Part. III. Sect.*   Q 11

Quand on veut hauſſer le Pupitre, on leve le montant *E F*, & on
on le retient élevé à la hauteur qu'on defire par le moyen de la boucle *O P*,
repréſentée en plan, *fig.* 9, laquelle a une dent *a*, *fig.* 9, qui entre dans les
crans *b*, *b*, de la crémaillere, *fig.* 1, taillée ſur le devant du montant mobile.
Cette boucle eſt arrêtée avec le montant *G H* au point *c*, *fig.* 2, qui eſt ſon
centre de mouvement, & autour duquel elle ſe meut librement. *Voy. la Fig.* 3,
qui repréſente une partie des deux montants avec la boucle, tant de niveau
qu'inclinée, pour porter le montant mobile. Voyez auſſi la *fig.* 10, qui repréſente ce même montant vu de face, aſſemblé avec ſon lien vu en coupe. Cette
figure, ainſi que celles 3, 6 & 7, ſont deſſinées à moitié de l'exécution, &
cotées des mêmes lettres que les figures 1, 2 & 9.

Le Pupitre tourne librement ſur le montant *E F*, qui lui ſert de pivot; cependant comme il n'entre que d'environ un demi-pouce dans le ſommier du
Pupitre, il arrive très-ſouvent que ce dernier ſort de ſa place pour peu qu'on
le leve ou qu'on le faſſe tourner bruſquement. Je crois qu'il ſeroit néceſſaire
qu'on l'arrêtât, ſoit par le moyen d'une vis placée dans la partie ſupérieure du
montant ou pivot, & dont la tête fût en deſſus du ſommier, ou bien par le moyen
d'une clavette placée en deſſus de l'entre-toïſe *C D*, *fig.* 2, ce qui eſt égal,
pourvu que le Pupitre ſoit arrêté ſolidement : cette obſervation eſt eſſentielle
à tous les Pupitres tournants ſur pivot, à moins que leur extrême lourdeur ne les
mette hors de la portée d'être renverſés, comme, par exemple, les Pupitres
d'Egliſe, nommés auſſi *Lutrins*, dont la ſeule peſanteur ſuffit pour les arrêter en
place, ayant, pour la plupart, 2 à 2 pieds & demi de largeur, & étant conſtruits en plein bois d'environ un pouce d'épaiſſeur.

Le montant *G H*, *fig.* 2, s'aſſemble à tenon & mortaiſe dans une piece de
bois taillée à 6 faces, laquelle reçoit les trois pieds ou patins *Q*, *R*, *S*, *fig.* 4,
qui y ſont aſſemblés à queue, comme on peut le voir à la *fig.* 7; & pour que
ces aſſemblages ſoient plus ſolides, on ne les perce pas au travers de la piece
du milieu, mais on les fait ſeulement deſcendre juſqu'à 2 à 3 lignes du deſſous
de cette piece; & quand les patins ſont aſſemblés & collés, on les recouvre par
une piece triangulaire *d e f*, *fig.* 4, dont le fil doit être oppoſé à celle de deſſous.

On met des portes-bougie à ces ſortes de Pupitres : il y en a où ils ſont attachés au montant *E F*; d'autres les poſent ſur de petites entre-toïſes placées aux
deux extrémités des tables du Pupitre, ce qui eſt d'autant mieux, qu'on raccourcit par ce moyen les portes-bougie, qui, lorſqu'ils ſont trop longs, ſont ſujets
à pencher en devant, tant par leur propre poids que par celui de la bougie.

Il y a d'autres Pupitres qui ne different de ceux dont je viens de faire la deſcription, que par leur grandeur, & par la forme de leur pied, qui n'a guere que
6 à 8 pouces de hauteur, pris du deſſous du Pupitre, ainſi qu'aux *fig.* 9 & 10. Ces
ſortes de Pupitres ſe nomment *Pupitres de table*, parce qu'ils ne peuvent ſervir
qu'étant placés ainſi, vu le peu de hauteur de leurs pieds, qui ſouvent au lieu

d'être en piédouches comme ceux-ci, n'ont simplement qu'un montant avec un patin triangulaire, sans aucune façon. *Voyez la fig.* 13, qui représente le piédouche vu en dessus, avec l'entre-toise du Pupitre, & ses assemblages à queue d'aronde.

Les Figures 7, 8, 11 & 12, représentent un autre Pupitre de table, lequel n'a pas de pied, & ne sert guère que pour la lecture. Ce Pupitre est composé de deux châssis semblables pour la grandeur, & qui sont ferrés au point *a*, *fig.* 8 ; celui de dessus, qui est le Pupitre proprement dit, a une traverse *c d*, *fig.* 12, placée un peu plus bas que le milieu de sa hauteur ; au milieu de cette traverse est ferré un montant *e f*, lequel se rabat de *e* en *f*, pour soutenir le Pupitre à telle élévation qu'on juge convenable, comme on peut le voir à la *fig.* 8, dans laquelle j'ai indiqué par des ponctuations, les différents degrés de hauteur donnés par la distance de la crémaillère *g h*, vue en coupe dans cette figure, & en face dans la figure 11, qui représente le châssis de dessous vu de face, lequel châssis est, à proprement parler, le pied du Pupitre ; ce Pupitre est d'autant plus commode, qu'il peut se baisser autant qu'on le juge à propos, & se reployer tout-à-fait sur lui-même quand on n'en fait pas usage.

Les Figures 1, 2, 3 & 4, représentent une autre espece de Pupitre, lequel n'est d'usage que dans les Eglises. Ce Pupitre se fait en plein bois, & a cela de particulier, que quoique mobile, il est d'une seule & même piece, sans avoir besoin d'aucune espece de ferrure, comme on peut le voir aux figures ci-dessus.

La construction de ces sortes de Pupitres est cependant très-simple ; on commence d'abord par corroyer un morceau de bois de la longueur & de l'épaisseur convenables, pour pouvoir contenir celle des deux pieces *A*, *B*, *fig.* 2 & 4, & le jeu qu'il doit y avoir entr'elles, lequel doit être le moindre possible, c'est-à-dire, la place de la scie, & ce qu'il faut ôter de bois pour replanir les pieces quand elles sont refendues.

Quand le bois est ainsi corroyé, on trace la charniere de la maniere suivante.

Après avoir déterminé la hauteur du pied du Pupitre, prise du dessous de la charniere, on trace sur le côté de la piece *fig.* 5, la hauteur de la charniere, qui doit être égale à l'épaisseur des deux pieces prises ensemble, comme l'indiquent les lignes *i l* & *m n*, tracées un peu en pente pour empêcher que le Pupitre n'ouvre quarrément tout-à-fait ; ce qui est d'autant plus nécessaire, que ces Pupitres sont déja très-penchés, & que l'arc de cercle que forme la charniere dans l'angle *o*, *fig.* 2, tend à écarter le livre & à le faire couler dehors. Quand la hauteur de la charniere est tracée, du point *p*, comme centre, on décrit un cercle qui touche aux lignes *i l* & *m n*, moins ce qu'il faut pour le passage d'un ciseau très-mince, lequel cercle donne la forme de la charniere, qu'on ne doit découper qu'après avoir pris un calibre de l'extérieur des nœuds. Ce qui étant fait, on trace, *fig.* 6, la face des charnieres d'après les lignes *i l* & *m n*, & on les divise en nombre impair fur la largeur, en obfervant qu'il y ait un peu de jeu entre les traits qui défignent leur féparation, parce qu'il eſt néceſſaire pour le paſſage d'un couteau à ſcie très-mince, avec lequel on coupe l'eſpace *q r*, *fig 5*, qui reſte après que les nœuds ont été découpés des deux côtés, comme le repréſente la figure 6.

Après qu'on a ainſi évuidé & découpé la charniere, on chantourne le deſſous du pied, comme, par exemple, la *fig.* 3; puis on refend les deux parties *A*, *B*, ſur l'épaiſſeur, tant en deſſus qu'en deſſous de la charniere; & quand on a travaillé juſte, les deux pieces doivent s'ouvrir toutes ſeules.

Quand les pieces *A*, *B*, ſont ainſi féparées, on les finit au rabot & à l'ordinaire, ſoit que le Pupitre ſoit deſtiné à être peint & ſculpté, comme il arrive quelquefois, ou bien qu'on le laiſſe dans ſa couleur naturelle, avec un poli, comme c'eſt l'uſage.

Il eſt cependant bon d'obſerver que quand il y a de la ſculpture ſur les Pupitres dont je parle, cette derniere ſoit faite avant que de refendre les deux pieces *A*, *B*, afin qu'en faiſant la ſculpture on ne ſoit pas expoſé à gâter la charniere ni à la briſer.

Ces Pupitres ne ſe font jamais ſeuls, mais deux à la fois, & cela par rapport à la grande perte de bois qu'il y auroit depuis *s* juſqu'à *t*, *fig.* 4, ſi on n'en prenoit pas deux l'un ſur l'autre, en augmentant à la longueur ordinaire du Pupitre, celle de la piece *A*, plus ce qu'il faut pour le paſſage de la ſcie. En ſuivant cette méthode, on épargne près d'un pied de bois pour les deux, ce qui eſt fort à confidérer, vu que ces Pupitres ſe font toujours en beau bois de noyer, du moins cela doit être ainſi.

§. V. *Deſcription de différentes Boîtes de toilette.*

LES Boîtes de toilette connues ſous le nom de *Néceſſaires*, ſont de petites caiſſes ou coffres de bois, ſervant à ſerrer les uſtenſiles de toilette, & à les tranſporter dans les voyages. Elles ſont compoſées de deux parties; ſavoir, de la boîte proprement dite, *fig.* 1 & 2, (dont la conſtruction eſt toute du reſſort du Menuiſier,) & de la garniture, laquelle eſt faite par des Ouvriers qui ne s'occupent que de cette partie, & qui ne travaillent qu'après les Ebéniſtes, puiſqu'ils ne peuvent faire leur garniture qu'en raiſon de la grandeur de la boîte, & du nombre & de la forme des pieces qu'on veut placer dedans.

Cette garniture eſt une eſpece de petit coffre percé à ſa ſurface, pour que les divers uſtenſiles de toilette, comme les flacons, les peignes, &c, puiſſent entrer dedans, & y être contenus de maniere qu'ils ne puiſſent vaciller en aucun ſens; c'eſt pourquoi les parois de chaque vuide ſont garnis de bois dans leur pourtour, & enſuite recouverts d'étoffe, pour que le bois ne touche pas aux pieces qu'on place dedans. Cette garniture eſt pour l'ordinaire adhérente à

l'intérieur

l'intérieur de la boîte, avec laquelle on l'arrête à demeure, & le joint se cache par le moyen de l'étoffe de la garniture qu'on attache sur cette derniere.

Il y a des Nécessaires où la garniture est mobile, afin de réserver en dessous, & par conséquent au fond de la boîte, un espace pour serrer des choses qu'on ne veut pas laisser sous la vue: dans ce cas on fait une seconde caisse qui entre juste dans la premiere, ainsi que celle *c d e f*, *fig. 2*, dans laquelle on place la garniture à l'ordinaire. Cette seconde caisse doit être faite très-juste, pour que son joint ne soit pas apparent, dût-on être obligé d'y pratiquer un pêtit trou pour donner passage à l'air qui l'empêcheroit d'entrer sans cette précaution.

Le fond de cette seconde caisse sert ordinairement de couvercle aux casses pratiquées dans le fond de la premiere ; cependant je crois qu'il vaudroit mieux y mettre un dessus ouvrant à secret, afin que si on ôtoit la seconde caisse, on ne pût pas fouiller dans le fond de la boîte, à moins qu'on ne sût le moyen d'ouvrir le dessus qui la couvre. La seconde caisse doit être aussi arrêtée avec la premiere, par le moyen de quelque ressort caché dans l'épaisseur de cette derniere, de maniere que quand le tout est en place, les deux caisses semblent n'en faire qu'une, & par conséquent trompent ceux qui voudroient fouiller dans les casses du fond, dans lesquelles, comme je l'ai dit, on place les choses les plus précieuses, comme l'or & les diamants qu'on est obligé de porter en voyage.

L'intérieur du dessus des Nécessaires est quelquefois garni d'une glace, laquelle ne doit pas porter à plat sur le bois, mais en être isolée d'une bonne ligne au moins, par le moyen d'un ravalement qu'on fait au bois du dessus, lequel ne porte la glace que par ses extrémités, afin que le tain ne s'écorche pas par le frottement, ou que si le bois travailloit, il ne fît pas fendre la glace, qu'on retient en devant avec des pointes recouvertes par un cordonnet collé au pourtour de la glace, comme on peut le voir dans cette figure.

Quelquefois on fait des faux-fonds qui portent la glace, comme celui *a b*, ce qui donne le moyen de pratiquer un vuide dans le dessus, qu'on ferme, ainsi que celui de dessous, par le moyen de quelque ressort caché dans l'épaisseur du bois.

On fait des Nécessaires de toutes sortes de grandeurs, depuis 6 pouces de largeur, jusqu'à deux pieds & même plus. Les plus communs sont faits en bois de noyer, toujours assemblés à bois de fil, & on garnit leurs angles avec des cor? cor-nieres de cuivre ou de fer poli, comme à la figure 1.

Quand les boîtes sont grandes, on y met encore une ou deux équerres sur la hauteur, qu'on arrête, ainsi que celles des angles, avec des vis dont la tête est noyée en parement, de maniere qu'elle n'est pas apparente, surtout quand la garniture (c'est-à-dire, les équerres & les vis) est de cuivre.

Aux grandes Boîtes de toilette, on met deux mains par les côtés, pour pouvoir les transporter aisément, & aux petites on n'en met qu'une placée au milieu du dessus.

Menuisier, III. Part. III. Sect. R r r

Il y a de ces dernieres dont l'intérieur est vuide, c'est-à-dire, sans garniture; ces petites Boîtes ne servent, pour l'ordinaire, qu'à serrer les bijoux, & alors elles prennent le nom de *Coffre*. On en fait de très-riches, tant pour la qualité du bois que pour la garniture ou ferrure extérieure, qui est quelquefois d'argent ou de cuivre doré, disposée au pourtour en diverses bandes contournées, tant pour les orner que pour les rendre plus solides, ce qui, à mon avis, n'est pas fort utile, vu que ces petits coffres sont, par leur peu de volume, encore plus aisés à emporter qu'à être forcés. Ces Coffres sont quelquefois ornés de Marqueterie de placage; mais comme cela est peu solide, je crois qu'il vaudroit mieux les construire en plein bois, soit de cèdre ou de tout autre bois précieux & odorant, & y incruster ce qu'on jugera à propos.

On peut faire des doubles fonds aux Coffres dont je parle, & les faire ouvrir à secrets, dans le détail desquels je n'entrerai pas, vu qu'ils cesseroient d'être secrets s'ils étoient connus de tout le monde, & que de plus ce détail, quoique du ressort des Ebénistes, m'entraîneroit au-delà des bornes que je me suis prescrites.

Les Figures 3, 4 & 5, représentent un petit Nécessaire de poche, à l'usage des hommes qui voyagent, & auxquels les choses vraiment nécessaires peuvent suffire; c'est une boîte de 6 à 7 pouces de long, sur 4 pouces & demi de large, & 2 pouces un quart de haut, divisée en deux parties sur l'épaisseur, lesquelles parties sont elles-mêmes divisées en plusieurs casses; savoir, celle *A*, *fig*. 3, pour placer un peigne; celle *B*, pour placer un couteau à ôter la poudre, & une brosse à dents.

La partie ovale *C*, doit être garnie de fer-blanc verni ou de plomb laminé très-mince, & sert de vase pour délayer le savon avec une brosse, qui se place, lorsqu'on n'en fait pas usage, dans la casse *D*, laquelle doit aussi être garnie, pour que l'humidité ne gâte pas le bois.

La casse *E*, *fig*. 5, doit recevoir le rasoir; celle *F*, des ciseaux; & celle *G*, le cuir. Chacune de ces casses doit être bien exactement de la grandeur de chacune de ces pieces, pour qu'elles ne balottent point; c'est pourquoi il est bon que celle *F*, dans laquelle on place les ciseaux, soit diminuée tant sur l'épaisseur que sur la largeur, selon la forme de ces derniers, qu'il faut avoir, ainsi que le rasoir, avant que de décider de la grandeur des casses & de leurs formes.

Les trois casses *E*, *F*, *G*, sont fermées par une coulisse *H*, *fig*. 4, qu'on doit faire du même morceau que le bout de la boîte, afin que le joint soit moins sensible; & pour que le bout de cette coulisse fût moins apparent, on pourroit y ajuster une piece à bois de fil, pris du même morceau que le côté de la boîte; ce qui, au reste, n'est pas fort nécessaire, n'y ayant pas grand mérite à cacher des choses, lorsqu'elles sont faites pour être vues.

Comme il pourroit arriver que la coulisse vînt à se retirer, & par conséquent fortir d'elle-même, felon la pofition où la Boîte fe trouveroit, on feroit très-bien de l'arrêter par le moyen d'une goupille placée dans l'épaiffeur du bout de cette derniere, afin qu'on ne pût ouvrir la couliffe qu'après avoir ouvert le couvercle de la Boîte, qu'on peut fermer à clef, ainfi qu'aux autres Néceffaires. Le couvercle de cette Boîte eft auffi garni d'une glace, afin qu'il ne manque rien à cette Toilette portative, qui peut être utile aux hommes de tous les états.

Les Figures 6, 7, 8, 9, 10 & 11, repréfentent une autre efpece de Boîte utile aux Peintres en miniature, autant finguliere par fa forme que pour la difficulté de fon exécution; c'eft un livre de la forme d'un in-douze, dont les deux deffus *g h*, *i l*, *fig.* 6 & 9, fe féparent du dofferet, & par conféquent du corps du livre, avec lequel ils ne tiennent que par le moyen d'un ravalement à queue d'aronde pratiqué dans leur épaiffeur, comme on peut le voir à la figure 8 & à la figure 11. Les deux deffus étant ôtés, le livre paroît ainfi qu'à la figure 11, c'eft-à-dire, creufé de chaque côté d'un renfoncement *L*, dont la grandeur eft indiquée par des lignes ponctuées, & la profondeur fur la coupe *fig.* 8; c'eft dans ce renfoncement qu'on place des deffins qui font retenus par la piece à queue *q r s t*, qui leur fert de cadre, laquelle ne peut être retirée qu'après avoir fait fortir le dofferet qui entraîne après lui une maffe *fig.* 7 & 10, creufée en *I*, de même que la figure 11, dans laquelle elle entre comme dans une mortaife.

Les renfoncements *I*, font recouverts par deux autres pieces à queue *m n*, *o p*, qui leur fervent de cadres, ainfi que ceux de la figure 11, de maniere que dans le même livre on peut mettre quatre deffins féparés les uns des autres, fans crainte qu'ils ne fe froiffent ni fe maculent; ce qui eft un très-grand avantage pour ces fortes d'ouvrages.

Je n'entrerai pas dans un plus grand détail pour ce qui regarde la conftruction de la Boîte dont je viens de parler, parce que l'infpection des figures doit fuffire pour en bien faire connoître toutes les parties, qui font plus aifées à deffiner & à décrire, qu'à bien exécuter; car un Livre tel que celui que j'ai vu, & d'après lequel j'ai fait ma defcription, peut bien paffer pour un chef-d'œuvre d'exécution; & je puis affurer que je n'ai jamais rien vu de mieux ajufté, même en métaux.

CHAPITRE QUATORZIEME.

De la troisieme espece d'Ebénisterie en général.

L a troisieme & derniere espece d'Ebénisterie dont il me reste à traiter, est, comme je l'ai dit au commencement de cette partie de mon Ouvrage, celle où, avec le bois, on emploie les métaux, l'écaille, l'ivoire & autres matieres, & même les pierres précieuses. Cette espece d'Ebénisterie est nommée, par les Ouvriers, *Marqueterie*, pour la distinguer de celle où l'on n'emploie que du bois de placage. Cette dénomination, quoique la plus généralement usitée, ne me paroît pas juste, parce que l'Ebénisterie dont je parle, est plutôt une espece de Mosaïque très-riche, par le moyen de laquelle on peut représenter toutes sortes de sujets, sinon coloriés comme dans les ouvrages de Mosaïque ou Peinture en bois, du moins par le mélange & l'opposition des différentes matieres qu'on y emploie, qui se détachent les unes des autres, & forment des Tableaux de la plus grande beauté, dont la belle exécution le dispute souvent à la richesse de la matiere.

Cette précieuse Ebénisterie est très-ancienne; car sans avoir recours aux témoignages des Auteurs anciens, souvent peu véritables ou mal entendus, on voit encore des ouvrages de cette espece dans une des pieces de la Gallerie de Florence, digne de l'admiration des connoisseurs & de la magnificence des Médicis, qui les firent faire. C'est d'après ces beaux ouvrages qu'on en a fait d'autres en France, si toutefois ceux qui y étoient n'y avoient pas été apportés du temps des Reines Catherine & Marie de Médicis (*). Depuis ce temps le goût de ce bel Art s'est maintenu en France jusqu'à

(*) Il y a dans un sallon de la Gallerie de Florence, nommée *la Tribune*, une armoire en forme de tabernacle ou de cabinet, composée de jaspe, d'agate, & de toutes sortes de pierres précieuses, où l'on a employé, en forme de clous, des topazes, rubis, saphirs & émeraudes; à la partie supérieure on a placé une perle d'une grosseur extraordinaire. Cette armoire est garnie de quatorze colonnes de lapis-lazuli, dont les bases & les chapiteaux sont d'or massif; elle est de plus ornée de bas-reliefs d'or, exécutés avec beaucoup de soin. *Voyage en Italie, Tome II, page* 243.

Ce bel ouvrage, dit le même Auteur, m'a rappellé ceux qui étoient autrefois à Versailles, & dans le Garde-meuble à Paris; & je ne doute pas qu'ils ne fussent aussi venus de Florence dans le temps de Catherine & Marie de Médicis: on en a dépecé une partie pour enrichir le cabinet du Jardin Royal à Paris, où il n'y a pas de plus beaux échantillons de pierres dures, que les colonnes d'améthyste qu'on en a retirées. *Idem.*

On voit encore dans les Appartements de Saint-Cloud & de Chantilly, des cabinets de cette espece, qui, quoique moins riches que ceux dont il est parlé ci-dessus, sont d'une très-grande beauté. Il s'en trouve aussi chez quelques particuliers riches, qui en connoissent le mérite, & qui les conservent avec beaucoup de soin; & on voit dans beaucoup d'Eglises à Paris, des tabernacles travaillés dans ce genre, qui sont très-riches, tant pour le travail que pour la matiere; entr'autres celui du maître-autel des Filles de la Visitation, rue Saint Jacques, qui est d'ébene, avec des chapiteaux & des bases de colonnes en argent, ainsi que les autres ornements qui y sont. Les plus modernes de ces différents ouvrages, sont au moins du dernier siecle; & on n'en fait plus maintenant, parce que, dit-on, ce n'est plus la mode: comme si ce qui est vraiment beau, ne l'étoit pas toujours, & que des ouvrages de sculpture & de dorure, souvent très-médiocres (comme on n'en fait que trop maintenant) fussent préférables aux chefs-d'œuvre du dernier siecle, qu'on

la fin du dernier siecle ; mais présentement on ne fait presque plus d'ouvrage d'Ebénisterie de cette espece, si ce n'est quelques petits ouvrages, & des boîtes de pendules, ce qui parmi les Ebénistes a fait donner le nom de *Pendulistes* à ceux de leurs Confreres qui s'occupent particuliérement de ce travail.

Je ne m'étendrai pas beaucoup sur cette derniere espece d'Ebénisterie, non pas parce qu'elle n'est plus à la mode, mais parce que je n'ai pas assez d'expérience pratique sur cette matiere, & qu'il ne m'a pas été possible de trouver tous les secours dont j'aurois eu besoin pour entrer dans tous les détails qu'exige la pratique de ce bel Art. Je me contenterai de le décrire dans son état actuel, & d'indiquer les moyens de le remettre dans son ancien état, espérant d'ailleurs que quelqu'un plus habile que moi achevera ce que je ne fais qu'ébaucher ici.

Les outils propres à travailler la troisieme espece d'Ebénisterie, sont à-peu-près les mêmes que ceux des autres Ebénistes, dont j'ai fait la description dans le courant de cette Partie de mon Ouvrage ; c'est pourquoi je n'en parlerai pas davantage, & je passerai tout de suite à la pratique de l'ouvrage, après avoir dit quelque chose des matieres qui entrent dans sa construction, ce que je vais faire dans la Section suivante.

SECTION PREMIERE.

Description des différentes matieres qu'on emploie dans la construction de la troisieme espece d'Ebénisterie.

LES différentes matieres qu'on emploie dans la construction de la troisieme espece d'Ebénisterie ou Marqueterie proprement dite, sont, (sans y comprendre les bois précieux & aromatiques dont j'ai fait la description au commencement de cette Partie, *p. 767 & suiv.*) de deux especes, les unes animales & les autres métalliques. Celles de la premiere espece sont l'écaille de tortue, l'ivoire, la corne, la nacre de perle, le burgaut & la baleine ; enfin celles

---

ne regarde plus, & auxquels on a substitué d'élégantes superfluités, qui n'ont d'autre mérite que celui d'une mode passagere, qui est bientôt effacée par une autre, qui elle-même n'existe pas plus long-temps que le caprice de ceux qui l'ont inventée. Il est vrai que les ouvrages qu'on fait maintenant ont beaucoup d'apparence, & coûtent peu cher en comparaison de ceux du dernier siecle ; mais aussi sont-ils moins durables & moins précieux, tant pour le travail que pour la matiere, qui souvent ne vaut rien ; ce qui, au fond, n'est pas un grand mal, puisqu'on en donne plus qu'il ne faut pour l'argent qu'ils coûtent ; & que d'un autre côté le fort de ces sortes d'ouvrages est de ne devoir durer qu'autant qu'ils plaisent. Mais le véritable mal

qui en résulte, c'est le tort qu'ils font aux Arts, en détruisant parmi les Ouvriers le goût des belles choses, l'émulation & le dessein de bien faire, & en leur en faisant même perdre l'habitude, supposé qu'ils l'ayent ; car rien n'est si rare que de trouver des Ouvriers habiles dans cette partie de l'Ebénisterie, si ce n'est quelques anciens qui y ont travaillé ou vu travailler autrefois ; car pour les jeunes, le plus grand nombre ne la connoissent pas. C'est avec regret que je dis ici des choses si peu honorables pour un siecle qui passe pour celui des Sciences ; mais cela n'en est pas moins vrai, tant pour la partie de l'Art dont je traite, que pour beaucoup d'autres qui sont dans le même cas ;

de la seconde espece, sont le cuivre, l'étain, l'argent & l'or. Comme toutes ces matieres sont de nature différente, & qu'elles demandent à être diversement travaillées, il m'a paru nécessaire d'en donner ici une description, qui, quoiqu'abrégée, puisse mettre les Ouvriers à portée de connoître la nature de ces différentes matieres.

§. I. *De l'Ecaille.*

O n nomme *Ecaille*, la couverture d'un animal nommé *Tortue*, lequel est amphibie & testacée, c'est-à-dire, couvert d'écailles. Cette couverture est plus ou moins grande, selon la grandeur de l'animal, & est d'une forme ovale & convexe à-peu-près comme un bouclier ancien : elle n'est pas d'une seule piece ; mais elle est composée de plusieurs pieces de différentes formes & grandeurs, qui recouvrent les unes sur les autres, & ont un mouvement de compression ou de dilatation selon la volonté de l'animal, & cela par le moyen des muscles qui attachent les écailles au carapace ou toît de la Tortue. Il y a des Tortues dans les mers d'Asie & d'Afrique ; mais les plus belles sont celles qu'on prend aux environs de l'Isle de Quibo, dans la mer du Sud, où il y en a de quatre sortes ; savoir, 1°. *la Tortue franche*, qui est d'une moyenne grandeur, & qui n'est recommandable que pour sa chair, qui est très-bonne à manger : elle a aussi des écailles ; mais elles ne peuvent servir à rien à cause de leur peu d'épaisseur : 2°. *la Carette* ou *le Caret*, qui est plus petite que la premiere, & dont la chair n'est pas si bonne, mais qui, en revanche, donne de belles Ecailles dont les Tabletiers sont beaucoup d'usage, & qu'on emploie aussi dans les beaux ouvrages d'Ebénisterie : 3°. *la kaouanne* ou *cahoane* ; en Anglois, *loger-hu* ; & en Espagnol, *caivava*. Cette espece de Tortue est beaucoup plus grande que les deux premieres. Sa chair n'est pas bonne à manger ; mais on en tire de l'huile. Ses Ecailles sont beaucoup plus grandes que celles du Carret ; mais elles sont plus minces & bien moins estimées : ce sont ces Ecailles dont les Ebénistes se servent le plus communément, tant parce qu'elles sont moins cheres que les autres, que parce qu'étant plus minces, ils ont moins d'ouvrage à y faire pour les mettre d'épaisseur, & par conséquent moins de déchet. La quatrieme espece de Tortue est la plus grande de toutes ; elle n'est absolument bonne à rien, si ce n'est à faire de l'huile à brûler.

Il y a aussi des Tortues de terre ; mais les unes n'ont pas d'Ecailles sur le carapace, & l'Ecaille de celles qui en ont ne peut être d'usage pour les ouvrages d'Ebénisterie ; c'est pourquoi je n'en parlerai pas davantage.

L'Ecaille ou toît du Carret, est composée de treize feuilles ; savoir, huit plates, qui sont placées aux deux côtés, & cinq qui sont bombées, & qui sont placées sur le dos. Ces dernieres sont les plus épaisses, & sont preſque égales d'épaiſſeur dans toute leur ſurface. Quant aux huit autres, il y en a quatre d'une forme oblongue, & à-peu-près paralleles; & les quatre autres ſont arrondies d'un côté pour ſuivre le contour que forme le carapace, ſur & à l'extrémité duquel elles ſont placées. Ces Ecailles, ainſi que les quatre autres, ne ſont pas abſolument droites ſur leur ſurface; mais elles ſont toutes un peu bombées, ſur-tout ces dernieres, c'eſt-à-dire, celles des extrémités. Les arêtes des unes & des autres ſont amincies à rien ſur les extrémités, ce qui ne laiſſe pas de faire beaucoup de perte, à moins qu'on ne ſoude pluſieurs de ces morceaux les uns avec les autres, comme le font les Tabletiers pour différents ouvrages. La plus grande longueur des feuilles de Carrette eſt de douze à quinze pouces, ſur ſept à huit pouces de large. Le côté de la chair des feuilles d'Ecaille, c'eſt-à-dire, celui qui eſt concave, eſt toujours le moins beau, & ſa ſurface eſt preſque toute couverte d'une eſpece de vermiculure blanche, qui ſe deſſine aſſez bien. Je ne ſai ſi ce n'eſt pas la marque de leur adhérence avec le tiſſu membraneux qui les tient avec le carapace ou toît de l'animal.

L'Ecaille a trois couleurs diſtinctives; ſavoir, le blond, le brun & le noir clair. Quelquefois une ou deux de ces trois couleurs dominent, mais elles ſont rarement ſeules; & j'ai vu dans un grand Magaſin d'Ecaille une feuille totalement blonde, que le Marchand eſtimoit beaucoup, comme une choſe très-rare. Il y a auſſi, ſur-tout dans le Carret, des feuilles qui ſont jaſpées & mêlées de brun minime de différentes nuances, & de blanc, dont quelques endroits ont de l'orient comme la nacre de perle.

En général l'Ecaille eſt tranſparente, dure & très-fragile; car quoiqu'elle ſoit à-peu-près du genre des cornes, elle eſt beaucoup moins liante que ces dernieres, ce qui vient de ce qu'elle a moins de parties graſſes qui en lient les parties les unes avec les autres.

L'Ecaille eſt cependant très-malléable, & acquiert beaucoup de ductilité, ſoit par le moyen du feu ou de l'eau bouillante; mais lorſqu'elle eſt refroidie, elle reſte dans la forme qu'on lui a donnée, & devient auſſi caſſante qu'auparavant.

Quoique l'Ecaille ſoit très-pleine, elle eſt ſujette à ſe retirer à la chaleur; c'eſt pourquoi on doit avoir grand ſoin qu'elle ſoit très-ſeche quand on l'emploie, parce que lorſqu'elle eſt humide, pour peu qu'elle éprouve un peu de chaleur, elle ſe retire conſidérablement.

L'Ecaille a une propriété très-ſinguliere; c'eſt qu'on la ſoude ſans avoir beſoin d'aucun agent que ce puiſſe être, comme je l'expliquerai en parlant de la maniere de travailler l'Ecaille.

§. II. *De l'Ivoire.*

L'Ivoire eſt une ſubſtance oſſeuſe, qu'on tire des dents, ou, pour mieux dire, des défenſes de l'Eléphant : on les nomme les *marfils* ou *morfils* lorſqu'elles ſont en pieces, & on ne leur donne le nom d'*Ivoire*, que lorſqu'elles ſont débitées.

Les défenſes d'Eléphant viennent d'Aſie & d'Afrique : ces dernieres ſont les plus petites, & n'ont qu'environ quatre pieds de long ; au lieu que les premieres en ont juſqu'à dix. Les plus petites ſe tirent de la côte d'Afrique, ſur-tout de Riofreſca, de la riviere de Gambie, du Sénégal, & de la côte des Dents. Celles d'Aſie ſe tirent de l'Iſle de Ceylan & des Royaumes de Chine, de Pégu, de Siam & d'Oracan. On dit que les Ivoires de Ceylan ne jauniſſent jamais ; c'eſt pourquoi on les vend plus cher que les autres.

Quoique l'Ivoire ſoit du genre des os, il eſt beaucoup plus compact & plus peſant que ces derniers ; ſes pores étant très-ſerrés le rendent capable de recevoir un très-beau poli qui ſe conſerve long-temps.

On diſtingue deux ſortes d'Ivoire ; ſavoir, le verd & le blanc. On peut les diſtinguer tout deux à la couleur de leur écorce ; l'Ivoire verd a l'écorce brune & noirâtre, & un peu claire ; & l'Ivoire blanc a l'écorce blanche, ou citron un peu ſombre. Ces marques ne ſont pas bien certaines, & il eſt bon de couper le bout de la défenſe pour juger de la véritable couleur de ſon intérieur.

On préfere l'Ivoire verd au blanc, parce qu'il a les grains plus fins, & qu'il eſt par conſéquent moins poreux que le blanc qui a ſouvent des grains déſagréables à voir, & qui a le défaut de devenir jaune avec le temps ; au lieu que dans l'Ivoire verd, les grains ne ſont pas ou du moins très-peu viſibles, & que la petite teinte de verd ſe paſſe en très-peu de temps, pour faire place à un très-beau blanc de lait, qui a l'avantage de ne point jaunir.

L'Ivoire verd a le défaut d'être plus fragile que le blanc, & il ſe retire davantage que ce dernier ; ce qui, en ſuivant l'analogie des bois durs ou tendres, ne devroit cependant pas être ; mais ce n'eſt pas en cela ſeul que la nature s'écarte ou du moins ſemble s'écarter des regles qu'il nous a plus de lui preſcrire.

On ne peut pas redreſſer l'Ivoire au feu, ainſi que l'Ecaille ; il faut le débiter à la ſcie, puis le dreſſer à la lime, comme ſi c'étoit un morceau de cuivre ou d'autre métal.

Les morfils ou défenſes d'Eléphants ſont un peu courbes ſur leur longueur, & ſe terminent en pointe : ils ne ſont pas pleins dans toute leur longueur ; & en les débitant, il faut avoir grand ſoin de prendre intérieurement la profondeur de la cavité pour les ſcier à cet endroit, afin de la ménager davantage.

§. III.

§. III. *De la Corne.*

L A Corne dont les Ebénistes font usage, est une espece de Corne blanche, qu'on vend à Paris sous le nom de *Corne d'Angleterre*, d'où elle est apportée dans de petits barils. Ce sont de ces Cornes dont les Ferblantiers font usage pour fermer les lanternes. On en vend de plus ou moins épaisses : celles qui sont les plus blanches, qui n'ont point de taches, & qui sont bien transparentes, sont les plus recherchées par les Ebénistes, à moins qu'ils ne veuillent en faire de fausses écailles ; alors ils se servent de la Corne rousse, qui imite en quelque façon le clair de l'écaille, dont ils contrefont les nuances avec de la couleur, comme je le dirai en son lieu. Je ne m'étendrai pas davantage au sujet de la Corne, parce qu'on la trouve par feuille toute apprêtée, & qu'il ne s'agit que du choix lorsqu'on veut en faire emplette. Quant à son usage, j'en parlerai en traitant de la pratique de la Marqueterie.

§. IV. *De la Nacre de perle.*

O N nomme *Nacre de perle*, ou simplement *Nacre*, la coquille d'une espece d'huître, dans laquelle se forment les perles. Ces huîtres font trois ou quatre fois plus grosses que les huîtres ordinaires. La Nacre est pesante & très-dure; son extérieur est d'un gris roussâtre & tout ridé ; mais les premieres feuilles extérieures de cette coquille, une fois enlevées (ce qui peut se faire par le moyen de l'eau-forte & du tourret d'un Lapidaire, ou même tout simplement du frottement d'une meule à l'eau), elle paroît aussi belle qu'en dedans, où sa couleur est d'un beau blanc argentin très-luisant, lequel est mêlé des plus belles couleurs de l'iris ou arc-en-ciel ; de maniere qu'on y voit tout à la fois des teintes de jaune, de rouge, de violet, de bleu & de verd, lesquelles changent incessamment selon qu'on regarde la Nacre en différents sens, ce qui est causé par les diverses manieres dont les parties qui composent la Nacre, reçoivent la lumiere, & la réfléchissent à nos yeux. Ce changement de couleur se nomme *orient* ; ainsi on dit que la Nacre à un bel *orient*, quand ces changements de couleurs sont très-variés, & la différence de ces dernieres bien sensible. La Nacre a encore la singularité de paroître ondée à sa surface, quoiqu'elle soit parfaitement unie ; & cette apparence approche si fort de la vérité, qu'on la touche quelquefois pour s'assûrer, par le tact, de l'illusion qu'elle fait aux yeux.

Ces ondes & ces changements de couleurs ne sont apparents que parallélement à la surface de la Nacre ; car quand elle est refendue, son épaisseur est d'une couleur égale & unie, d'un blanc mat, tirant sur le gris-vineux.

La Nacre eſt extrêmement dure ; on ne peut l'entamer qu'avec la ſcie : après quoi on la dreſſe ſur le grès, comme je le dirai en ſon lieu. La Nacre a le défaut d'être très-caſſante, & quelquefois piquée de vers, même bien profondément.

Elle ſe fend auſſi quelquefois ſur ſon épaiſſeur qui ſe ſépare par feuillets ; ce ſont ces feuillets ou couches qui étant plus ou moins opaques les uns que les autres, ou du moins diſpoſés les uns ſur les autres d'une maniere ondulée & peu parallele, donnent naiſſance aux ondes & aux différentes couleurs qu'on remarque à la ſurface de la Nacre. Les plus belles Nacres viennent des Indes Orientales. On en pêche auſſi en Amérique & ſur les côtes d'Ecoſſe.

Il y a une eſpece de Limaçon de mer, nommé *Burgaut* ou *Burgaux*, & par les Ouvriers *Burgos*, qui ſe trouve dans toutes les Iſles de l'Amérique, dont la coquille donne une fort belle eſpece de Nacre ; mais comme les plus grandes de ces coquilles ne ſont pas plus groſſes que le poing, on n'en peut tirer que de très-petits morceaux, vu qu'elles n'ont d'orient, ainſi que les Nacres de perles, que du côté de leur ſurface, ou du moins parallélement à cette derniere. Le Burgaut a quelquefois des couleurs plus vives que la Nacre de perles, à laquelle on le préfere, ſur-tout quand on n'a beſoin que de petites parties : du reſte il ſe refend & ſe travaille de même que la Nacre.

§. V. *De la Baleine.*

L a Baleine eſt peu en uſage en Ebéniſterie ; cependant on pourroit en tirer un très-bon parti pour des filets noirs, ou tout autre ouvrage. La Baleine proprement dite eſt tirée des fanons ou eſpeces de lames qui ſervent de dents au poiſſon qui porte le nom de *Baleine*. Ces fanons ſont compoſés d'une ſubſtance ſilandreuſe recouverte d'une ſubſtance à-peu-près ſemblable à la corne de bouc. La Baleine ſe polit très-bien. Il y en a de griſe & de noire ; cette derniere eſt la plus belle, & on doit la préférer pour les ouvrages d'Ebéniſterie.

§. VI. *Du Cuivre.*

L e Cuivre eſt un métal moyennement peſant, d'une qualité dure, ſonore & élaſtique ; ſa couleur eſt d'un rougeâtre brillant : quoiqu'il ſoit un peu moins ductile que l'argent, on en fait des fils très-déliés par le moyen de la filiere. On diſtingue deux ſortes de Cuivre ; ſavoir, le Cuivre naturel, qui eſt celui dont je viens de parler, qu'on nomme *Roſette* ou *Cuivre rouge*, & le Cuivre factice, nommé *Cuivre jaune* ou *Laiton*, lequel eſt compoſé d'environ deux tiers de roſette, & un tiers de terre calaminaire, autrement dit, *calamine*, laquelle, en changeant la couleur du cuivre ne lui ôte pas ſa ductilité, pourvu qu'on le travaille à froid en le faiſant recuire de temps en temps ; car lorſqu'on veut le forger à chaud, il ſe briſe & ſe met en pouſſiere, ce qui eſt caufé par la différence des matieres qui réfiftant plus l'une que l'autre à l'action du feu, fe détruifent lorfqu'on veut les forger à chaud. Le Cuivre jaune eft moins pefant que le rouge, & cette différence eft comme de 548 à 648.

Les Ebéniftes ne font ufage que de Cuivre jaune, foit pour les ornements qu'ils adaptent à leurs ouvrages, foit pour faire des pieces de marqueterie, où ils emploient du laiton en table, qu'ils choififfent dans les magafins à l'épaiffeur qui leur eft convenable. Ce n'eft pas qu'ils ne puffent fe fervir également de Cuivre rouge, ce qui feroit même très-bien dans certaines occafions, comme, par exemple, fi on l'incruftoit dans de l'Ebene, où il trancheroit moins que le Cuivre jaune; mais enfin ce n'eft pas la coutume, de laquelle on feroit très-bien de s'écarter quelquefois, comme je le dirai en fon lieu.

Les tables de laiton doivent être choifies les plus égales d'épaiffeur qu'il eft poffible, fans aucune inégalité ni cavité ou gerçures à leurs furfaces, afin qu'étant employées, elles foient fufceptibles d'un beau poli, ce qui eft très-effentiel pour les ouvrages de Marqueterie, où le moindre défaut dans le Cuivre feroit beaucoup de tort à l'ouvrage.

§. VII. *De l'Etain.*

L'Etain eft le plus léger de tous les métaux; fa couleur eft blanche à-peu-près comme celle de l'argent: il eft flexible & mou, & fait du bruit lorfqu'on le plie. Il s'allie bien avec touts les métaux; mais il leur ôte leur ductilité, & les rend caffants comme du verre. Il vient de l'Etain de divers pays, comme de la Chine, du Japon & des Indes Orientales, particuliére-ment de Malaga. Il en vient auffi de Bohême; mais le plus eftimé eft celui d'Angleterre, connu fous le nom d'*Etain de Cornouailles & de Devonshire*, Provinces d'Angleterre, qu'on nomme à Paris *Etain fin*. Comme l'Etain en général eft un peu mou, il eft bon de l'allier d'un peu de rofette, ce que les Potiers d'Etain appellent *donner de l'aloi*, lequel n'eft autre chofe que deux à trois livres de rofette fondues à part, dans lefquelles on mêle à-peu-près autant d'Etain, & quelquefois une livre de bifmuth ou Etain de glace; puis on mêle le tout dans cent livres d'Etain fin en fufion, ce qui le raffermit, le rend plus fonore & plus fufceptible de recevoir le poli. Les Ebéniftes font peu d'ufage d'Etain maintenant, quoique cela faffe de très-belle marqueterie: on trouve de l'Etain par table chez les Potiers d'Etain, qui les planent & les poliffent pour les vendre aux Graveurs de mufique; & ces tables pour-roient très-bien fervir aux Ebéniftes, comme je le dirai ci-après.

Au défaut des planches planées, on pourroit en difpofer au laminoir; mais celles qui font planées, font meilleures pour recevoir la gravure, & par conféquent pour les ouvrages de Marqueterie.

§. VIII. *De l'Argent.*

L'Argent est, après l'or, le plus beau des métaux ; sa couleur est blanche & brillante lorsqu'il est poli ; il est médiocrement dur, plus pesant que le cuivre, mais moins que l'or, sa pesanteur étant à-peu-près de 717 livres le pied cube, & à celle de ce dernier à-peu-près comme 5 est à 9. Après le fer, c'est le métal qui se travaille le mieux, soit à froid & à chaud ; & il prend sous le marteau toutes les formes qu'on juge à propos de lui donner.

L'Argent a besoin d'un peu d'alliage pour souffrir le travail ; la moindre quantité de cet alliage est d'un trente-deuxieme, & au plus d'un douzieme. L'alliage de l'Argent se fait avec de la rosette la plus pure, ce qui le rend très-élastique. On peut avoir, au moyen du laminoir, des feuilles d'Argent de telle épaisseur qu'on le juge à propos, ce qui est très-commode pour les ouvrages d'Ebénisterie, où on l'emploie avec le cuivre, ou même avec l'or, ou bien tout seul avec de l'écaille.

§. IX. *De l'Or.*

L'Or est le plus précieux & le plus estimé de tous les métaux ; il est aussi le plus compact & le plus pesant ; car un pied cube d'Or pese 1326 livres 4 onces. C'est un métal parfait, inaltérable, d'une couleur jaune qui a peu d'éclat. Il n'est ni élastique ni sonore ; mais il est très-ductile & malléable, même plus que l'argent, lorsqu'il est allié convenablement ; alors il acquiert beaucoup d'élasticité, soit qu'on le travaille avec le marteau à chaud ou à froid, & même au laminoir.

L'alliage de l'Or se fait avec de l'argent ou de la rosette ; on préfere cependant cette derniere, parce que l'alliage de l'argent blanchit la couleur de l'Or ; au lieu que la rosette l'augmente. L'alliage de l'Or le plus fin est ordinairement d'un vingt-quatrieme, c'est-à-dire, que sur vingt-trois parties d'Or on y ajoute une partie de cuivre ; cependant pour lui donner plus de fermeté on l'allie d'un sixieme ; c'est ce qu'on appelle *de l'Or à vingt karats* ; mais l'alliage le plus ordinaire est un douzieme ou ce qu'on appelle *de l'Or à vingt-deux karats*, ou *Or de Couronne.*

L'Or se travaille & se polit très-bien ; il est d'un bon usage pour les ouvrages de Marqueterie, où on l'emploie avec l'argent, l'écaille & la nacre de perle ; quelquefois on l'emploie seul avec ces deux dernieres matieres ; & alors pour donner plus de beauté à l'ouvrage, on y met de l'Or de différentes couleurs, comme de l'Or blanc, de l'Or jaune, de l'Or rouge & de l'Or verd, &c.

Après avoir traité sommairement des différentes matieres propres à être employées dans la derniere espece d'Ebénisterie, il me reste à parler des agents

qui

qui servent à les lier entr'elles, & au fond de l'ouvrage, ainsi que ceux qui servent à retenir les joints des métaux, ou, pour mieux dire, à les souder.

Les premiers sont différentes sortes de colles & de mastics, & les seconds des especes de compositions de métal, qu'on nomme *soudures*, lesquelles diffférént selon les métaux qu'on veut souder, & qui doivent toujours être d'un titre beaucoup plus bas que ces derniers, afin d'entrer plus vîte en fusion, comme je le dirai en son lieu.

Je ne parlerai pas de la colle forte, vu que j'en ai traité dans la premiere Partie de mon Ouvrage, *page* 80. Cependant je ne saurois trop recommander aux Ebénistes de ne se servir que de bonne colle d'Angleterre, pour toutes les parties de leurs ouvrages quelconques, celle de Paris ne valant absolument rien pour coller l'écaille & les autres matieres dont j'ai parlé ci-dessus, y ayant même des occasions où, à cette derniere, il faut substituer la colle de poisson, dont je vais parler.

§. X. *De la Colle de Poisson.*

LA Colle de poisson est la meilleure qu'on puisse employer pour coller les bois durs & les métaux ; elle est faite avec la peau & les parties nerveuses & mucilagineuses de certains gros poissons qui se trouvent dans les mers de Russie ; aussi n'est-ce que dans le Nord que se fait la Colle de poisson, d'où les Anglois & les Hollandois nous l'apportent, sur-tout du port d'Archangel, où il s'en fait un grand commerce. La bonne Colle de poisson n'a point d'odeur, & doit être d'une couleur blanche, claire & transparente ; & il faut faire attention si elle n'est point fourée, c'est-à-dire, mêlée de parties hétérogenes.

Pour faire fondre la Colle de poisson, on s'y prend de la maniere suivante ; on commence par couper la Colle par petits morceaux, puis on la met dans un pot de terre ou un vase de verre avec de bonne eau-de-vie, en observant que cette derniere surnage la Colle ; puis on bouche le vase, qu'il ne faut emplir qu'à moitié, & on met le tout sur les cendres chaudes jusqu'à la parfaite dissolution de la Colle ; ou bien on coupe la Colle comme ci-dessus, & on la met tremper dans de l'eau-de-vie jusqu'à ce qu'elle soit amolie ; ensuite on la fait fondre au bain-marie à l'ordinaire.

Il y a des Ouvriers qui, au lieu d'eau-de-vie, ne mettent dans la Colle de poisson que de l'eau ordinaire, à laquelle ils ajoutent une gousse d'ail, ce qui est assez bon, mais qui ne vaut pas l'eau-de-vie, avec laquelle même on peut mettre un peu d'ail, ce qui ne peut qu'augmenter la force de la Colle.

On peut faire la même chose à de bonne Colle d'Angleterre, c'est-à-dire, y mettre de l'eau-de-vie & de l'ail. Je l'ai fait plusieurs fois, & cela m'a toujours bien réussi ; je crois même que dans le cas où on n'auroit que du bois à coller avec de l'écaille ou autres matieres sur lesquelles la chaleur a beaucoup d'action, & dont par conféquent elle ouvre les pores, on pourroit fe paffer de cette derniere Colle, ainfi qu'on le fait touts les jours.

§. XI. *Du Ciment ou Maftic.*

ON nomme *Ciment* ou *Maftic*, une compofition quelconque, dont la nature glutineufe & tenace eft propre à lier & arrêter enfemble plufieurs pieces, foit qu'elles foient homogenes les unes aux autres, ou qu'elles foient hétérogenes, ou, pour parler un langage plus connu, foit qu'elles foient de même ou de différentes efpeces.

On fait diverfes fortes de Ciment; celui qui fert le plus généralement pour arrêter les métaux, eft compofé de quatre parties de poix-réfine, deux parties de cire jaune, & une partie de poix noire. On fait fondre toutes ces drogues enfemble dans un vafe verniffé & à très-petit feu, & même fur des cendres chaudes; quand ces matieres font parfaitement fondues, on y mêle de la poudre de brique pulvérifée & paffée au tamis de foie, & on en met une quantité fuffifante pour donner au Maftic la confiftance d'une pâte molle, qu'on a foin de bien remuer, afin que toutes les parties foient bien mêlées les unes avec les autres. On fait d'autre Maftic qui eft prefque femblable à ce dernier : il eft compofé de quatre parties de poix-réfine broyée, d'une partie de cire jaune, & d'une partie de brique pulvérifée. Ces deux efpeces de Maftics s'emploient à chaud.

Pour les verres & les pierres tranfparentes, & même les marbres, on fait un Maftic compofé de chaux vive pulvérifée, de farine de feigle & de blancs-d'œufs mêlés enfemble avec de l'eau falée, ou bien une partie de chaux vive pulvérifée, deux parties de brique paffée au tamis de foie, & le tout détrempé dans de l'huile de noix.

Il y a d'autre Maftic fervant au même ufage, & aux mofaïques de verres & d'émaux, qui eft compofé de chaux, de pierre dure mêlée avec de la brique bien pulvérifée, de la gomme adragant & des blancs-d'œufs ; mais celui dont on fe fert le plus communément pour ces fortes d'ouvrages, eft compofé de chaux éteinte à l'air, de la poudre de marbre (ou bien du blanc d'Efpagne, ce qui vaut autant) broyés enfemble avec de l'huile de lin, & réduit à la confiftance d'une pâte molle, à laquelle on donne plus ou moins de corps, felon qu'on augmente ou diminue la quantité de poudre de marbre ou de blanc d'Efpagne. C'eft ce Maftic qui fert à la conftruction des mofaïques de Rome, à l'exception qu'à la place de la poudre de marbre ou du blanc d'Efpagne, on y emploie de la pierre tendre de *Tivoli*, autrement dit *Tibur* du temps des anciens Romains. Si je me fuis un peu étendu fur les différentes fortes de Maftics, c'eft qu'ils font d'un grand ufage dans les ouvrages d'incruftation, où l'on emploie des métaux ou des pierres dures.

§. XII. *Des différentes sortes de Soudures.*

La Soudure est, comme je l'ai dit plus haut, un métal allié de maniere qu'il est plus fusible que celui avec lequel il s'unit, & dont il arrête les différentes parties. Chaque métal doit avoir une Soudure qui lui soit propre, laquelle est plus ou moins forte, à raison de la force des pieces qu'on veut souder, & de la maniere dont on les soude. On appelle *Soudure forte*, celle qui approche le plus de la nature du métal qu'on veut souder, & qui, par conséquent, est moins fusible que la Soudure foible qu'on emploie aux petits ouvrages, dont le peu de capacité fait craindre que la chaleur du feu ne les fasse fondre, ce qui oblige à n'employer à ces sortes d'ouvrages que de la Soudure à très-bas titre, & par conséquent fort aisée à entrer en fusion.

On trouve de la Soudure toute faite ; cependant il arrive quelquefois qu'il n'est pas très-aisé d'en avoir, ou que ceux qui en vendent font mystere de leurs procédés. Je vais donner la maniere de faire les différentes Soudures, dans le même ordre que j'ai suivi en faisant la description des différents métaux.

Pour faire la Soudure forte pour le cuivre, il faut mettre dans un creuset dix livres & demie de laiton en mitraille ; quand il sera bien fondu & très-chaud, on y jettera trois livres & demie de zinc (qui fondra très-promptement) ; on remuera la matiere ; & sitôt qu'on s'appercevra que le zinc sera parfaitement fondu, on y jettera cinq onces d'étain fin. On remuera encore le tout un moment, & on jettera la matiere à terre dans un endroit propre, & le plus mince qu'il sera possible ; puis on pilera le tout dans un mortier, & on le passera dans des cribles dont les trous seront de différentes grosseurs, pour avoir des grains de Soudure d'une force convenable à celle de l'ouvrage qu'on veut souder.

Soudure
pour le cui-
vre.

On fait encore de la Soudure pour le cuivre avec de la rosette & du zinc seulement : elle est plus ou moins forte en raison de la différence qu'il y a dans la quantité de l'une ou de l'autre de ces matieres.

La plus forte, est de cinq parties de rosette, contre une de zinc ; la moyenne est de trois parties de rosette contre une de zinc ; & la plus foible est de deux parties de rosette contre une de zinc. Cette derniere Soudure est très-fusible ; mais elle a le défaut d'être très-aiguë.

On fait de la Soudure pour souder le laiton, avec de ce dernier mêlé de zinc ; mais je crois qu'il vaut mieux se servir de la Soudure moyenne de rosette dont je viens de parler ci-dessus ; & dans le cas de petits ouvrages, on feroit beaucoup mieux de se servir d'une Soudure composée de deux parties d'argent & d'une partie de laiton.

Pour faire la Soudure de cuivre dont je viens de parler, on commence par faire fondre la rosette dans le creuset ; puis quand elle est en fusion, on y mêle le zinc ; & lorsque tout est bien mêlé, on le jette dans une lingotiere ;

puis quand le lingot est froid, on l'applatit au marteau en lames très-minces, pour en faire des paillons de Soudure.

Soudure pour l'étain. La Soudure d'étain se fait avec de l'étain fin & du plomb neuf, dont on met environ une partie ou une partie & demie, contre cinq d'étain, qu'on fait fondre ensemble; & pour s'assurer si cette Soudure est à son vrai degré on en prend quelque peu, qu'on verse sur une brique bien seche. Si quand la Soudure est refroidie, il paroît à sa surface comme des petits yeux moyennement brillants, c'est un signe qu'elle est bonne pour souder l'étain. Si au contraire ces yeux étoient très-grands & brillants, il faudroit y mettre un peu plus de plomb. En général, la Soudure est matte & blanche quand l'étain domine trop, & elle est matte & grise quand c'est le plomb qui domine.

Soudure pour l'argent. La Soudure d'argent se fait en mettant dans un même creuset neuf, trois parties de bon argent au titre de onze deniers, avec une partie de laiton; on les fait fondre, puis on les verse dans une lingotiere; & après que le lingot est refroidi, on le forge à froid pour le réduire en lames très-minces & en faire des paillons. Si en forgeant cette Soudure elle vient à se fendre, il faut la remettre au feu & la laisser refroidir avant que de recommencer à la forger. Cette Soudure se nomme *Soudure au tiers*: on en fait aussi au quart & au sixieme; cette derniere est la plus forte de toutes.

Soudure pour l'or. La Soudure d'or est composée d'une partie d'or, de deux parties d'argent, & d'une partie de rosette. Quand on veut qu'elle soit plus forte de couleur, on augmente la quantité de l'or. Cette Soudure se fait de la même maniere que celle d'argent; c'est pourquoi je n'en parlerai pas davantage.

Il seroit très-difficile de faire usage des Soudures dont je viens de parler, pour la réunion des différents métaux, si on n'y joignoit le borax, espece de sel ou substance fossile blanche & transparente, à-peu-près semblable à de l'alun; le borax a la propriété de faciliter la fonte des métaux, d'en réunir toutes les parties, & de les garantir des impressions de l'air & du feu, en les enveloppant d'une espece de verre mince; c'est pourquoi on l'emploie dans les Soudures, parce que non-seulement il précipite la fusion de la Soudure & l'empêche de se brûler avant que d'entrer en fusion, mais encore parce qu'il la rend plus coulante, & l'attire à lui dans toute la partie de la piece où on la seme.

Il ne faut pas employer le borax sans auparavant l'avoir fait calciner, ou, pour parler plus juste, l'avoir fait fondre à part, ce qui se fait en le mettant dans un creuset, autour duquel il faut faire un feu modéré, parce qu'il se vitrifiroit à un trop grand feu; c'est pourquoi il faut avoir soin de le retirer du feu lorsqu'il ne bouillonne plus: il faut aussi que le creuset soit grand; car quand le borax est en fusion, il s'éleve beaucoup. La plupart des Ouvriers ne font pas tant de façon pour faire fondre le borax, ou, comme ils disent communément, le faire calciner: ils se contentent de le mettre chauffer sur une pelle de fer, & ils le retirent lorsqu'il cesse de bouillonner. Je

Je ne m'étendrai pas davantage sur la description des matieres qui entrent dans la construction de la troisieme espece d'Ebénisterie; il me suffit d'en avoir donné une idée, pour que les Ouvriers qui liront cet Ouvrage, soient en état d'en pouvoir faire la juste différence, & de les mettre en usage avec connoissance de cause. Quant aux autres matieres, comme les verres coloriés, les émaux, les marbres & les pierres précieuses, telles que le lapis, les agates, les cornalines, les calcédoines, les émeraudes, les turquoises & même les rubis & autres, je n'en parlerai pas du tout, parce qu'absolument parlant, le travail de ces différentes matieres n'est pas du ressort des Ebénistes, auxquels cependant ces connoissances ne seroient pas tout-à-fait inutiles, si les bornes que je me suis prescrites, & encore plus le peu de connoissances-pratiques que j'ai des différents talents où on fait usage de ces matieres, ne m'obligeoient de renoncer à un travail absolument au-dessus de mes forces, quelque desir que j'aye d'être utile à mes Confreres.

SECTION SECONDE.

Des Ouvrages auxquels on emploie la troisieme espece d'Ebénisterie.

J'AI dit plus haut qu'on ne faisoit presque plus usage de la troisieme espece d'Ebénisterie, si ce n'étoit pour orner quelques Boîtes de pendules; or, comme je n'ai pas donné d'exemples de ces sortes de Meubles dans la seconde Section de cette troisieme Partie de mon Ouvrage, vu que la construction des Boîtes de pendules est absolument du ressort des Ebénistes, je ne puis me dispenser de donner le détail de ces sortes d'ouvrages, & la maniere d'en disposer les masses, soit pour recevoir de la Marqueterie ou de l'Ebénisterie de placage, ou simplement de la peinture, comme cela est fort à la mode à présent.

PLANCHE 333.

On distingue deux sortes de Boîtes de pendules; savoir, les grandes, qui ont cinq à six pieds de hauteur, & les petites, qui n'en ont guere que deux, & qui sont ordinairement supportées par des pieds en consoles. On fait encore de plus petites Boîtes que ces dernieres; alors elles prennent le nom de *porte-montres*. Ces sortes de Boîtes n'ont pas de pieds ou supports en consoles, & n'ont guere qu'un pied à quinze pouces de hauteur.

Les Ebénistes ordinaires, c'est-à-dire, le plus grand nombre, ne font pas les bâtis de leurs Boîtes eux-mêmes; mais ils les font faire par des Ouvriers qui ne s'occupent que de cette espece de travail, & qui y mettent tout le moins de matiere & de façon qu'il leur est possible; cependant il y en a d'autres qui sont assez curieux de leurs ouvrages pour les faire eux-mêmes, ou pour les faire faire chez eux, afin de veiller à leur exécution, & qui n'y font employer que de bon bois de chêne de Vosges très-sec; mais, comme je viens de le

dire, ce n'est pas le plus grand nombre des Ebénistes qui prennent cette précaution : d'où il s'ensuit qu'il y a tant d'ouvrages mal-faits & peu solides.

Les grandes Boîtes sont celles où on place ordinairement des pendules à
secondes, dont le mouvement est réglé par un régulateur ou pendule de trois
pieds huit lignes & demie de longueur, ce qui fait que ces Boîtes ont à-peu-
près cinq pieds & demi à six pieds de hauteur, y compris la lanterne ou
partie supérieure dans laquelle est placé le mouvement de la pendule, & le
piedestal sur lequel la Boîte est posée. La largeur la plus ordinaire de ces
Boîtes, est de quinze à dix-huit pouces dans leur partie la plus large, laquelle ne peut pas avoir moins de dix pouces à un pied intérieurement, pour
ne pas nuire aux vibrations du pendule, qui sont de deux à deux pouces &
demi de chaque côté de la lentille ou poids qui est placé au bas de la verge
du pendule. Quant à leur épaisseur ou profondeur, elle doit être de cinq à
six pouces de dedans en dedans, c'est-à-dire, du devant du fond au derriere
de la porte de la Boîte.

La forme de ces sortes de Boîtes est assez arbitraire, pourvu qu'elle ne nuise
en rien au jeu de la machine qu'elles renferment ; cependant celle qui est
dessinée *fig. 5*, est dans la forme la plus généralement suivie. Cette Boîte est
composée de trois parties, savoir, la lanterne *A*, le corps de la Boîte *B*, &
le piedestal *C*, *fig. 5*. Il y a beaucoup de ces Boîtes auxquelles on fait tenir
ensemble le corps & le piedestal, ce qui les rend plus solides, mais ne
change rien à leur construction. Quant à la lanterne, elle est toujours mobile, &
elle est arrêtée avec le corps de la Boîte par le moyen de deux coulisses à queue
placées au-dessus des deux côtés de la Boîte, comme on peut le voir *fig. 6*,
dont la moitié, cote *D*, représente la Boîte dans toute sa hauteur & vue de
face ; & cette même Boîte, cote *E*, vue en coupe pareillement dans toute
sa hauteur. La lanterne n'a point de fond, ou, pour mieux dire, de derriere,
parce que c'est celui du corps de la Boîte, qui étant prolongé jusqu'en haut,
qui lui en sert. Le pourtour de la lanterne est collé à bois de fil, c'est-à-dire,
disposé comme des douves de tonneau, lesquelles sont arrêtées d'un bout
avec la face de la lanterne, dans laquelle il faut les faire entrer à rainures &
languettes, ce qui vaut mieux que de les coller simplement à bois debout, &
de les arrêter avec des chevilles à colle. Par-derriere, le pourtour de la lanterne
enveloppe le fond de la Boîte qui entre tout en vie dedans ; cependant je crois
qu'il vaudroit mieux tenir le diametre de ce fond un peu plus large d'environ
cinq à six lignes, & faire une feuillure au pourtour de l'intérieur de la lanterne,
dans laquelle ce fond entreroit, ce qui garantiroit mieux la pendule de la
poussiere, qui entre presque toujours par le joint de la lanterne avec le fond
de la Boîte.

Comme ces sortes d'ouvrages sont faits pour être revêtus soit de bois des
Indes ou de Marqueterie, leurs bâtis ne sont que des masses unies collées le
plus solidement possible, en observant toujours que ces collages ne présentent

pas de bois de bout , du moins qu'autant que cela ne fe pourra pas faire autrement; c'eft pour cette raifon qu'on colle le pourtour de la lanterne par cerces
ou douves. Quant à fa face, elle eft faite en plein bois d'environ un pouce
d'épaifleur , difpofée perpendiculairement , & on y colle des maffes ou tapées
pour en augmenter l'épaifleur aux endroits où cela eft néceffaire. Comme il
y auroit à craindre que cette maffe ne fe cofinât fur fa largeur, il feroit bon
de l'emboîter à bois de fil par le bas ; ce qui vaudroit mieux que de fe contenter
d'y appliquer une petite tringle à bois de fil , c'eft-à-dire, en travers, comme
on le fait ordinairement.

Le corps de la Boîte eft compofé de deux côtés chantournés , & par conféquent compofés de plufieurs morceaux collés les uns fur les autres , d'un
derriere qui monte jufqu'au haut de la lanterne , mais qui ne defcend que
jufqu'à la hauteur du piedeftal , (parce que l'efpace qui refte jufqu'en bas eft
rempli par une porte qui s'ouvre par-derriere quand on le juge à propos) , &
d'un devant compofé de deux pieces , dont une, qui forme le devant du piedeftal , eft adhérente avec les côtés; & l'autre , qui eft mobile , forme ce qu'on
appelle *la porte de la Boîte.* Cette porte ouvre du deffus du piedeftal jufqu'au
deffous de la lanterne ; & il eft bon de l'emboîter à bois de fil par les deux
bouts , pour lui donner plus de folidité.

Toute la face d'une Boîte de pendule telle que celle que je décris , eft ordinairement cintrée en plan , comme l'indique la *fig.* 10 , ce qui oblige à
coller , tant fur la porte que fur le devant du piedeftal , des maffes qu'on
met ordinairement en fapin , parce que , dit-on , ce bois prend mieux la colle ;
mais la véritable raifon pour laquelle on le préfere , c'eft qu'il coûte moins cher
que le bois de Vofges tendre & fec , qui feroit d'un bien meilleur ufage ; ce
bois fe détruifant moins vîte , n'étant pas fujet aux vers comme le fapin.

Le bombage de la porte de la Boîte , n'eft pas égal dans toute fa longueur ;
il eft bon qu'il foit un peu plus confidérable vers le bas , à l'endroit de l'ouverture ovale qu'on y pratique pour laiffer voir la lentille du pendule , ainfi
que fes mouvements de vibrations ; & il faut faire attention , en faifant ce
bombage , que tout le pourtour de l'ouverture ovale foit dans un même plan ,
c'eft-à-dire, que toutes les arêtes de cette ouverture fe dégauchiffent, foit qu'elles
foient paralleles avec le derriere de la porte , ou qu'elles y foient inclinées.
Cette obfervation eft très-effentielle , parce que cette ouverture étant fermée
par une glace plane , il eft néceffaire que la place qu'elle doit occuper le
foit auffi. Ce que je dis pour l'ouverture du bas de la porte , doit s'appliquer
à celle de la face de la lanterne dans laquelle fe place le cadran , ou pour
mieux dire , au travers de laquelle on l'apperçoit.

On aura la même attention pour la conftruction du devant du piedeftal ,
tant pour les collages que pour le rendre plus folide , en l'emboîtant des deux
bouts à bois de fil.

Quand le piedestal tient avec le corps de la Boîte, comme dans la *fig. 6*, on joint le devant du piedestal avec les côtés qui descendent jusqu'en bas, & ces derniers s'appliquent sur le derriere de la Boîte, où il seroit bon qu'ils entrassent à rainure & languette, ainsi que dans le devant, ce qui est beaucoup plus solide que de les coller à plat-joint, comme on le fait ordinairement. Comme le derriere ne descend que jusqu'à la hauteur du piedestal, il faut qu'il soit emboîté par en bas, & que cette emboîture s'assemble par les bouts dans les côtés de la Boîte, qu'on doit tenir plus large à cet endroit de l'épaisseur du derriere, à moins, & ce qui seroit mieux, qu'on ne fît descendre le fond jusqu'en bas, & qu'on y évuidât ensuite la place de la porte, en laissant de chaque côté un battant d'environ trois pouces de largeur, ce qui n'empêcheroit pas de mettre une emboîture par le haut de l'ouverture assemblée à l'ordinaire, & à rainure & languette par les bouts. De quelque maniere qu'on s'y prenne, il faut toujours mettre une traverse par le bas de cette ouverture, tant pour servir de battement à la porte, que pour recevoir le fond du piedestal, qui doit être assemblé à rainure & languette dans le pourtour de ce dernier.

Il est bon aussi de passer une ou deux barres à queue par-derriere & sur l'épaisseur du derriere de la Boîte, pour qu'il ne fasse aucun effet. Les côtés, comme je l'ai dit, se collent à bois de fil, & il faut les emboîter par les bouts pour y faire la languette ou queue qui entre dans les côtés de la lanterne ; cependant je crois qu'il vaudroit mieux que ces queues fussent prises à bois de bout, & que comme le bois est épais en cet endroit, on rapportât l'emboîture qui porte la saillie de la corniche à tenon flotté d'après ces queues, comme on le peut voir dans la *fig. 6*, cote *E*.

Quand on met un socle sous les Boîtes de pendules, comme je l'ai fait ici, il se construit à l'ordinaire, c'est-à-dire, qu'on l'assemble à bois de fil, du moins par-devant, & que son dessus est collé à rainure & languette au pourtour. *Voyez les fig. 6 & 7*, qui représentent une Boîte de pendule tant de face qu'en coupe & de côté, construite comme je viens de l'expliquer, & selon le dessein représenté *fig. 5*.

Les Boîtes de pendules dont je viens de parler, sont susceptibles de beaucoup de richesse, tant dans la façon que dans la matiere. Quant à leur forme, elle peut varier selon la volonté de ceux qui les font faire, en observant toujours que la pendule y soit à son aise, & que du milieu ou centre du cadran, jusqu'au milieu du trou ovale de la porte de la Boîte, il y ait trente-quatre pouces de distance ; parce que la longueur du pendule étant de trois pieds huit lignes & demie depuis son point de suspension jusqu'à son centre d'oscillation, qui est un peu plus haut que le centre de la lentille, la distance de trente-quatre pouces est à peu de chose près ce qu'il faut pour que le centre de la lentille se trouve vis-à-vis du trou ovale de la porte de la Boîte, ce qui

revient

revient affez bien en fuivant la mefure que je donne ici ; parce que le point
de fufpenfion du pendule fe trouve, du moins dans les horloges ordinaires ;
à environ trois pouces au-deffus du centre du cadran ; au refte on ne doit
jamais faire de ces fortes d'ouvrages, fur-tout quand ils font un peu confé-
quents, fans auparavant confulter l'Horloger qui doit faire la pendule, qui
doit donner les mefures générales de la Boîte, pour ce qui a rapport à fon
ouvrage, & la maniere dont il veut qu'elle foit placée, afin que travaillant
d'accord enfemble, la Boîte foit faite pour la pendule, & non pas au hazard,
comme il arrive quelquefois.

Après que l'Horloger a donné la mefure de fon pendule, ou du moins à
marqué la diftance qui doit fe trouver du centre du cadran à celui de la lentille, il
faut encore faire attention à quelle diftance du plancher fe trouvera le trou ovale,
ou pour mieux dire, le centre de la lentille, parce que plus il fera bas, &
plus il faudra hauffer le premier, & cela par la raifon que le point de vue
étant plus élevé que ce trou, il faut néceffairement que le centre de ce dernier
fe trouve fur une ligne prife du centre de la lentille & tendante au point de
vue, qu'on fuppofe être élevé à cinq pieds trois pouces, & éloigné du devant de la Boîte d'une diftance à-peu-près femblable.

Ces fortes de Boîtes font ordinairement ornées de bronze, ou, pour mieux
dire, de cuivre fondu, & enfuite reparées & dorées, foit feulement en or de
couleur ou bien en or moulu, ce qui eft très-rare, vu que cette dorure coûte
fort cher. Les ornements de cuivre qu'on met aux pendules, font la principale caufe pour laquelle une forme de pendule une fois à la mode, toutes
celles qu'on fait enfuite lui reffemblent, vu que pour établir une fonte nouvelle, cela coûte fort cher, parce qu'il faut d'abord faire des deffeins, enfuite
des modeles en bois, fur lefquels on fait, avec de la cire, les modeles des
ornements, tels qu'ils doivent être exécutés en cuivre ; au lieu qu'on a bien
plutôt fait de fondre des ornements fur une fonte déja faite (*).

Quoi qu'il en foit, on a fait des Boîtes de pendules dont il eft ici queftion
de différentes formes : on en a fait à gaîne, en pyramide ; préfentement on en
fait dont le corps reffemble à un piedeftal fur lequel pofe la partie qui renferme la pendule. De ces différentes formes, celles en pyramides, repréfentées *fig.* 8, 9 & 12, me paroît la meilleure ; c'eft pourquoi j'en donne ici une
deffinée de face & de côté. Cette Boîte, ou du moins une à-peu-près femblable, a été exécutée en bois des Indes par M. Lancelin le cadet, qui m'en

PLANCHE
333.

<table>
<tr><td>

(*) Ce que je dis ici touchant les ornements
des pendules, peut & doit même s'appliquer à
tous les ouvrages d'Ebénifterie dans la décora-
tion defquels on fait ufage des bronzes, dont la
forme une fois décidée borne néceffairement
celle des ouvrages où on les emploie. Si on
faifoit bien attention à ceci, on feroit moins
étonné du peu de génie & de la monotonie qui

</td><td>

regne dans les ouvrages modernes de ce genre,
& qui femblent avoir été tous faits dans le
même moule, ce qui eft en partie vrai ; & on
feroit encore bien moins furpris du prix que
coûtent des ouvrages faits exprès, qui, lorfqu'ils
font bien exécutés, coûtent très-peu en compa-
raifon des autres qu'on fait à la douzaine, fans
s'embarraffer s'ils feront bien ou mal.

</td></tr>
</table>

a communiqué le deſſein , auquel j'ai fait quelques changements qui m'ont paru néceſſaires.

Cette Boîte a ſix pieds de hauteur du deſſus du vaſe qui couronne la pyramide, & la même hauteur de cadran que celle repréſentée *fig. 5* , dont elle differe non-ſeulement par la forme générale , mais encore parce que ſa porte eſt ouverte dans toute ſa hauteur , & que la lanterne eſt auſſi ouverte par les côtés, comme on peut le voir *fig. 9* ; de ſorte que tout le mouvement de la pendule eſt apparent. La lanterne eſt mobile comme dans l'autre Boîte, & n'a pas de fond, ainſi que cette derniere ; ce qui eſt néceſſaire pour que l'on puiſſe placer commodément le mouvement de la pendule , & l'ajuſter en place ; c'eſt pour cette raiſon que ces ſortes de Boîtes doivent être diſpoſées de maniere que leurs faces puiſſent s'ouvrir dans toute leur hauteur, du moins du deſſus du piedeſtal.

La pyramide & le piedeſtal de la Boîte, *fig. 8 & 9* , tiennent enſemble pour qu'elle ſoit plus ſolide ; & toutes les bordures ou moulures qui portent les glaces, tant de la porte que de la lanterne, ſont en cuivre. Quant à ſa conſtruction, elle peut être faite en placage ; mais celle que j'ai vue exécutée, eſt faite en plein bois, aſſemblé avec toute l'adreſſe & la ſolidité poſſible, & le détail de ſa conſtruction mériteroit une très-longue diſſertation , que je ne pourois pas faire ici ſans augmenter conſidérablement cette Partie de mon Ouvrage.

L'intérieur des Boîtes de pendules dont je viens de parler , doit être liſſe & vuide dans toute leur étendue, ſoit qu'elles ſoient conſtruites en plein bois, ou qu'elles ſoient couvertes de placage en dedans , ce qui eſt très-rare, n'y ayant guere que la porte qui le ſoit ordinairement, afin qu'étant ouverte, elle paroiſſe plus propre. Quelquefois on y fait des couliſſes en dedans des deux côtés, à la hauteur du deſſus de la porte , leſquelles ſervent à placer le ſupport du mouvement, qui eſt conſtruit ſoit en fer ou en bois ; cependant comme ces ſupports ne ſont pas toujours conſtruits de la même façon , je crois qu'on feroit beaucoup mieux de ne point faire des couliſſes, à moins que l'Horloger n'en demandât, & qu'il ne diſpoſât de leur forme & de la hauteur où elles doivent être placées. L'ouverture des portes des Boîtes de pendules ſe fait toujours de droite à gauche, du moins autant qu'il n'y a pas des raiſons qui empêchent de le faire autrement ; leurs charnieres ſe placent aux endroits les plus élevés de leur contour, & elles doivent être conſtruites de maniere qu'elles tendent à faire une ligne droite de l'une à l'autre, comme de *a* à *b*, *fig. 6* ; & on doit autant qu'il eſt poſſible, faire enſorte qu'elles ne ſoient pas apparentes, & qu'elles ſoient cachées dans les ornements de bronze.

La ſerrure ſe place dans l'épaiſſeur du côté , & on la fait aſſez petite pour qu'elle ne ſoit pas du tout apparente, ainſi que ſon entrée , qui ne doit pas avoir plus de trois à quatre lignes de hauteur, tout au plus.

Les petites pendules, ainsi que celle représentée *fig.* 2, sont presque les seules auxquelles on emploie les revêtissements d'écaille & de cuivre ; elles sont composées de la Boîte de pendule proprement dite, de son couronnement & de son cul-de-lampe ou amortissement renversé, qui sert à la supporter.

Le corps de la Boîte *fig.* 3 & 4, est composé de deux chassis, dont un forme le devant, & l'autre le derriere ; ces chassis laissent un vuide d'environ six pouces dans le milieu de leur largeur, & sont contournés à l'extérieur selon le dessein de l'ouvrage représenté *fig.* 2. Le vuide du chassis du devant doit être terminé trois pouces plus haut que le centre du cadran, & descendre de trois à quatre pouces en contre-bas de ce même centre. Il y a des pendules, comme celle-ci, *fig.* 1, cote *F*, par exemple, où ce vuide est prolongé jusqu'au dessus du double fond ou plancher de la Boîte ; il y en a d'autres où on fait deux ouvertures, sçavoir, celle du haut, pour faire place au mouvement, & une autre au-dessous, dont le centre est à environ six à sept pouces de celui du cadran. Cette derniere ouverture est faite pour faire appercevoir la lentille du balancier, & est recouverte par des ornements & des figures bronzées.

L'ouverture du chassis de derriere descend jusqu'au dessus du premier fond, & à environ un pied de hauteur, comme on le peut voir à la *fig.* 1, cote *G*, & à la *fig.* 4. Cette ouverture est remplie par une porte qui est recouverte de marqueterie comme le reste de l'ouvrage.

Les chassis ou bâtis de devant & de derriere sont joints ensemble par quatre traverses qui suivent le contour extérieur de la Boîte ; celles du haut sont ordinairement cintrées plein-cintre, & celles du bas seulement bombées en-dessus, comme on le peut voir *fig.* 3. La longueur de ces traverses doit être de trois à trois pouces & demi, pris à l'extrémité de leur arrasement extérieur, ce qui fait environ quatre lignes de moins que ces longueurs pour la profondeur intérieure de la Boîte, parce qu'il faut faire un ravalement sur l'épaisseur des battans des chassis, & des feuillures aux traverses pour recevoir les portes de côté de la Boîte, qui sont toutes de cuivre, c'est-à-dire, leur bordure, & remplies par des glaces, ainsi que la porte qui ferme l'ouverture du devant de la pendule. La Boîte de la pendule est fermée haut & bas par des fonds à l'ordinaire ; celui du bas doit être placé de maniere qu'il laisse la place d'un double fond ou plancher qu'on garnit de marqueterie, lequel doit être mobile & placé un tant soit peu plus bas que le dessus de la traverse du chassis de devant, comme on le peut voir à la *fig.* 1. L'autre fond se place au nud de l'ouverture quarrée du haut, à moins que l'Horloger ne le voulût autrement. Le couronnement de la Boîte est composé de trois morceaux joints d'onglets, & contournés à l'extérieur selon que l'exige le dessein *fig.* 2. Ces trois morceaux sont collés sur un quatrieme qui forme le dessus du couronnement ; & pour que les joints des angles tiennent plus solidement, on y place intérieurement des tasseaux de bois qui joignent des deux côtés de l'angle, & qui y sont collés,

Le couronnement est arrêté avec la Boîte par quatre goujons de fer placés à ses quatre angles, & qui entrent dans cette derniere. *Voyez la fig.* 1, cote G, & la *fig.* 4, où ce couronnement est vu en coupe.

Le cul-de-lampe est construit de la même maniere que le couronnement, comme on peut le voir dans les figures ci-dessus; & quand il a beaucoup de galbe ou de cintre, comme disent les Ouvriers, on colle plusieurs morceaux les uns sur les autres aux endroits où il est nécessaire, & en observant toujours qu'ils soient à bois de fil, pour que le placage tienne mieux. Le collage des culs-de-lampe & des couronnements dont je viens de parler, quoique très-simple en apparence, demande cependant de l'attention pour en tracer les coupes, à cause de l'obliquité des pieces qui les composent; mais sans avoir recours à la théorie de l'Art du Trait, chaque Ouvrier a sa méthode qui lui réussit assez bien, sur-tout pour des ouvrages qui ne sont jamais apparents. La méthode la plus simple, est de commencer par tracer les coupes de cul-de-lampe comme à la *fig.* 1, cote *G*, & à la *fig.* 4, afin d'avoir la pente, ou, pour mieux dire, le hors-d'équerre de chaque piece, ainsi que leur longueur intérieure; ensuite quand les pieces sont mises selon leur pente, on en trace les joints avec le triangle-onglet, supposé que les saillies de côté soient égales à celles de la face; car si elles ne l'étoient pas, comme dans les figures ci-dessus, il faudroit tracer un plan de ces différentes saillies, *fig.* 11, afin qu'à leur rencontre on ait la coupe demandée & la véritable longueur des joints, comme on le peut voir dans cette figure.

Les Porte-montres différent des Boîtes de pendules dont je viens de parler, en ce qu'ils n'ont pas de cul-de-lampe, qu'ils sont plus petits de la moitié que ces dernieres, & que leur couronnement s'ouvre en-dessus pour faciliter le passage de la montre ou du réveil qu'on place dedans.

La hauteur de ces sortes de Boîtes est d'un pied au plus sur six à sept pouces de largeur, & deux à deux pouces & demi d'épaisseur de dehors en dehors.

Elles sont composées de deux planches de quatre à cinq lignes d'épaisseur, entre lesquelles on colle d'autres morceaux de bois qui achevent de lui donner une épaisseur convenable, & qu'on contourne ensuite de même que les planches de dessus & de dessous, qui sont toutes deux disposées à bois de travers, pour donner plus de solidité à l'ouvrage. Vers l'extrémité supérieure de la planche de devant, on fait un trou rond d'environ deux pouces de diametre au plus, & on en abat les arêtes intérieures en chanfrein, afin que la montre approche tout contre le cercle de cuivre qui est appliqué en-dehors. Tout le corps de la Boîte doit être plein jusqu'à environ un pouce en contre-bas de l'ouverture de la face, & le reste doit former une espece de coffre d'environ trois pouces de largeur, lequel est fermé par le couronnement de la Boîte,

qui

qui est ferré sur le côté gauche avec une charniere, & arrêté à droite par une petite serrure placée dans l'épaisseur du côté de la Boîte.

Comme ces Boîtes ne sont pas faites exprès pour les montres qu'on y place, on remplit ce qu'il y a de trop de grandeur dans le vuide intérieur, par des cales de bois qu'on ajuste en raison de la grosseur de la montre qu'on veut y placer; & il est bon de garnir le tout ensuite avec de l'étoffe, pour ne point endommager la surface de la Boîte de la montre.

Les Porte-montres sont ornés de bronzes, ainsi que les autres Boîtes de pendules dont j'ai parlé ci-devant, soit qu'ils soient revêtus de Marqueterie, ou bien simplement peints & vernis, comme on en fait beaucoup à présent.

En général, quand les Boîtes de pendules sont disposées pour être peintes & vernies, elles se construisent de la même maniere que quand elles doivent être recouvertes de Marqueterie, à l'exception que dans le dernier cas il faut diminuer l'épaisseur de cette derniere d'après les contours donnés sur le dessin de l'ouvrage; au lieu que l'épaisseur de la peinture doit être compté pour rien, ce qui oblige de finir les bâtis comme s'ils étoient apparents, du moins quant aux formes extérieures. Quand les Boîtes de pendules doivent être peintes & vernies, on les construit avec des bois blancs, comme le tilleul, & même le maronnier, & cela par la raison que ces bois prennent, dit-on, mieux la peinture, ce que j'ai beaucoup de peine à croire, vu qu'on voit tous les jours de très-beaux ouvrages dans ce genre, appliqués sur des bois durs; il y a tout à croire que c'est par une raison d'économie qu'on emploie ces sortes de bois, ou bien peut être qu'ils exigent moins de préparation & de soin de la part des Peintres, qui font ces sortes d'ouvrages à un prix si médiocre, qu'ils sont obligés, pour pouvoir vivre, d'épargner la matiere & les soins en les travaillant.

Quant aux Boîtes de pendules qui sont revêtues de Marqueterie, je ne ferai pas ici un détail des différentes formes qu'on peut donner à cette derniere, ce qui dépend absolument du goût & du savoir faire de l'Artiste, & encore plus du plus ou moins de dépense qu'on veut faire; de plus, ce détail deviendroit très-étendu, sans être absolument utile, du moins quant à présent, cette description de l'Art de l'Ebénisterie ayant plus pour objet la maniere d'opérer que de donner des exemples des différentes sortes d'ouvrages dans la décoration desquels on fait usage des diverses especes d'Ebénisterie.

Avant de passer à la description du travail de l'écaille & des autres matieres, qui entrent dans la construction de la troisieme espece d'Ebénisterie, je vais donner la description d'une machine nommée *Croix* ou *Equerre mobile*, laquelle sert à découper des ovales, & même à y pousser des moulures, supposé qu'on ne le puisse pas faire avec un outil à conduite, comme cela arrive quelquefois; cette machine a l'avantage de contourner les ovales de la même forme que le tour, ce qui est très-avantageux, quand il s'agit d'ajuster ou d'incruster des

ovales de cuivre ou d'autres matieres faites sur le tour , lesquelles sont plus
applaties sur les extrémités du grand axe , que celles qui sont tracées au compas
selon les différentes méthodes quelconques , ainsi que je vais l'expliquer.

Soit le quart d'ovale *A B C*, fig. 1 , (la partie devant être prise pour le
tout) dont la longueur des deux axes a été donnée & tracée au compas , à
l'ordinaire, ainsi que l'indiquent les lignes ponctuées de la figure , il faut prendre l'excédent du demi-grand axe *A C* , qu'on porte sur le petit de *B* à *D* ; puis
après avoir divisé la distance *C D*, en autant de parties qu'on le juge à propos ,
comme aux points *a , b , c , d , e & f*, on prend la distance *C D*, qu'on
porte de chacun de ces points sur le grand axe *A C*, qu'ils touchent aux points
g , h , i , l , m & n; puis des points de division du petit axe , & par ceux de
ces derniers, qui leur sont correspondants , c'est-à-dire , qui en sont autant
éloignés que le point *C* l'est du point *D* , on mene autant de lignes tendantes
à la circonférence de l'ovale , & on donne à chacune de ces lignes , ainsi
prolongées , une longueur égale à celle du grand demi-axe, c'est-à-dire , qu'on
fait les distances *a o , b p , c q , d r , e s & f t*, égales à celles *A C* ou *B D*;
ce qui est la même chose ; & les distances *g o , h p , i q , l r , m f & n t*, égales à
celles *B C*; ce qui doit être , puisque celles *a g , b h* , &c , sont égales à celles
C D ; puis par les points *A , o , p , q , r , s , t & B*, on fait passer une courbe
plus applatie que celle qui est tracée au compas ; cette courbe est celle que décrit le tour ovale, dont le méchanisme est fondé sur cette démonstration , laquelle sert également pour la construction de la croix ou Equerre mobile
qui produit par conséquent les mêmes effets , comme on le verra ci-après.

L'équerre ou croix mobile *E F , G H*, fig. 2. , est composée de deux
pieces de bois assemblées quarrément & en entaille l'une dans l'autre ; dans le
milieu de chaque piece est creusé un canal refouillé sur les côtés , pour faciliter le passage d'un mantonet *a b* , fig. 3 , & *e f* , Fig. 6, qui y est retenu par deux
languettes, mais qui a la facilité de couler librement, comme on peut le voir
dans la *fig.* 3 , qui représente la coupe d'une des branches de la croix , & de
ce mantonet , dont le milieu est percé pour faire passage à un tourillon *c* ,
qui a une tête dans son extrémité inférieure , pour l'empêcher de sortir du
mantonet , dans lequel il faut qu'il tourne librement ; l'extrémité supérieure
de ce tourillon est arrêtée à demeure avec une chape de fer ou de cuivre ;
(ainsi que ce dernier) fig. 3 & 4 , dans laquelle passe la tringle ou tige *I L* ,
fig. 2 , & cote *M*, fig. 3 , & qu'on y fixe par le moyen d'une vis de pression
qui n'appuie pas directement sur la tringle de bois , mais sur une lame de fer
ou de cuivre attachée sur cette derniere , ou qui embrasse seulement la largeur
de la chape , aux deux côtés de laquelle elle est relevée , pour qu'elle ne puisse
pas s'échaper.

On pourroit se passer de cette chape, en faisant , comme dans la *fig.* 5 ,
un tourillon qui passât au travers du mantonet & de la tringle de bois , qu'on

arrêteroit avec le tourillon par le moyen d'un écrou à aileron, & d'une base réservée ou rapportée au tourillon, en-dessus du mantonet. Cette maniere d'arrêter la tringle avec le tourillon, est plus simple que la premiere ; mais elle oblige à faire une rainure dans la tringle pour laisser passage au tourillon lorsqu'on veut avancer ou reculer la tringle, selon les différents diametres des ovales.

Le mantonet *e f*, *fig.* 6, doit être un peu barlong, afin que quand il se trouve à la rencontre des rainures de deux branches, il ne vacille pas, & se trouve engagé dans l'une avant que de sortir de l'autre.

On doit aussi avoir soin d'en arrondir les bouts, pour qu'ils glissent plus aisément d'une rainure dans l'autre, & qu'ils ne heurtent pas contre les angles de la croix. Il faut toujours deux mantonets semblables pour arrêter la tringle sur la croix ; parce que pour faire son opération, il faut deux centres de mouvement, comme on va le voir ci-après.

Quand on veut faire usage de cette machine, cela est très-facile ; car après avoir déterminé les diametres de l'ovale, comme ceux $N\,O$ & $P.Q$, on ajuste la croix au milieu de l'ouverture & de l'ouvrage, où on l'arrête avec des coins, comme dans cette figure, en observant que le milieu des rainures réponde parfaitement avec les axes de l'ovale ; puis l'outil étant placé à l'extrêmité de la tringle ou tige $I\,L$, *fig.* 2, on fait mouvoir cette derniere jusqu'à ce qu'elle couvre la ligne $N\,O$; alors le mantonet n, se trouve au centre de l'ovale, & on avance ou recule la tige jusqu'à ce que l'outil touche le point O. Ce qui étant fait, on serre la vis du mantonet u, pour assujettir la tringle $I\,L$ avec ce dernier, ce qui donne le premier centre de mouvement.

On fait la même chose pour le second, c'est-à-dire, qu'on fait mouvoir la regle jusqu'à ce qu'elle couvre la ligne $P\,Q$, ce qui fait venir le mantonet x au centre de l'ovale ; alors on ajuste l'outil avec le point P, & on serre la vis du mantonet x, ce qui donne le second centre de mouvement; après quoi on fait usage de l'outil, en le faisant mouvoir de droit ou de gauche, ce qui est égal, parce que les mantonets ne peuvent pas sortir des rainures dans lesquelles ils sont placés, & que dans tel cas que ce soit, la distance du point u, au fer de l'outil, est toujours égale au demi-diametre du grand axe ; la distance du point x à ce même fer, égale à la moitié du petit axe ; & la distance $u\,x$, égale à l'excédent du demi-grand axe sur le petit, qui sont les conditions demandées pour tracer un ovale comme celui de la *fig.* 1, & par conséquent d'une même courbe que celle qu'on fait sur le tour.

Quant à l'extrêmité de la tige $I\,L$, on peut y placer des scies, des couteaux de taille, &c. comme dans les compas à verge dont j'ai parlé, *page* 848 : on peut même y ajouter des outils de moulures de la même maniere que les Maçons y adaptent des calibres. La croix peut être plus ou moins grande, selon les différents besoins, & par conséquent forte à proportion dans toutes ses parties ;

& quand elle fera d'une certaine grandeur, il fera bon d'y mettre des équerres dans les angles, comme je l'ai fait ici, afin qu'elle ne puiffe faire aucun mouvement.

Pour ce qui eft de la conftruction des mantonets & des parties qui en dépendent, on pourra y ajouter ou augmenter ce qu'on jugera à propos, pourvu qu'ils rempliffent le même objet, c'eft-à-dire, que le goujon tourne librement dans le mantonet, & que la tige foit arrêtée d'une maniere fixe avec le goujon, & toujours avec la facilité de la changer de place quand il fera befoin. Il faut cependant faire attention que le mantonet doit être de deux pieces fur fa largeur, afin de pouvoir y placer le goujon, qu'on ne pourroit pas y faire entrer autrement, fans rendre fa conftruction très-compliquée ; & pour que le frottement du goujon n'ufe pas trop vîte le bois, il feroit bon d'y placer un canon de cuivre, comme je l'ai indiqué dans la *fig.* 3, lequel pourroit être pareillement de deux pieces, & arrêté à demeure avec chaque côté du mantonet, qu'on rejoint enfuite avec des vis, dont les têtes doivent être noyées dans l'épaiffeur du bois, afin qu'elles ne nuifent pas au paffage des mantonets dans les couliffes des branches de la croix.

Quand la piece ne fera pas évuidée, comme celle *fig.* 2, on attachera la croix mobile deffus ; cela ne changera rien à la maniere d'opérer, fi ce n'eft qu'il faut, dans ce cas, fe fervir d'une tige *I L*, dont la partie qui porte l'outil, retombe davantage en contre-bas pour regagner l'épaiffeur de la croix ainfi placée, c'eft-à-dire, attachée fur l'ouvrage.

SECTION TROISIEME.

De la maniere de travailler les différentes matieres qui entrent dans la conftruction de la Marqueterie, comme l'Ecaille, l'Ivoire, la Corne, &c.

L'ECAILLE eft la matiere qui entre le plus communément dans la conftruction de la Marqueterie, foit qu'on la mêle avec le cuivre, l'étain, l'argent ou l'or, auxquels elle fert ordinairement de fond. Les feuilles d'écailles font ordinairement bombées fur leurs furfaces, comme je l'ai dit plus haut ; c'eft pourquoi la premiere chofe qu'il y a à faire pour les rendre propres à être employées, eft de les redreffer, ce qui fe fait de la maniere fuivante.

Après avoir fait choix des feuilles qu'on veut redreffer, on fait chauffer de l'eau dans un chaudron, *Fig.* 15, ou tout autre vafe découvert, & capable de contenir les feuilles d'écaille fans qu'elles touchent aux bords du chaudron, de crainte que la chaleur de ce dernier ne la brûle ; puis quand l'eau eft bouillante, on trempe les feuilles dedans, & on les y laiffe féjourner jufqu'à ce qu'elles foient fuffifamment amollies, ce qu'on connoît en retirant une feuille avec des pinces, ou même avec les doigts, (car l'écaille perd fa chaleur promptement) &

fi

fi étant dehors, elle ploye facilement par fon propre poids, c'eft un figne certain qu'elle eft amollie au degré néceffaire; alors on a une petite preffe *fig.* 7 *&* 8, de la grandeur néceffaire pour pouvoir contenir la plus grande feuille d'écaille, & dans laquelle on met les feuilles ainfi amollies, en obfervant quand il y en a plufieurs, de mettre entre chaque, des plaques de fer ou de cuivre d'environ deux lignes d'épaiffeur, bien droites fur leurs furfaces, & qu'on a foin de faire chauffer auparavant, afin de conferver plus long-temps aux feuilles d'écailles la ductilité qu'elles viennent d'acquérir par le moyen de l'eau bouillante.

Quand les feuilles d'écaille font beaucoup bombées, & qu'on craint qu'elles ne fe prêtent pas affez à l'action de la preffe, foit par rapport à leur bombage, ou parce qu'elles refroidiffent trop vîte, il faut, lorfqu'on a mis deux ou trois feuilles dans la preffe, ferrer médiocrement cette derniere, & on la plonge dans l'eau bouillante, qui ramollit l'écaille; après quoi on acheve de ferrer la preffe, & on la retire de l'eau pour laiffer refroidir l'écaille peu-à-peu, ce qui vaut mieux que de la tremper dans de l'eau froide, qui faifit trop vîte l'écaille, & la rend plus caffante & plus fujette à fe tourmenter.

Quand l'écaille eft totalement refroidie, on la retire de deffous la preffe; & elle fe trouve parfaitement droite, & conferve toujours cette nouvelle forme, pourvu qu'on ne la trempe plus dans l'eau bouillante; car elle redeviendroit courbe comme auparavant. Il faut auffi faire attention que l'écaille s'étend & fe dilate à l'eau chaude, mais qu'elle fe retire en refroidiffant; c'eft pourquoi quand on la contourne dans des moules, il faut que ces derniers foient un peu plus grands qu'il ne faut, afin de laiffer à l'écaille le moyen de fe dilater librement, comme je l'expliquerai ci-après.

Quand les Ebéniftes redreffent l'écaille, ils n'y font pas grande façon; la plupart fe contentent de la mettre, au fortir de l'eau chaude, entre des planches d'environ un pouce d'épaiffeur, & de les ferrer avec un ou deux valets, comme la *fig.* 14, ce qui n'eft pas bon, parce que pour peu que l'écaille ne foit pas affez chaude, on s'expofe à la faire caffer; ou fuppofé qu'elle prête à un médiocre degré de chaleur; elle ne refte pas droite quand on l'ôte de deffous les valets, ce qui oblige de recommencer l'opération : c'eft pourquoi il vaut mieux faire ufage d'une preffe & des fers chauds, comme je viens de le dire ci-deffus. Quant à la forme de la preffe, elle eft affez arbitraire; cependant il feroit à propos qu'elle fût conftruite comme les *fig.* 7 *&* 8, c'eft-à-dire, qu'elle fût compofée de deux montants ou jumelles, avec une vis de preffion au milieu, afin que le mouvement de la preffe fe fît plus promptement.

La vis, pour être bonne, doit être de fer, & être arrêtée avec la planche ou platine fupérieure de la preffe (de maniere cependant qu'elle puiffe tourner librement), afin de la faire remonter quand on le juge à propos.

L'écrou de cette vis eft placé dans le fommier du haut, & on fait mouvoir la vis par le moyen d'une manivelle qui passe au travers de sa tête, comme on peut le voir dans les *fig.* 7 & 8. Quant à la grandeur de cette presse, un pied de largeur suffit entre les deux jumelles, ou quinze pouces au plus, ce qui est suffisant pour placer les grandes feuilles d'écailles sur leur longueur.

L'écaille se redresse aussi au feu, ce qui se fait en la présentant sur la flamme d'un feu clair, en observant de la mouvoir en tous sens & avec beaucoup de promptitude, parce que si on la laissoit un instant fixe sur la flamme, elle se brûleroit, & il se formeroit sur son épaisseur des especes de gersures blanchâtres causées par la trop grande action du feu, qui, se fixant, désunit les parties de l'écaille, & même les brûle.

Cette maniere de redresser l'écaille n'est guere usitée, tant par rapport aux accidents dont je viens de parler, que parce que beaucoup d'Ouvriers prétendent que le feu en gâte la couleur ; cependant les Couteliers ne font pas autrement pour redresser les manches de couteaux faits en écailles, qui, à la vérité, ne font que de petits morceaux qui font bientôt échauffés ; c'est pourquoi ils se contentent de les dresser à la flamme d'une chandelle allumée.

Quand l'écaille est dressée, on la met d'épaisseur, soit avec le grattoir, *fig.* 13, (qui est une espece de couperet à deux tranchants, lesquels n'ont chacun qu'un biseau, comme on peut le voir dans cette figure,) ou tout simplement avec le rabot à dents, qui mord assez bien dessus, ce que ne peut pas faire le fer du rabot ordinaire, parce que l'écaille est composée d'une substance graveleuse qui en détruit bien vîte le tranchant, ce qui fait préférer les fers brettés, les rapes & les limes qui n'attaquent sa surface que par parties.

Quand on veut mettre les feuilles d'écaille d'épaisseur, on commence par les dresser en-dessous, (c'est-à-dire, du côté qu'elles font adhérentes au corps de l'animal) avec le rabot à dents ; ensuite on les retourne de l'autre côté pour les réduire à l'épaisseur convenable ; & alors on fait usage des rapes, du grattoir, & du rabot bretté. Cette opération demande beaucoup de précaution & d'usage de la part des Ouvriers ; parce que quand l'écaille est trop épaisse, & qu'il y a par conséquent beaucoup de matiere à ôter, il arrive souvent qu'on casse la feuille d'écaille, qui, comme je l'ai déja dit, est très-fragile, & qu'on ne peut conserver entiere qu'en la traitant avec beaucoup de ménagement, en observant sur-tout qu'elle porte bien également dans toutes ses parties sur l'établi sur lequel on la dresse.

On ôte le surplus de l'épaisseur des feuilles d'écaille du côté du dessus, parce que celui de la chair est ordinairement le plus beau, & où les nuances font les plus sensibles, du moins à ce que disent les Ouvriers ; car je n'y ai pas vu une grande différence.

L'épaisseur de l'écaille varie selon les différents ouvrages où on l'emploie ; cependant cette épaisseur ne passe guere une ligne & demie, & ne peut être moindre que trois quarts de ligne, parce que quand elle est plus mince, elle

se travaille difficilement, son peu de consistance l'exposant à se rompre au
moindre effort.

Quelque épaisseur qu'on donne à l'écaille, il faut avoir grand soin qu'elle
soit égale par-tout, afin qu'elle soit également flexible ; & avant de la mettre
en usage, il faut la garder quelque temps dans un endroit sec & même un
peu chaud, afin qu'elle se retire sur elle-même avant que d'être employée.

On ne cintre guere les feuilles d'écaille avant que d'être découpées & collées
avec le cuivre, comme je le dirai ci-après ; cependant comme il pourroit
arriver qu'on voulût la cintrer d'une certaine forme étant en feuille, on le
fait de la maniere suivante.

On commence d'abord par tracer à part le cintre que doit avoir l'écaille
lorsqu'elle sera moulée, comme, par exemple, la *fig.* 9 ; puis on fait le
développement de ce cintre sur une ligne droite *fig.* 10, pour avoir la longueur
juste de la feuille d'écaille, qu'il est bon de couper un tant soit peu plus longue
qu'il ne faut. On fait ensuite le moule intérieur & extérieur, *fig.* 11, d'une
forme semblable à la *fig.* 9, en y observant, dans chaque partie, une rainure
a b, dans laquelle l'écaille puisse entrer lorsque la chaleur de l'eau bouillante
& la pression du moule la forceront de s'étendre.

De quelque forme que soit le moule *fig.* 11, il doit être composé de deux
parties évuidées à contre-sens l'une de l'autre, comme on peut le voir dans
cette figure, & dans celles 12 & 17 ; chacune des parties doit être disposée de
maniere qu'elles s'emboîtent l'une avec l'autre ; & pour qu'elles ne se dérang-
gent en aucune maniere, il est bon d'y placer des goujons aux quatre coins,
comme je l'ai fait ici.

Quand on veut mouler de l'écaille, on ne la met pas toute droite dans
le moule ; mais après l'avoir dressée & mise d'épaisseur, comme je l'ai dit ci-
dessus, on la trempe dans l'eau bouillante ; & quand elle est amollie, on commence par la cintrer à la main, à-peu-près selon la forme qu'elle doit avoir ;
ensuite de quoi on la met dans le moule, & ce dernier dans la presse, *fig.* 7,
qu'on commence par ne serrer qu'autant qu'il est nécessaire pour empêcher
l'écaille de glisser, ce qui étant fait, on trempe le tout dans l'eau bouillante,
& on serre la vis de la presse à mesure qu'on s'apperçoit que l'écaille ne fait
pas de résistance. Quand le dessus du moule est descendu autant qu'il est nécessaire, & que par conséquent l'écaille a pris la forme du moule, on retire
la presse de l'eau, & on laisse refroidir le tout à l'ordinaire, ce qui ne souffre
aucune difficulté.

Les moules dont je viens de parler, sont ordinairement faits en bois dur, ce
qui est suffisant quand on n'a pas beaucoup de pieces semblables à mouler, ou
qu'ils sont très-grands ; car autrement on feroit très-bien de les faire en cuivre,
parce qu'ils résisteroient mieux à l'action de l'eau bouillante que ceux de bois,
& qu'ils conserveroient mieux leurs formes, & dureroient plus long-temps.

Il est assez rare qu'on moule l'écaille avant d'être découpée ; cependant comme il y a des occasions où cela est nécessaire, j'ai cru ne pouvoir pas me dispenser d'entrer dans quelques détails à ce sujet.

J'ai dit plus haut qu'on soudoit l'écaille sans le secours d'aucun agent, ce qui se fait d'une maniere très-simple, quoique bien des Ouvriers en fassent un grand mystere.

Quand on veut souder deux morceaux d'écaille ensemble, on commence, après avoir marqué l'endroit du joint, par abattre le reste en chanfrein, comme de *c* à *d*, *fig.* 16 ; on en fait autant à chaque piece, en observant que les deux pentes ou chanfreins ayent une même inclinaison ; ce qui étant fait, on les présente l'un sur l'autre, pour voir s'ils joignent bien ensemble ; puis le joint étant bien, on met les morceaux l'un sur l'autre, & on les entoure de papier un peu fort, qu'on met en trois ou quatre doubles, & on arrête le tout avec du fil ; ensuite on fait chauffer des pinces assez épaisses pour qu'elles embrassent toute la longueur du joint, qu'on serre avec ces dernieres jusqu'à ce qu'on s'apperçoive que l'écaille devenue molle, ploye par son propre poids, ou du moins obéisse aisément sous le doigt ; alors on la retire des pinces & on la laisse refroidir, & elle est parfaitement soudée.

Il faut prendre garde que les pinces ne soient trop chaudes ; car elles brûleroient l'écaille sans la souder ; c'est pourquoi, avant de serrer le joint avec les pinces, il faut les essayer sur du papier ; & quand elles ne font que roussir un peu ce dernier, sans cependant le brûler, c'est un signe qu'elles sont à un degré convenable de chaleur.

Pour bien souder ainsi l'écaille, il seroit bon d'avoir des pinces faites exprès, dont les mâchoires un peu épaisses, fussent disposées de maniere que quand elles saisiroient l'écaille & le papier qui l'entoure, elles fussent exactement paralleles, afin que leur pression fût parfaitement égale dans toute l'étendue du joint : c'est à-peu-près de cette maniere que les Chinois soudent les cornes de leurs lanternes, comme on peut le voir dans le Journal Economique du mois de Septembre 1756, *page* 92.

On soude encore l'écaille par le moyen de l'eau bouillante, ce qui se fait de la maniere suivante.

On dispose le joint en flûte, comme je viens de le dire ci-dessus ; puis on met les deux morceaux ajustés dans la presse, *fig.* 7 & 8, entre deux morceaux de cuivre, en observant que les joints se chevauchent un peu ; ensuite on serre médiocrement la vis pour mieux assujettir les morceaux à leur place ; & quand on est certain qu'ils sont bien, on met le tout dans l'eau bouillante ; après quoi on acheve de serrer la vis de la presse pour faire prendre le joint de l'écaille à mesure qu'elle s'amollit.

De quelque maniere qu'on soude l'écaille, il faut avoir grand soin que les joints soient très-vifs & très-propres, parce que la moindre particule de graisse ou d'ordure empêcheroit l'action de la foudure ; il faut même éviter de paffer fon haleine fur ces joints, ni d'y toucher avec les doigts.

Les Ebéniftes foudent peu l'écaille, les uns parce qu'ils ne le favent pas faire, & les autres parce qu'ils ne s'en foucient pas, & que d'ailleurs ce n'eft pas la coutume ; cependant cette reffource eft fort avantageufe dans beaucoup d'occafions où il faut de grands morceaux d'écaille d'une même piece, ou du moins qui femblent l'être.

Quand on veut fouder deux morceaux d'écaille enfemble, il faut les choifir de maniere qu'à l'endroit du joint, leurs couleurs ou leurs nuances foient à-peu-près femblables, afin que le joint ne foit pas apparent, du moins autant qu'il eft poffible de le faire.

Les Ebéniftes n'emploient pas l'écaille toute nue, c'eft-à-dire, qu'ils ne l'appliquent pas immédiatement fur le bois ; mais après l'avoir dreffée & mife d'épaiffeur, ils la doublent pour y donner du fond, & pour que la colle & les nuances du bâtis ne paroiffent pas au travers. Cette doublure n'eft autre chofe qu'une couche de noir ou de rouge étendue fur l'écaille du côté de la chair, & recouverte enfuite avec du papier qu'on y applique en même-temps que la couleur, laquelle fert de mordant pour retenir le papier.

Ces deux couleurs fe font l'une avec du noir de fumée, & l'autre avec du vermillon, l'un & l'autre détrempés & broyés avec de la colle de poiffon qu'on préfère à la colle d'Angleterre, non-feulement parce qu'elle eft plus tenace, mais encore parce qu'étant plus claire & limpide, elle ne gâte pas la couleur du vermillon, qu'on doit employer le plus pur poffible, pour qu'il donne une plus belle couleur à l'écaille. Ces deux couleurs font les feules qu'on donne à l'écaille, du moins pour l'ordinaire, & la rouge eft celle qui eft la plus ufitée maintenant.

On pourroit cependant doubler l'écaille avec d'autres couleurs, ce qui feroit très-bien dans différentes occafions, en donnant plus de variété aux ouvrages de Marqueterie.

On double la corne de la même maniere que l'écaille, foit en bleu ou en verd, ou toute autre couleur. Le bleu fe fait avec de l'indigo, du bleu de Pruffe ou d'autres poudres de cette couleur. Le verd fe fait avec une poudre verte, que les Marchands de Couleur vendent fous le nom de *verd calciné*, qui n'eft autre chofe que du verd-de-gris cryftallifé nommé, par les Apothicaires, *cryftaux de verdet*.

Le jaune, ainfi que les autres couleurs, fe fait avec différentes fortes de poudres qu'on trouve chez les Marchands de Couleurs, & on les broie, ainfi que toutes les autres, avec de la colle de poiffon. On emploie toutes ces couleurs à chaud, & on y applique tout de fuite du papier, comme je l'ai dit ci-deffus.

Il y a de petits ouvrages de Marqueterie, comme des porte-montres & autres, où au lieu d'écaille, on emploie de la corne peinte par-derriere d'abord en rouge de vermillon appliqué par tache, & enfuite doublée avec du noir à l'ordinaire, ce qui fait une mauvaise imitation de l'écaille, qui ne peut guere tromper, pour le peu de connoissance qu'on ait ; cependant on pourroit, avec un peu plus d'adresse, non-seulement imiter l'écaille en peignant la corne par-derriere, mais encore y peindre divers sujets qui se trouveroient par ce moyen, à l'abri de tout accident, & qui dureroient très-long-temps ; & pour peu que ces peintures fussent bien faites, ce seroit encore un moyen d'augmenter la magnificence des ouvrages de Marqueterie.

Quand les feuilles, soit d'écaille ou de corne, sont doublées, on les laisse sécher pour les découper ensuite comme je vais l'expliquer dans la Section suivan-te, quand j'aurai dit quelque chose du travail de l'ivoire & de la nacre de perle.

L'ivoire étant, comme je l'ai dit plus haut, une substance osseuse, on ne peut ni la fondre ni la redresser, de sorte qu'on ne peut la mettre en état d'être employée qu'en la débitant à la scie, tant sur la longueur que sur l'épais-seur, & toujours aux dépens de cette derniere, ce qui ne produit cependant pas beaucoup de perte ; parce que pour peu qu'on ait d'usage & d'adresse, on peut la refendre en lames très-minces, sans en casser beaucoup, avantage qu'on n'a pas avec l'écaille, puisqu'il faut, pour la mettre d'épaisseur, en perdre une partie, ce qui est quelquefois très-considérable.

On scie l'ivoire avec une scie à dépecer, dont j'ai donné la figure *page 801.* La lame de la scie avec laquelle on débite l'ivoire doit être trempée un peu mince, & avoir des dents d'une moyenne grandeur & parfaitement égales entr'el-les, afin qu'elles ne dévoyent pas, & qu'elles ne s'engagent pas dans l'ivoire, ce qui la feroit éclater.

On scie l'ivoire de deux manieres, savoir, à sec & à l'eau. Cette derniere maniere est la plus usitée & la plus avantageuse, sur-tout pour l'ivoire verte, qui s'échauffe aisément par le frottement de la scie, ce qui non-seulement la fait éclatter, mais encore en gâte la couleur, qui devient rousse par l'effet de la chaleur ; à quoi on remédie en versant un peu d'eau dans le trait sans retirer la scie (à-peu-près comme font les Scieurs de pierres), ce qu'on doit faire d'abord qu'on sent la moindre résistance, afin de ne pas laisser à la scie le temps de s'engager ni d'échauffer l'ivoire.

Quand on scie l'ivoire à sec, d'abord qu'on sent que la scie commence à s'engager, on la frotte avec un morceau de peau ou de laine, sur lequel on a étendu de la graisse, laquelle facilite le passage de la scie, mais ce qui est moins bon que l'eau, qui, en remplissant le même objet, a de plus l'avantage de conserver la fraîcheur de l'ivoire.

Quand on débite l'ivoire, ainsi que l'écaille & la corne, on la place dans l'étau ; & quand ce sont de petits morceaux qu'on veut débiter, on les assure dans un petit étau, & ce dernier dans le grand, afin que les pieces soient exposées à moins d'effort, ce que, d'ailleurs un Ouvrier intelligent prévient toujours, soit en soulageant la main qui conduit la scie, soit en soutenant de l'autre les morceaux qu'il débite.

L'ivoire fe travaille affez bien avec les outils ordinaires ; mais il vaut cependant mieux fe fervir des écouenes grandes & petites, & grêles, dont j'ai fait la defcription *page 937*. On fe fert auffi de limes, tant pour la dreffer que pour en terminer les contours, quand ils ont été découpés à la fcie, fuppofé que cela foit néceffaire.

De toutes les matieres dont les Ebéniftes font ufage dans la conftruction de l'Ebénifterie dont je traite maintenant, la nacre de perle eft la plus dure, la plus ingrate & la plus difficile à travailler ; il n'y a que les fcies trempées, le grais & les limes qui mordent deffus ; de plus, comme elle eft très-caffante, il faut beaucoup d'ufage & de foin pour la travailler.

Quand on débite la nacre de perle, il faut avoir grand foin de fcier les morceaux perpendiculairement à fa furface ; enfuite on la refend fur l'épaiffeur, non pas pofitivement telle que celle dont on a befoin, mais plus qu'il ne faut pour les redreffer enfuite fur la meule, parce qu'il n'eft pas fort aifé de la refendre bien droite.

Il y a de groffes nacres qui fe fendent d'elles-mêmes fur l'épaiffeur ; ce font les moins belles ; & quoique très-grandes, il arrive fouvent qu'on n'en peut tirer que de très-petits morceaux, à caufe de la finuofité des fentes, ou, pour mieux dire, des différentes couches dont elles font compofées.

Quand la nacre eft débitée, on la dreffe & la met d'épaiffeur fur la meule, ce qui fe fait de la maniere fuivante.

On ajufte au-deffus de l'auge de la meule un levier de bois *e f, fig. 6, Pl.* 280, dont le bout eft arrondi en forme de poignée, pour pouvoir appuyer fur la nacre de perle qu'on pofe fur la meule d'une main, en appuyant de l'autre avec le levier autant qu'on le juge à propos.

Lorfqu'on dreffe ainfi la nacre, il faut avoir grand foin que la meule trempe bien dans l'eau, parce que s'il arrivoit qu'elle fût à fec, cela échaufferoit la nacre, qui fe fendroit, ou du moins changeroit de couleur ; & pour que celui qui travaille ainfi la nacre ait plus de force, & foit moins fatigué de la main dont il tient cette derniere, il feroit bon de faire un petit ravalement en-deffous du levier, à l'endroit où il fait tangente avec la meule, afin d'appuyer & de retenir la nacre, que le mouvement de la meule tend toujours à emporter.

La nacre, ainfi que l'ivoire, fe met à l'épaiffeur du placage ordinaire, c'eft-à-dire, qu'on lui donne tout au plus une ligne, afin qu'en les incruftant, ils fe trouvent au nud de ces derniers.

Je ne parlerai pas ici du travail des autres matieres qui entrent dans la conftruction de la Marqueterie, comme le cuivre, l'étain, &c, parce que les Ebéniftes les achetent tout apprêtées, c'eft-à-dire, mifes à l'épaiffeur convenable, de maniere qu'ils n'ont rien à y faire avant que de les découper, ainfi que je vais l'expliquer dans la Section fuivante.

SECTION QUATRIEME.

De la maniere de construire la Marqueterie & de la terminer.

PLANCHE
334.

LA construction de la Marqueterie, où, pour mieux dire, de la Mosaïque en métaux, quoiqu'à-peu-près semblable à celle de la Mosaïque ou Peinture en bois, dont j'ai fait la description, *page 866, & suiv.* demande cependant d'être traitée à part, tant par rapport à certaines manieres d'opérer, qui sont différentes, qu'à la qualité des matieres qu'on y emploie. Ces matieres sont dans la Marqueterie ordinaire, le cuivre & l'écaille, l'un formant les desseins, & l'autre le fond de l'ouvrage.

Comme les matieres qu'on emploie pour faire de la Marqueterie, même la plus commune, sont d'une certaine valeur & assez difficiles à mettre en œuvre, on a cherché les moyens d'épargner en même-temps & la main-d'œuvre & la matiere; c'est à quoi on est parvenu, en découpant deux feuilles de matieres différentes (comme du cuivre & de l'écaille) l'une sur l'autre, de maniere qu'on a eu à la fois deux pieces de Marqueterie également découpées, dont les fleurs ou les ornements de l'une puissent être placés dans les vuides de l'autre, dont, par conséquent, on avoit ôté les fleurs & les ornements pour les placer dans les vuides de la premiere. Cette maniere de découper la Marqueterie s'appelle *travailler en contre-partie.*

La Marqueterie où l'écaille fait le fond de l'ouvrage, & le cuivre les ornements, est la plus belle, & se nomme *la partie*, c'est-à-dire, celle qui a été le principal objet du travail; celle au contraire dont le cuivre fait le fond & l'écaille les ornements, se nomme *contre-partie*, & est la moins estimée, quoiqu'on puisse parvenir à la rendre très-précieuse, comme je le dirai en son lieu.

Quand on veut faire une piece de Marqueterie quelconque, on commence par faire le dessein général de l'ouvrage, tel qu'il doit être exécuté, comme, par exemple, la *fig.* 1, dont on prend un ou plusieurs calques, selon qu'il est nécessaire, le dessein devant être conservé pour servir à terminer l'ouvrage.

Ensuite on prend une feuille d'écaille de la grandeur convenable, & une feuille de laiton, qu'on colle l'une sur l'autre avec de la colle ordinaire, non pas en totalité, mais seulement de distance en distance, ce qui est suffisant pour les assujétir ensemble. Avant que de coller la feuille de laiton, il est bon de la découvrir en-dessous avec une grosse lime passée en différents sens, ou bien avec le rabot de fer bretté, pour que, quand il est découpé, il prenne mieux la colle.

Quand les deux feuilles sont ainsi jointes ensemble, on colle le calque

sur

ſur celle de cuivre, & on laiſſe le tout ſécher, après quoi on les découpe
avec la ſcie de Marqueterie de la même maniere que pour la Moſaïque en
bois.

Comme les ornements de Marqueterie ou Moſaïque en métaux, ſont ordinairement très-délicats & d'une forme ſouvent très-compliquée, il eſt néceſſaire
de ſe ſervir de ſcies extrêmement fines, qu'on fait ſouvent entrer par de petits
trous percés aux endroits qui ſont les moins apparents de l'ouvrage. Ces trous
ſe font avec le petit touret à main, repréſenté *Pl.* 319, *fig.* 1 & 2, ou bien
au foret, ou même au trépan, *fig.* 12, *même Planche*, ce qui dépend abſolument des différentes occaſions ou du goût de l'Ouvrier, qui à beaucoup de
légéreté & d'adreſſe, doit joindre beaucoup d'attention pour placer ſa ſcie,
de maniere qu'il voie toujours le trait du calque, & qu'il découpe la plus
grande quantité poſſible d'ornements ſans être obligé de retirer la ſcie.

Quand la piece eſt entiérement découpée, on ſépare les deux feuilles l'une
d'avec l'autre, ſoit en les plongeant dans l'eau chaude, ou ſimplement en paſſant
entre elles une lame de couteau très-mince, ce qui eſt ſuffiſant, quand on a ſoin
de ne mettre que de la colle peu épaiſſe, & ſimplement ce qui eſt néceſſaire
pour retenir les deux feuilles enſemble, comme je l'ai dit plus haut; après que
les feuilles ſont ſéparées, on les évuide, c'eſt-à-dire, qu'on en fait ſortir les
ornements pour les replacer d'une piece dans une autre; & alors chaque
piece reſte évuidée, comme le repréſente la *fig.* 2.

Dans le cas d'une grande piece de Marqueterie, comme celle repréſentée
fig. 1 & 2, il n'eſt guere poſſible de faire le tout d'un ſeul morceau, tant
par la difficulté de trouver des feuilles d'écailles aſſez grandes, que par l'embarras que cauſe la grande quantité de contours dont cette piece eſt compoſée;
c'eſt pourquoi on fait d'abord à part les plate-bandes du pourtour, comme
celles *A B* & *C D*, *fig.* 2; puis dans le corps de la piece on fait des joints
où les ornements ſe coupent les uns les autres, & où ils ſéparent le fond par
de grandes maſſes, comme, par exemple, aux places *E, F, G, H, I*, &c,
ce qui eſt une affaire d'expérience & de goût, ſur-tout pour l'écaille, où il
faut, autant qu'il eſt poſſible, que le changement de feuille ne ſoit pas trop
apparent.

Après que les feuilles, tant de cuivre que d'écaille, ont été évuidées, on
les remplit par leurs ornements, qui alors ne ſont qu'en maſſes, comme le
repréſentent les *fig.* 1, 3 & 5, & les *fig.* 2, 4 & 6; les premieres en parties,
& les ſecondes en contre-parties, c'eſt-à-dire, que le fond des uns eſt en écaille,
& celui des autres en cuivre, comme on peut le voir dans ces figures, & que
je l'ai déja dit. Chaque partie & contre-partie étant ainſi remplies & bien
affleurées à l'extérieur, ou, pour mieux dire, du côté qui doit être appliqué
ſur les bâtis de l'ouvrage, on colle le tout enſemble avec de bonne colle
d'Angleterre, ou même de poiſſon, & on couvre toute la Marqueterie du côté

du parement, avec du gros papier qu'on colle deſſus , comme à la Moſaïque
en bois , & on laiſſe le tout ſécher avant de plaquer , ce qui ſe fait à-
peu-près de la même maniere que pour l'Ebéniſterie de placage, à l'exception
qu'on ne peut pas appuyer avec autant de force avec le marteau pour faire
prendre colle au placage , ce qui oblige de le mettre en preſſe avec des couſſins ou ſacs de coutil remplis de ſablon ou de grès très-fin, qu'on fait chauffer
pour conſerver plus long-temps la chaleur de la colle. Il eſt même bon de
mettre entre ces couſſins & le deſſus du placage , des morceaux de toile
trempés dans de l'eau bouillante, & qu'on fait promptement ſortir dehors en
les tordant. Ces linges chauds & humides ſervent à conſerver l'écaille dans
un état de molleſſe qui la fait prêter à la preſſion du poids qu'on met deſſus ,
pour lui faire prendre colle. On laiſſe le placage ainſi en preſſe juſqu'à ce qu'il
ſoit entiérement refroidi , & que la colle ſoit ſeche ; après quoi on le laiſſe
quelque temps dans un endroit ſec, où il n'y a point d'humidité à craindre ,
ni de trop grande chaleur, qui pourroit faire lever le placage.

Quand l'ouvrage eſt cintré ſur le plan , la Marqueterie eſt plus difficile à
plaquer, parce qu'il faut la cintrer auparavant , c'eſt-à-dire, après que les
ornements & le fond ont été collés enſemble.

Lorſqu'on veut cintrer une piece de Marqueterie, après qu'elle a été coupée extérieurement ſelon la forme qui lui eſt convenable, en ſuivant le développement de la ſurface du cintre , on préſente la piece au feu pour amollir
l'écaille, ſans cependant faire fondre la colle, qui en retient les différentes
parties ; puis on la poſe ſur l'ouvrage à la place qu'elle doit occuper, & on
la recouvre promptement avec des linges trempés dans de l'eau bouillante,
on met par-deſſus les couſſins, & on ſerre le tout enſemble comme ſi on vouloit la coller , en obſervant cependant de ne ſerrer , ſoit la preſſe ou les goberges, que petit à petit, afin de ne point forcer l'écaille , qu'il vaut mieux faire
chauffer à pluſieurs repriſes pour parvenir à lui donner la forme demandée.

Au lieu de cintrer ainſi la Marqueterie ſur l'ouvrage, il ſeroit beaucoup
mieux de faire des moules d'une forme ſemblable à ce dernier, tant en
deſſus qu'en deſſous , c'eſt-à-dire, qu'au lieu du couſſin, on fît une calle
de bois cintrée à contre-ſens de l'ouvrage, de maniere que pour cintrer une
piece de Marqueterie, après l'avoir fait chauffer & même ployer à la main,
on n'auroit qu'à la mettre entre les deux moules, en prenant toujours la précaution de mettre entre ces derniers & la piece de Marqueterie, des linges
trempés dans l'eau bouillante , ou même des couvertures de laine d'une moyenne conſiſtance.

Cette maniere de cintrer la Marqueterie , eſt très-bonne , & étoit anciennement en uſage ; je ne ſai pourquoi on ne la ſuit plus : il eſt vrai qu'elle eſt un
peu plus longue que la premiere ; mais auſſi a-t-elle l'avantage d'être beaucoup plus ſûre & plus commode, tout ce travail pouvant ſe faire dans une

presse & devant le feu, ce qui fait que les pieces de Marqueterie conservent plus long-temps leur chaleur, & se prêtent par conséquent mieux à l'effort qu'on fait pour les cintrer.

Les dessus des moules dont je viens de parler, peuvent aussi servir pour coller la Marqueterie cintrée, ce qui est un double avantage.

Quand la Marqueterie est collée on la laisse sécher, après quoi on la finit, en commençant d'abord par ôter le papier & la colle, après quoi on la dresse & l'unit avec des limes de différentes grosseurs, puis on la racle avant que de la graver, pour achever de détailler & d'ombrer les ornements qui ne sont qu'en masses, & qui ne peuvent avoir d'effet que par le moyen de la gravure, comme on peut le voir à la *fig.* 7, qui représente une partie de Marqueterie toute finie.

La contre-partie, *fig.* 8, se finit de même, du moins jusqu'à ce que l'ouvrage soit prêt à graver ; & comme dans cette espece de Marqueterie, c'est le cuivre qui fait le fond & l'écaille les ornements, on ne grave pas cette derniere, du moins pour l'ordinaire ; mais après que l'ouvrage a reçu la premiere préparation du poli, comme je viens de le dire, on enleve toutes les parties d'écaille susceptibles de détails, comme les fleurs, les fruits & les figures, & on remplit ces vuides par des cornes diversement coloriées, & même de la nacre de perle qu'on découpe d'après les parties d'écaille qu'on a suprimées, & qu'on colle ensuite comme les fleurs de la Mosaïque en bois ; ce qui étant fait, on grave les ornements comme on a fait ceux de cuivre, comme je le dirai ci-après.

Quoiqu'en général la contre-partie de la Marqueterie soit la moins estimée, on pourroit, comme je l'ai déja dit, en tirer un très-bon parti ; on pourroit même, en sacrifiant une partie de l'écaille qui en forme les ornements, en faire une Mosaïque très-brillante & très-riche, en y substituant des cornes diversement coloriées & même peintes : on pourroit aussi y mettre d'autres morceaux d'écaille dont les nuances reviendroient au ton de certaines fleurs ou de tous autres objets qu'on voudroit représenter.

Cette espece de Mosaïque, exécutée par un habile Artiste, seroit très-belle, & n'auroit peut-être d'autre défaut que celui qu'on reproche aux anciennes Mosaïques de Sainte Sophie de Constantinople, & de Saint Marc de Venise, dont les fonds dorés détruisent une partie de leur effet.

Les Ebénistes ne gravent pas leurs ouvrages eux-mêmes, ou du moins il y a des Ouvriers qui ne s'occupent que de cette sorte d'ouvrage. Les outils propres à graver la Marqueterie, (du moins pour les métaux) sont les mêmes que ceux des Graveurs en taille-douce ; savoir, des burins, des échopes, un ébarboir, un grattoir & un brunissoir.

Le burin, *fig.* 1 *&* 2, est un morceau d'acier d'environ 4 à 5 pouces de long, & d'environ une ligne & demie en quarré, comme celui coté *A*, *Fig.* 1, dont

PLANCHE 336.

PLANCHE 337.

l'extrêmité supérieure est affûtée en biseau d'un angle à l'autre. Il y a des burins *B, fig.* 2, losanges par leur coupe ; ils sont affûtés des deux angles les plus éloignés, & servent à faire des traits ou tailles plus profondes & moins larges que les burins quarrés.

Les côtés opposés au biseau d'un burin se nomment *le ventre* ; ils doivent être affûtés très-vifs & bien droits. Les burins sont montés dans de petits manches de bois blanc, dont on applatit un côté, afin que quand on grave, le ventre du burin se trouve dans une situation presque parallele avec l'ouvrage, & ne s'y engage qu'autant qu'on le juge à propos.

Les échopes different des burins, en ce que la vive-arête du ventre est un peu abattue, de maniere qu'ils ne sont pas pointus par le bout, mais qu'ils présentent une petite face qui est plus ou moins grande, selon qu'on a plus ou moins abattu l'arête du ventre de l'échope. L'usage de cet outil est de faire tout de suite des tailles larges & quarrées dans le fond. Le grattoir, *fig.* 3, n'est autre chose qu'une lime en tiers-point, affûtée à vive-arête sur ses trois faces : son usage est d'ôter les bavures ou barbes que fait sur le cuivre le passage du burin ou de l'échope.

L'ébarboir differe du grattoir, en ce qu'il a quatre faces toutes affûtées à vives-arêtes : son usage est à-peu-près le même que celui du grattoir, auquel on le préfere quelquefois dans les ouvrages fins, parce que ses tranchants sont moins vifs.

Le brunissoir, *fig.* 4, est un morceau d'acier trempé & parfaitement poli, long d'environ trois à quatre pouces, & qui est diminué vers son extrémité supérieure. La coupe de cet outil est de la forme d'une olive très-allongée : son usage est d'effacer les faux-traits faits sur le cuivre, en rapprochant les parties les unes contre les autres, ou, pour mieux dire, en refoulant la matiere sur elle-même.

Il faut aussi une pointe, *fig.* 5, pour tracer sur le cuivre ; ce n'est autre chose qu'une aiguille à coudre ou toute autre broche d'acier trempée, montée dans un manche de bois, comme on peut le voir dans cette figure.

Quand on veut graver les ornements sur la Marqueterie, il faut les dessiner sur le cuivre incrusté, ou les autres matieres quelconques, ce qui est un peu long, & même peu correct ; c'est pourquoi il vaut mieux les calquer sur le dessin même, ou sur une copie bien faite, ce qui est égal, pourvu que toutes les formes du dessin soient bien rendues.

Pour décalquer ainsi les ornements, il faut enduire le cuivre avec une légere couche de cire blanche, qu'on y applique après avoir chauffé le cuivre modérément ; puis quand la cire est refroidie, on applique le calque dessus, après l'avoir auparavant frotté par-derriere avec de la sanguine pulvérisée, ou de la mine de plomb tendre ; puis avec une pointe on trace tous les contours du dessin ou du calque, qui, par ce moyen, se trouvent appliqués sur la cire.

On

On ne décalque ainſi les ornements que quand ils ſont un peu conſidéra-bles; car pour les petites parties, on ſe contente de les deſſiner ſur la place.

Quant à la maniere de graver ſur le cuivre, c'eſt à-peu-près la même choſe que pour les ornements de Moſaïque en bois dont j'ai parlé ci-devant, *page* 884; c'eſt pourquoi je n'en parlerai pas ici. De plus, le détail de la gravure au burin appartient à l'Art du Graveur proprement dit, & demanderoit une très-longue deſcription pour être rendu avec la préciſion & la clarté dont cette matiere eſt ſuſceptible.

Le cuivre, l'étain, l'argent, l'or & la nacre de perle, ſe gravent au burin plein, repréſenté *fig.* 1 & 2 de cette Planche; mais l'écaille & la corne ne peu-vent guere ſe graver qu'au burin évuidé, dont on peut voir la figure *Pl.* 299, *fig.* 10, 11, 12 & 13, parce que ces matieres étant compoſées de pluſieurs cou-ches poſées les unes ſur les autres, le burin plein les fait éclatter, quelque précaution qu'on puiſſe prendre; ce qui n'arrive pas lorſqu'on fait uſage du burin évuidé, comme je l'ai démontré en parlant de l'uſage de cet outil, *page* 884.

Quand la Marqueterie eſt gravée on en remplit toutes les tailles avec de la colophane fondue, ou toute autre drogue dont j'ai parlé, *pages* 863 & 887; après quoi on acheve de la polir, ce qui ſe fait de la maniere ſuivante.

On prend de la pierre de ponce bien unie, qu'on trempe dans de l'huile d'olive; puis on en frotte l'ouvrage ſur tous les ſens, en obſervant de n'y pas mettre trop d'huile, qui, en s'imbibant dans le placage, pourroit le faire lever; après quoi on prend de cette même pierre ponce réduite en poudre & paſſée au tamis de ſoie, on la mêle avec un peu d'huile, & on l'étend ſur l'ou-vrage avec un bois à polir, en appuyant fortement deſſus, & en faiſant mou-voir ce dernier de différents ſens. A la place d'un bois à polir, on pourroit, ſur-tout dans les parties plates, ſe ſervir d'un poliſſoir de jonc, ou bien d'une eſpece de molette de bois plein & moyennement dur, comme du poirier ou tout autre bois de cette eſpece, qui étendroit très-bien cette potée.

Après la pierre ponce, ſi la Marqueterie étoit compoſée d'ébene & de cuivre, on prendroit le charbon comme pour polir le cuivre, ainſi que je l'ai enſeigné *page* 952.

Après la pierre ponce & le charbon, on fait uſage du tripoli pulvériſé & délayé avec un peu d'huile d'olive, & appliqué ſur l'ouvrage avec des bois à polir ou une molette garnie de buffle ou de chapeau.

Enfin on fait uſage du tripoli à ſec, & du blanc d'Eſpagne enſuite, pour achever de polir l'ouvrage & qu'il n'y reſte aucune tache.

Quelles que ſoient les matieres qu'on emploie dans la conſtruction de la Mar-queterie ou Moſaïque en métaux, on ſuit toujours, à peu de choſe près, les mêmes procédés dont je viens de faire la deſcription; il n'y a de différence que quelques précautions qu'il faut prendre en raiſon de la nature de ces différentes matieres, dans le détail desquelles je n'entrerai pas, parce que c'est une affaire qui seroit d'une trop longue discussion, sans pour cela être absolument nécessaire.

Quand on fait entrer l'argent ou l'or dans la construction de la Marqueterie, il faut avoir grand soin en découpant ces métaux, d'entourer le bas de l'axe ou étau d'une peau de mouton, dans laquelle tombent les sciures & la limaille, laquelle est très-précieuse, vu la cherté de ces métaux, sur-tout de l'or, qui vaut près de cent livres l'once.

Comme en général les métaux ne prennent pas bien la colle, il faut, quand ils feront de grandes masses, les arrêter dans le bois avec de petites pointes de même métal, qu'on fera entrer le plus juste possible, & dont on refoule un peu la tête pour qu'elles joignent mieux; & on fera ensorte, autant qu'il sera possible, de placer ces pointes sous les ornements de bronze, ou bien dans les enroulements des gravures, de maniere qu'elles ne soient pas apparentes.

A la place de la Mosaïque en bois, en cuivre, dont je viens de faire la description, on revêtit quelquefois les meubles avec de la laque ou vernis de la Chine ou du Japon, dont ordinairement le fond est noir & rehaussé d'ornements d'or.

La laque qu'on emploie ordinairement en Ebénisterie, se prend dans des feuilles soit de cabinet ou de paravent venu de la Chine ou du Japon, qui, pour la plupart, font vernies & peintes des deux côtés, & qu'on refend au milieu de leur épaisseur pour les diminuer ensuite au rabot & les mettre en état d'être plaquées sur des fonds de Menuiserie ordinaire. Il faut prendre beaucoup de précautions, tant pour refendre ces feuilles, que pour les diminuer, de crainte de faire fendre ou éclatter le vernis; c'est pourquoi, lorsqu'on les refend, il faut les mettre dans la presse entre des coussins ou des couvertures de laine. Il faut avoir la même précaution lorsqu'on les rabote par derriere, c'est-à-dire, qu'il faut mettre sur l'établi une couverture ployée en double, pour que les inégalités qui sont à la surface du vernis à l'endroit des fleurs ou autres ornements, entrent dans l'épaisseur de cette couverture.

En diminuant l'épaisseur des bois qui portent la laque ou vernis de la Chine, il faut prendre garde de leur laisser assez de consistance pour qu'ils ne se rompent pas; c'est pourquoi il faut leur laisser au moins une ligne d'épaisseur; après quoi on les plaque sur l'ouvrage à l'ordinaire, en prenant toutefois la précaution de les faire chauffer, ainsi que les bâtis qui doivent les recevoir, & d'étendre sur la laque des couvertures, par-dessus lesquelles on met des coussins ou des calles de bois avec des goberges ou des presses à coller, selon qu'on le juge nécessaire; mais il ne faut jamais se servir de valets pour faire ces collages, de crainte qu'en frappant dessus pour les serrer, on n'étonne le vernis, & qu'on ne le fasse fendre.

Autant qu'il eft poffible , on entoure les joints des ouvrages de laque de rapport avec des ornements ou des cadres de cuivre , parce que quelques précautions qu'on prenne en coupant les feuilles de laque, il eft bien difficile de n'y pas faire quelques éclats , qui font paroître la place des joints , ce qui fait un très-mauvais effet ; de plus , quand on pourroit parvenir à couper la laque avec toute la propreté poffible , les arêtes des ouvertures qui ne feroient pas ainfi garnies , ne tarderoient pas à être gâtées , ce qui feroit toujours mal.

On imite en France les vernis de la Chine (du moins autant bien qu'il a été poffible jufqu'à préfent) ce qui fait de l'ouvrage plus folide que celui où on plaque ceux de la Chine. Dans ce dernier cas , c'eft-à-dire , quand on vernit les meubles, il faut avoir grand foin que leurs bâtis foient conftruits de bon bois très-fec , & avec toute la folidité poffible , comme je l'ai enfeigné dans le cours de cet Ouvrage.

Ce que je viens de dire renferme , à peu de chofe près , tout ce qu'il eft effentiel de favoir touchant la théorie pratique de la Marqueterie ou Mofaïque en métaux , m'étant uniquement borné , dans la defcription de cette derniere efpece d'Ebénifterie , ainfi que dans celle des deux autres, à donner des regles générales applicables à tous les cas , fans donner d'exemples particuliers de l'application de ces mêmes regles.

Je ne parlerai pas non plus du mélange des différentes matieres qui entrent dans la conftruction de la Marqueterie , parce que cette matiere eft inépuifable, & que ce mélange dépend abfolument du goût de l'Artifte , de la nature & de la plus ou moins grande richeffe des différents ouvrages , qui , lorfqu'ils font d'une très-grande richeffe , dépendent , pour leur conftruction , du travail de différents Ouvriers, comme les Ebéniftes , les Tabletiers , les Marbriers , les Peintres , les Orfévres , les Metteurs-en-œuvre , les Fondeurs-Cifeleurs , &c , à moins qu'un Ebénifte ne poffédât toutes les connoiffances relatives à ces différents talents, ce qui eft très-rare à trouver , fans cependant être impoffible.

Mais comme ce détail eft abfolument au-deffus de mes forces , je vais donc finir cette Section par donner une idée générale des différentes efpeces de Mofaïques dont on fait ufage avec la Mofaïque dont je viens de parler ; après quoi j'entrerai dans quelques détails fur les bronzes dont on orne les ouvrages d'Ebénifterie en général , ce qui terminera cette Troifieme Partie de mon Ouvrage , afin de paffer tout de fuite à la defcription de l'Art du Treillageur, ou Menuiferie des Jardins, qui fera le fujet de la Quatrieme & derniere Partie de l'Art du Menuifier , comme je l'ai déja annoncé à la fin de la defcription de la Menuiferie des Voitures , *page 596.*

§. I. *Idée générale des différentes especes de Mosaïques.*

L'Art des Mosaïques est de la plus haute antiquité ; il a pris son origine dans l'Asie, d'où il fut apporté en Grece, delà chez les Romains & dans tout le reste de l'Europe.

Cet Art, ainsi que tous les autres, fut très-simple dans son origine ; il n'avoit pour objet que la décoration des planchers des Appartements, & consistoit dans l'arrangement de quelques briques diversement taillées, ou de pierres, ou de marbres coloriés, placés symmétriquement sur l'enduit de ces mêmes planchers. Peu-à-peu cet Art se perfectionna, & on parvint à représenter divers sujets, en employant des pierres d'une très-petite capacité, & dont les diverses couleurs rendoient ces derniers avec beaucoup de vérité.

A la chûte de l'Empire Romain, cet Art fut anéanti, ainsi que beaucoup d'autres ; & ce ne fut qu'après un très-long espace de temps que plusieurs chef-d'œuvres de Mosaïques furent retrouvés parmi les décombres des édifices des anciens Romains : ce fut alors qu'on admira la fameuse Mosaïque du Temple de la Fortune à Præneste ou Palestrine, faite sous Sylla ; celle de la maison de Cicéron à Tusculum, aujourd'hui Frascati ; celles de la ville Adrienne, près de Tivoli, anciennement Tibur, qui, toutes méritent l'attention des Connoisseurs, & font voir jusqu'à quel point de perfection les Anciens avoient porté l'art des Mosaïques.

On a aussi retrouvé des Mosaïques dans les ruines d'Herculanum, Colonie Grecque, ensevelie sous les laves du Vésuve depuis le commencement de l'Ere Chrétienne, dont une entr'autres qui est composée de très-petites pierres, & n'a que dix-huit pouces de long sur douze de large, dans laquelle sont représentées quatre figures masquées, dont une danse, l'autre joue du tambour de basque, l'autre de deux flûtes, & la derniere des castagnettes.

On y a aussi retrouvé une armoire dans laquelle étoient plusieurs manuscrits ; cette armoire, dont il ne reste que quelques fragments (le reste ayant été détruit par le laps du temps & par la chaleur des matieres qui couvrirent Herculanum), étoit faite de Marqueterie en divers compartiments ; c'est le seul monument qui nous reste de la Marqueterie des Anciens, qui sûrement avoit fait autant de progrès que la Mosaïque en pierres & en marbres, mais dont on n'en a pas trouvé d'existante, ainsi que de cette derniere, parce que les bois ne sont pas d'une nature à durer aussi long-temps que la pierre ou le marbre. On a aussi trouvé des Mosaïques en France, auprès de Nîmes, à Reims & à Cépoy près de Montargis, qui, sans être aussi belles que celles trouvées à Rome ou aux environs, font connoître que cet Art étoit répandu par tout l'Empire Romain.

A la premiere espece de Mosaïque dont je viens de parler, succéda celle

des

des verres teints, dans le temps du bas Empire; cette Mosaïque étoit composée de dés de verre doublés d'une feuille colorée & collée dessus, de maniere qu'elle ne peut s'en séparer que par le moyen de l'eau bouillante (ce qui revient assez aux cornes qu'on emploie dans les contre-parties de Marqueterie). La plupart des Mosaïques de l'Eglise de Saint Marc de Venise, sont dans ce genre : elles sont composées de petits cubes ou doublets de verre colorié, & ont été exécutées par des Grecs venus de Constantinople, vers l'an 1071 ou 92.

Cette Mosaïque donna naissance à celle appellée communément *la Mosaïque de Rome* : cette derniere est la plus belle de toutes, par la facilité qu'elle donne de rendre avec précision toutes sortes de sujets, tant pour la couleur que pour la forme: elle est composée de petits parallélipipedes d'émaux incrustés, ou, pour mieux dire, placés sur un fond de mastic, comme je l'expliquerai ci-après. Cette espece de Mosaïque prit naissance à Constantinople, on en faisoit déja dès le neuvieme siecle ; mais c'est à Rome qu'elle s'est perfectionnée, & qu'on peut voir les plus beaux ouvrages dans ce genre, à compter du Portrait du Pape Nicolas IV, fait en 1239, jusqu'aux ouvrages qu'on fait encore de nos jours dans l'Eglise du Vatican, autrement dite Saint Pierre de Rome, où les chefs-d'œuvre de Peinture dont ce magnifique Temple étoit orné, sont la plupart copiés en Mosaïque avec une vérité étonnante.

Non-seulement les Artistes qui font les Mosaïques modernes sont parvenus à rendre avec précision de grands morceaux de Peinture, tels que les grands Tableaux de Saint Pierre de Rome, dont il y en a qui ont jusqu'à seize pieds de hauteur, sur huit à neuf de largeur, mais aussi des petits Tableaux de chevalet, représentant des fleurs, des fruits & même des portraits, comme, par exemple, celui de la Reine Christine de Suede, qui est à Saint Pierre de Rome, au-dessus du tombeau de cette Princesse ; celui du Pape Paul V, dont le visage est, dit-on, composé de plus d'un million sept cent mille morceaux, qui sûrement doivent être très-petits.

Les émaux dont on construit les Mosaïques de Rome se font avec du verre qu'on fait fondre, & dans lequel on mêle des matieres colorantes, soit minérales ou métalliques, qui en se mêlant avec le verre, le teignent de diverses couleurs & le rendent opaque, parce qu'elles ne se vitrifient pas entiérement. On fait des émaux en petits pains plats de cinq à six pouces de diametre, & six à sept lignes d'épaisseur, tels que les émaux de Hollande & de Venise, qui passent pour être les meilleurs, & dont les Emailleurs de Paris font usage ; mais pour de grandes Mosaïques, on coule l'émail par tables & on le débite, pendant qu'il est chaud, en petits parallélipipedes de trois à quatre lignes en quarré, sur un pouce & demi à deux pouces de longueur ; d'autres coupent les émaux à froid en les posant sur un coin d'acier, & en frappant sur l'émail bien à-plomb au-dessus du coin, avec un marteau dont un côté est tranchant & d'acier trempé, ainsi que le coin ; ou bien on fait tenir l'émail par quelqu'un, & prenant de la main gauche le marteau tranchant, on frappe dessus avec un autre marteau qu'on tient de la main droite.

En fendant l'émail, il faut avoir attention que les parallélipipedes soient d'une forme un peu conique, afin qu'ils joignent mieux à leur extrémité supérieure, qui est la face du tableau, & que le mastic fasse liaison entr'eux. Il faut cependant observer qu'ils ne soient pas trop coniques, parce qu'en polissant l'ouvrage, on découvriroit les joints, qu'il est essentiel de faire le plus fins possibles.

Les tableaux de Mosaïques se font sur des tables de pierres creusées dans toute leur surface à la profondeur de deux à trois pouces, selon la grandeur de l'ouvrage ; le fond de ces pierres est coupé par des canaux creusés en queue d'aronde, & taillés en divers sens pour retenir le mastic sur lequel on place les émaux ; ce qui se fait de la maniere suivante.

On commence d'abord par placer la pierre verticalement à côté du tableau qu'on veut copier, & dont on calque les contours sur le mastic ; ensuite on prend des émaux dans une boîte où ils sont rangés par cases, selon la dégra-dation des couleurs, & on les place dans le mastic, où on les enfonce avec un maillet de bois, en observant que la surface de la Mosaïque soit la plus unie possible. Quand l'ouvrage est terminé, on le laisse sécher, puis on le polit en passant dessus des morceaux ou meules de grès arrêtés dans une planche qu'on nomme *bois à polir* ; cette planche est terminée par ses extrémités en forme de manche, que tiennent deux Ouvriers qui la font mouvoir sur la Mosaïque, & qui y sement de temps en temps du grès très-fin pour hâter l'ouvrage ; après quoi on visite la Mosaïque pour voir s'il n'y a pas de défaut, qu'on répare, soit en mettant d'autres émaux, ou bien seulement du mastic composé de cire & de la poudre d'émaux choisis d'une couleur convenable ; ensuite on acheve de polir avec de l'émeri & de l'huile de lin, à-peu-près comme on polit les glaces.

Les petits sujets de Mosaïque se font sur une table de tôle, dont les bords sont relevés d'environ deux pouces ; le dedans de cette table est parsemé de petits crampons qui y sont adhérents, & qui servent à retenir le mastic, qu'il faut avoir grand soin de tenir toujours frais & dans un état de molesse propre à recevoir les émaux ; c'est pourquoi, dans de grandes Mosaïques, on ne met du mastic qu'à mesure que l'ouvrage avance ; & à chaque fois qu'on quitte l'ouvrage, on le couvre avec des linges mouillés qui empêchent le mastic de sécher trop vîte.

Outre les Mosaïques dont je viens de parler, il en est encore une autre espece qu'on nomme *Mosaïque de Florence*, laquelle est construite avec des cailloux, des marbres, des pierres dures, & même des pierres précieuses, qu'on emploie, non pas en petites parties de trois à quatre lignes de diametre,

plus ou moins, comme dans les autres Mosaïques, mais dans toute leur grandeur, selon que les nuances de leurs couleurs & les formes des choses qu'ils
doivent repréfenter peuvent le permettre.

Cette Mosaïque fut inventée à Florence ; & la belle Table octogone qu'on
y voit dans une des pieces de la Gallerie nommée *la Tribune*, a été faite fous
le Grand-Duc Ferdinand II, dont elle porte les armes, lequel a régné depuis
1621 jufqu'à 1670 où il eft mort.

Cette Mosaïque eft la plus précieufe de toutes, tant par la richeffe des matieres qu'on y emploie, que par la longueur & la grande difficulté du travail,
les pierres dures qu'on y emploie ne pouvant être débitées qu'avec des efpeces
de fcies dont la lame eft de cuivre, & n'a pas de dents, de même que les fcies
de nos Scieurs de pierres ; & pour aider à l'action de la fcie, on fe fert d'émeri
broyé dans de l'eau, au lieu du grès dont fe fervent ces derniers.

Une des grandes difficultés de cette efpece de Mosaïque, eft de trouver des
pierres dont les nuances s'accordent bien avec le ton du deffin, ou, pour
mieux dire, du tableau que l'on copie, ce qui oblige les Artiftes qui travaillent
à ces beaux ouvrages, d'avoir une infinité de pierres débitées de toutes les
couleurs & nuances poffibles, pour choifir entr'elles celle qui leur paroît le
plus convenable ; auffi voit-on à Florence des échantillons de marbres & de
pierres fciés de 125 différentes efpeces.

Il n'y a qu'à Florence où on faffe de cette efpece de Mosaïque ; & tous les
Ouvriers qui y travaillent, au nombre de quarante, font au compte du
Grand-Duc, & ne lui font pas beaucoup d'ouvrage ; ce qui n'eft pas fort éton-
nant, vu la grande difficulté du travail, qui rend ces ouvrages extrêmement
chers. Un pied quarré d'une médiocre exécution, y vaut, dit-on, fix à fept
cents livres.

On a fait de ces fortes de Mosaïques à Paris, dans la Manufacture Royale
des Gobelins, dans le temps que le fameux Boule y faifoit ces beaux ouvrages
d'Ebénifterie de toute efpece ; mais après la mort de Louis XIV, ou pour
mieux dire, de M. Colbert, ces beaux établiffements ont été abandonnés, &
le travail des Mosaïques en pierres dures eft retourné aux Florentins, qui l'ont
confervé avec honneur jufqu'à ce jour.

J'ai cru ne pouvoir pas me difpenfer de donner ici ce petit détail touchant
les Mosaïques, tant anciennes que modernes, vu le grand rapport que ces
dernieres ont avec la Marqueterie ou Mosaïque en métaux, avec laquelle on les
emploie quelquefois. Au refte, ceux qui voudroient avoir une connoiffance plus
détaillée de ces fortes d'ouvrages, pourront confulter *la Differtation fur la
fabrique des Mosaïques*, par M. Fougeroux de Bondaroy, *le Voyage d'un
François en Italie*, *l'Encyclopédie*, & *le Dictionnaire du Commerce*, au mot
Mosaïque.

§. II. *Des Ornements de Bronze en général.*

DE quelque nature que foient les ouvrages d'Ebénifterie, ils font prefque toujours ornés de Bronzes, foit rapportés deffus comme les rinceaux, les agraffes, les guirlandes, &c, ou bien qui font partie même de l'ouvrage, dans lequel ils font quelquefois incruftés, ou y forment des cadres, des bordures à compartiments, &c.

Le travail des premieres efpeces de Bronzes, dépend abfolument du Modeleur, du Fondeur, & des autres efpeces d'Ouvriers qui les finiffent ; cependant ces premiers, c'eft-à-dire, le Modeleur & le Fondeur, ne doivent travailler que de concert avec l'Ebénifte, qui doit diriger leurs opérations, quant à ce qui a rapport à la forme des Bronzes, fur-tout à leur intérieur, c'eft-à-dire, du côté où ils font appliqués fur l'ouvrage, dont ils doivent fuivre très-exactement les contours, les Ebéniftes doivent auffi décider du relief ou faillie de ces mêmes Bronzes, des endroits où ils peuvent ou doivent être coupés, pour faciliter les diverfes ouvertures de l'ouvrage, qui fouvent fe trouvent recouvertes par ces derniers, c'eft-à-dire, les Bronzes ou ornements de cuivre.

Ces Bronzes, *fig. 6*, s'attachent ordinairement fur l'ouvrage avec de petits clous de cuivre, ou, ce qui eft plus folide, avec des vis en bois à tête ronde & dorées, qu'on place dans les endroits qui font les moins apparents, comme dans des fonds, des revers de feuilles, &c ; cependant dans le cas de grands ornements, on fait très-bien, lorfque la place le permet, de faire réferver par le Fondeur des jets ou goujons placés de diftance en diftance derriere les Bronzes, comme celui *C, fig. 7* : on taraude ces goujons qui paffent au travers de l'ouvrage, pour être arrêtés en dedans avec des écrous, comme le repréfente la *fig. 8.*

Les autres efpeces de Bronzes font les filets & les plates-bandes, les cadres ornés de moulures, & généralement toute partie foit incruftée ou rapportée fur l'ouvrage. Les filets qu'on incrufte dans les ouvrages d'Ebénifterie, fe tirent à la filiere plate, à telle largeur & épaiffeur qu'on le juge à propos, & s'incruftent ainfi que ceux de bois ; c'eft pourquoi je n'en parlerai pas davantage. Quant aux plates-bandes, on les refend à la largeur néceffaire avec une fcie trempée, puis on acheve de les dreffer & de les mettre de largeur avec la varlope-onglet à femelle de fer & à fer renverfé. Il eft cependant bon d'y donner quelques coups de lime fur les rives, après qu'elles ont été dreffées, afin qu'elles prennent mieux la colle, ou du moins que cette derniere s'accroche avec les inégalités faites avec la lime, lefquelles inégalités ne doivent cependant pas être apparentes au dehors, c'eft-à-dire, à l'endroit des joints, qui doivent toujours être les plus fins & les plus droits qu'il eft poffible.

Les moulures de cuivre fe font de deux différentes manieres ; favoir, à la

filiere,

filiere, ou à la fonte, par le moyen des moules. Celles qui font faites à la filiere, font les plutôt faites & les plus parfaites ; mais elles ont le défaut d'être gâtées de distance en distance, par la pression des tenailles ou pinces qui mordent dessus ; de plus, lorsqu'on a besoin d'une moulure qui ait peu de longueur, & que le profil de cette moulure ne se trouve pas dans ceux de la filiere, ce qui arrive très-souvent, il vaut mieux faire un modele de la moulure dont on a besoin, & la faire fondre, ou, pour parler plus juste, la faire couler en cuivre, ce qui coûte beaucoup moins cher que de faire une filiere tout exprès.

Les moulures fondues ont cependant leurs inconvénients, parce qu'elles viennent peu propres, & qu'elles ont souvent à leur surface des inégalités ou cavités qu'on nomme *soufflures* ; & qu'on ne peut réparer qu'en y mettant des lardons de cuivre ajustés le plus proprement possible.

Pour que les moulures fondues viennent bien, il faut disposer leurs modeles de maniere qu'ils laissent plus de matiere qu'il ne faut, sur-tout du côté où la moulure doit être apparente. Ces modeles doivent aussi être faits en dépouille, c'est-à-dire, que tous leurs angles rentrants soient gras, & qu'en général toutes leurs arêtes soient un peu arrondies, afin qu'en les retirant de dedans le moule, ils n'en enlevent aucune partie. Il est aussi bon que ces modeles soient faits de bois plein & uni, & que lorsqu'ils sont finis, on les vernisse pour en boucher tous les pores, & empêcher qu'ils ne soient moins adhérents à la terre du moule. *Voyez les fig. 9 & 10*, qui représentent l'une le profil d'une moulure achevée, & l'autre celui du modele de cette même moulure.

Quand les moulures sont fondues, on les répare à la lime & aux écouenes ou grêles de toutes sortes, dont j'ai parlé ci-devant, *page 935* ; & pour qu'elles fussent plus parfaites, on feroit très-bien de se servir des limes coudées, comme on le fait quelquefois, mais encore d'assujétir ces mêmes limes dans des especes de fûts semblables à ceux des outils de moulures, ce qui rendroit l'ouvrage beaucoup plus précieux, & en même-temps moins long & moins sujet à faire.

Comme les moulures de cuivre tirées à la filiere, & celles qui sont fondues, ont chacune leur inconvénient, on a cherché un autre expédient pour les faire plus promptement & plus propres, & on n'en a pas trouvé d'autre que de tourner dans une table de laiton des cercles d'un profil semblable à la moulure qu'on avoit à faire. Quand on a tourné ces cercles, on les coupe à un endroit quelconque de leur circonférence, & on les redresse ensuite, de maniere qu'ils fassent une ligne droite, ce qui donne de très-belles moulures à la vérité, mais ce qui ne réussit pas toujours bien, parce qu'on ne peut faire ainsi des moulures que d'un très-petit profil, tant en largeur qu'en saillie, vu la difficulté de les bien redresser, sur-tout quand le diametre de ces cercles n'eſt pas très-conſidérable ; alors la matiere de leur extérieur ne ſe refoulant pas aſſez ſur elle-même, il arrive ſouvent qu'il ſe fait des caſſures à l'intérieur, ou du moins que la moulure ne devient pas parfaitement droite ſur ſa longueur ; c'eſt pourquoi je crois qu'il vaut mieux s'en tenir aux deux premieres manieres de faire les moulures de cuivre ; & ſi j'ai parlé de cette troiſieme maniere de les faire, ce n'a été que pour indiquer une reſſource qui pourroit quelquefois être utile en certaines occaſions.

Je ne m'étendrai pas davantage ſur la conſtruction des Bronzes, parce que leur travail regarde d'autres Ouvriers que l'Ebéniſte, du moins pour l'ordinaire, & que cela ſera traité dans d'autres Arts avec toute l'étendue convenable, ce que je ne pourrois pas faire ici ſans m'écarter de mon ſujet.

Cependant comme ce ſont les Ebéniſtes qui font les modeles des fontes, je ne ſaurois trop les exhorter à les faire avec tout le ſoin & l'attention poſſibles, tant pour qu'ils ſe dépouillent aiſément, que pour laiſſer de la matiere aux endroits convenables, ainſi que je l'ai dit plus haut, ce qui peut s'appliquer à toutes ſortes d'ouvrages de cette nature.

Après avoir traité ſommairement des différentes ſortes de Bronzes, il me reſte préſentement à traiter des différentes manieres de ſouder les différents métaux dont on fait uſage en Ebéniſterie, ce qui ſera l'objet du paragraphe ſuivant.

§. III. *De la maniere de ſouder les Métaux qu'on emploie aux différens ouvrages d'Ebéniſterie.*

P A R le terme de *ſouder*, on entend l'action d'aſſujétir ou arrêter enſemble deux pieces de même ou de différents Métaux, & cela par le ſecours d'un agent ou métal compoſé, nommé *ſoudure*, dont j'ai fait la deſcription ci-deſſus (*).

Il y a deux manieres de ſouder, l'une qu'on appelle *ſoudure à froid*, ou, pour mieux dire, au fer ; & l'autre, qu'on appelle *ſoudure à chaud*, qui ſe fait par le moyen du charbon allumé, ou d'une lampe.

On ne ſoude guere à froid que l'étain, ſoit avec du cuivre ou avec lui-même, parce que comme c'eſt un métal mou, il entreroit trop vîte en fuſion ſi on le mettoit ſur le feu ; ce qui fait qu'on ne ſe ſert que de fers chauds, leſquels font fondre la ſoudure, dont la chaleur eſt ſuffiſante pour échauffer l'étain au point qu'elle s'incorpore aiſément avec lui.

(*) En général, tous les Métaux ſe ſoudent ainſi que je viens de le dire ; cependant lorſqu'on unit enſemble deux pieces de fer par le moyen du cuivre, on ne dit pas une *ſoudure*, mais une *braſure* ; & on ne dit *ſoudure*, en parlant de ce métal, que lorſque l'on unit deux morceaux de fer ſans ſecours d'aucun agent, en les faiſant ſeulement chauffer à un degré de chaleur convenable, & en les appliquant l'un ſur l'autre ſur l'enclume, où on les forge comme s'ils ne faiſoient qu'un, ainſi que l'écaille, ayant la propriété de ſe réunir par le moyen de la chaleur ſeulement.

Les fers à souder sont de deux sortes ; les uns, comme la *fig.* 12 , servent à faire des soudures dans les angles ; & les autres , *fig.* 13 & 14, ne servent qu'à faire des soudures plates. Il faut que ces différents fers soient étamés pour en faire usage , sur-tout les derniers, dont la masse est toute de fer , au lieu qu'à l'autre on la fait ordinairement de cuivre.

Quand on veut souder de l'étain avec lui-même , on commence par enduire les pieces aux environs des joints , avec une espece de blanc ou de colle faite avec du blanc d'Espagne & de la colle-forte : il faut mettre deux couches de ce blanc , qui empêche la soudure de prendre ailleurs qu'à l'endroit du joint , & qui en même-temps arrête les progrès de la chaleur du fer ; puis quand le blanc est bien sec , on avive le joint , & prenant de la soudure avec le bout du fer chaud , on l'applique dessus le plus promptement possible , pour ne pas trop échauffer l'étain , auquel , comme je l'ai déja dit , la soudure en fusion communique toujours assez de chaleur.

Lorsqu'on soude au fer , il faut avoir près de soi une brique ou une espece de palette garnie de fer-blanc , nommée *étamoir* , sur laquelle on frotte de temps en temps le fer , après l'avoir fait toucher à un morceau de poix-résine , par le moyen de laquelle la soudure s'y attache plus aisément.

Quand la soudure d'une piece d'étain doit être apparente , il faut se servir du même étain que la piece pour la souder , afin que quand elle est polie , la soudure n'y paroisse en aucune maniere.

Quand on soude une piece de cuivre avec une piece d'étain , on le fait toujours ainsi que je viens de le dire ci-dessus , en observant seulement qu'il est bon de chauffer un peu la piece de cuivre , & de la frotter de sel ammoniac , afin que la soudure d'étain s'y attache mieux.

La seconde maniere de souder , ou la soudure à chaud , se fait ou par le moyen des charbons ardents ou d'une lampe allumée , comme je l'ai dit plus haut : dans l'un ou l'autre cas , on dispose toujours les pieces à souder de la même façon , ce qui se fait de la maniere suivante.

On commence par disposer les joints tels qu'ils doivent être , soit bout à bout , ou en recouvrement l'un sur l'autre (ce qui est la meilleure maniere , quand cela est possible) ; ensuite on lie les pieces ensemble avec du petit fil de fer bien recuit , de façon qu'elles ne puissent pas se déranger , comme la *fig.* 11 ; puis on mouille l'endroit qui doit être soudé , pour y fixer les paillons de soudure , & sur-tout le borax , dont on couvre le tout ; après quoi on met la piece ainsi disposée , sur des charbons allumés dans une poële de fer , & on la recouvre avec d'autres charbons , de maniere cependant qu'on puisse voir l'endroit qui doit être soudé. Quand tout est ainsi disposé , on souffle le feu en dirigeant son action de maniere que la partie qui doit être soudée , chauffe également & , en même temps par-tout. Cette opération demande beaucoup d'attention & d'usage , parce que d'abord qu'on voit la soudure entrer en fusion (ce qui se fait très-promptement) il faut cesser de souffler tout aussi-tôt, sans quoi on courroit grand risque de faire fondre la piece, ou de brûler la soudure.

Quand les pieces qu'on veut souder, sont d'une nature à ne pouvoir pas être liées ensemble, mais que leurs soudures sont à leurs extrémités, soit que ces mêmes pieces doivent être mises bout à bout l'une de l'autre ou en retour d'équerre, comme, par exemple, la *fig.* 15, on assujétit les pieces à souder sur de la tôle, ou, ce qui est encore mieux, sur du gros fil de fer applati, de deux à trois lignes de diametre, auquel on a donné une forme semblable à celle des pieces qu'on veut souder. *Voyez la fig.* 16, qui représente le fil de fer sur lequel est placé la partie du cadre représenté *fig.* 15.

Quand les pieces sont trop petites pour être soudées sur un grand feu, on les soude à la lampe ; ce qui se fait de la maniere suivante.

La piece qu'on veut souder étant apprêtée, comme je l'ai dit ci-dessus, on la pose sur un gros charbon applati & disposé de maniere que la piece y tienne solidement ; on prend le charbon (& par conséquent la piece) de la main gauche, & de la droite un chalumeau ou tuyau de cuivre recourbé par le bout ; on approche la piece de la lampe, & on souffle dans le chalumeau, afin d'exciter la flame de la lampe, & de la porter sur l'endroit de la piece qu'on veut souder, en prenant la même précaution que quand on soude au feu, c'est-à-dire, de cesser de souffler d'abord que la soudure commence à entrer en fusion.

Comme les pieces qu'on soude à la lampe sont la plupart très-petites, & qu'il ne faut y mettre qu'une très-petite quantité de borax, on met ce dernier dans une boîte de fer-blanc ou de cuivre, *fig.* 17, nommée *Rochoir*, au bas de laquelle est un petit tuyau dont l'orifice ou ouverture est très-petite, pour ne laisser sortir qu'une très-petite quantité de borax à la fois.

S'il arrivoit que les pieces qu'on veut souder ensemble, eussent des assemblages par le moyén desquels on pût en retenir les joints, on pourroit les souder à l'étain, comme je vais l'enseigner.

On commence d'abord par faire chauffer la piece à l'endroit de l'assemblage qu'on frotte de sel ammoniac, & qu'on étame ensuite avec le fer, *fig.* 12, en observant de bien étendre l'étain dans toutes les parties de l'assemblage. On fait la même chose, s'il est possible, aux deux pieces qui doivent aller ensemble ; & quand elles sont bien étamées, on les fait chauffer toutes deux jusqu'à ce que l'étain soit presque en fusion ; puis on les assemble & on les laisse refroidir ; alors elles sont parfaitement soudées intérieurement sans qu'il en paroisse rien au dehors.

Cette maniere de souder les pieces assemblées, est très-avantageuse, parce que si on vouloit les séparer, on n'auroit qu'à les faire chauffer pour molifier l'étain qui les tient, ce qu'on ne peut pas faire avec les autres especes de soudures.

Voilà,

Voilà , en abrégé , tout ce qui regarde la maniere de souder les différents métaux dont on fait usage en Ebénisterie ; & je vais terminer ce Chapitre & cette Partie de mon Ouvrage , par la description du Vernis propre à mettre sur les ouvrages de cuivre , connu en France sous le nom de *Vernis d'Angleterre.*

§. IV. *Description & usage d'un Vernis propre à vernir & dorer le cuivre & les autres métaux.*

Lorsque j'ai parlé du poli du fer & du cuivre *page 955* , j'ai avancé que je donnerois la composition & l'usage du Vernis connu sous le nom de *Vernis d'Angleterre* , ce qui ne peut pas être mieux placé qu'ici , puisque je viens de terminer ce qui regarde les bronzes , ou , pour mieux dire , les cuivres dont on orne les différentes especes d'Ebénisterie.

Comme on ne trouve pas le Vernis chez les Marchands , & que ceux qui en savent la composition en font un secret , j'ai cru devoir donner ici un détail des drogues dont il est composé , ainsi que la maniere de les réduire en liqueur , ce qui se fait de la maniere suivante.

Il faut prendre une demi-once d'Ambre jaune ou Karabé jaune , ou de Succin (ce qui est la même chose , l'Ambre jaune étant souvent indiqué sous l'un de ces deux derniers noms) , qu'on réduit en poudre très-fine & passée au tamis de soie ; une demi-once de Gomme laque en grain , mise en poudre comme l'Ambre jaune ; neuf grains de Safran en poudre ; dix grains de Sang de dragon en larme concassé , & dix onces d'Esprit-de-vin parfaitement déphlegmé , à l'épreuve de la poudre , ce qui se fait ainsi qu'il suit.

On met une pincée de poudre à tirer dans une cuillier ordinaire , & on la remplit de l'Esprit-de-vin dont on veut faire l'épreuve ; puis on allume ce dernier avec un morceau de papier ; & quand il est bon , il faut que d'abord qu'il est entiérement consumé , la poudre prenne comme si elle n'avoit pas été imbibée. Si au contraire la poudre ne s'enflammoit pas subitement , ce seroit une marque que l'Esprit-de-vin ne seroit pas assez parfait pour faire ce Vernis.

Toutes ces drogues étant bien choisies , il faut prendre une bouteille de pinte , seche & très-propre , dans laquelle on versera l'Esprit-de-vin & l'Ambre jaune , en observant de remuer la bouteille pour mêler ces deux drogues ; après quoi on coëffera la bouteille avec un parchemin mouillé , qu'on assujétira autour du goulot avec une ficelle bien serrée , & on fera un trou au parchemin avec une épingle qu'on y laissera , pour donner de l'air à la bouteille quand il sera nécessaire ; ensuite on mettra sur le feu un chaudron d'une grandeur convenable pour contenir la bouteille , & on mettra du foin au fond du chaudron , pour que la bouteille n'y touche pas & soit en quelque maniere isolée au milieu de l'eau qu'on met dans le chaudron en quantité suffisante , pour que la bouteille trempe bien dedans ; & pour que cette derniere ne se renverse pas, on en assujétit le goulot soit à un bâton, ou toute autre chose, placé en travers du dessus du chaudron, dessous lequel on fera un feu suffisant pour que l'eau soit toujours très-chaude, sans cependant qu'elle bouille.

A mesure que l'eau chauffera, on ôtera de temps en temps l'épingle, pour que l'Esprit-de-vin qui se raréfie ne fasse pas casser la bouteille, qu'il faut retirer du chaudron de demi-heure en demi-heure, & toujours près du feu, de crainte que l'air froid ne fasse casser la bouteille ; & à chaque fois qu'on l'ôtera du chaudron, il faudra l'agiter un moment, en observant toujours d'ôter l'épingle pour y donner de l'air : on continuera la même manœuvre pendant quatre à cinq heures, après quoi on ne fera plus de feu, pour laisser refroidir l'eau du chaudron, & par conséquent la bouteille.

Quand elle sera bien refroidie, on l'ôtera du chaudron, & on la découvrira pour y mettre les autres drogues, c'est-à-dire, la Gomme laque, le Safran & le Sang de dragon, & on la rebouchera comme auparavant ; on la remuera & on la remettra dans l'eau, qu'on fera chauffer un peu auparavant, & on recommencera comme ci-dessus pendant quatre à cinq heures ; après quoi on laissera refroidir la bouteille sans la remuer davantage ; & au bout de quatre ou cinq jours, on versera bien doucement le Vernis dans une autre bouteille tant qu'il viendra clair ; & ce qui restera, on pourra le passer au travers d'un linge fin ; après quoi on bouchera bien exactement la bouteille.

Si on vouloit faire une plus grande quantité de Vernis, il faudroit prendre une bouteille ou tout autre vase de verre, grand à proportion, en observant toujours que le Vernis n'occupe que le quart de la capacité du vase, sans quoi il casseroit lorsque les drogues seroient échauffées.

Si on vouloit dorer de l'argent ou de l'étain avec ce Vernis, il faudroit doubler ou même tripler la dose du Safran ou du Sang de dragon.

Quant à la maniere d'employer le Vernis, on s'y prend ainsi qu'il suit.

Quand la piece aura été bien polie, il faut la dégraisser en la frottant avec de la poudre à poudrer, détrempée dans un peu d'esprit-de-vin, ou bien, au lieu de poudre, on peut se servir de blanc d'Espagne, réduit, comme cette derniere, en poudre impalpable ; puis on la fera chauffer sur une plaque de tôle placée sur un fourneau, en observant qu'elle chauffe bien également partout, & à tel degré de chaleur qu'on ne puisse pas aisément la toucher du dessus de la main ; puis on versera du Vernis dans un petit vase, dans lequel on trempera un pinceau de poil de blaireau bien doux ; & après l'avoir un peu essuyé sur le bord du vase, on le passera légérement sur la piece sans beaucoup l'appuyer ; il faut le faire assez adroitement, pour que les reprises ne paroissent point, & qu'il n'y ait point d'ondes ni de taches sur la piece vernie.

Si cependant il arrivoit qu'il y eût quelques ondes, on les feroit disparoître, du moins en partie, en approchant la piece vernie de la plaque de tôle du côté où seroient les ondes, en évitant sur-tout que la piece touchât à la plaque.

S'il arrivoit qu'on voulût vernir des pieces qui, par leurs formes ou pour toute autre raison, ne pussent pas être chauffées, on les verniroit à froid, & on les approcheroit tout de suite du feu, pour qu'elles prissent une chaleur capable de faire cuire également le Vernis, & de donner le lustre à la piece.

Lorsque le poli viendra à se salir, on le nétoyera avec de l'eau tiede & un linge blanc & fin ; mais il ne faut jamais se servir d'aucunes pierres ou poudres à polir, comme le blanc d'Espagne, le tripoli, &c.

Ce Vernis est dur & très-beau ; il ôte l'odeur du cuivre, lui donne une belle couleur brillante approchant de celle de l'or ; &, ce qu'il y a de plus avantageux, il le préserve du verd-de-gris, en empêchant l'effet de l'humidité : de sorte qu'on peut toucher une piece de cuivre ainsi vernie, sans craindre d'y faire de taches, ni d'en gâter le poli.

Les Anglois ont long-temps fait un grand mystere de la composition de ce Vernis, & de la maniere d'en faire usage ; cependant il fut communiqué à des Artistes François en 1720 & en 1738 ; & en 1761, il fut détaillé dans les Mémoires de l'Académie Royale des Sciences, où il seroit encore inconnu aux Artistes, ainsi que beaucoup d'autres découvertes qui seroient très-utiles à une infinité d'Ouvriers, sans les recherches que fit le Révérend Pere Dom Bedos, qui ne s'est pas contenté de copier la recette de ce Vernis telle qu'elle est donnée dans les Mémoires de l'Académie, mais qui a joint la pratique à la théorie, en faisant lui-même du Vernis, lequel ne le céde pas à celui d'Angleterre en aucune façon ; c'est de lui que je tiens la maniere de faire ce Vernis & de le mettre en usage.

Fin de l'Art de l'Ebénisterie.

TABLE

DÉS CHAPITRES ET ARTICLES

DU

MENUISIER ÉBÉNISTE.

TROISIEME SECTION DE LA TROISIEME PARTIE
DE L'ART DU MENUISIER.

Fin de la Table des Chapitres.

ADDITIONS ET CORRECTIONS.

PAGE 768, *après le n°. 7, & page 771, il faut ajouter:* Bambou. Ce bois croît dans les Pays maritimes des Indes Orientales: c'est une espece de canne, dont la grosseur vient jusqu'à huit à dix pouces de diametre, en diminuant toujours jusqu'à son sommet, qui s'éleve quelquefois jusqu'à trente pieds de hauteur. Le bois de Bambou est très-dur, plein & de fil ; sa couleur est blanchâtre, tirant sur le rouge, quelquefois elle est d'un gris vineux, & toujours parsemée de petites veines un peu plus foncées que le reste. Les Indiens font un très-grand usage de ce bois, tant pour la bâtisse que pour les meubles, & sur-tout pour faire des especes de seaux, dans lesquels l'eau & les liqueurs se conservent, dit-on, très-bien. La couleur du Bambou change en veillissant ; & de blanc rougeâtre ou de gris vineux, il devient brun rougeâtre, du moins à l'extérieur ; car si on racle sa surface, il reprend sa premiere couleur, à très-peu de chose près, comme j'en ai fait l'expérience sur des especes de seaux ou barriques venus des Indes.

Page 788, *ligne* 23, Lapire : *lisez*, Lapiré.

Page 795, *ligne* 32, *après le mot* pinte, *il faut supprimer le reste de la ligne & la suivante, à la place de quoi il faut lire ce qui suit* : sur une once ou une demi-once d'indigo, (car il y en a qui mettent la premiere de ces deux quantités, & d'autres la seconde, ce qui est, je crois, le mieux, parce que moins il y a d'indigo, mieux la teinture s'introduit dans les pores du bois), & il faut avoir soin que l'indigo soit bien pulvérisé, pour que l'action du vitriol se fasse plus aisément ; puis on bouche très-exactement la bouteille, & on lute, &c.

Page 800, *ligne* 9, sur environ trois pieds : *lisez*, trois à trois pieds & demi de longueur.

Idem. *ligne* 32, *fig.* 11 : *lisez*, *fig.* 10.

Page 822, *ligne* 6, de chaque côté : *lisez*, des deux côtés.

Page 847, *ligne* 5, *après le mot* pratiquable ; *ajoutez* : ou du moins bien solide.

Page 867, *à la fin de la note*, page : *lisez*, page 812.

Page 870, *ligne* 22, a le défaut : *lisez*, l'avantage.

Page 894, *ligne* 31, se reportent : *lisez*, se rapportent.

Page 901, *après la cinquieme ligne, il faut ajouter* : Quand la la lame de ces sortes de scies est très-étroite, on doit faire leurs dentures à rebours, c'est-à-dire, inclinées vers le manche de la scie, afin qu'elle ne ploie pas lorsqu'on en fait usage ; ce qui ne peut être, puisqu'étant ainsi dentée, elle ne peut mordre que lorsqu'on la retire à soi.

Page 903, *ligne* 34, *après les mots* ces derniers, *il faut ajouter*: c'est-à-dire, les assemblages.

Page 910, *ligne* 39, ensuite de quoi : *lisez*, puis.

Ibid. *ligne* 40, cintré : *lisez*, centré. *A la ligne suivante c'est la même faute.*

Page 916, *ligne* 33 ; a b : *lisez*, a d.

Page 921, *ligne* 26, d'égale largeur, *il faut ajouter*, d'un bout à l'autre.

Page 942, *après la ligne* 37, *il faut lire* : Outre les différents outils de Serrurier dont je viens de parler, il faut encore que les Ebénistes ayent une bigorne, espece de petite enclume montée sur un billot de bois, ou du moins un tas, au défaut de cette derniere, pour pouvoir forger à froid & redresser les différentes pieces de serrures qui pourroient en avoir besoin. Je n'ai pas donné de figures de ces deux sortes d'outils, qui d'ailleurs sont très-connus, & se trouvent tout faits chez les Marchands.

Page 958, *il faut faire attention que la Planche* 323, *ne commence qu'à la dix-huitieme ligne de cette page.*

Page 1010, *à la fin de la ligne* 17, *après le mot* pince, *il faut supprimer* &, *& y substituer une virgule.*

Page 1014, Pl. 334 : *lisez* 335.

Page 1028, *à la note seconde colonne, ligne* 4, s'ils ne faisoient qu'un, ainsi que l'écaille : *lisez*, le fer ainsi que l'écaille, &c.

Corrections des Planches.

A la Planche 280, il manque les lettres *i* & *l* à la *figure* 6.
A celle 283, la lettre *m*, *figure* 4, est sur la ligne à côté de celle où elle doit être.
A celle 294, la *figure* 11 est faite, mais elle n'est pas cotée.
A la *figure* 12, Pl. 297, il manque un *p* au bout de la ligne o.
A la Planche 300, *figure* 6, il manque la lettre G.

EXTRAIT DES REGISTRES

DE L'ACADÉMIE ROYALE DES SCIENCES,

Du 5 Mars 1774.

Messieurs Duhamel & Guettard, qui avoiént été nommés pour examiner *la Troisieme Section de la Troisieme Partie de l'Art du Menuisier*, par M. Roubo le fils, qui comprend l'*Art du Menuisier-Ebéniste*, en ayant fait leur rapport ; l'Académie à jugé que cette Partie étoit en général bien détaillée, qu'elle contenoit des recherches curieuses, & des réflexions judicieuses sur cet Art, & qu'elle méritoit d'être imprimée avec la Description des Arts publiés sous ses auspices & sous son approbation : en foi de quoi j'ai signé le présent Certificat. A Paris le 15 Avril 1774.

Signé, GRANDJEAN DE FOUCHY,
Secrétaire perpétuel de l'Académie Royale des Sciences.

DE L'IMPRIMERIE DE L. F. DELATOUR. 1774.

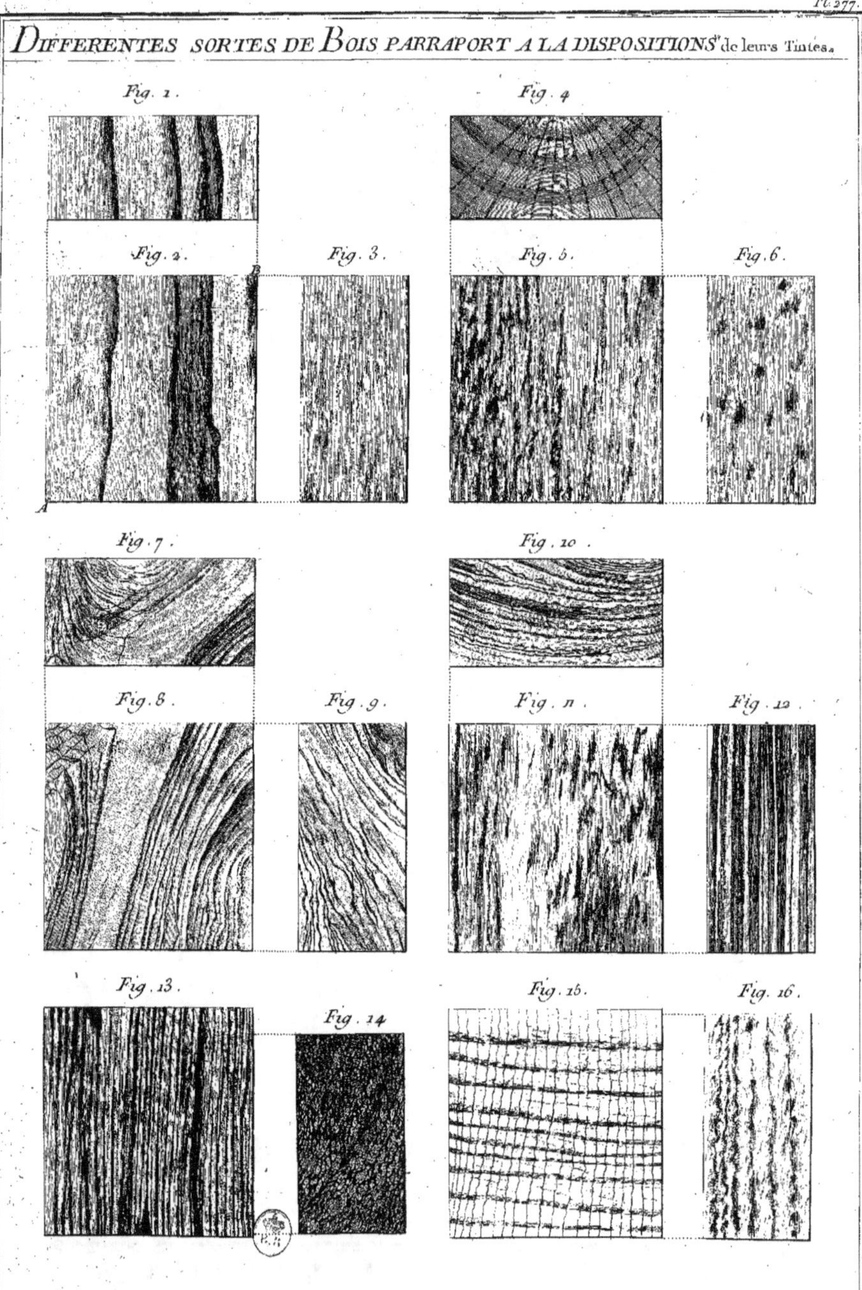

DIFFERENTES SORTES DE BOIS PARRAPORT A LA DISPOSITIONS de leurs Tintes.
Fig. 1.
Fig. 4.
Fig. 2.
Fig. 3.
Fig. 5.
Fig. 6.
Fig. 7.
Fig. 10.
Fig. 8.
Fig. 9.
Fig. n.
Fig. 12.
Fig. 13.
Fig. 14.
Fig. 15.
Fig. 16.
A. J. Roubo Inv. Del. et Sculp.

MANIERE DE REFENDRE LE BOIS DE PLACAGE, AVEC les Developpements de la Scie a Presse.
Fig. 1.
Fig. 2.
Fig. 3.
Fig. 4.
a
Fig. 5.
b
Fig. 6.
Fig. 7.
Fig. 8.
Fig. 9.
Fig. 10.
Fig. 11.
A
Fig. 12.
Echelles de
1
2
3
4
5
6 Pieds
1
2
3
4
5
6 Pieds
A. J. Roubo Inv. Del et Sculp.

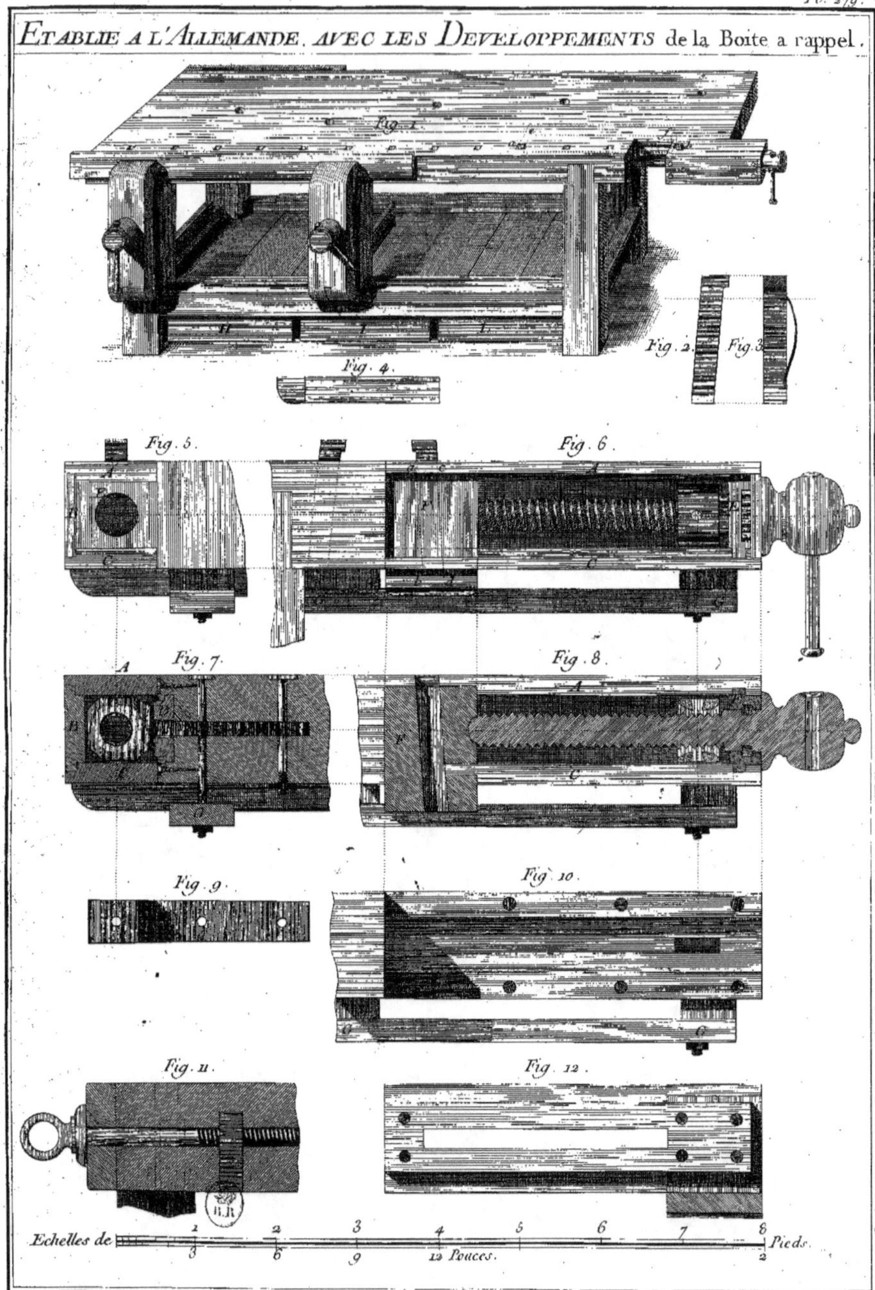

A. J. Roubo Inv. et Del.

Michelinot Sculp.

DIVERSES SORTES DE PRESSES, MEULE, ET PIERRE A L'HUILE.

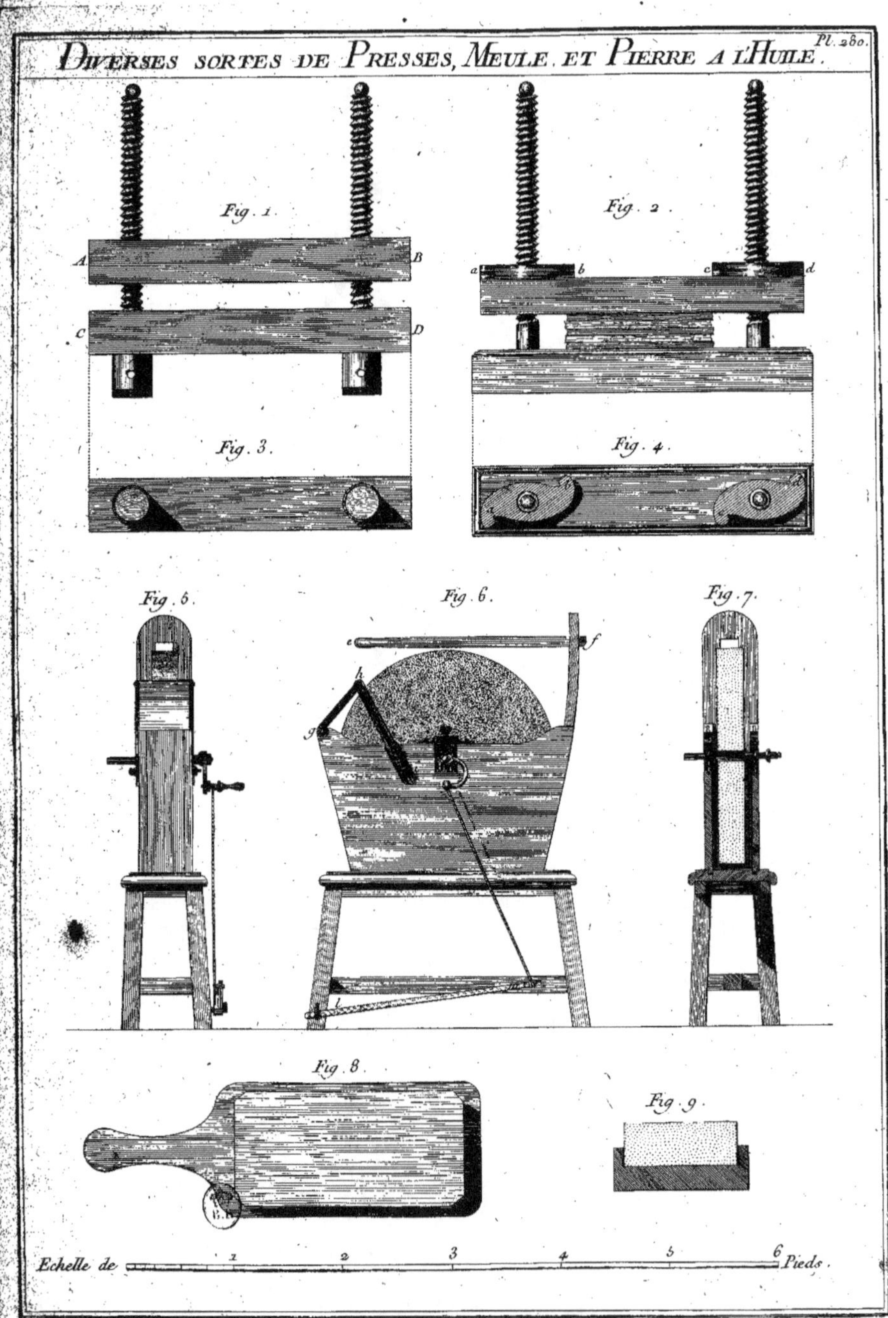

A. J. Roubo, Inv. Del. et Sculp.

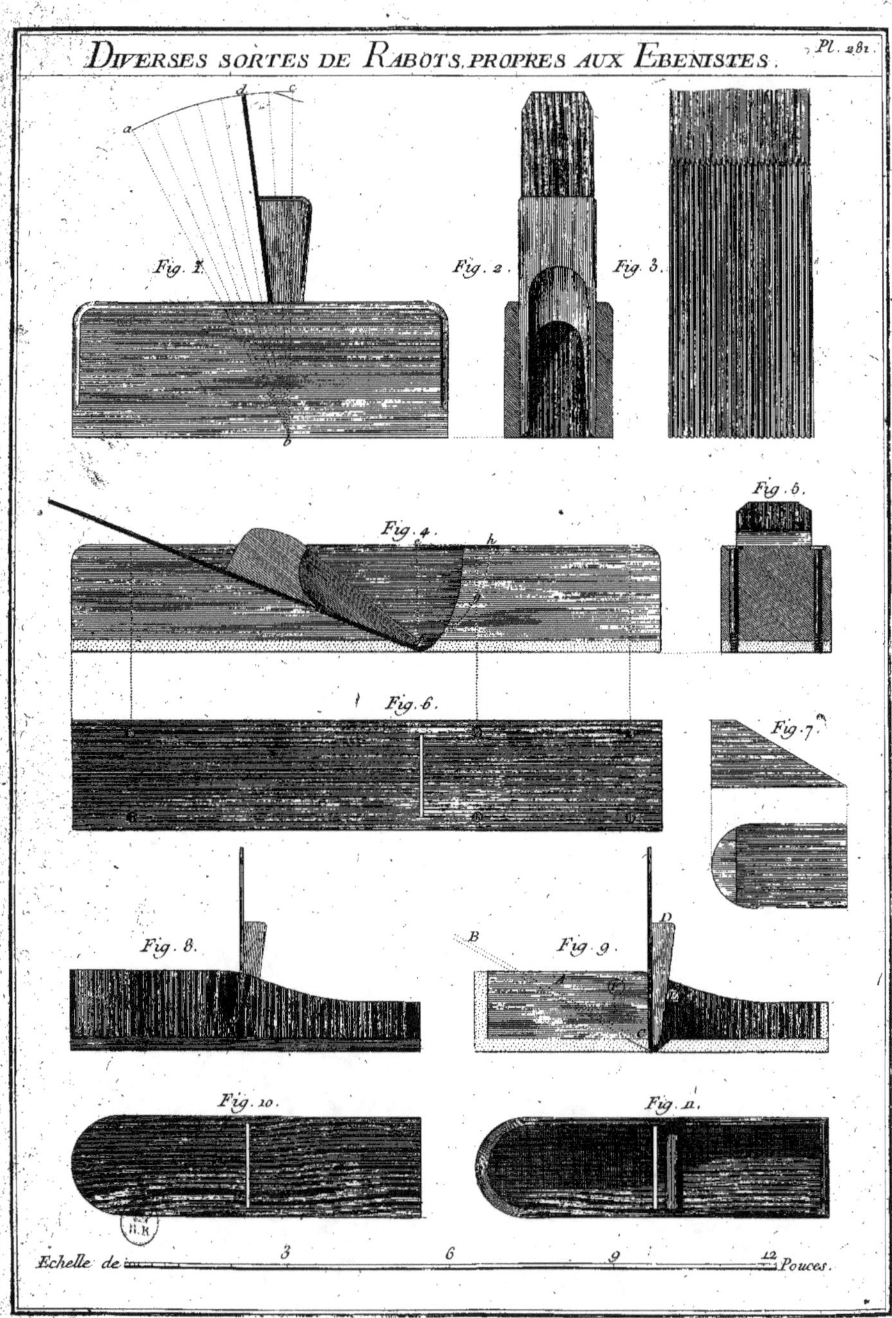

DIVERSES SORTES DE RABOTS, PROPRES AUX EBENISTES.
Pl. 281.
Fig. 1.
Fig. 2.
Fig. 3.
Fig. 5.
Fig. 4.
Fig. 6.
Fig. 7.
Fig. 8.
Fig. 9.
Fig. 10.
Fig. 11.
Echelle de
3
6
9
12 Pouces.
A. J. Roubo, Inv. Del. et Sculp.

MANIERE DE DISPOSER LES BATIS, POUR RECEVOIR LE PLACAGE.

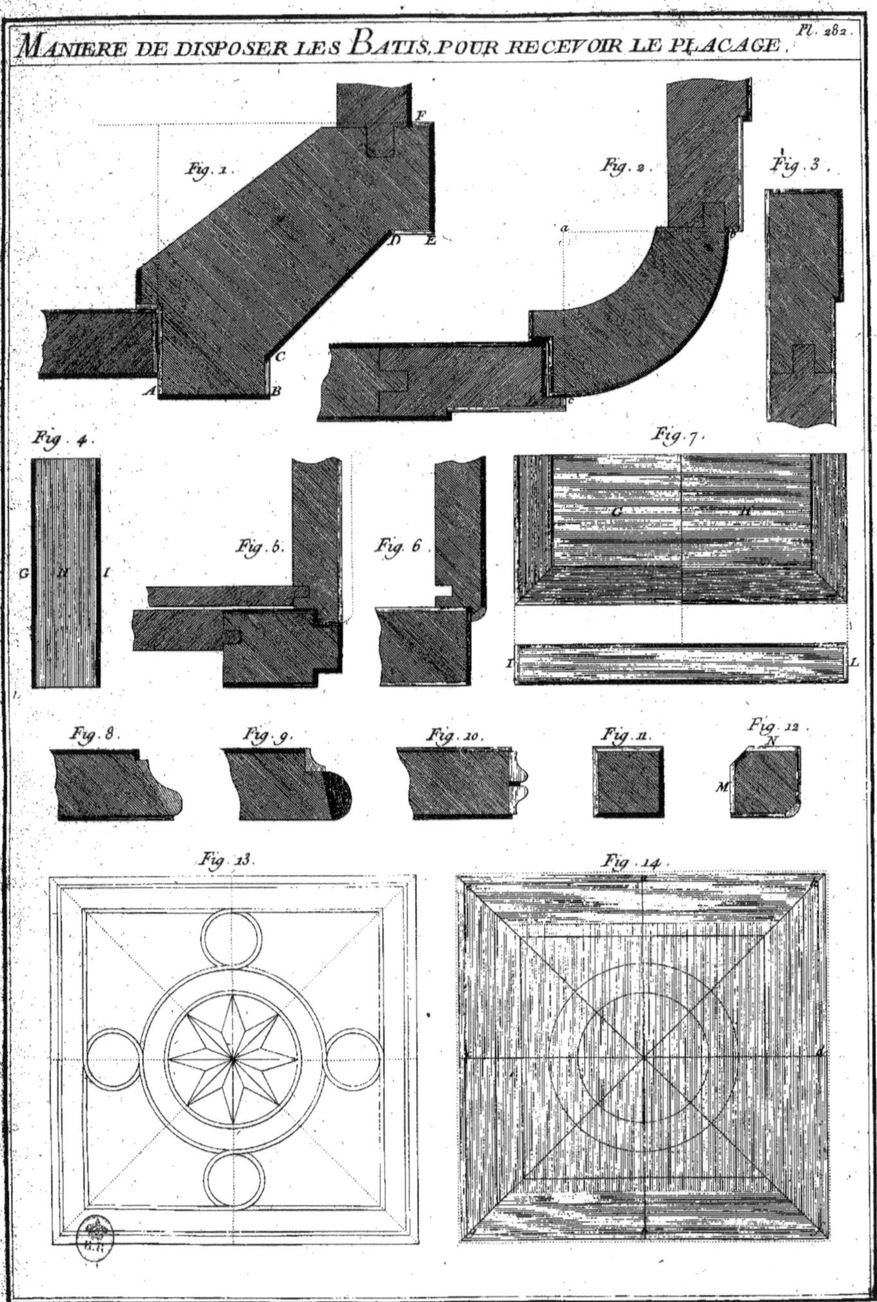

MANIERE DE DEBITER LES BOIS DE PLAQUAGES.

Fig. 1.

Fig. 2.

Fig. 3.

Fig. 4.

Fig. 5.

Fig. 6.

Fig. 7.

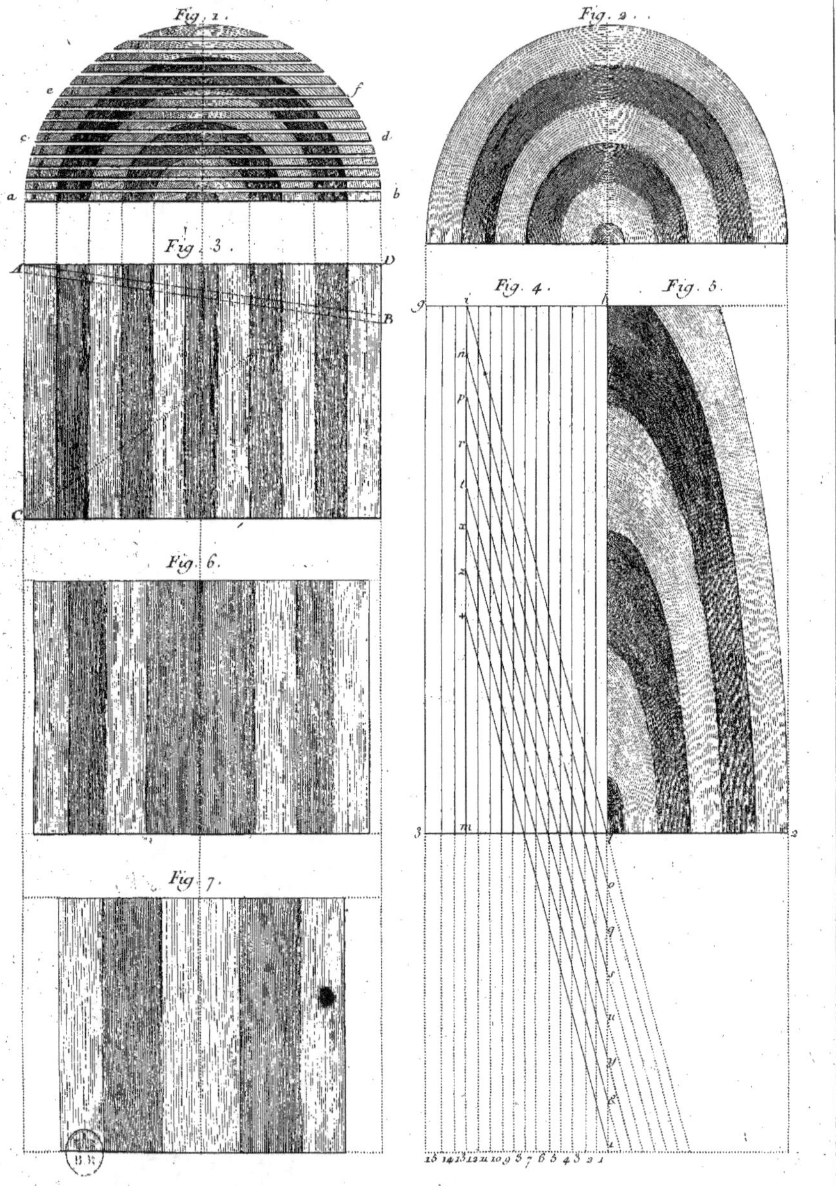

A. J. Roubo. Inv. Del. et Sculp.

DIFFERENTES MANIERES DE DISPOSER LES BOIS DE PLAQUAGE.

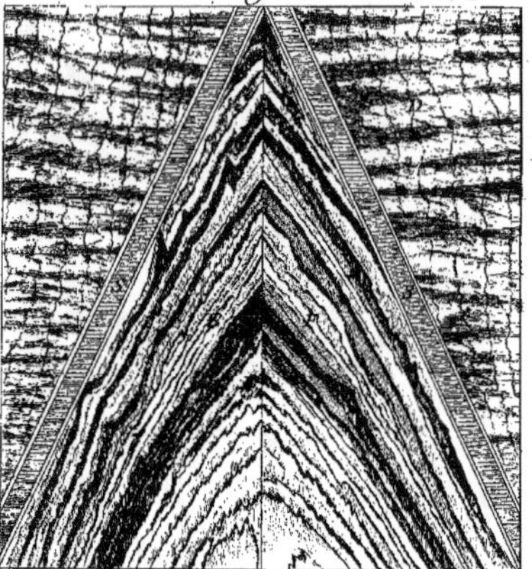

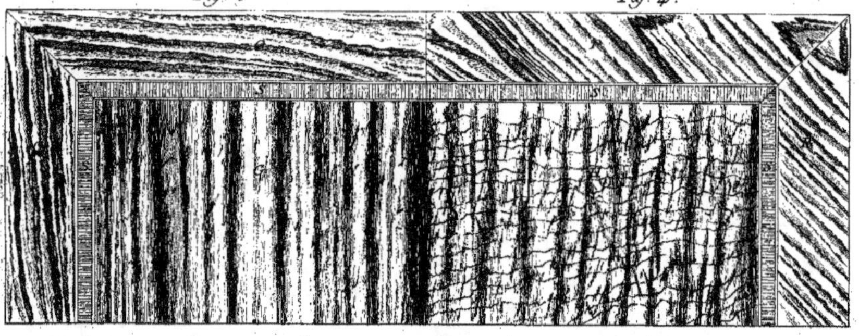

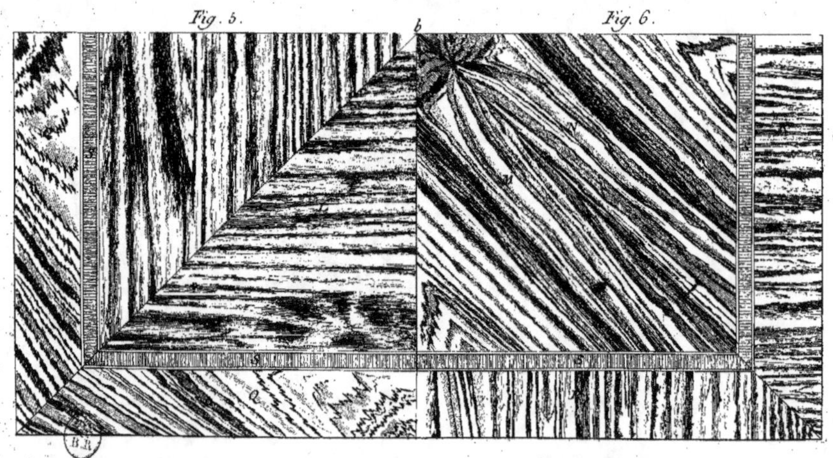

A. J. Roubo. Inv. Del. et Sculp.

COMPARTIMENTS PROPRES AUX DIFFERENTES OUVRAGES D'EBENISTRIE.

Fig. 1.

Fig. 2.

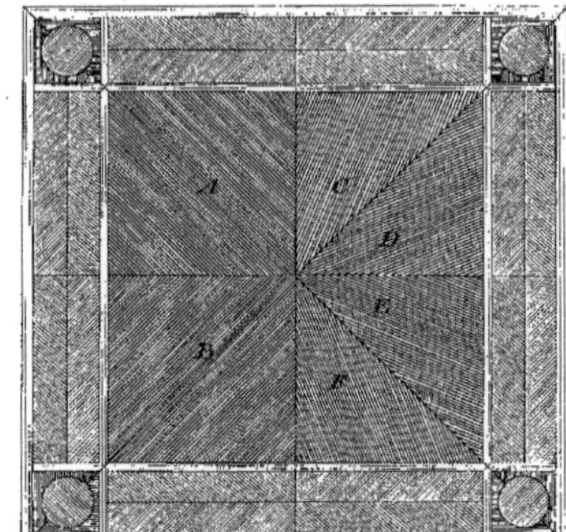

Fig. 3.

Fig. 4.

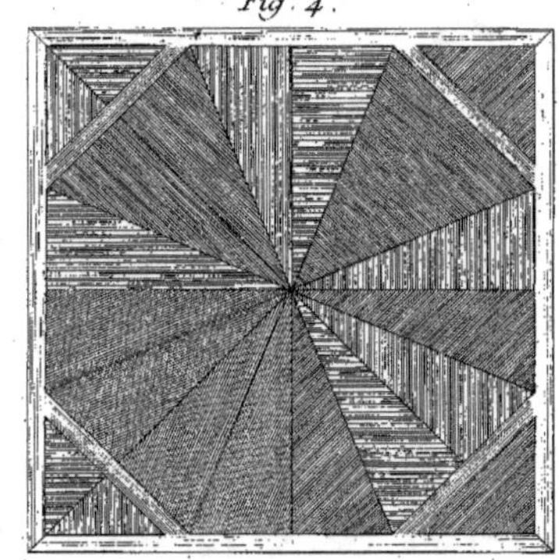

Fig. 5.

Fig. 6.

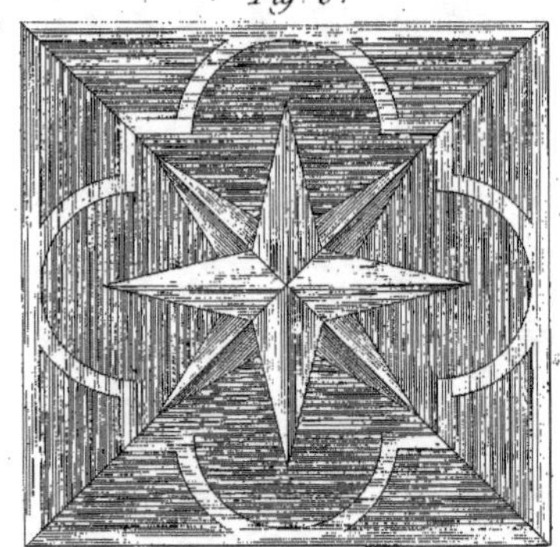

A. J. Roubo Inv. Del. et Sculp.

DIVERSES SORTES DE COMPARTIMENTS, PROPRES aux remplissage des Paneaux.
Fig. 1.
Fig. 2.
Fig. 3.
Fig. 4.
Fig. 5.
Fig. 6.
Fig. 7.
A. J. Roubo Inv. Del. et Sculp.

COMPARTIMENTS POUR LES ANGLES DES PANEAUX, ET POUR Les Frises.

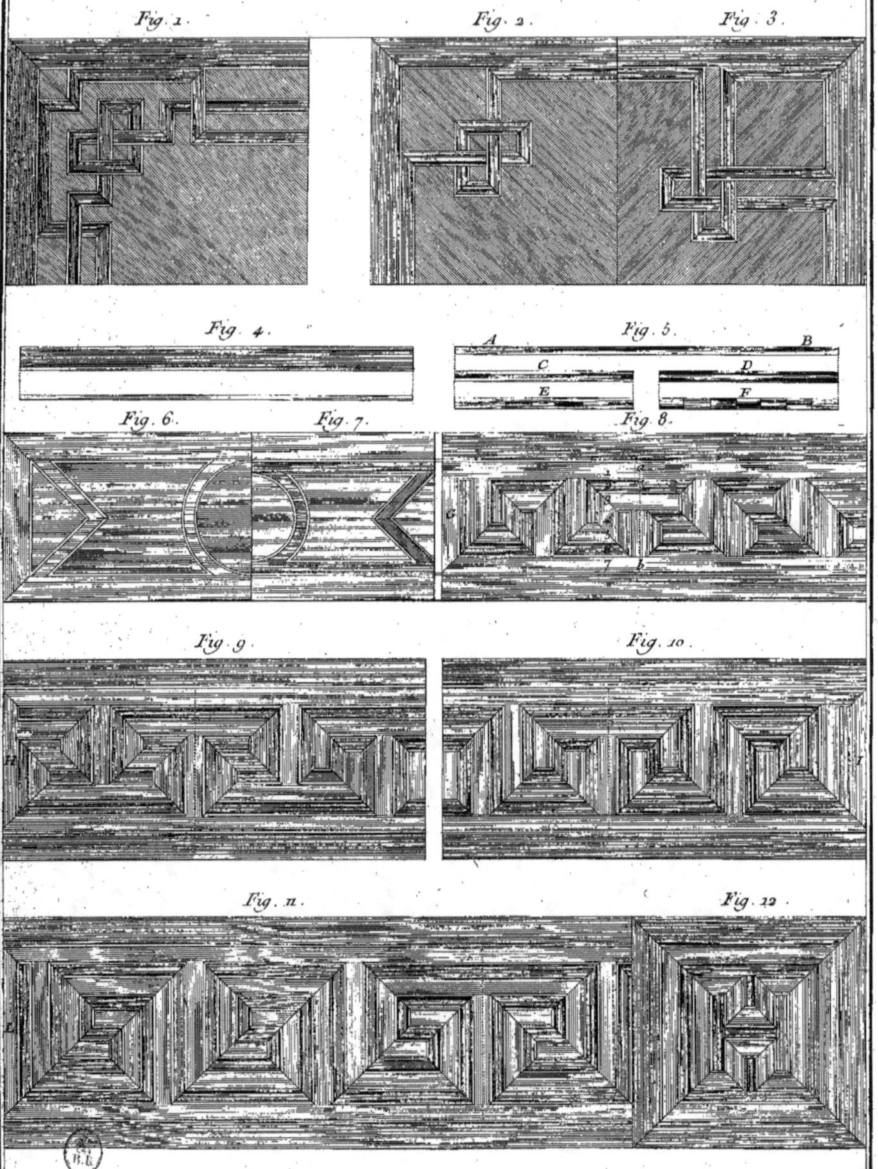
Fig. 1.
Fig. 2.
Fig. 3.
Fig. 4.
Fig. 5.
A
B
C
D
E
F
Fig. 6.
Fig. 7.
Fig. 8.
G
Fig. 9.
H
Fig. 10.
I
Fig. 11.
L
Fig. 12.

A. J. Roubo. Inv. Del. et Sculp.

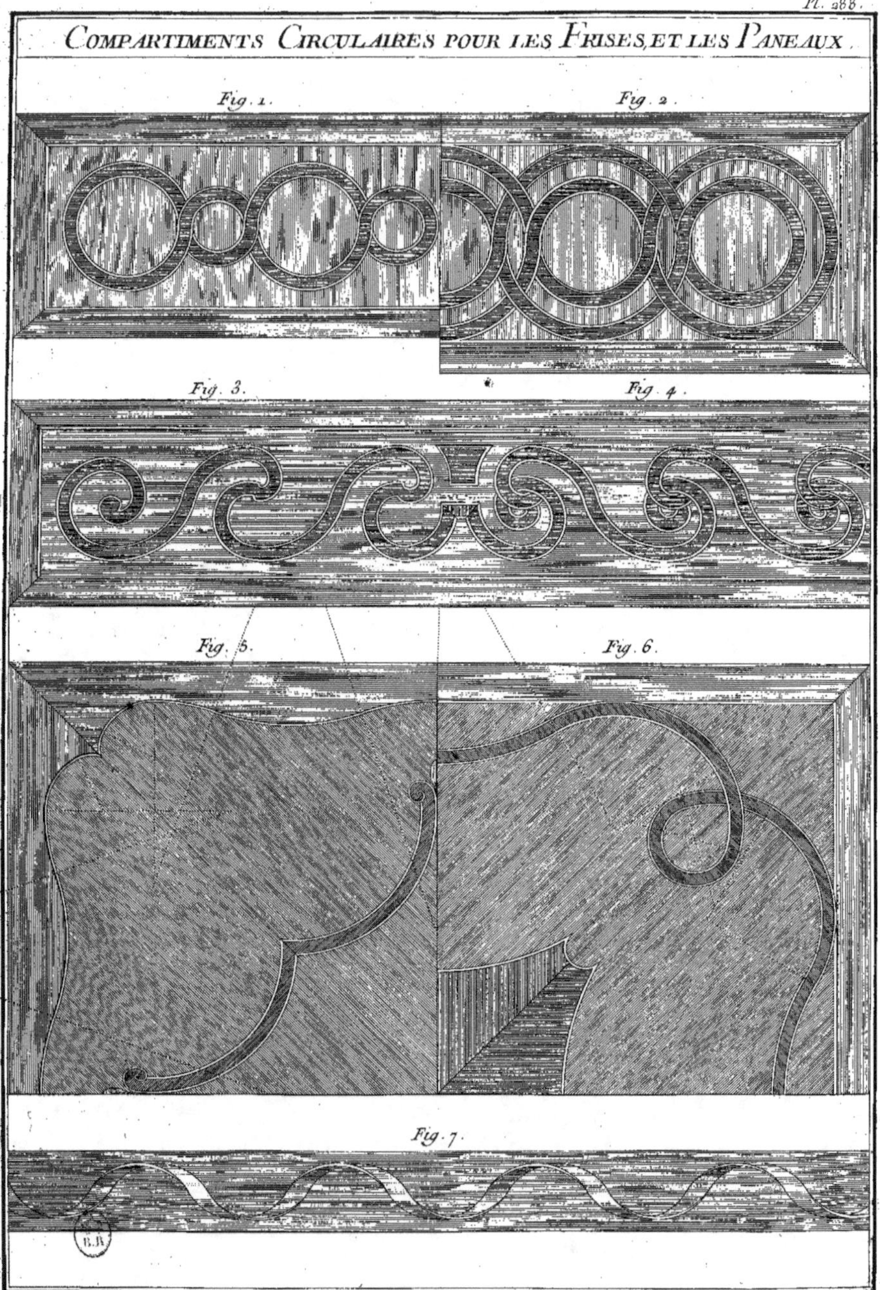

A. J. Roubo Inv Del et Sculp.

MANIERE D'AJUSTER LES PIECES DROITES, ET LES OUTILS qui y sont propres.

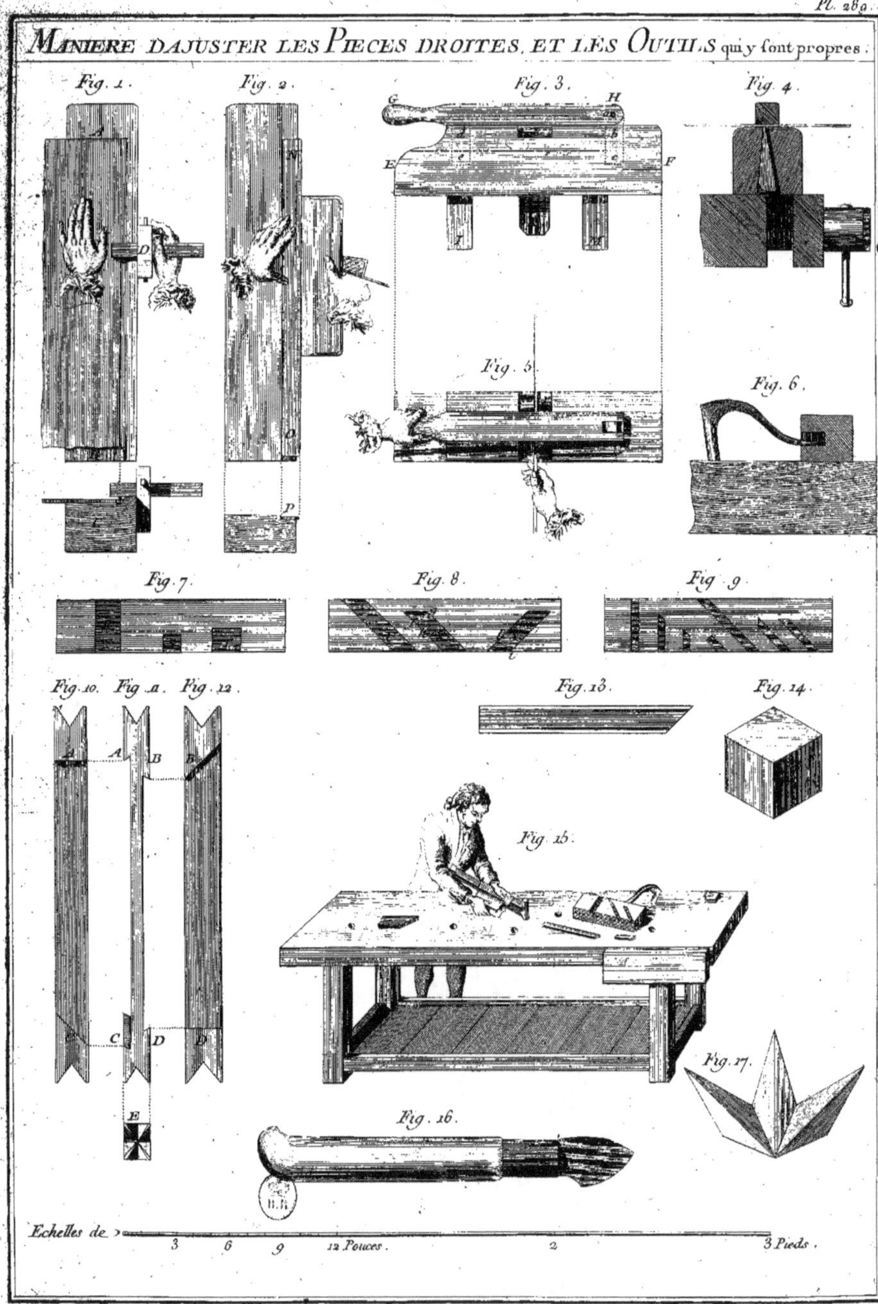

A. J. Roubo. Inv. Del. et Sculp.

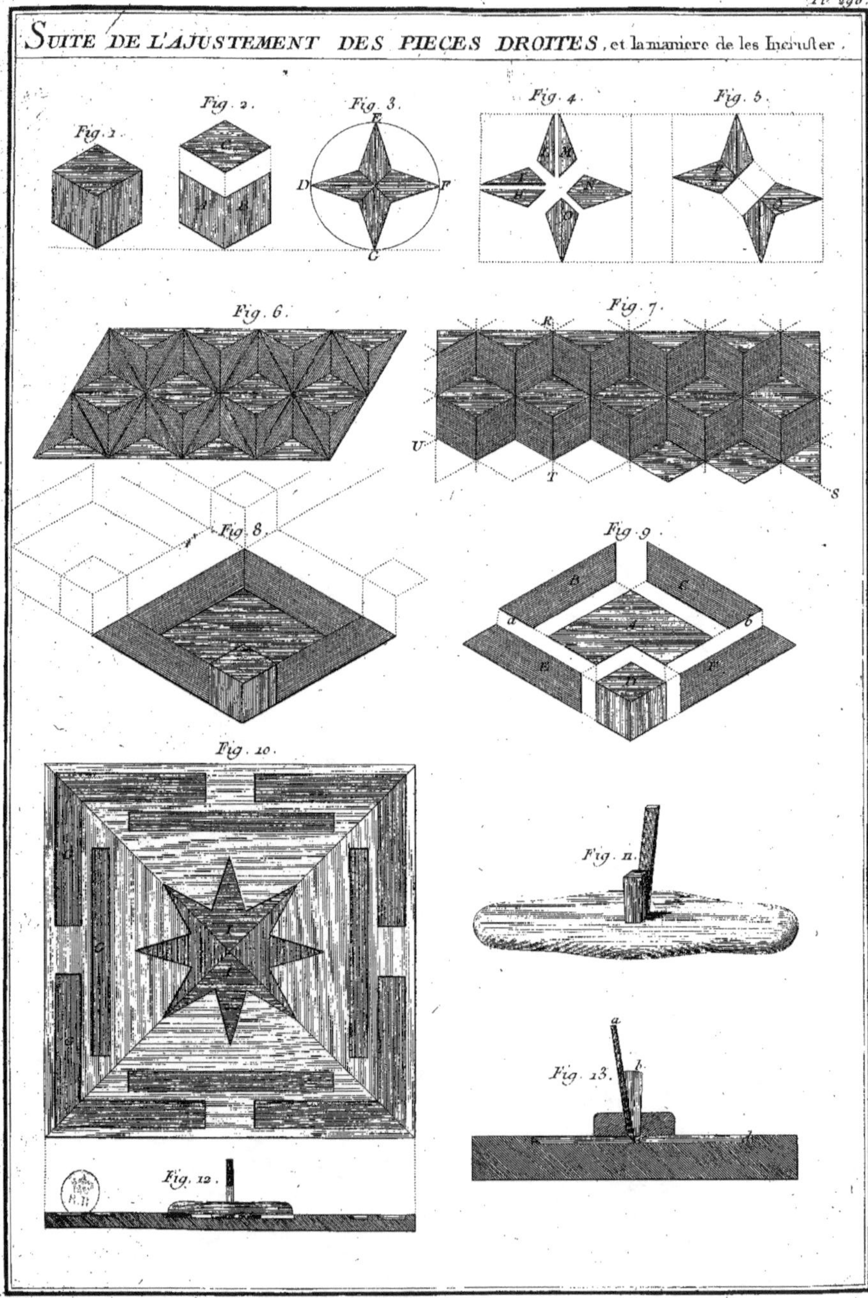

A. J. Roubo Inv. Del. et Sculp.

PLANS, ET ÉLÉVATIONS D'UN ANE, ET D'UN ÉTAU DE BOIS.

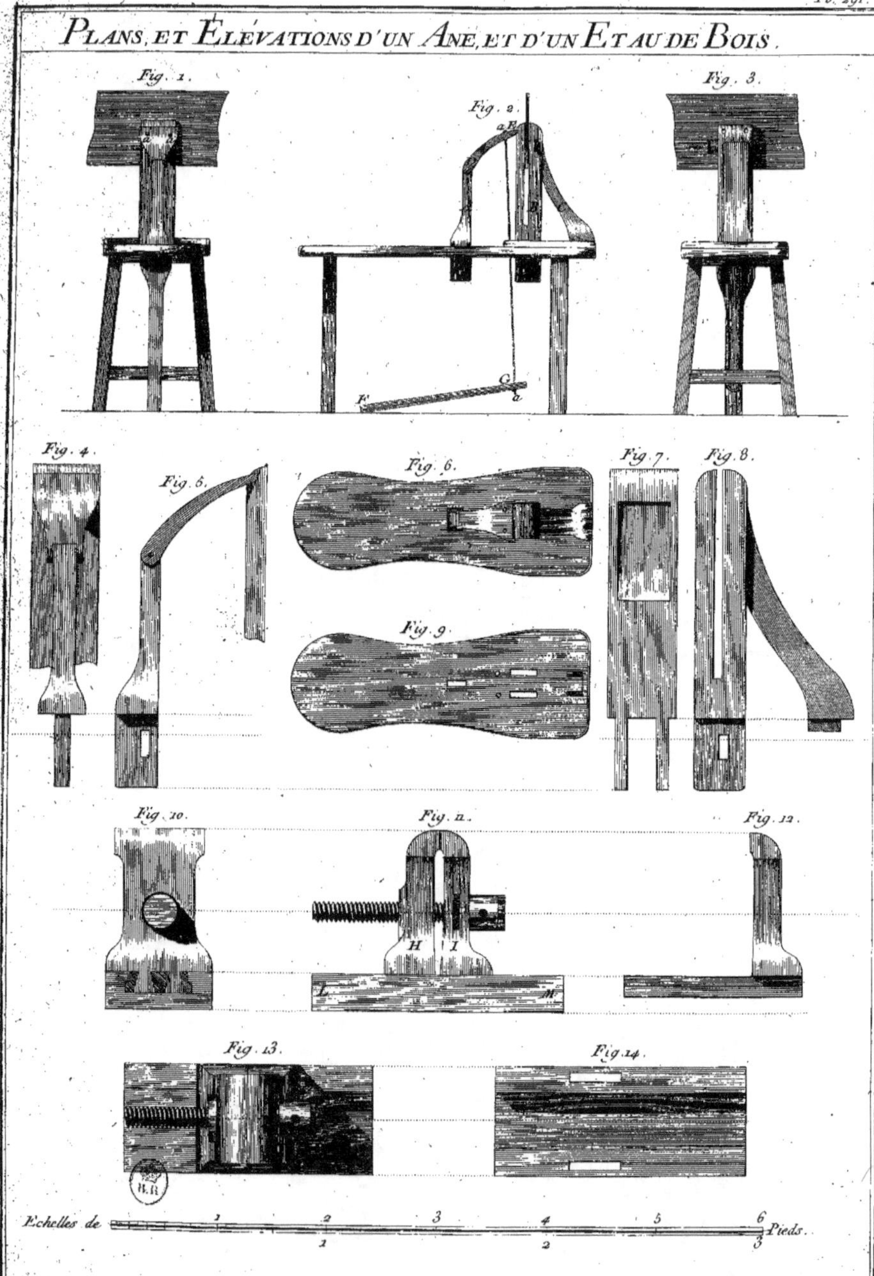

A. J. Roubo Inv. Del. et Sculp.

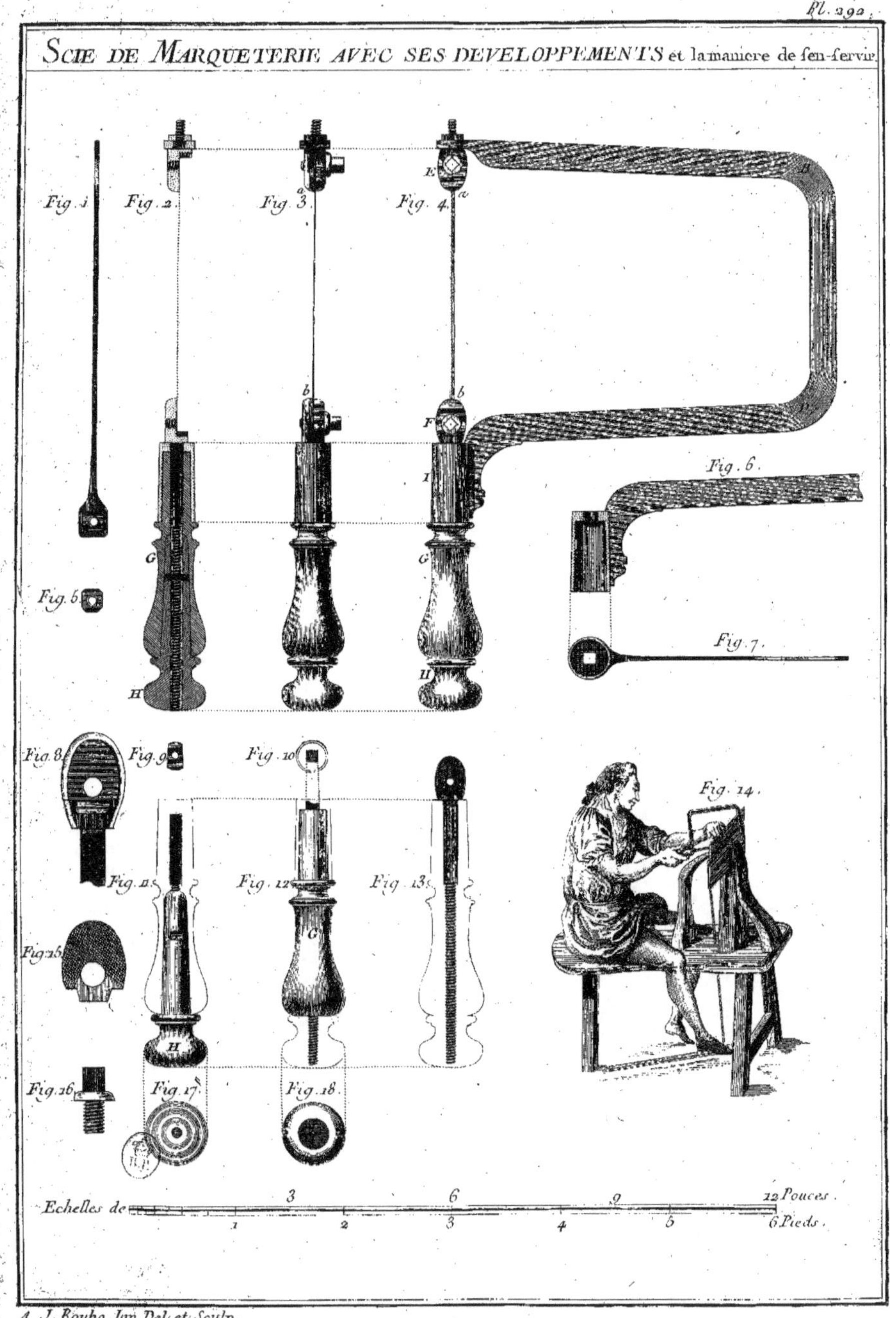

A. J. Roubo Inv. Del. et Sculp.

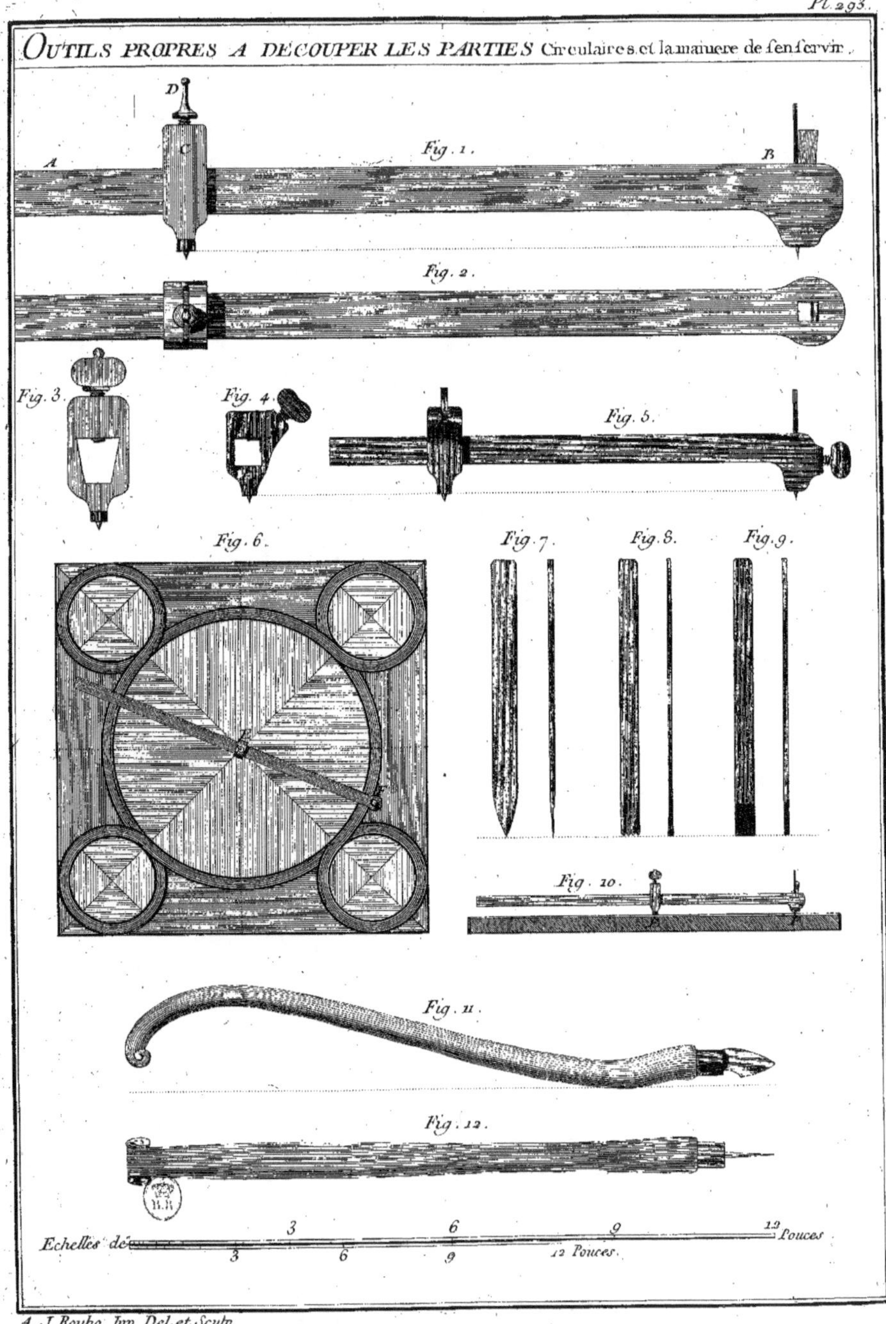

OUTILS PROPRES A DECOUPER LES PARTIES Circulaires et la maniere de s'en servir.

Fig. 1.

Fig. 2.

Fig. 3.

Fig. 4.

Fig. 5.

Fig. 6.

Fig. 7.

Fig. 8.

Fig. 9.

Fig. 10.

Fig. 11.

Fig. 12.

Echelles de

3   6   9   12 Pouces

3   6   9   12 Pouces.

A. J. Roubo. Inv. Del et Sculp.

MANIERE DE PLAQUER, ET LES OUTILS PROPRES AU PLAQUAGE.

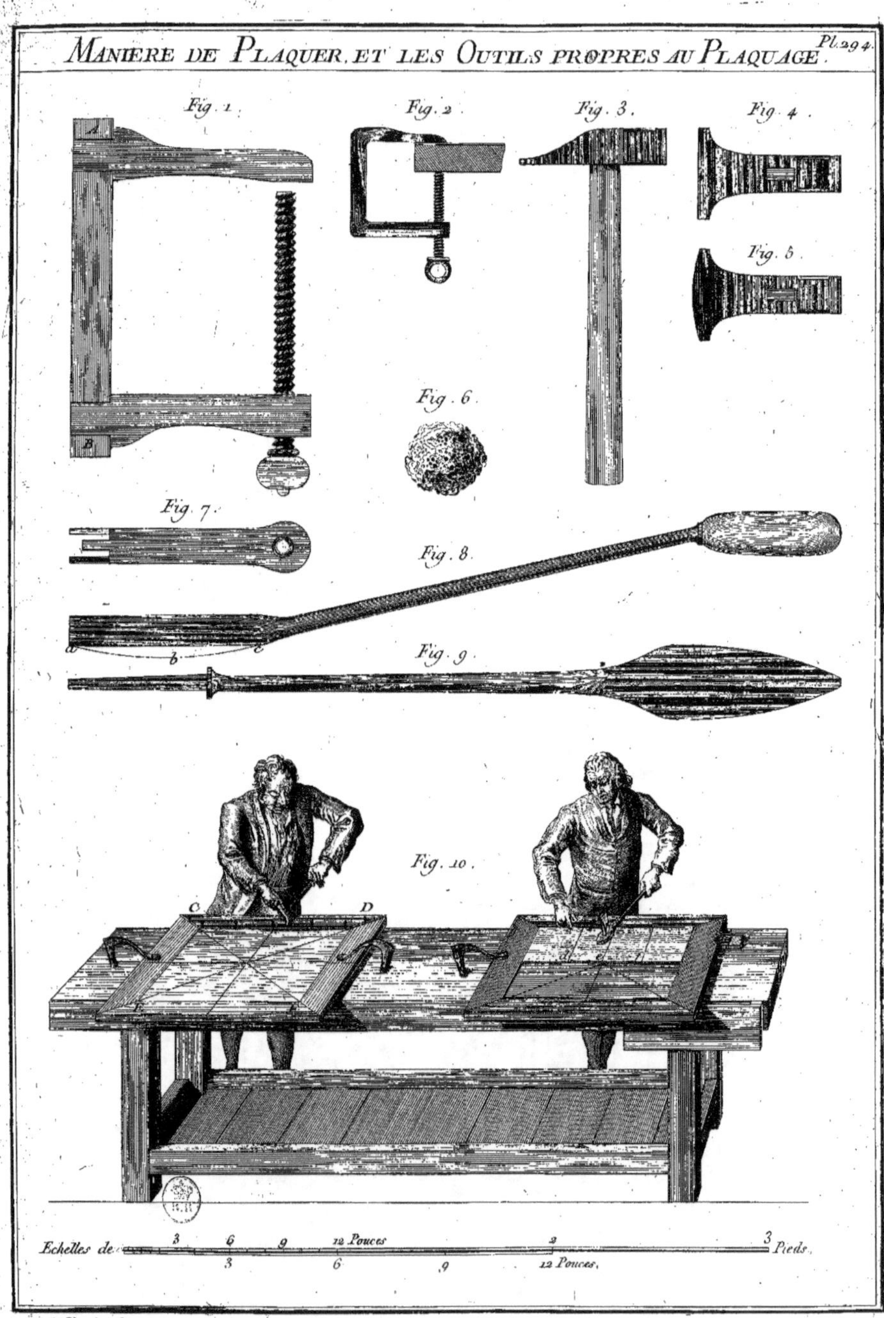

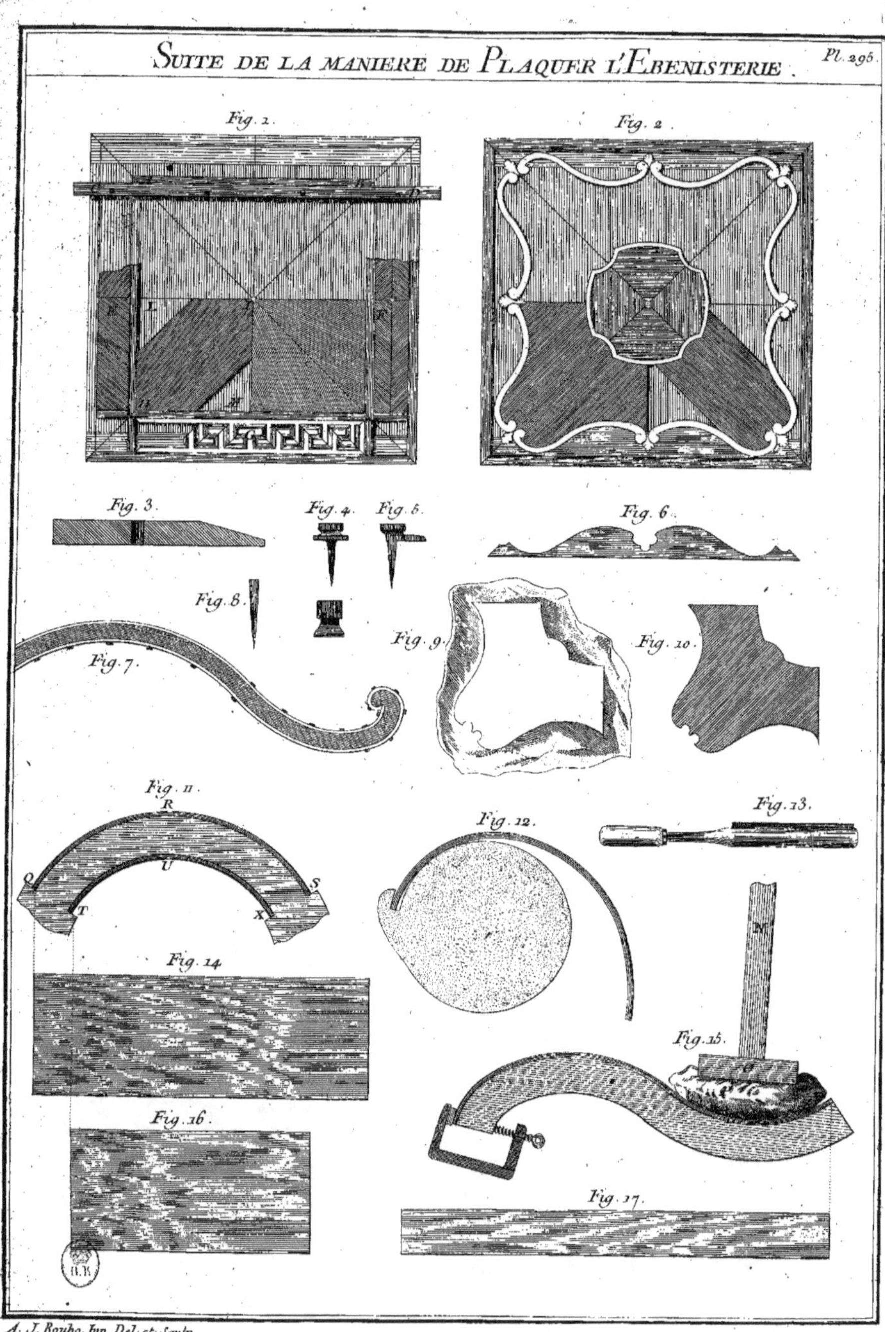

SUITE DE LA MANIERE DE PLAQUER L'EBENISTERIE

Fig. 1.   Fig. 2.   Fig. 3.   Fig. 4.   Fig. 5.   Fig. 6.   Fig. 7.   Fig. 8.   Fig. 9.   Fig. 10.   Fig. 11.   Fig. 12.   Fig. 13.   Fig. 14.   Fig. 15.   Fig. 16.   Fig. 17.

A. J. Roubo. Inv. Del. et Sculp.

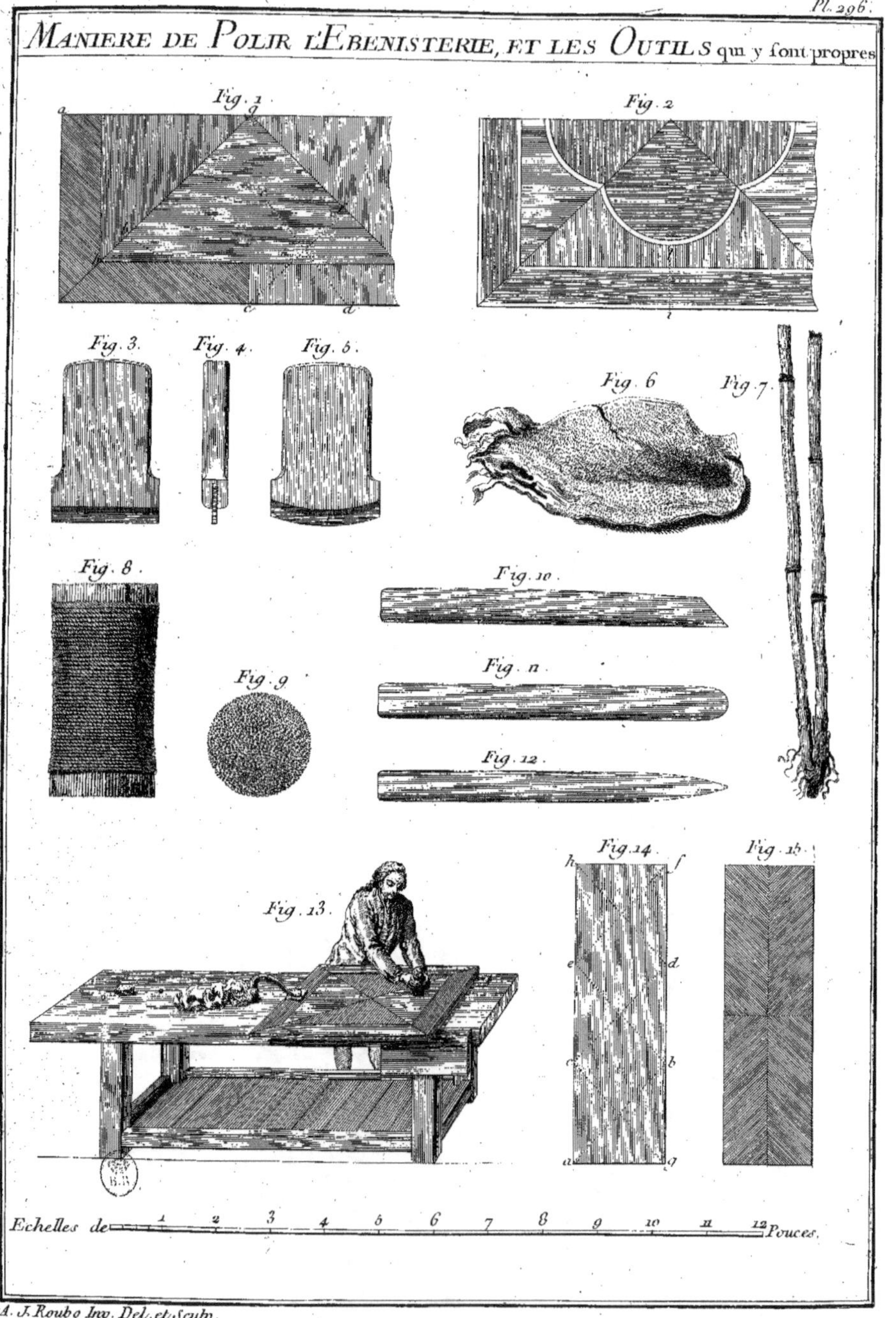

MANIERE DE POLIR L'EBENISTERIE, ET LES OUTILS qui y sont propres
Fig. 1
Fig. 2
Fig. 3.
Fig. 4.
Fig. 5.
Fig. 6.
Fig. 7.
Fig. 8.
Fig. 9.
Fig. 10.
Fig. 11.
Fig. 12.
Fig. 13.
Fig. 14.
Fig. 15.
Echelles de
1
2
3
4
5
6
7
8
9
10
11
12 Pouces.

ELEMENTS DE PERSPECTIVE, NECESSAIRES AUX EBENISTES.

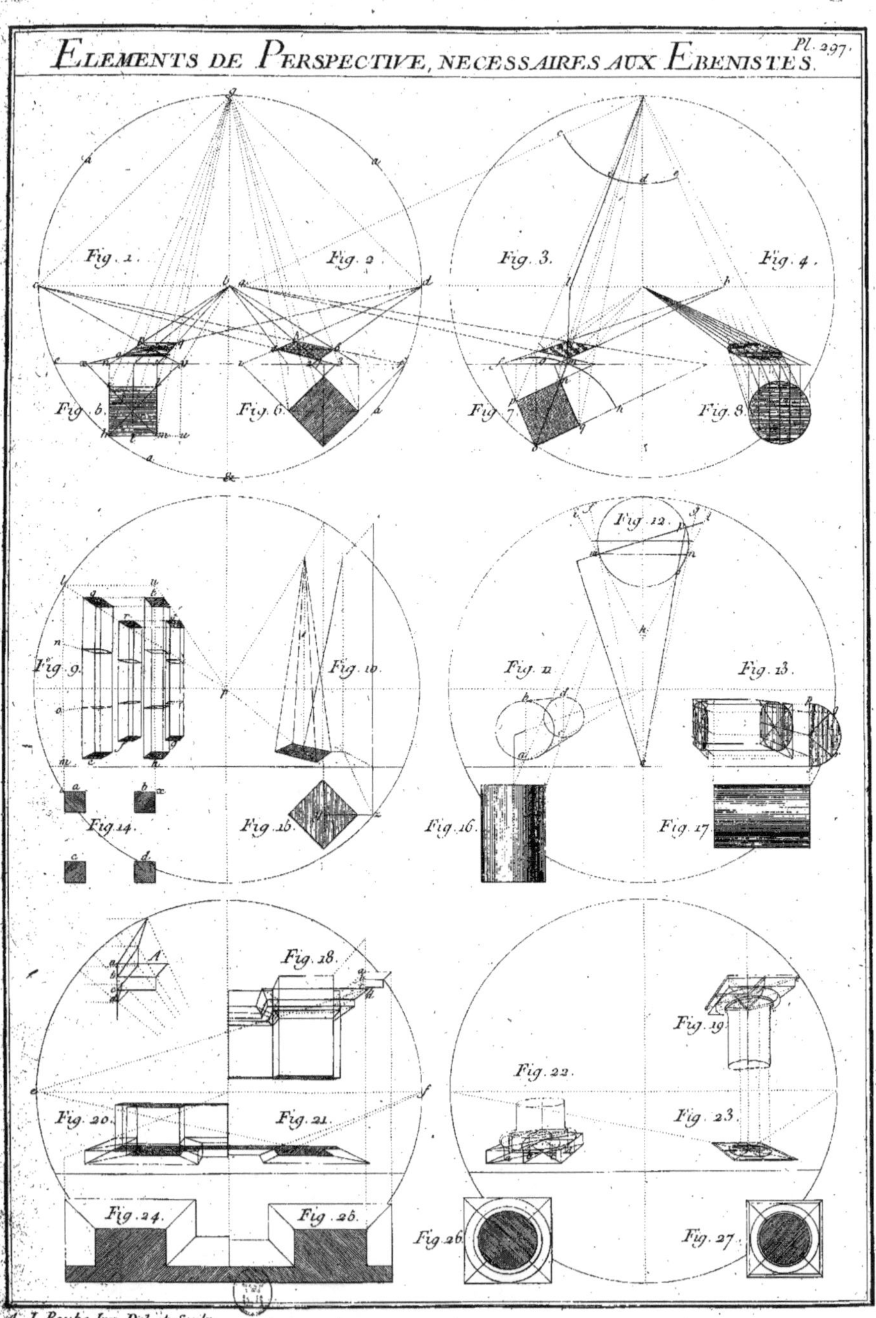

A. J. Roubo Inv. Del. et Sculp.

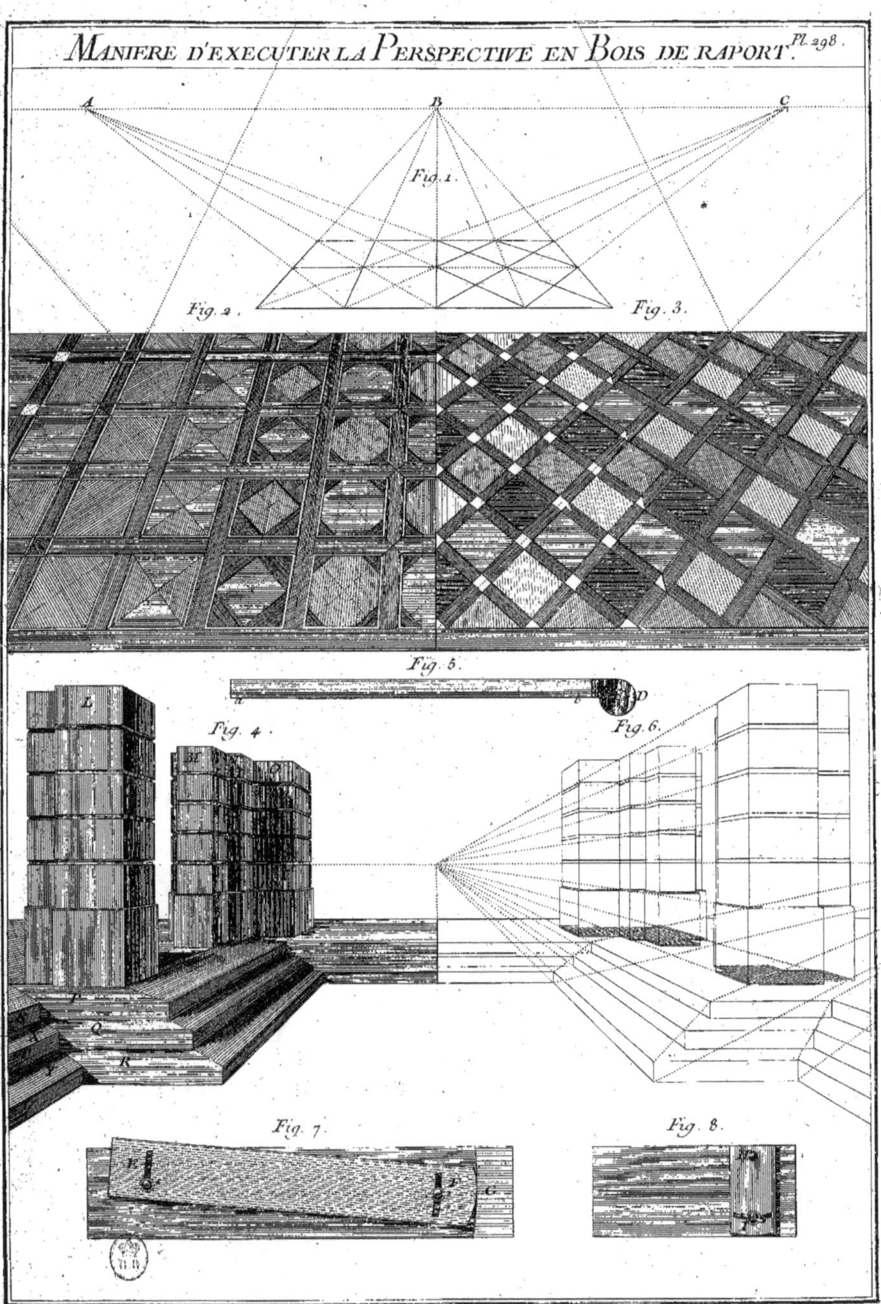

MANIERE D'EXECUTER LA PERSPECTIVE EN BOIS DE RAPORT.
Pl. 298.
A
B
C
Fig. 1.
Fig. 2.
Fig. 3.
Fig. 5.
Fig. 4.
Fig. 6.
Fig. 7.
Fig. 8.
A. J. Roubo Inv. Del. et Sculp.

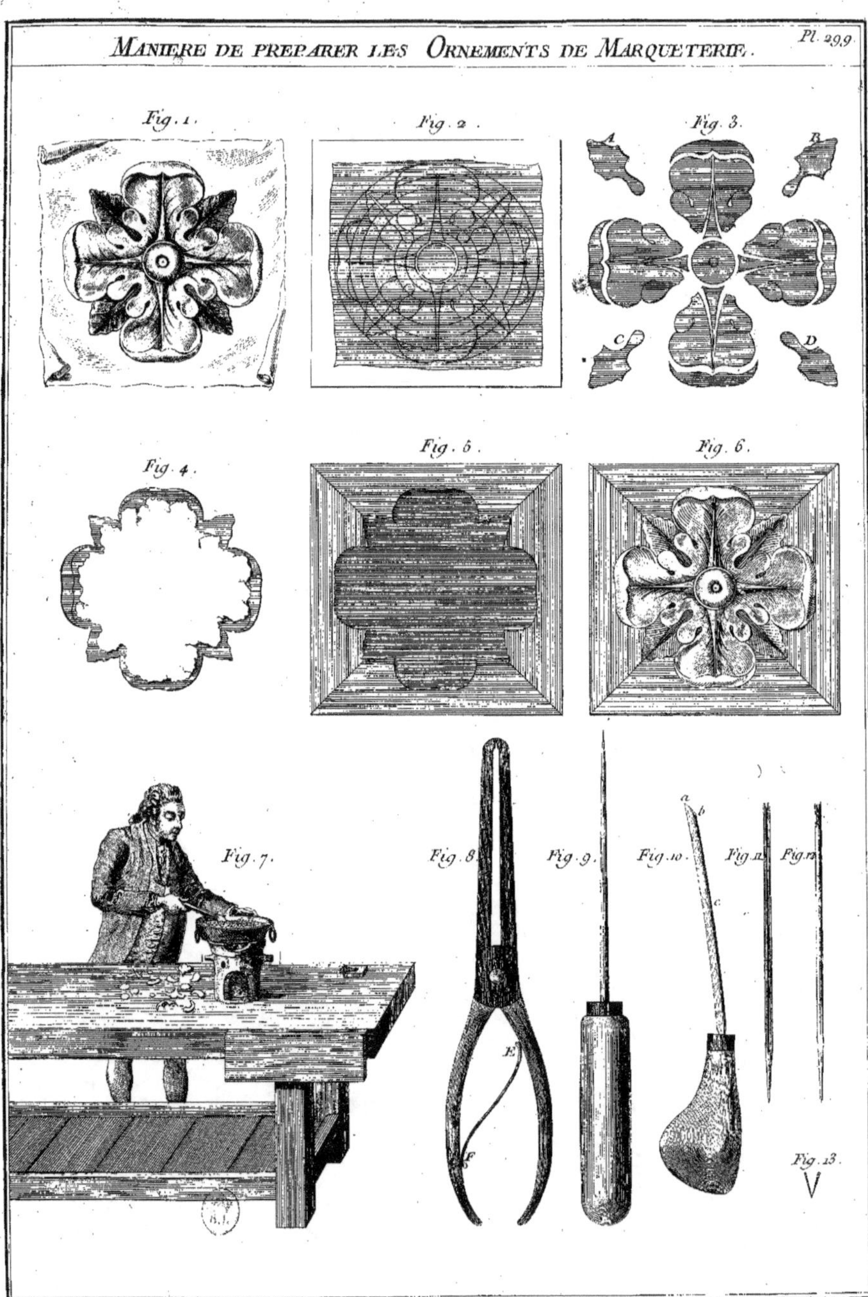

MANIERE DE PREPARER LES ORNEMENTS DE MARQUETERIE.
Pl. 299.
Fig. 1.
Fig. 2.
Fig. 3.
A
B
C
D
Fig. 4.
Fig. 5.
Fig. 6.
Fig. 7.
Fig. 8.
Fig. 9.
Fig. 10.
a
b
c
Fig. 11.
Fig. 12.
E
F
Fig. 13.
A. J. Roubo Inv. Del. et Sculp.

Maniere de Graver les Ornements de Marqueterie. Pl. 300.

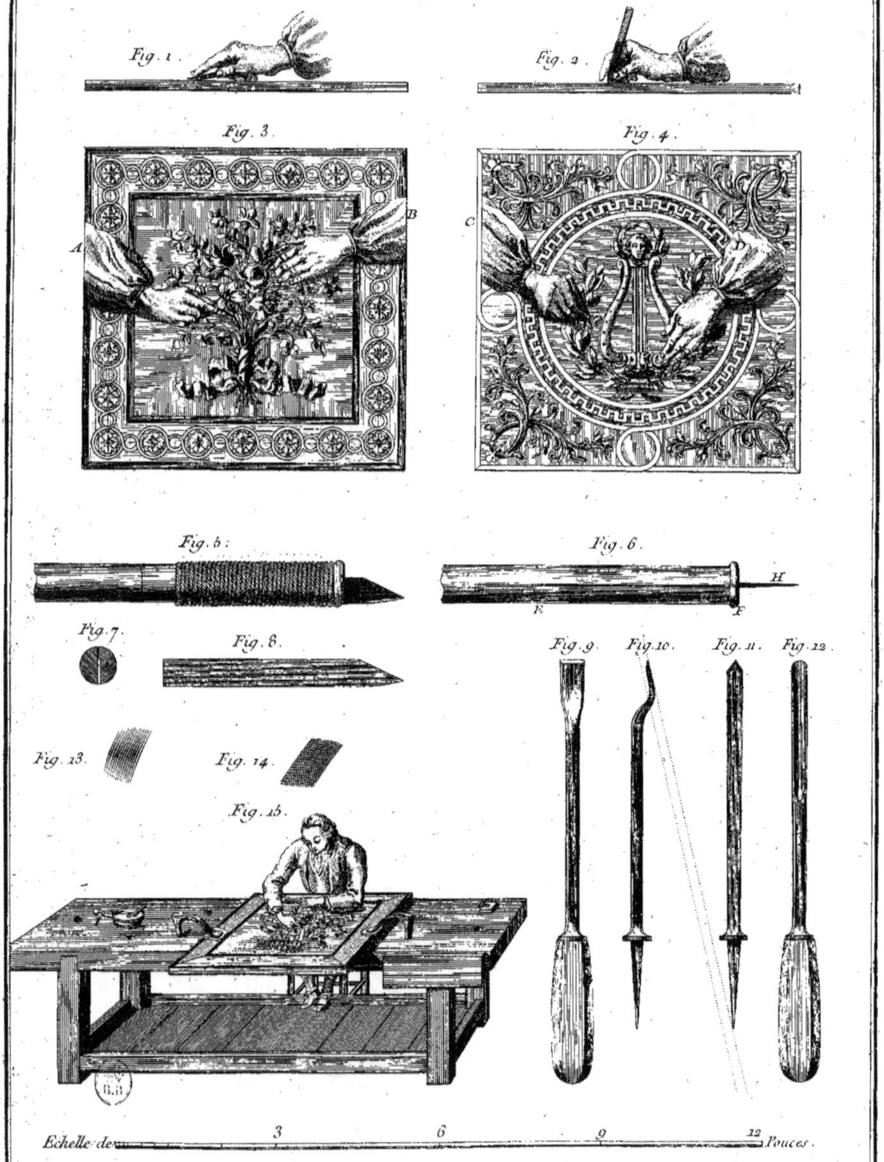

Fig. 1.
Fig. 2.
Fig. 3.
Fig. 4.
A
B
C
D
Fig. 5.
Fig. 6.
H
E
F
Fig. 7.
Fig. 8.
Fig. 9.
Fig. 10.
Fig. 11.
Fig. 12.
Fig. 13.
Fig. 14.
Fig. 15.
Echelle de 3 6 9 12 Pouces.

A. J. Roubo Inv. Del. et Sculp.

DESSEIN D'UN BOUQUET, PROPRE A ÊTRE EXÉCUTÉ EN BOIS de rapport.

Fig. 1.

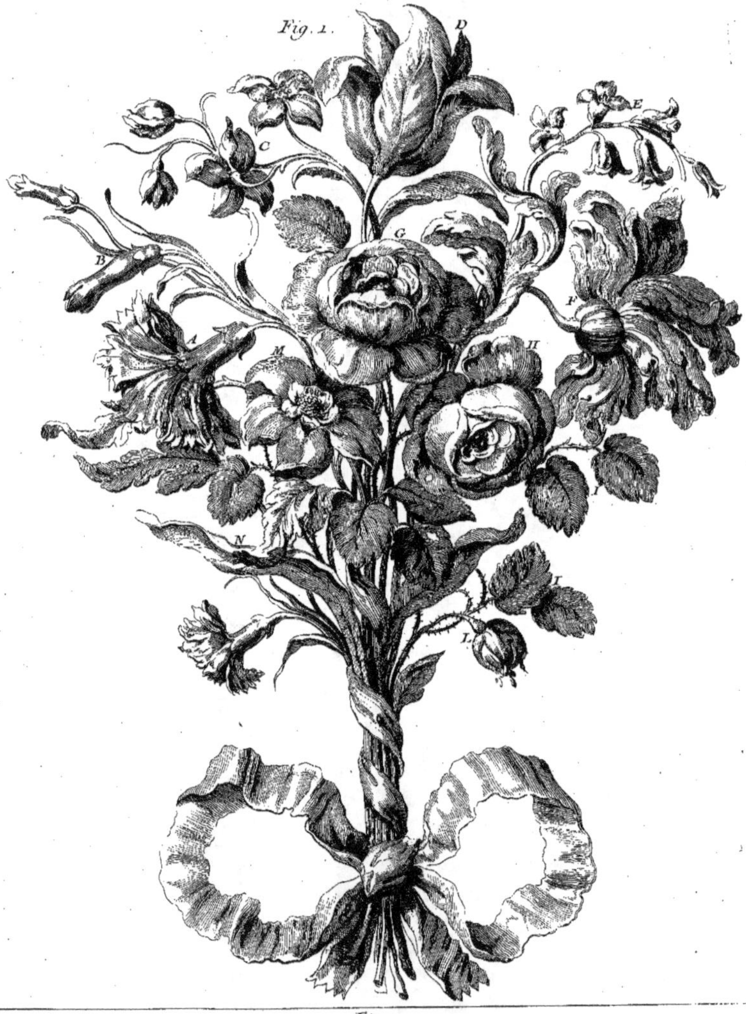

Fig. 2.

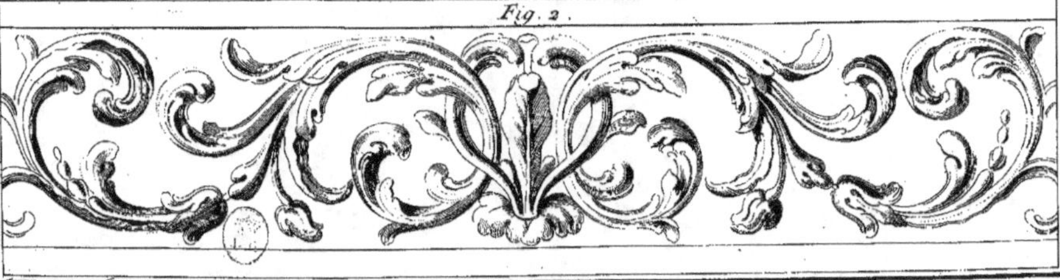

DEVELOPPEMENTS DES PRINCIPALES FLEURS, reprefentée dans la Planche precedente.

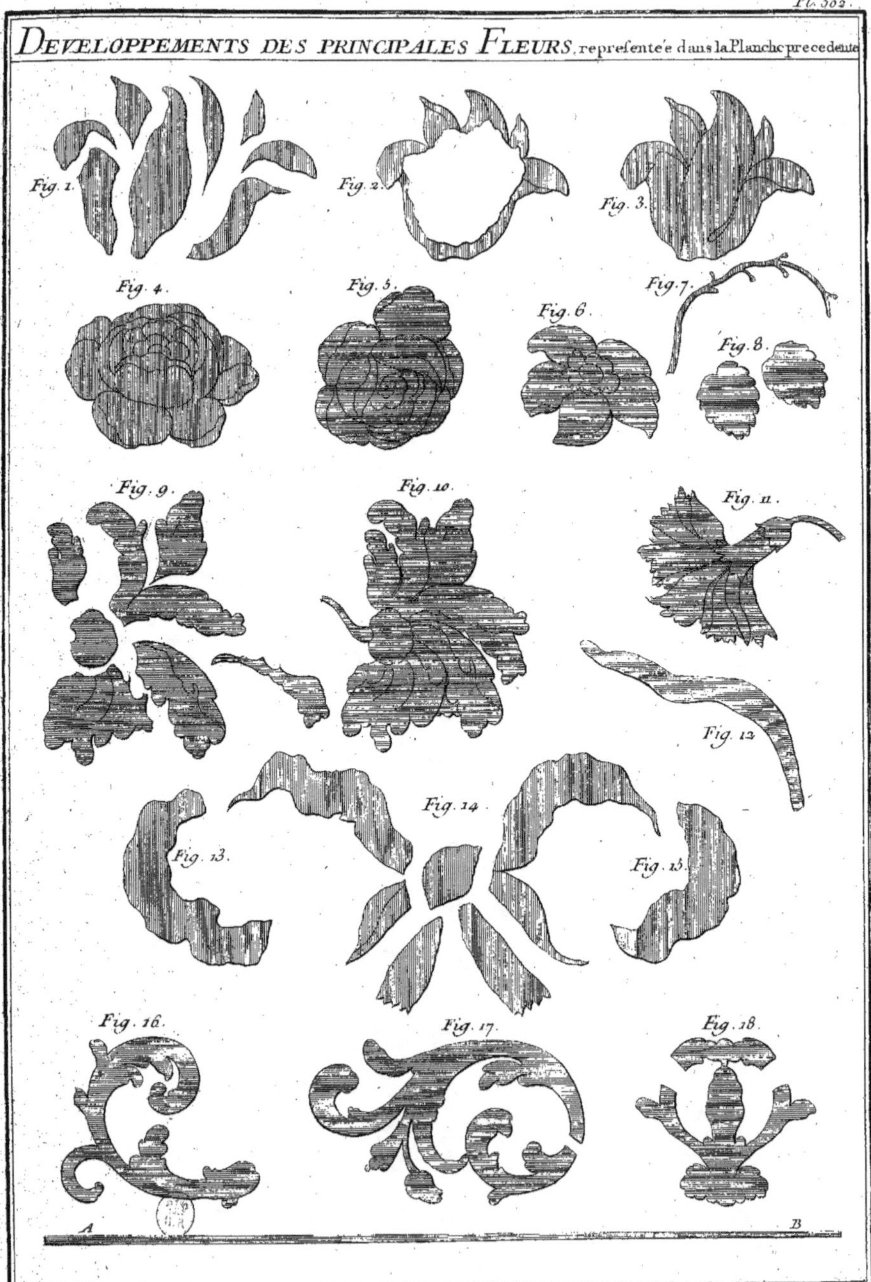

A. J. Roubo Inv. Del. et Sculp.

MANIERE D'INCRUSTER LES FLEURS, ET LES ORNEMENTS de Bois de rapport.
Fig. 1.
Fig. 2.
A. J. Roubo Inv. Del. et Sculp.

A. J. Roubo Inv. Del. et Sculp.

TROPHÉ DE GUERE, PROPRE A ETRE EXECUTÉ en Bois de Rapport.

Fig. 1.

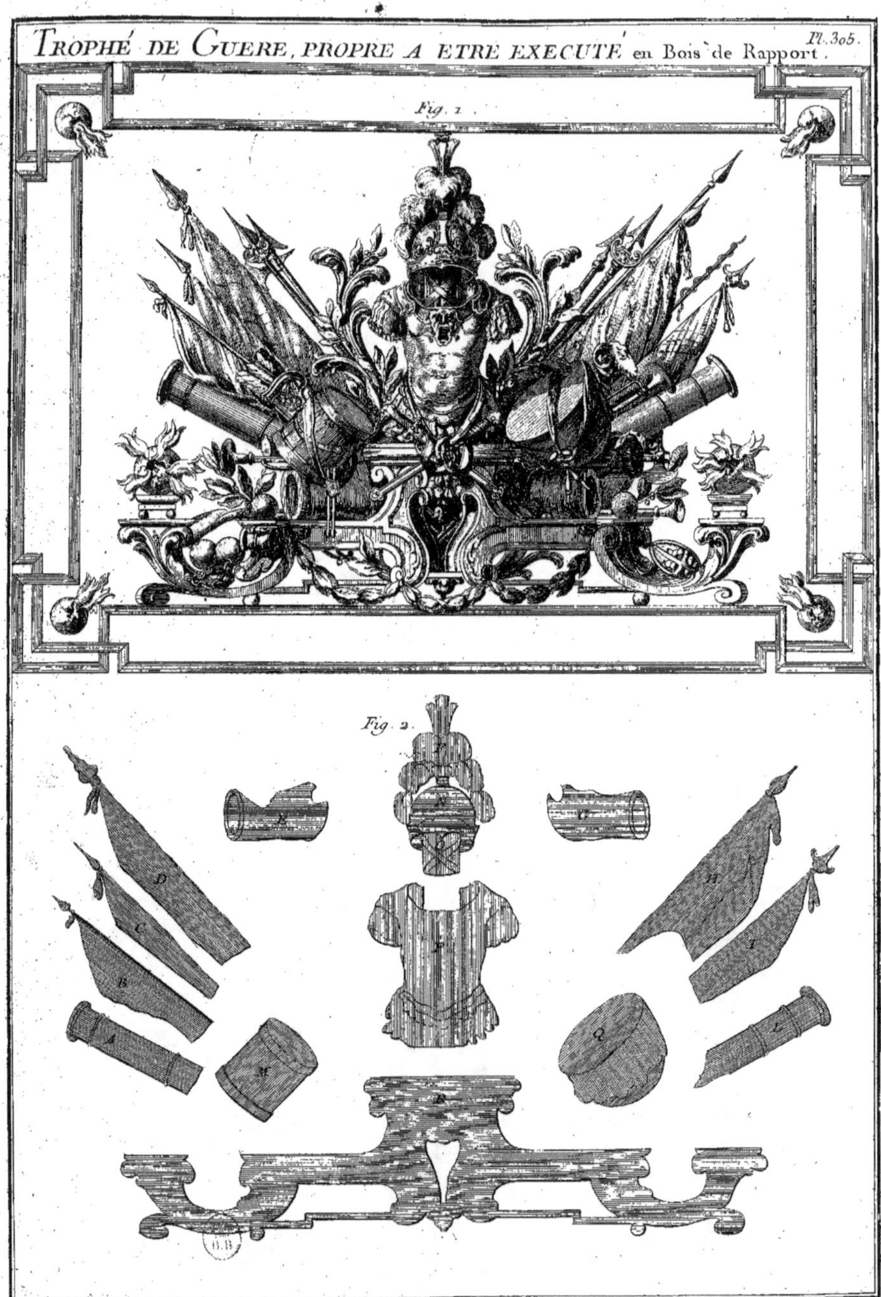

Fig. 2.

A. J. Roubo Inv. Delæt Sculp.

Pl. 306.
DIVERSES SORTES DE FRUITS, et d'Oiseaux, propres à être executé en Bois de Rapport.
Fig. 1.
Fig. 2.
A. J. Roubo Inv. Del. et Sculp.

PAYSAGE, ET FIGURE, EN BOIS DE RAPPORT, AVEC LEURS DEVELOPPEMENTS.

A. J. Roubo Inv. Del. et Sculp.

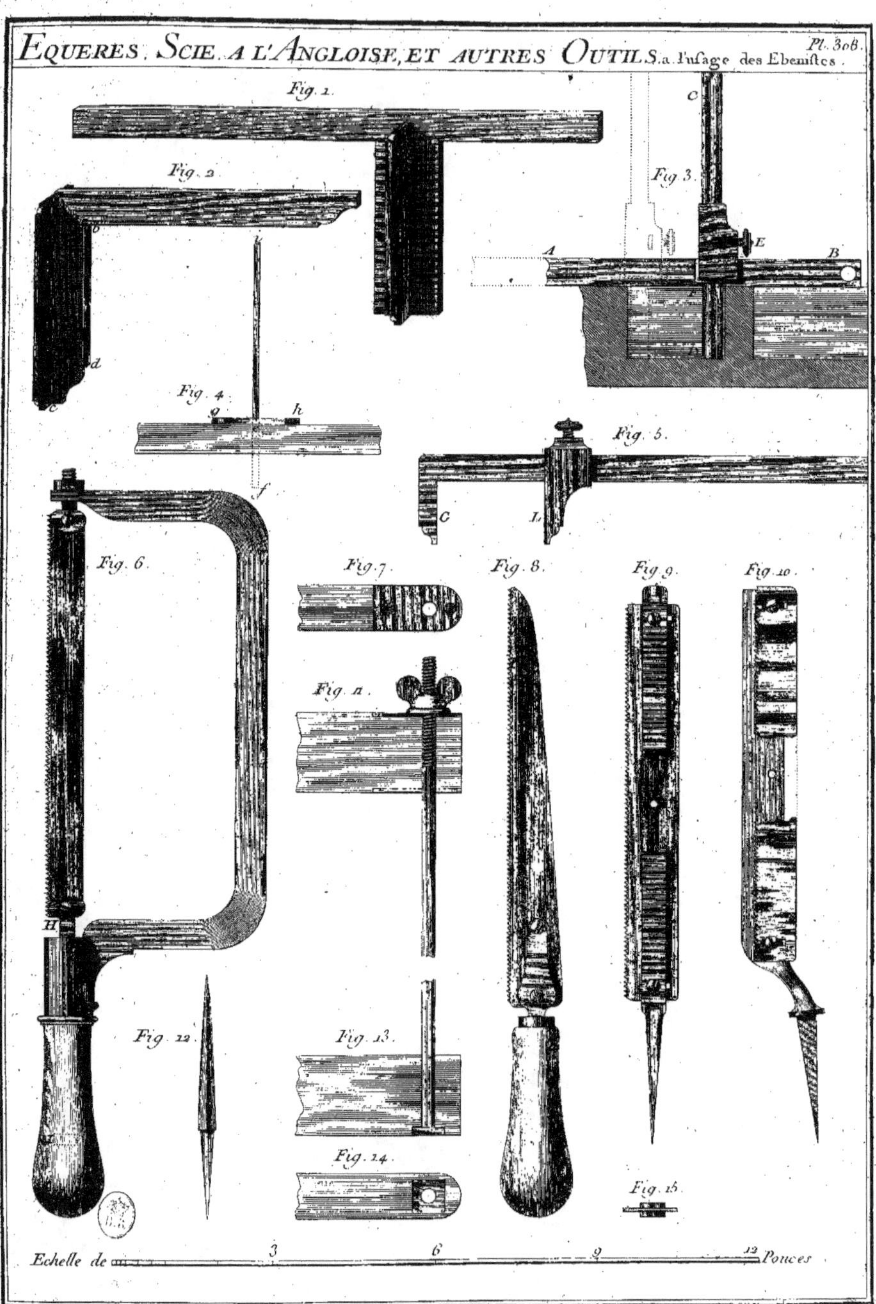

EQUERES, SCIE A L'ANGLOISE, ET AUTRES OUTILS, a l'usage des Ebenistes.
Pl. 308.
Fig. 1.
Fig. 2.
Fig. 3.
Fig. 4.
Fig. 5.
Fig. 6.
Fig. 7.
Fig. 8.
Fig. 9.
Fig. 10.
Fig. 11.
Fig. 12.
Fig. 13.
Fig. 14.
Fig. 15.
Echelle de   3   6   9   12 Pouces.
A. J. Roubo Inv. Del. et Sculp.

BANC DE TOUR, PROPRE AUX EBENISTES, AVEC SES DÉVELOPPEMENTS.

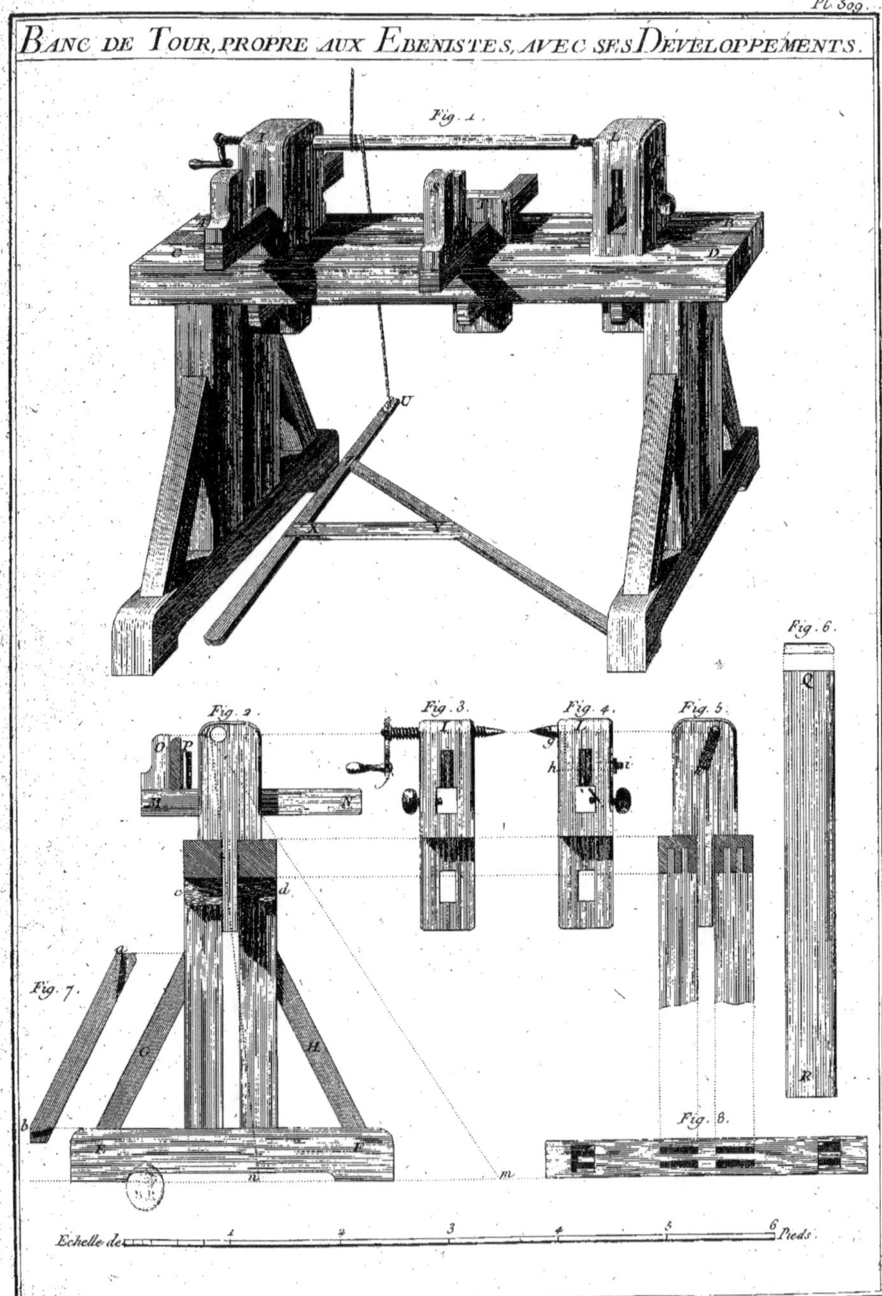

A. J. Roubo. Inv. Del. et Sculp.

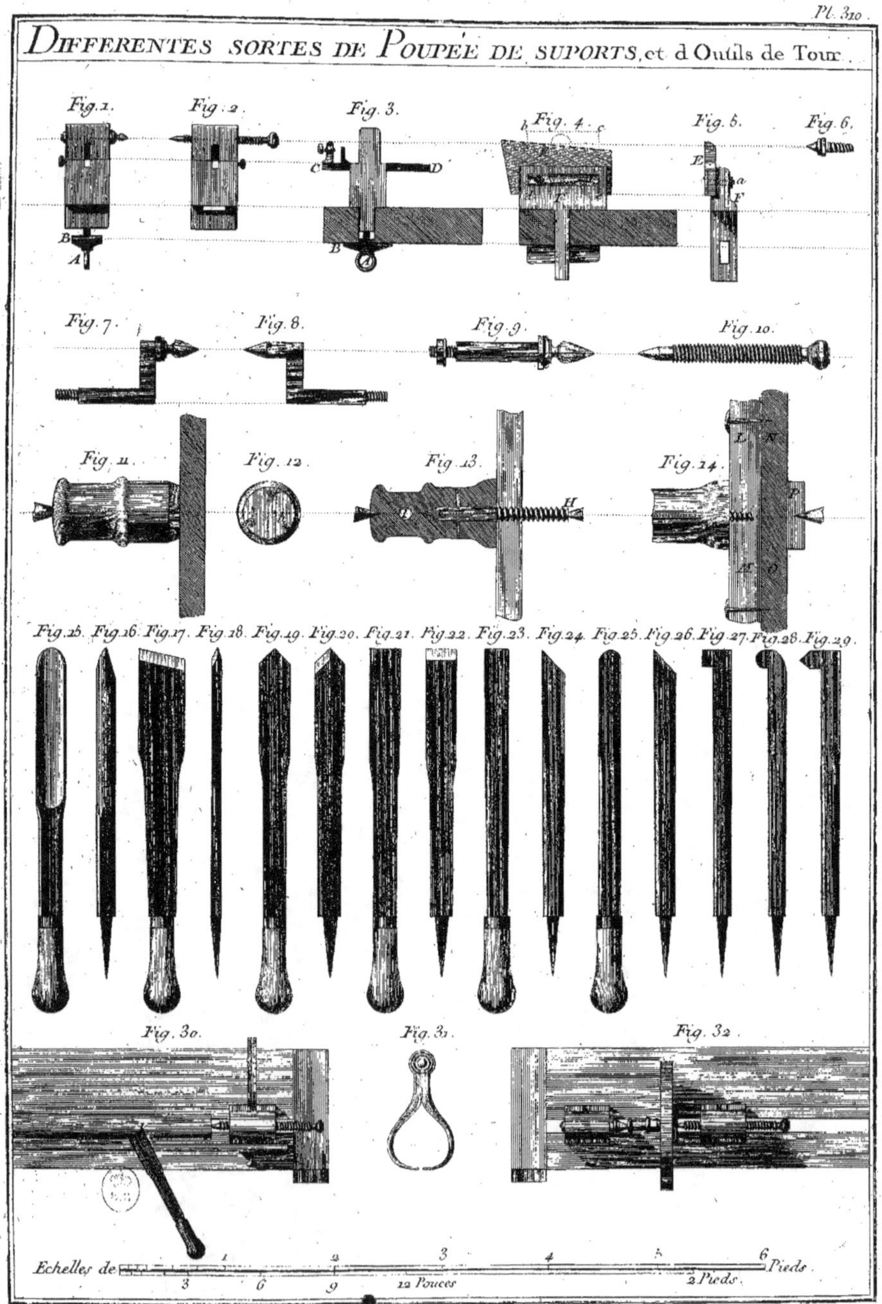

DIFFERENTES SORTES DE POUPÉE DE SUPORTS, et d'Outils de Tour.
Fig. 1.
Fig. 2.
Fig. 3.
Fig. 4.
Fig. 5.
Fig. 6.
Fig. 7.
Fig. 8.
Fig. 9.
Fig. 10.
Fig. 11.
Fig. 12.
Fig. 13.
Fig. 14.
Fig. 15. Fig. 16. Fig. 17. Fig. 18. Fig. 19. Fig. 20. Fig. 21. Fig. 22. Fig. 23. Fig. 24. Fig. 25. Fig. 26. Fig. 27. Fig. 28. Fig. 29.
Fig. 30.
Fig. 31.
Fig. 32.
Echelles de
Pieds
3
6
9
12 Pouces
2 Pieds
A. J. Roubo Inv. Del et Sculp.

TAREAU ET FILIERE EN BOIS, PROPRES AUX EBENISTES.

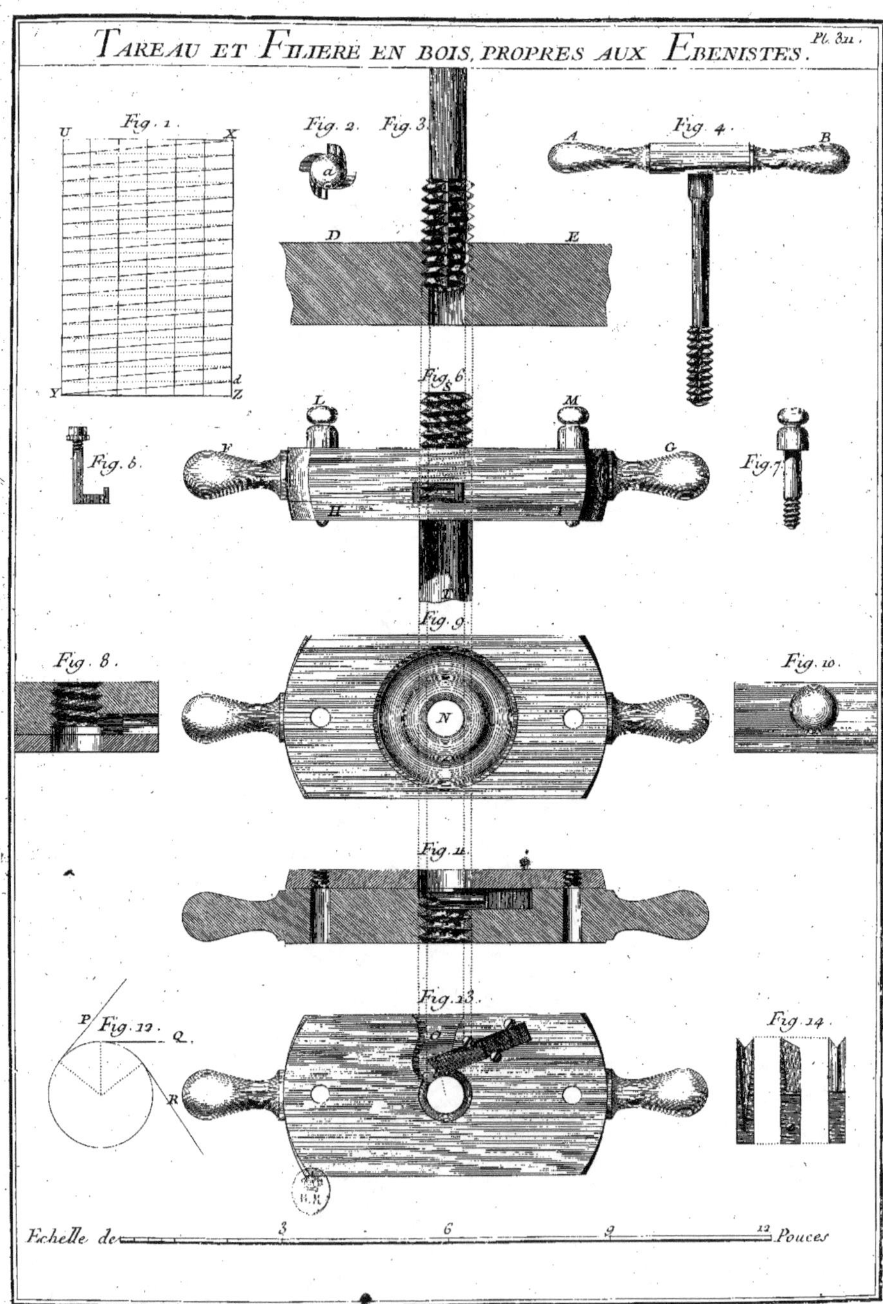

A. J. Roubo Inv. Del. et Sculp.

MACHINE PROPRE A FAIRE DES CANNELURES, AVEC SES Developpements.

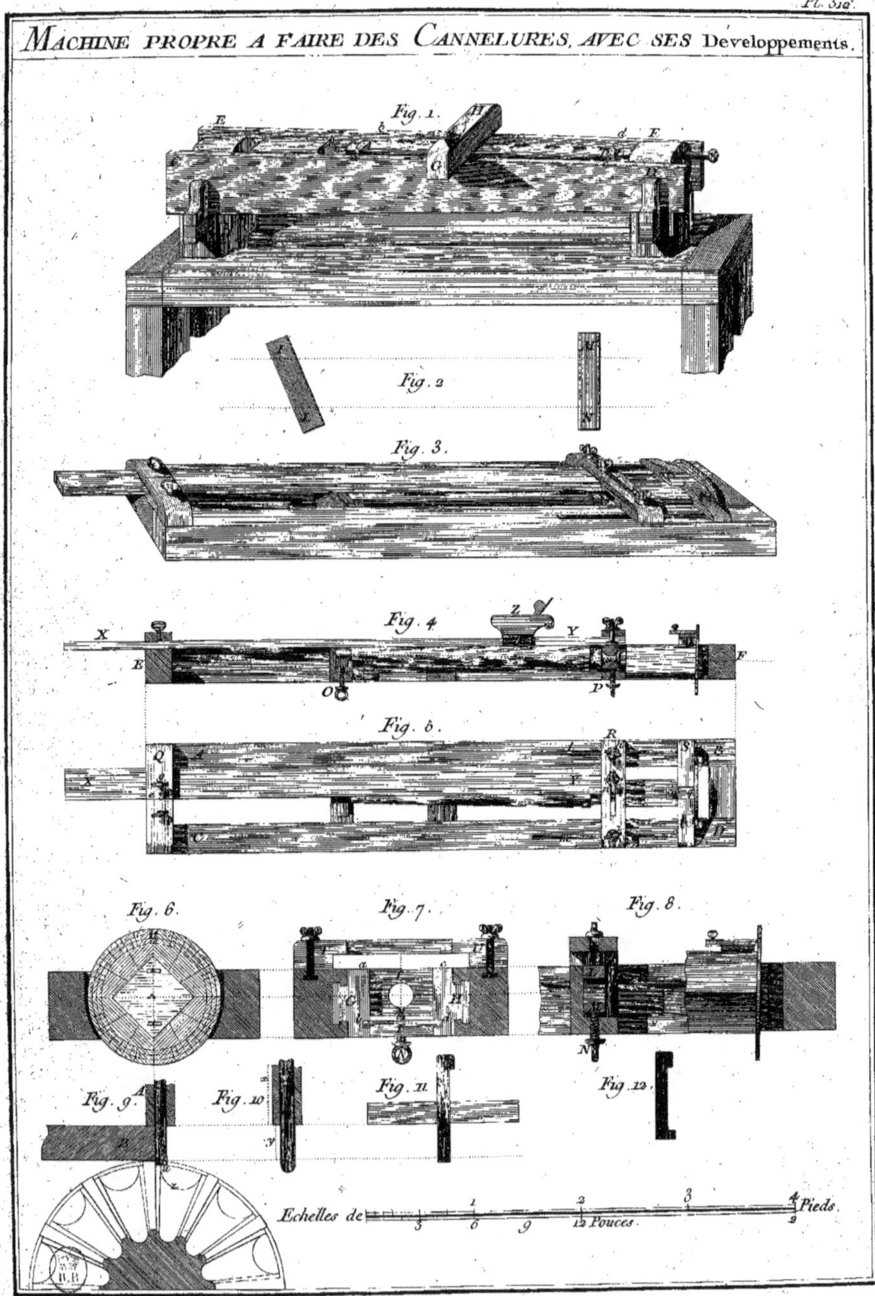

A. J. Roubo Inv. Del. et Sculp.

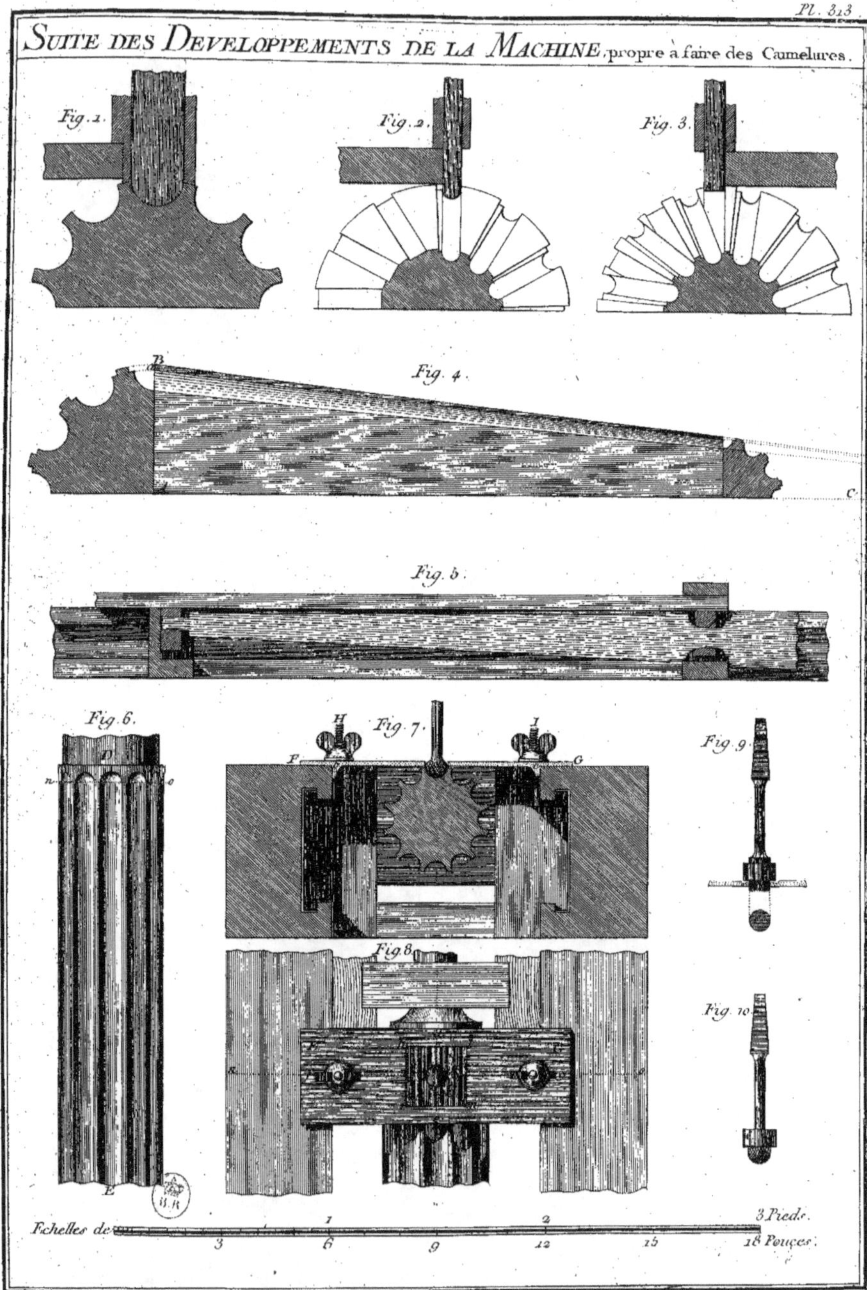

A. J. Roubo Inv. Del. et Sculp.

MACHINE PROPRE A FAIRE DES MOULURES ONDÉES, SUR LE PLAT

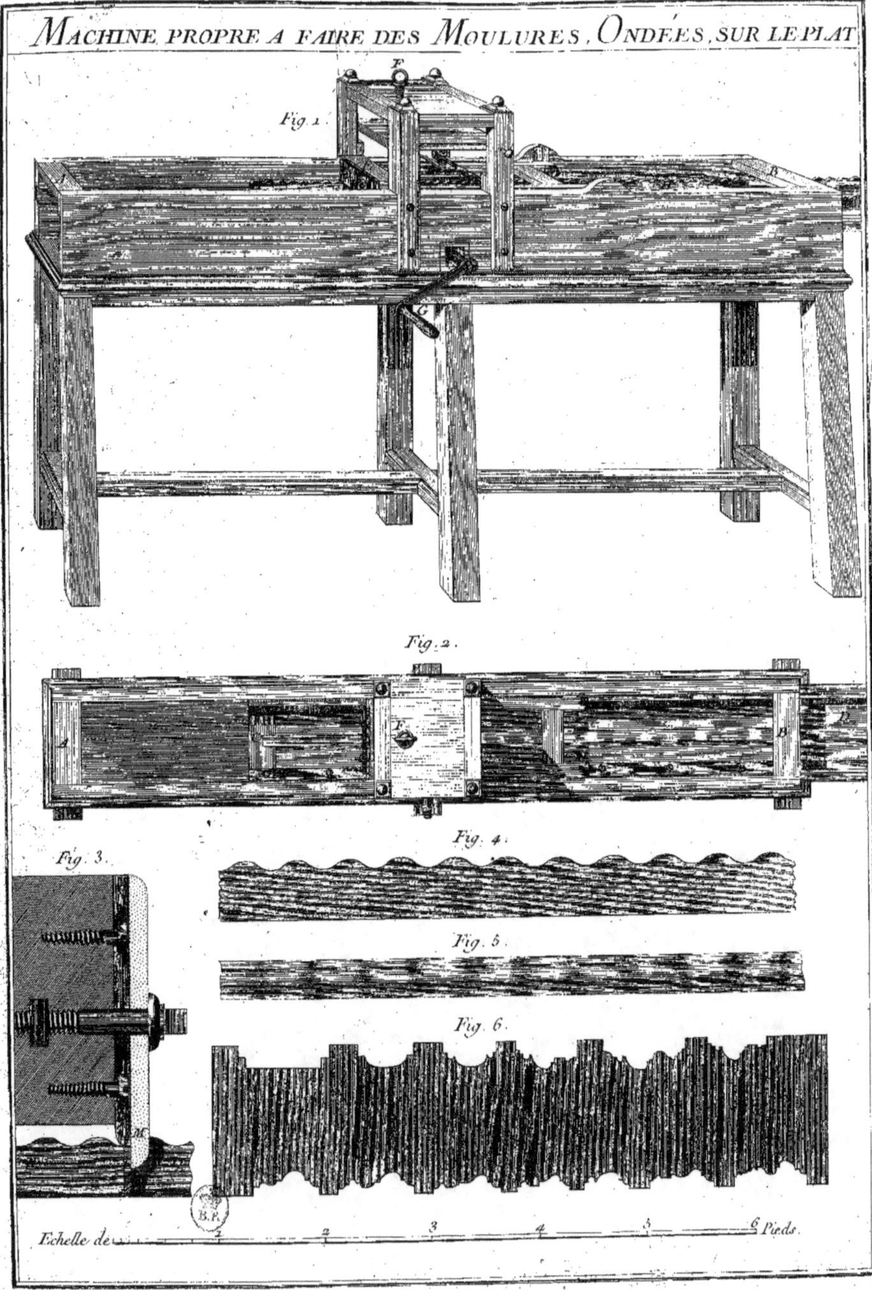

A. J. Roubo Inv. Del. et Sculp.

A. J. Roubo Inv. Del. et Sculp.

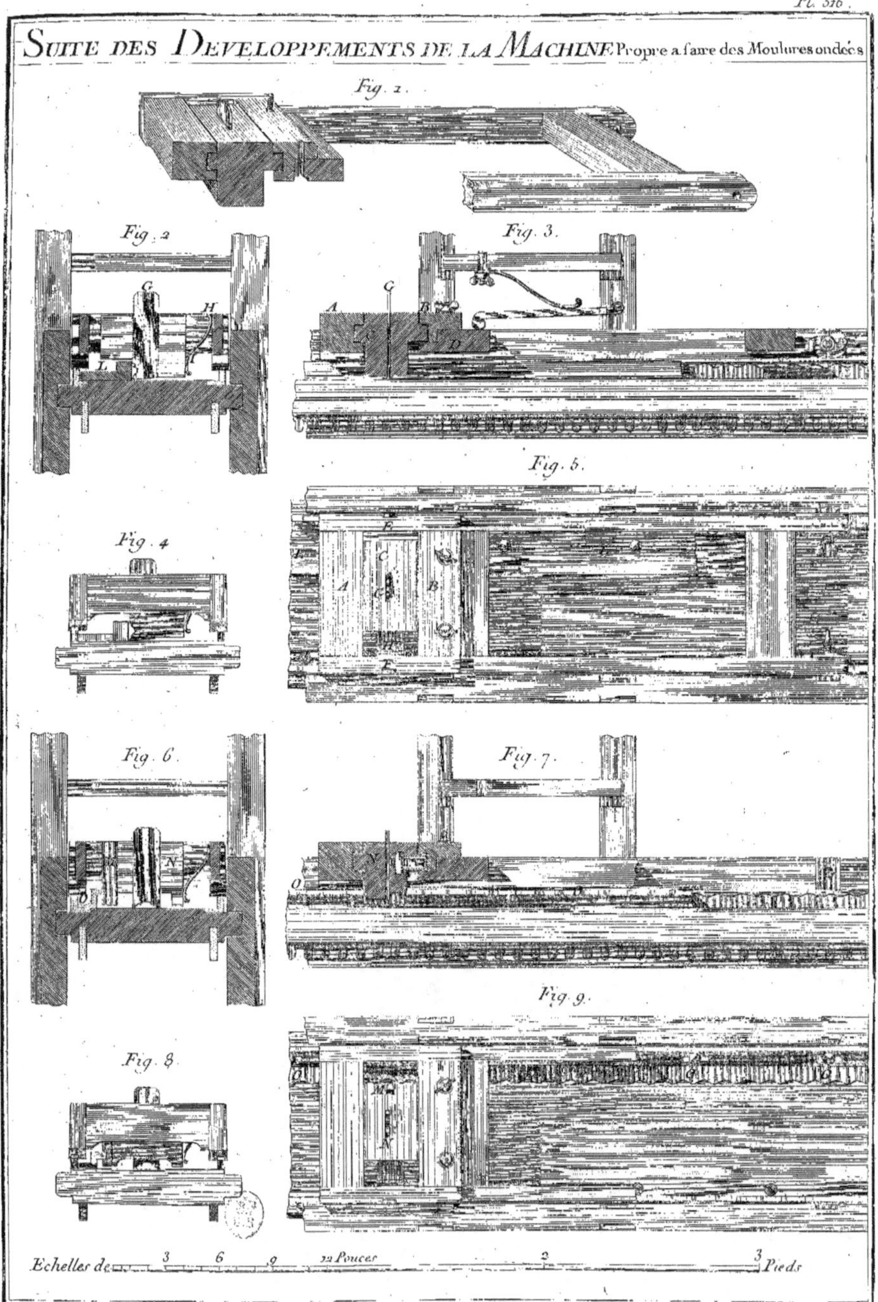

A. J. Roubo Inv. Del. et Sculp.

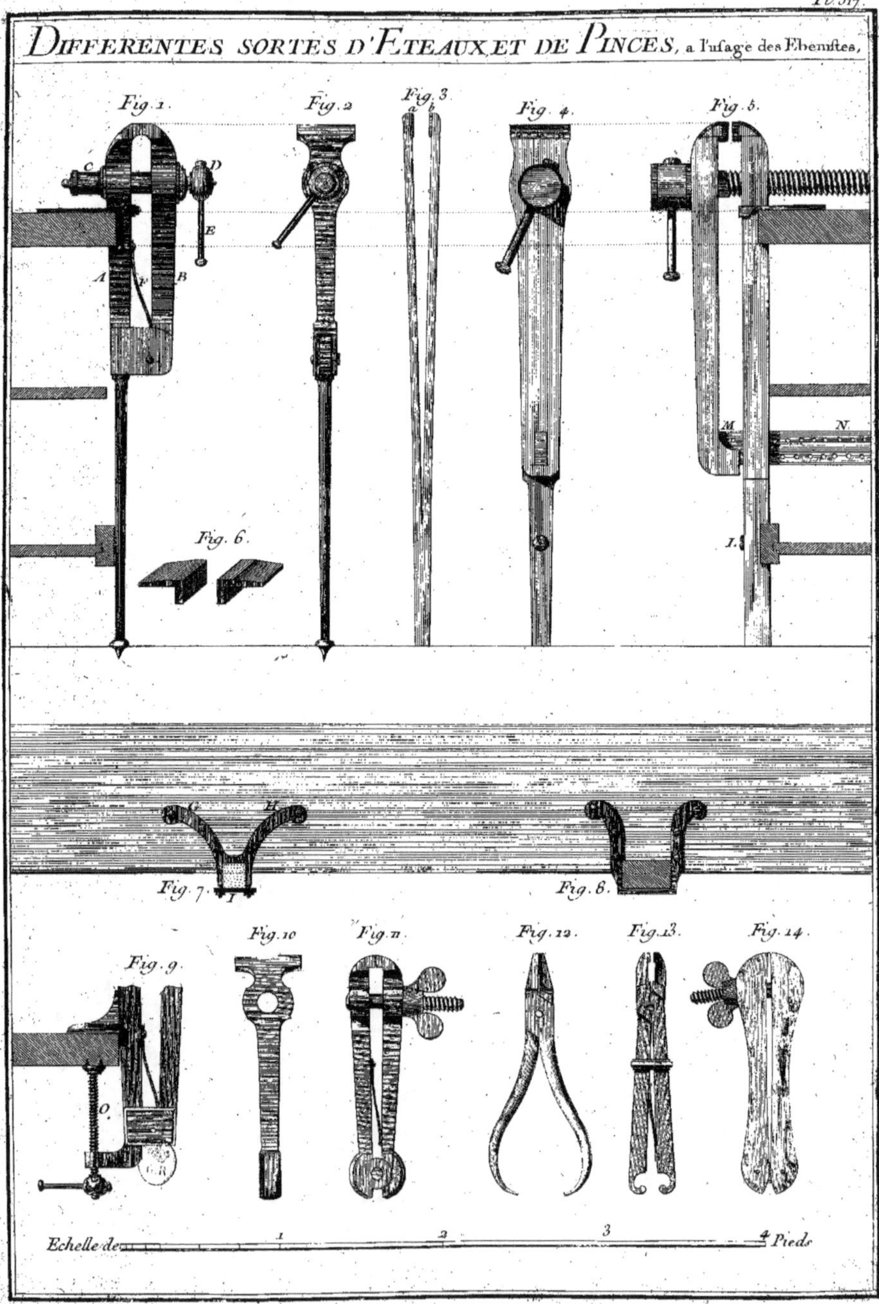

DIFFERENTES SORTES D'ETEAUX ET DE PINCES, a l'usage des Ebenistes.
Fig. 1.
Fig. 2.
Fig. 3.
Fig. 4.
Fig. 5.
Fig. 6.
Fig. 7.
Fig. 8.
Fig. 9.
Fig. 10.
Fig. 11.
Fig. 12.
Fig. 13.
Fig. 14.
Echelle de
1
2
3
4 Pieds
A. J. Roubo Inv. Del. et Sculp.

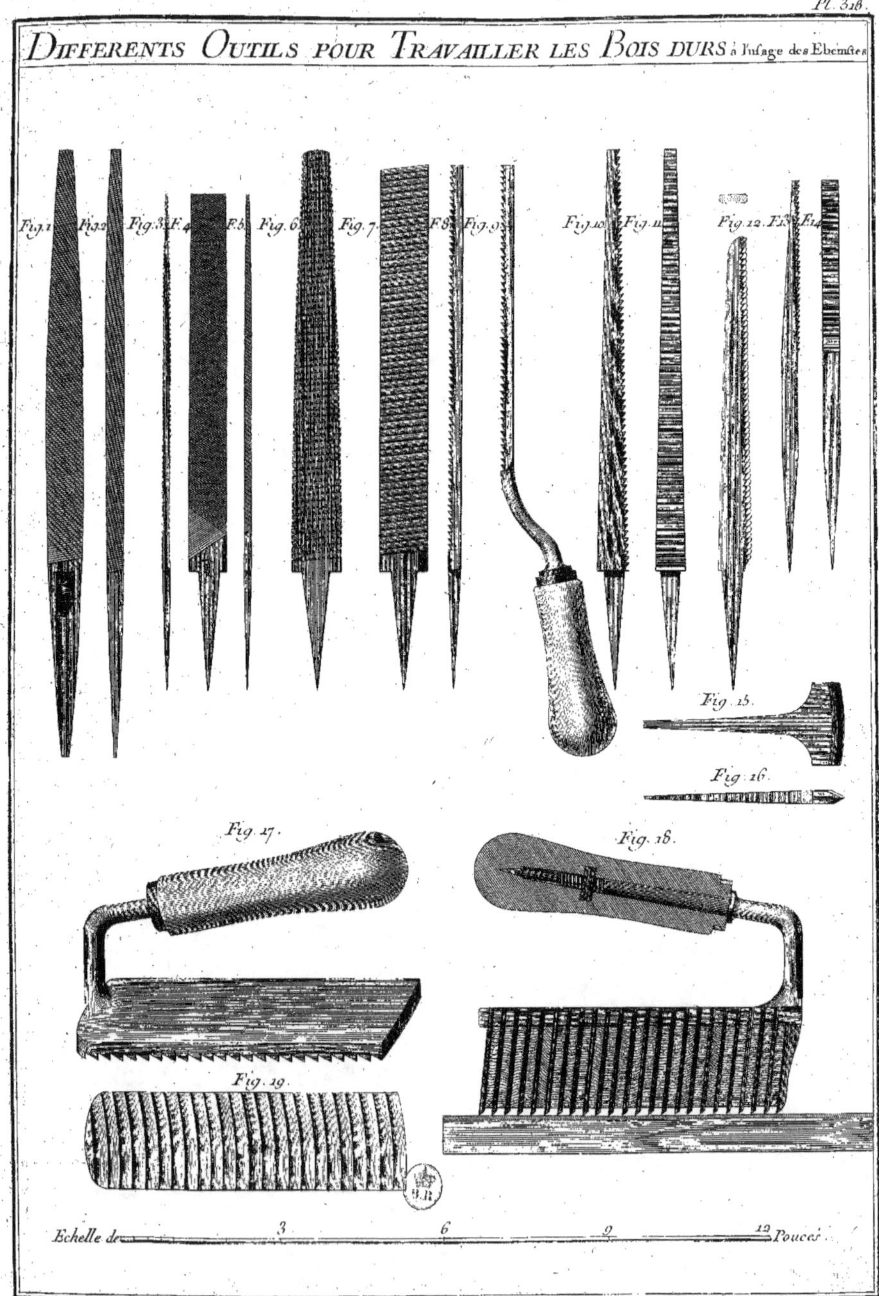
DIFFERENTS OUTILS POUR TRAVAILLER LES BOIS DURS à l'usage des Ebenistes.
Fig.1. Fig.2. Fig.3. F.4. F.5. Fig.6. Fig.7. F.8. Fig.9. Fig.10. Fig.11. Fig.12. F.13 F.14.
Fig.15.
Fig.16.
Fig.17.
Fig.18.
Fig.19.
Echelle de 3 6 9 12 Pouces.
A. J. Roubo Inv. Del. et Sculp.

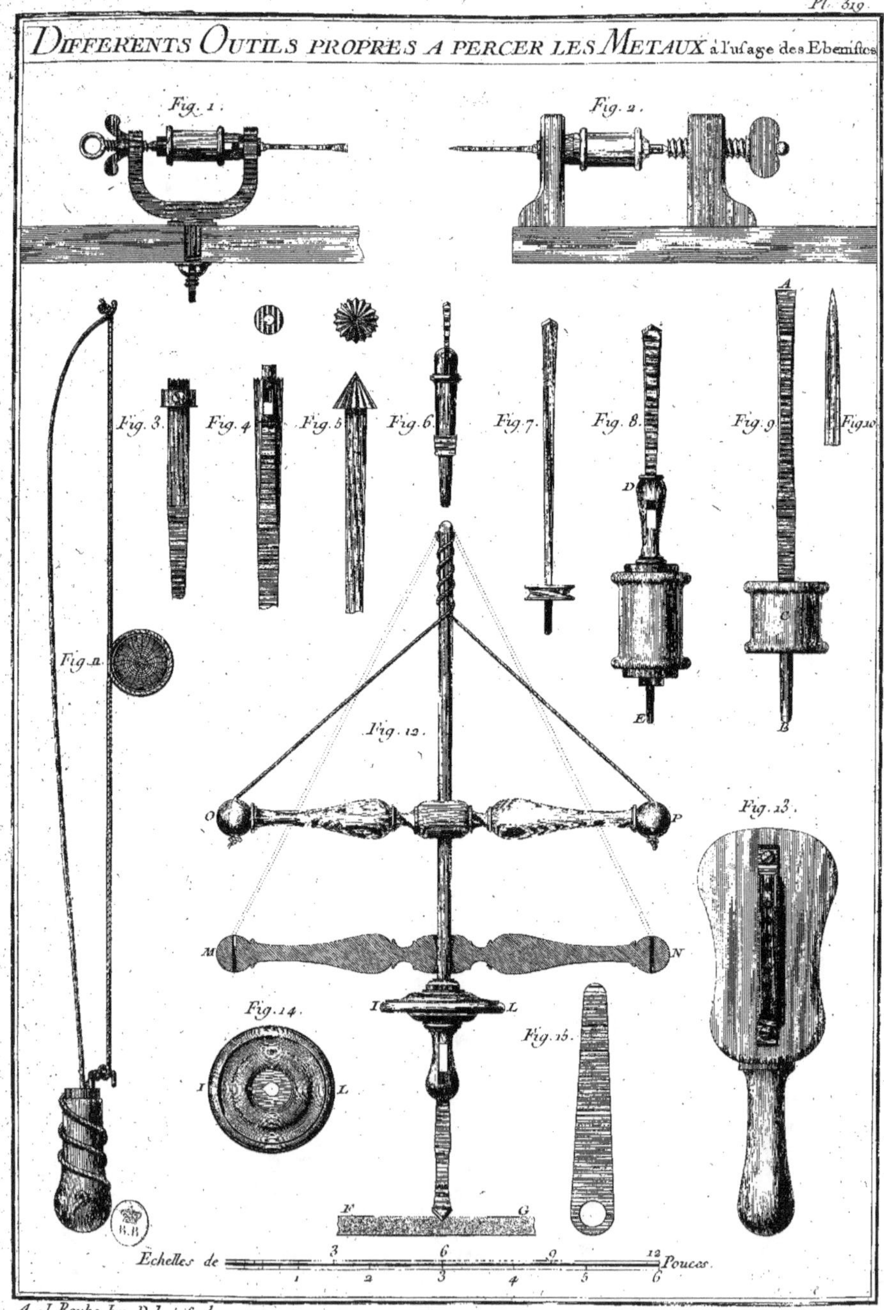

A. J. Roubo Inv. Del. et Sculp.

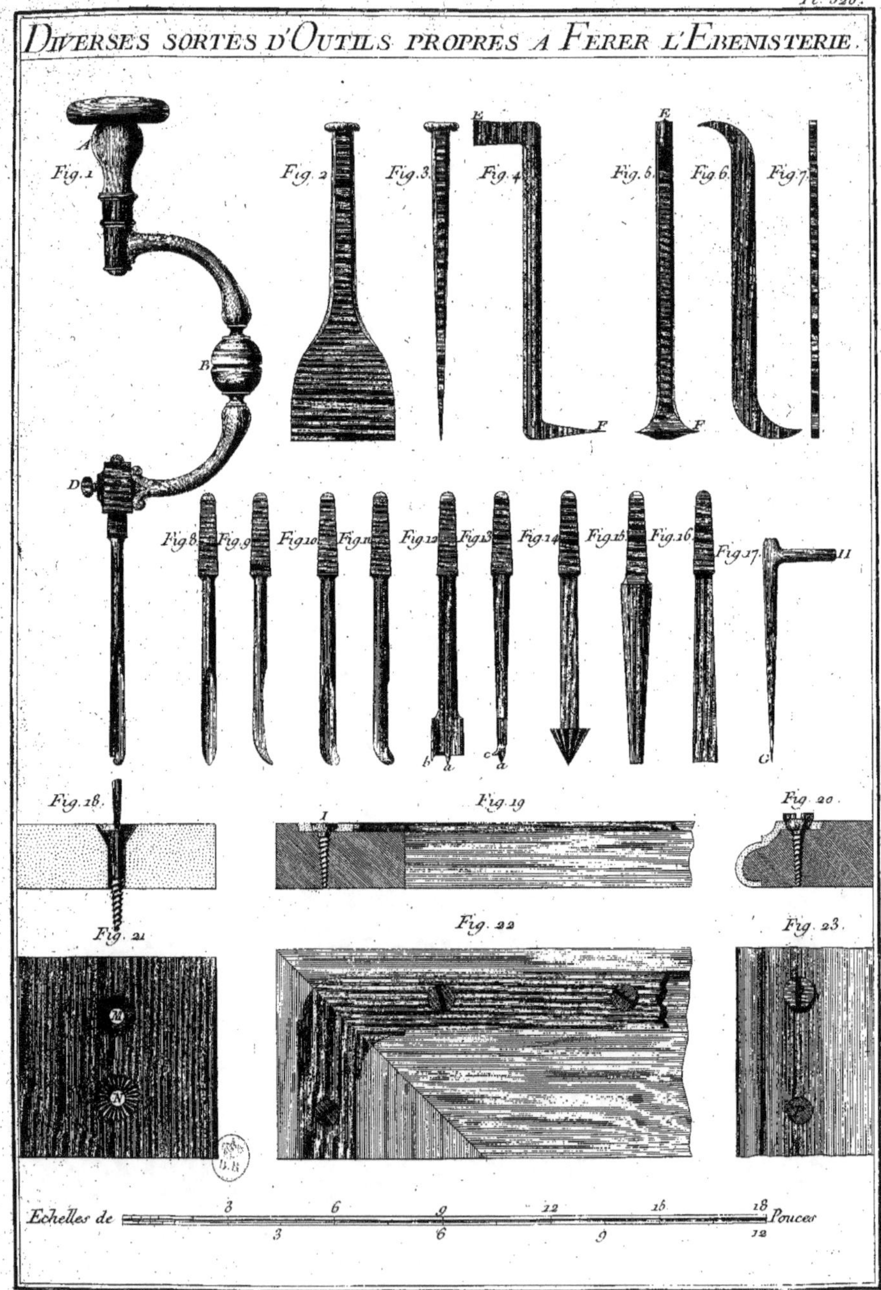

DIVERSES SORTES D'OUTILS PROPRES A FERER L'EBENISTERIE.
Fig. 1.
Fig. 2.
Fig. 3.
Fig. 4.
Fig. 5.
Fig. 6.
Fig. 7.
Fig. 8.
Fig. 9.
Fig. 10.
Fig. 11.
Fig. 12.
Fig. 13.
Fig. 14.
Fig. 15.
Fig. 16.
Fig. 17.
Fig. 18.
Fig. 19.
Fig. 20.
Fig. 21.
Fig. 22.
Fig. 23.
Echelles de
3
6
9
12
15
18
Pouces

MANIERE DE FERER L'EBENISTERIE.

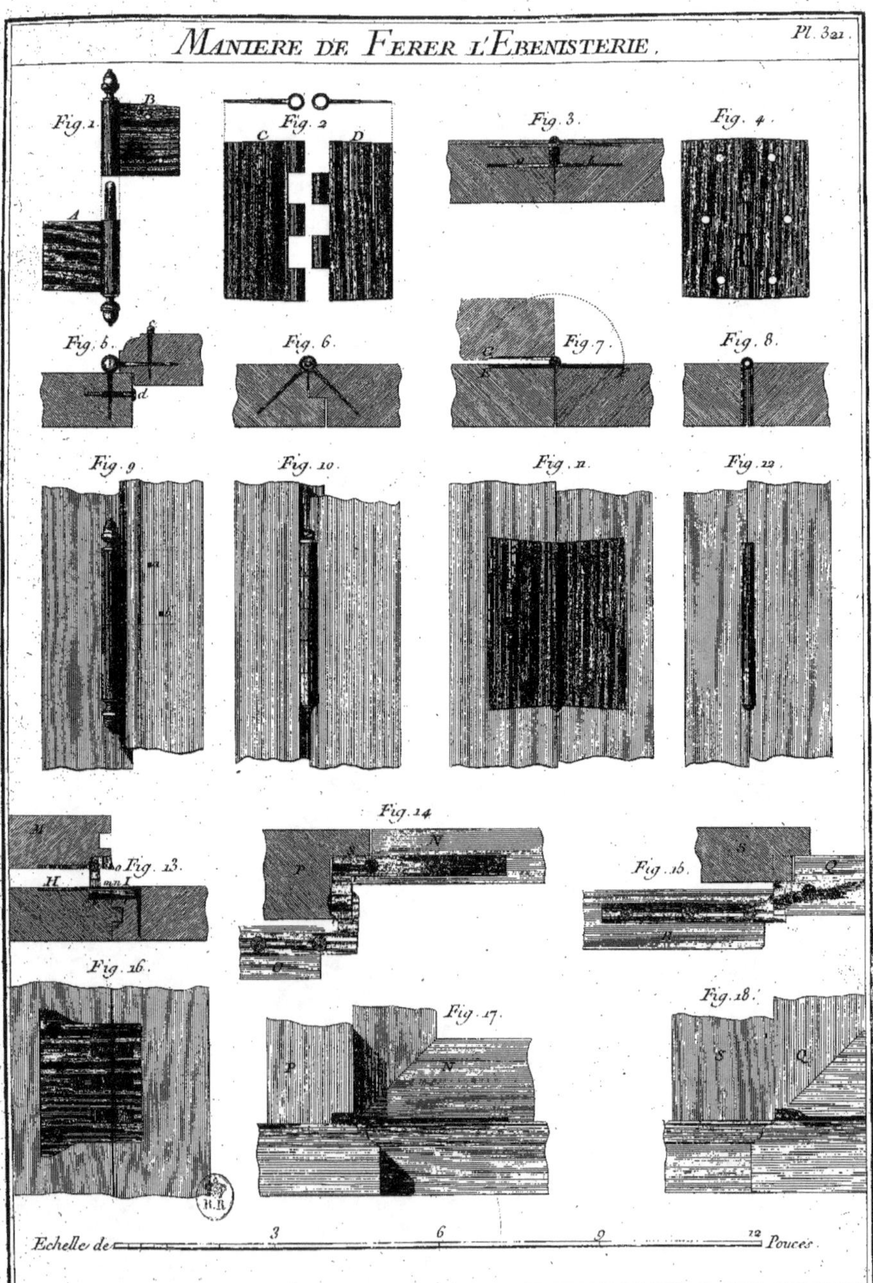

Echelle de — 3 — 6 — 9 — 12 Pouces

A. J. Roubo Inv. Del. et Sculp.

METIER A BRODER MOBILE AVEC SES DEVELOPPEMENTS.

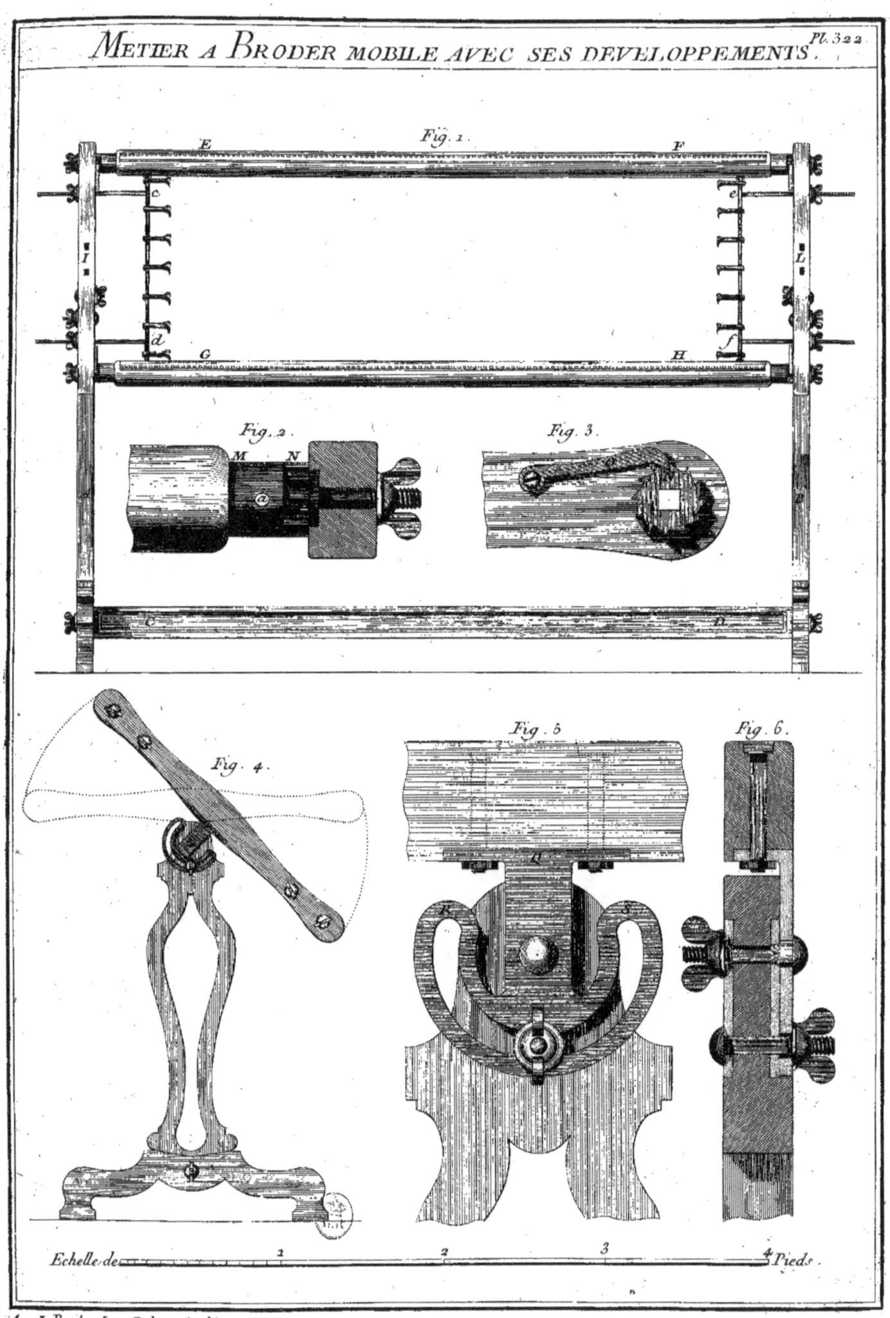

A. J. Roubo Inv. Del. et Sculp.

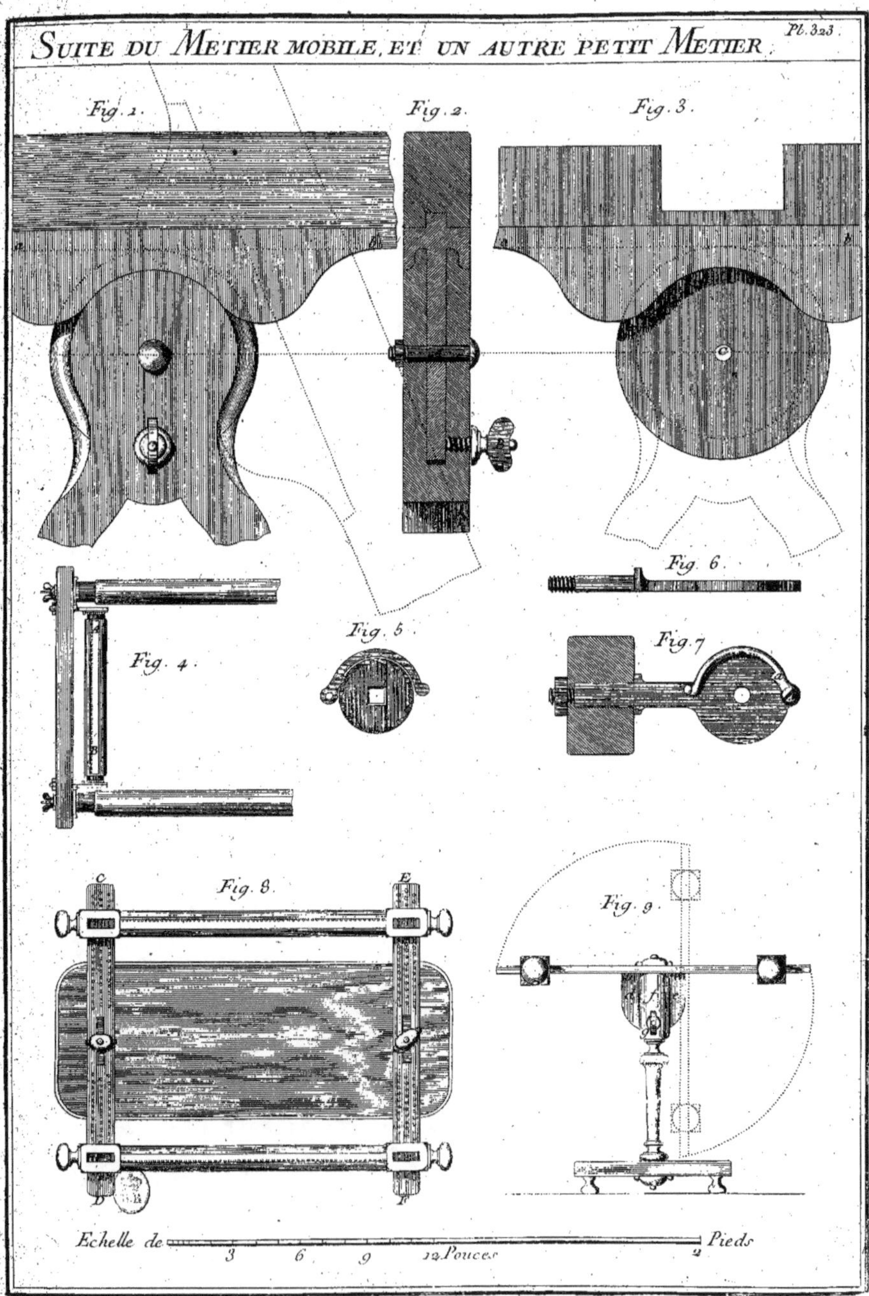

A. J. Roubo Inv. Del et Sculp.

METIER A TAMBOUR AVEC SES DÉVELOPPEMENTS.

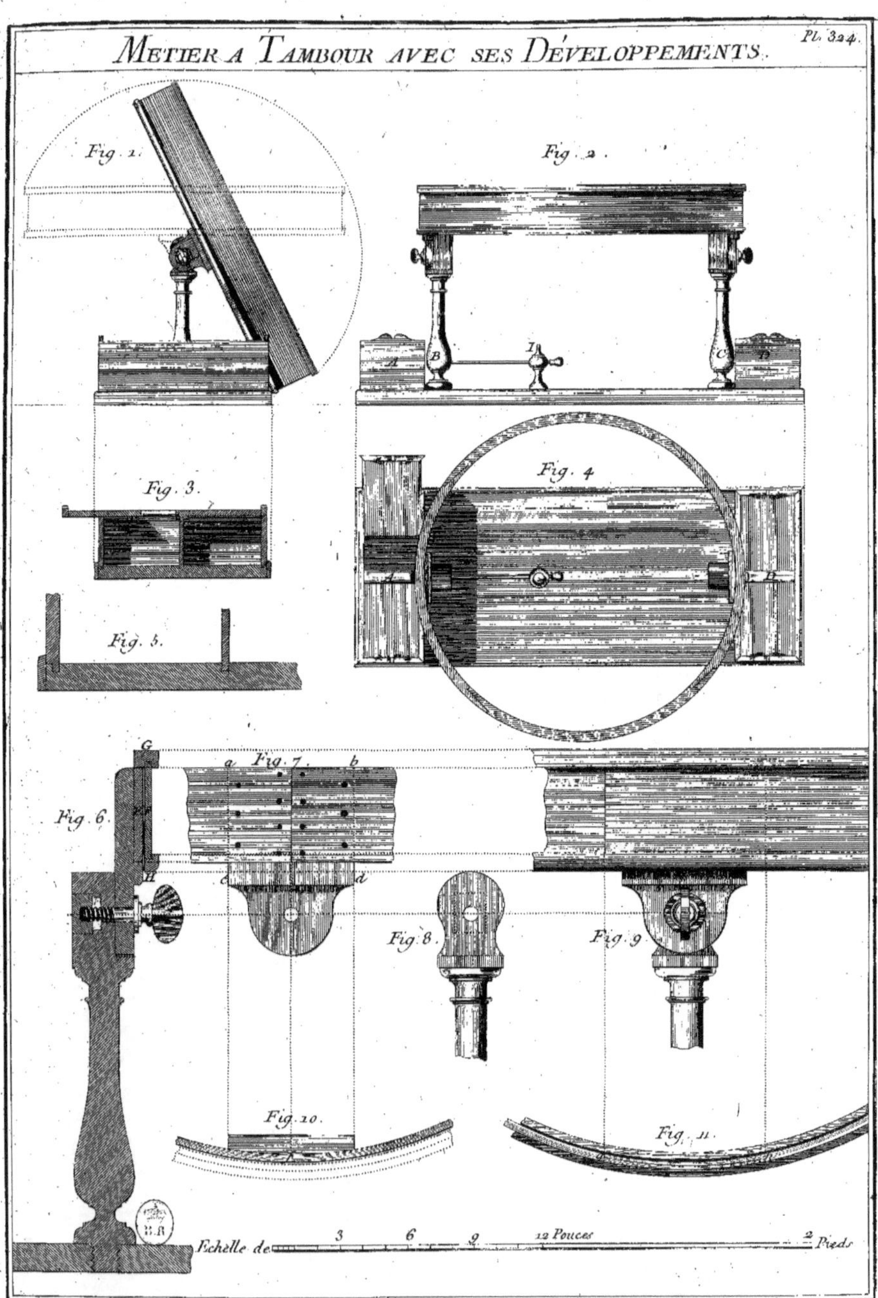

A. J. Roubo luv. Del. et Sculp.

SUITE DU METIER A TAMBOUR, ET AUTRES METIERS A FILETS.

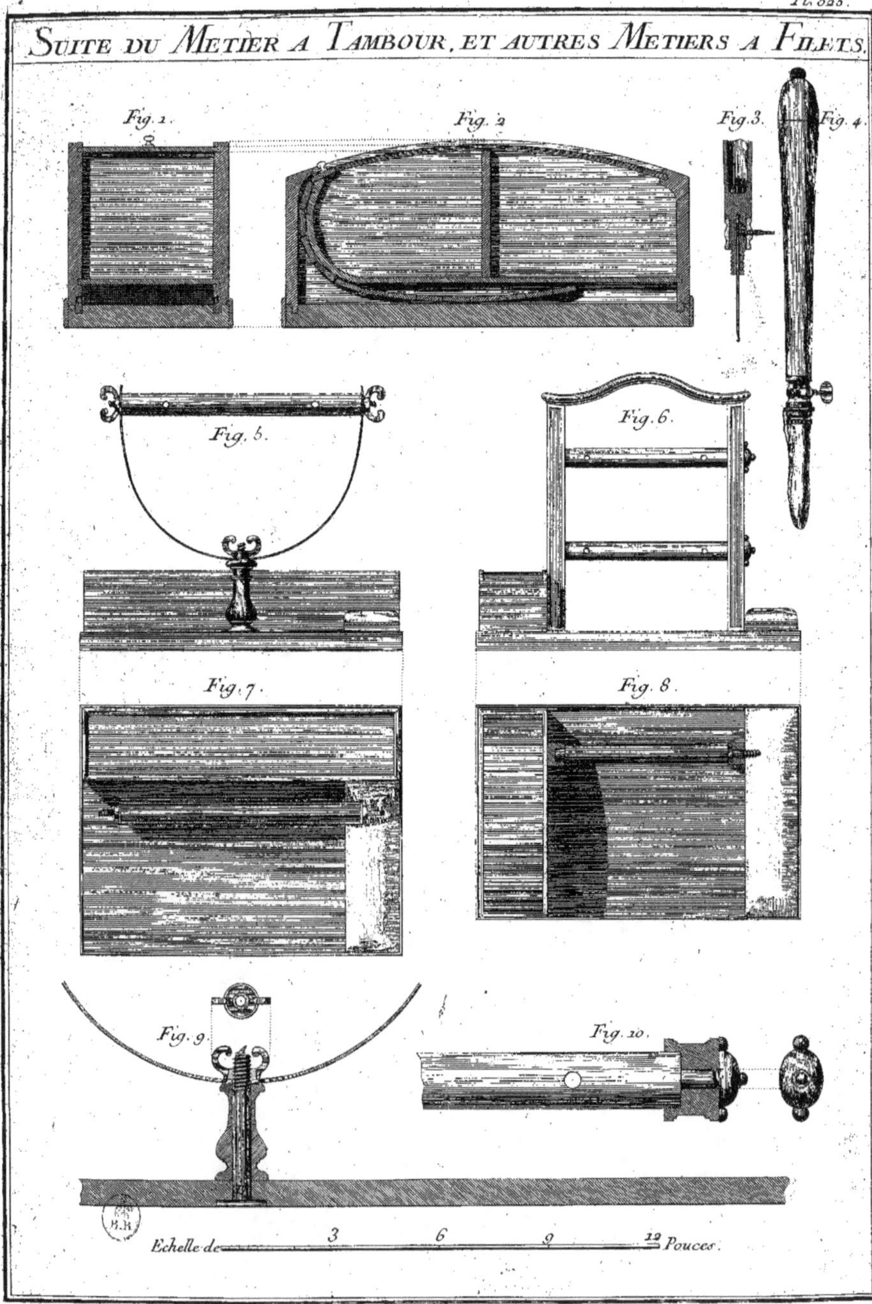

A. J. Roubo Lio. Del et Sculp.

Pl. 326.

Fig. 1.

Fig. 2.

Fig. 3.

Fig. 4.

Fig. 5.

Fig. 6.

Fig. 7.

Fig. 8.

Fig. 9.

Fig. 10.

Echelle de _______ 1 _______ 2 _______ 3 _______ 4 _______ 5 _______ 6 Pieds

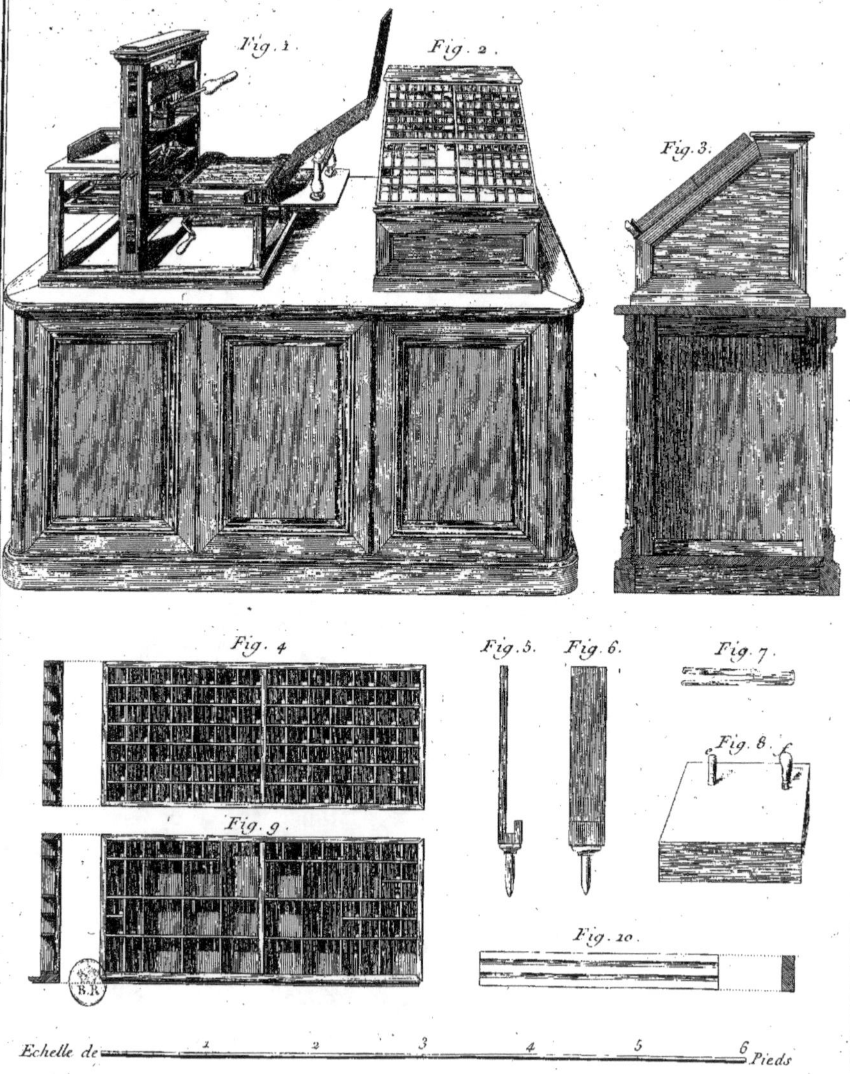

A. J. Roubo Inv. Del et Sculp.

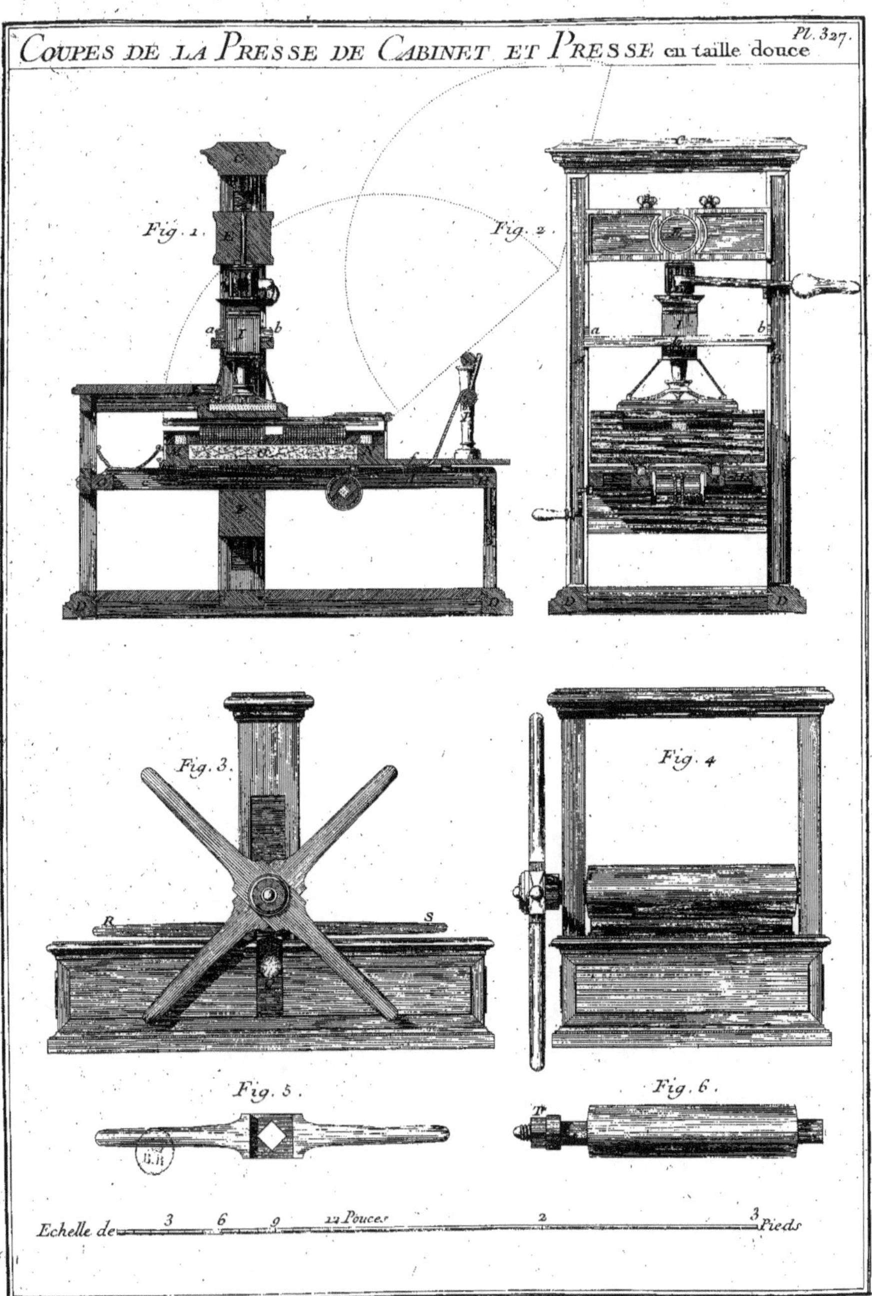

COUPES DE LA PRESSE DE CABINET ET PRESSE en taille douce
Fig. 1
Fig. 2
Fig. 3
Fig. 4
Fig. 5
Fig. 6
Echelle de 3 6 9 12 Pouces 2 3 Pieds
A. J. Roubo Inv. Del. et Sculp.

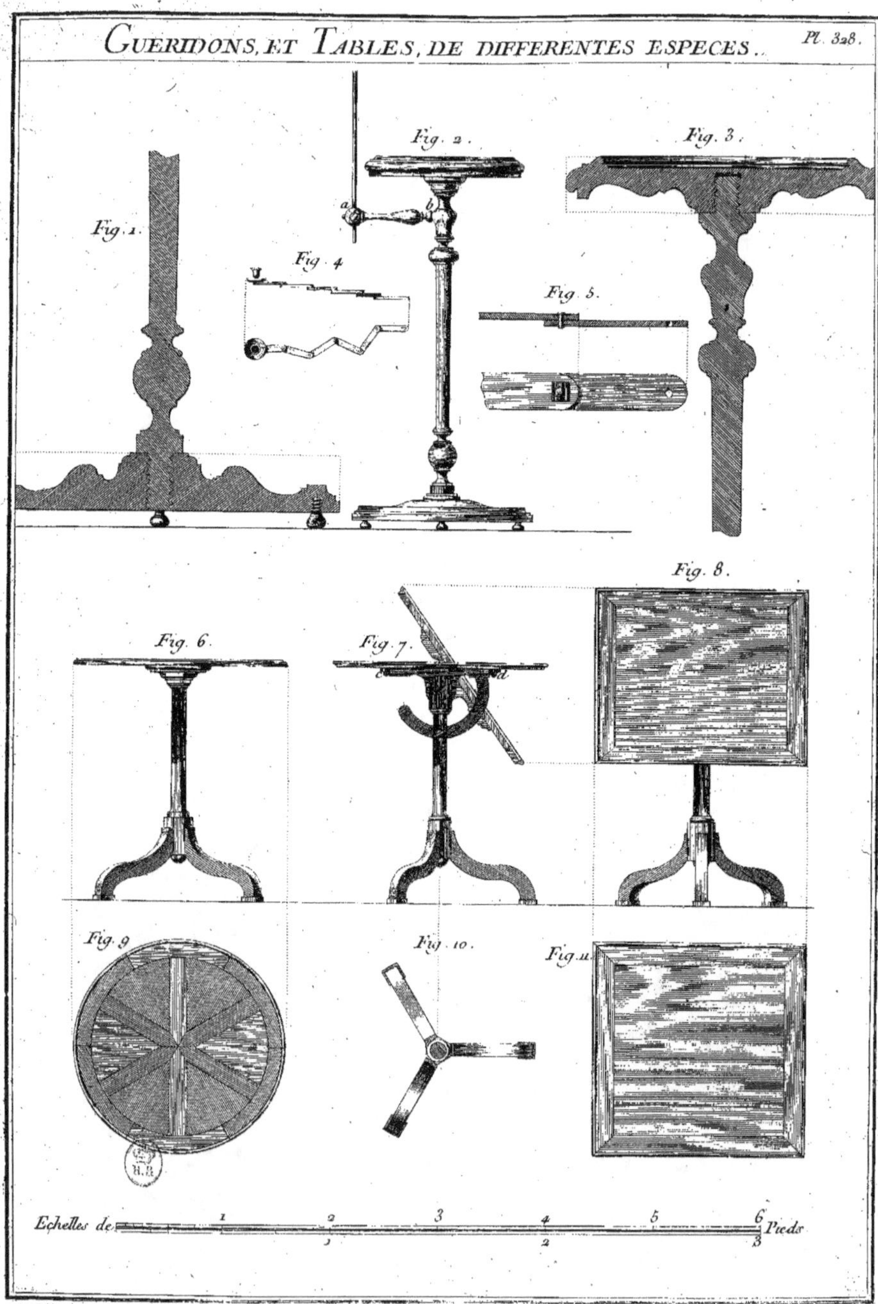

A. J. Roubo fav. Del et Sculp.

TABLE OU GUERIDON A L'ANGLOISE, AVEC SES DÉVELOPPEMENTS.

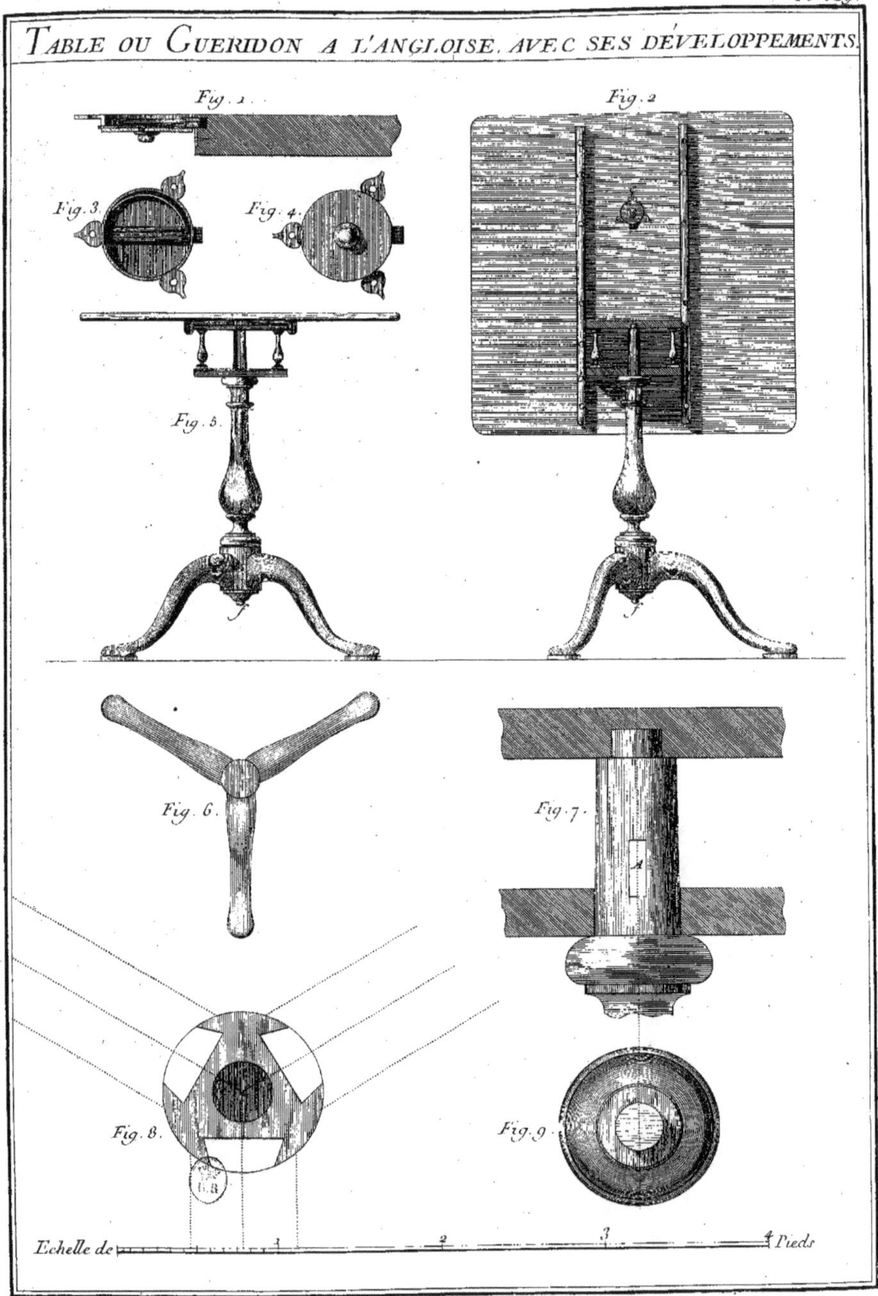

A. J. Roubo Inv. Del. et Sculp.

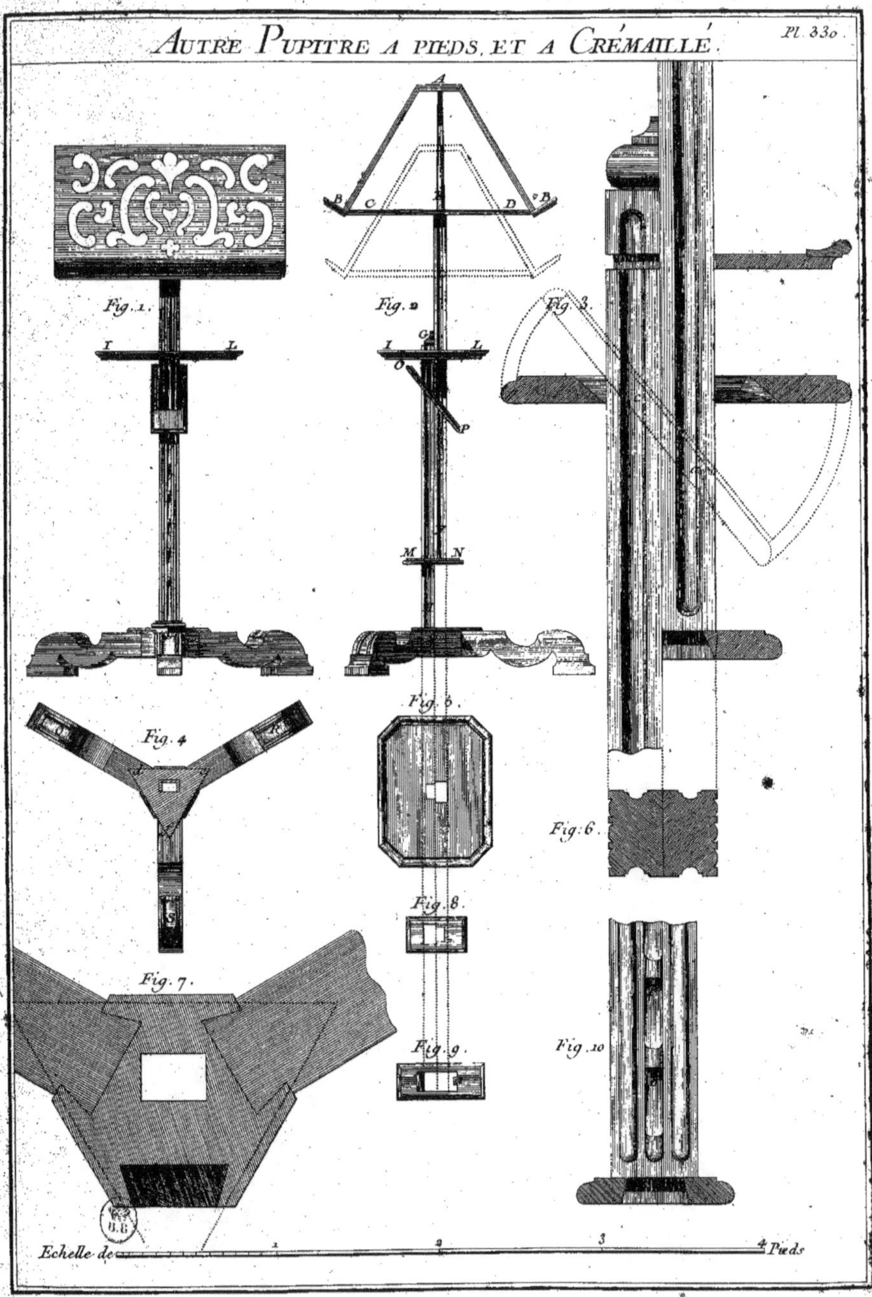

Pl. 330
AUTRE PUPITRE A PIEDS, ET A CRÉMAILLÉ.
Fig. 1.
Fig. 2.
Fig. 3.
A
B C D B
I L
I G L
O
P
M N
Fig. 4.
Fig. 5.
Fig. 6.
Fig. 7.
Fig. 8.
Fig. 9.
Fig. 10.
Echelle de 1 2 3 4 Pieds
A. J. Roubo Inv. Del et Sculp.

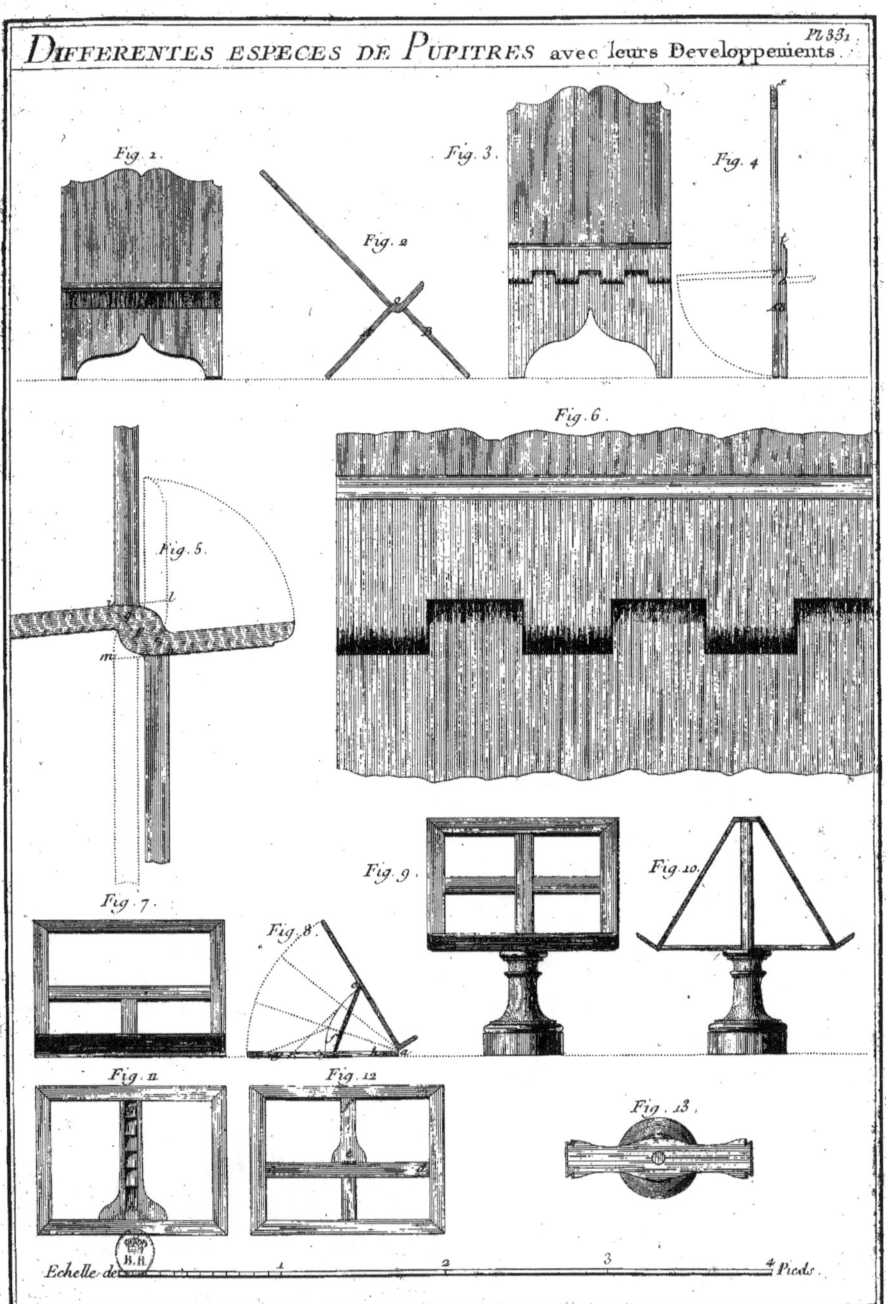

A. J. Roubo Inv. Del. et Sculp.

NECESSAIRE ET AUTRES ESPECES DE BOITES.

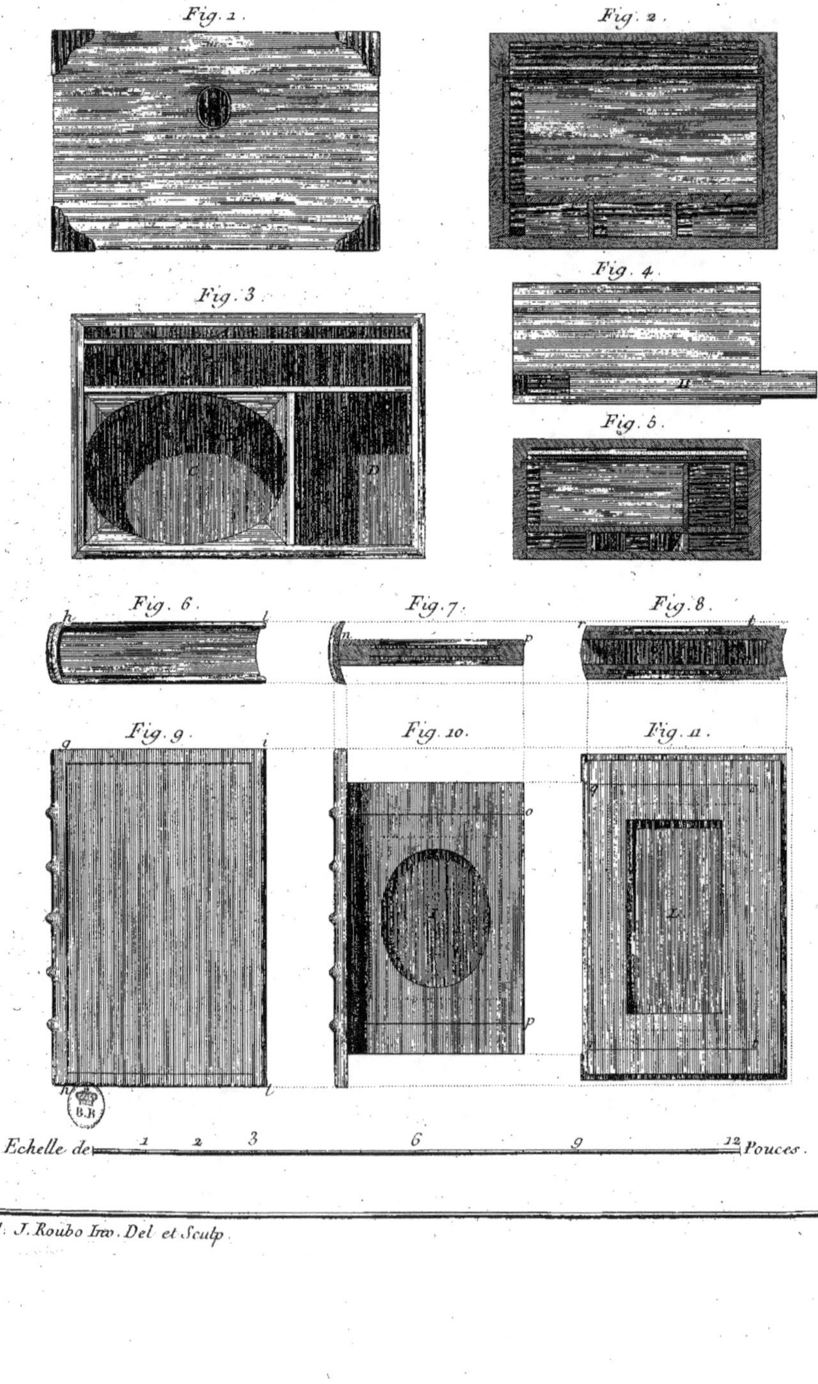

Fig. 1.

Fig. 2.

Fig. 3.

Fig. 4.

Fig. 5.

Fig. 6.

Fig. 7.

Fig. 8.

Fig. 9.

Fig. 10.

Fig. 11.

Echelle de   1   2   3   6   9   12 Pouces.

A. J. Roubo Inv. Del. et Sculp.

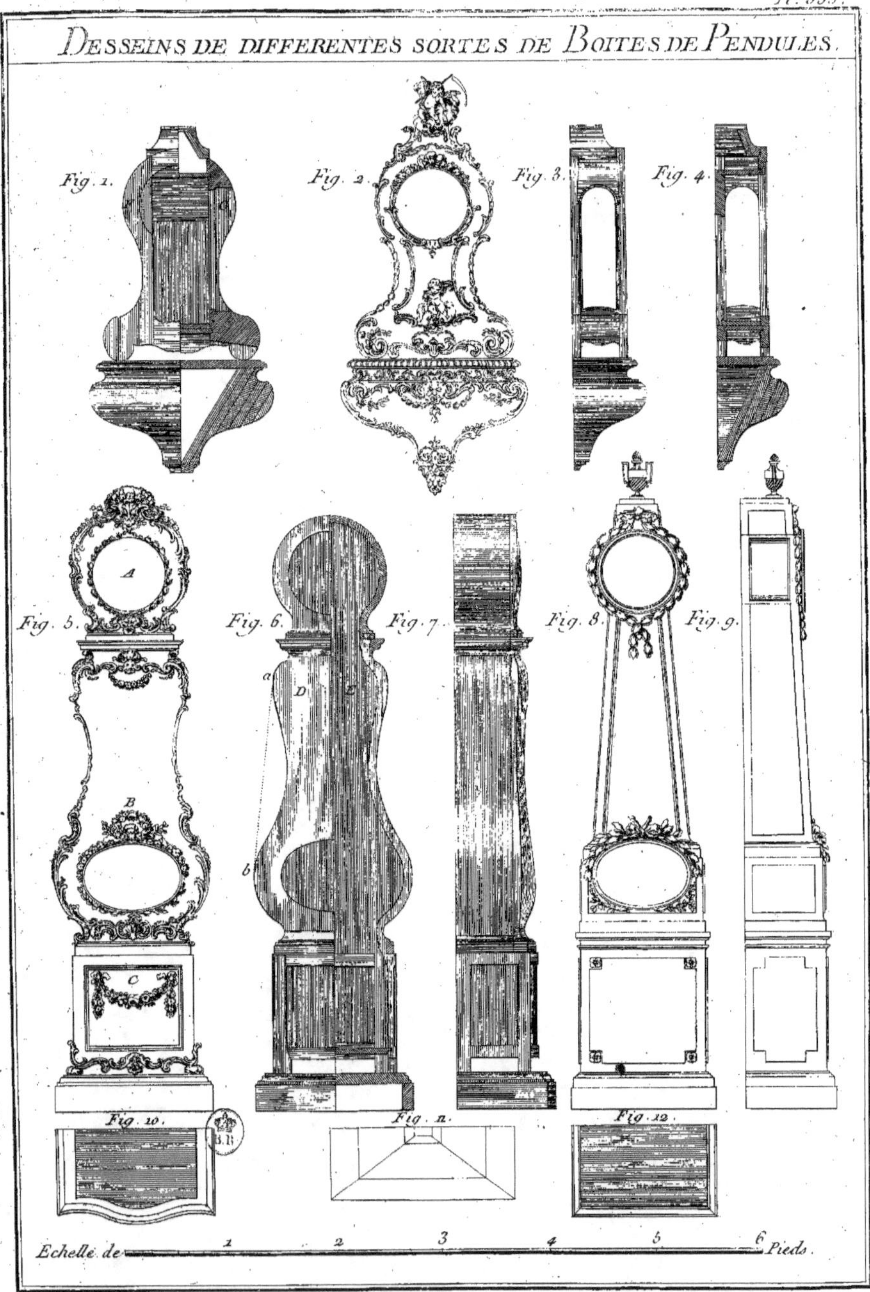

DESSEINS DE DIFFERENTES SORTES DE BOITES DE PENDULES.
Fig. 1.
Fig. 2.
Fig. 3.
Fig. 4.
Fig. 5.
A
B
C
Fig. 6.
a
D
E
b
Fig. 7.
Fig. 8.
Fig. 9.
Fig. 10.
Fig. 11.
Fig. 12.
Echelle de
1
2
3
4
5
6 Pieds.
A. J. Roubo Inv. Del. et Sculp.

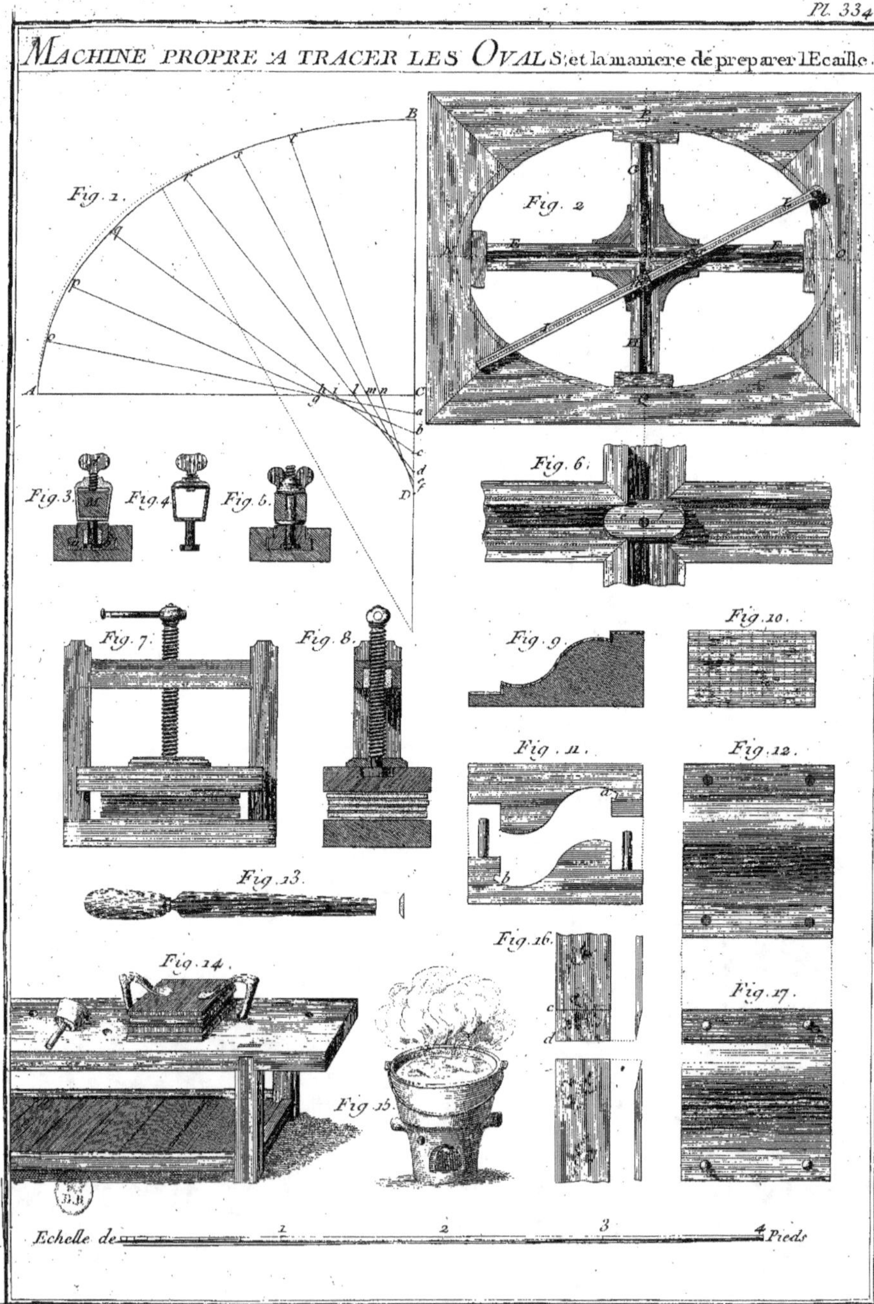

A. J. Roubo Inv. Del. et Sculp.

DESSEIN d'une piece de Marqueterie propres à être exécuté en Ecaille et en Cuivre.

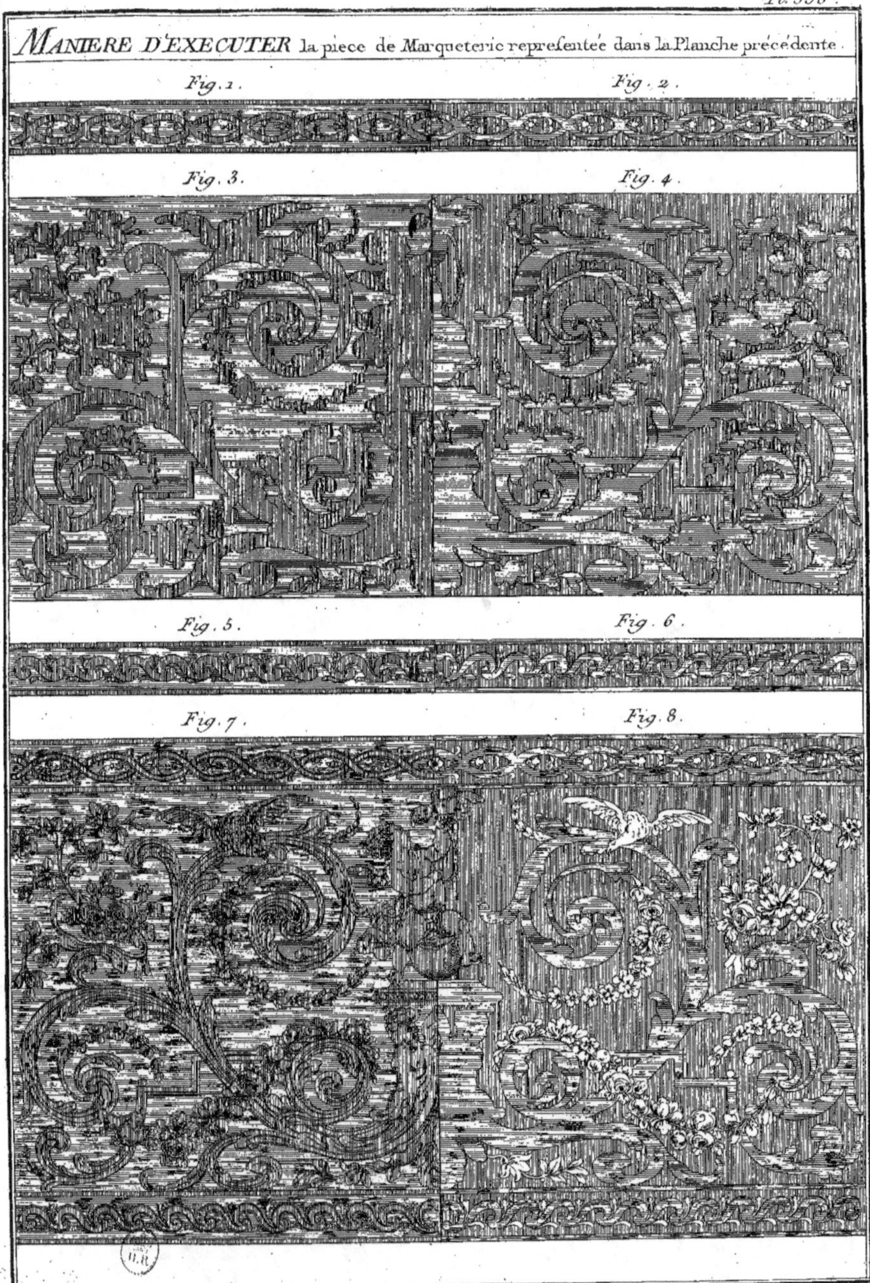

A. J. Roubo Inv. Del. et Sculp.

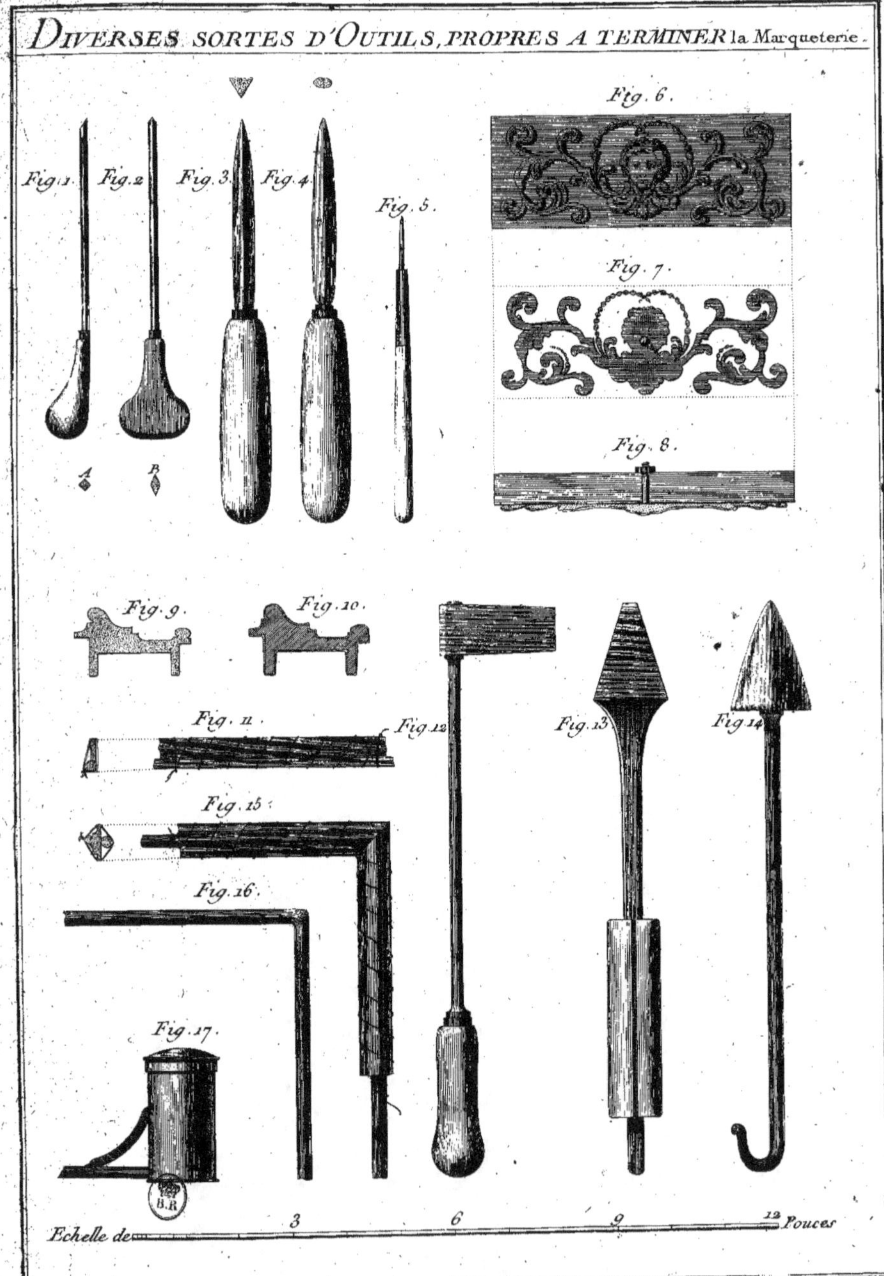

A. J. Roubo Inv. Del et Sculp.